Günter Doebel   Johannes Kepler

Günter Doebel

JOHANNES KEPLER

Er veränderte das Weltbild

Styria Reprint

Umschlagbild:
Johannes Kepler (1610).
Das Original befindet sich im Stift Kremsmünster.
Die Bilder im Textteil befinden sich im Privatbesitz
des Autors.

Verlag Styria Graz Wien Köln
Alle Rechte vorbehalten
Umschlaggestaltung: Christoph Albrecht
1996 Sonderausgabe
Styria – Reprint
ISBN 3-222-11457-9

INHALT

»Mensch, streckh deine Vernunft hieher,
diese dinge zu begreiffen!«

JOHANNES KEPLER

Warum Kepler?

Das Ringen des großen Astronomen mit sich selbst und mit seiner Umwelt, die aus den Fugen geraten war, mit Kriegsgefahr und Glaubensfragen, mit den Nöten in Haus und Familie, mit Widersachern, Pest und Brand, auch das Ringen mit den astronomischen Zahlen und eigenen Rechenfehlern, die oft vergebliche Hoffnung auf materiellen Gewinn – zeigen diesen kränkelnden, geplagten und besorgten Mann als ein erschütterndes Beispiel des Wirkens in einer Welt der Zerrissenheit und Gärung.

Als die Hexenverbrennungen einen Höhepunkt erreicht hatten, als der Dreißigjährige Krieg die Lande zu verwüsten begann, schuf Kepler die wesentlichen Grundlagen für die wissenschaftliche Erkenntnis unseres heutigen Weltbildes (zum Beispiel für die Raumfahrt mit den Kepler-Ellipsen). Bahnbrechend wirkte er auf vielen anderen Gebieten in der Optik, in den Berechnungen mit Hilfe der Logarithmen, der Konstruktion von Zahnradpumpen, in der Positionsbestimmung für die Schiffahrt, in der Vereinheitlichung der Maßsysteme und auf anderen Gebieten.

Von alledem wissen heute die meisten Menschen kaum etwas: Da ist einer der Großen in unserer Geschichte gegen Engherzigkeit, Unwissenheit und Aberglauben aufgestanden, hat dabei so vieles von den Geheimnissen des Weltalls entschleiert, in das wir mit unserer Erde eingebettet sind – aber weder das Genie noch der Mensch und sein Werk haben seither in der breiten Öffentlichkeit den ihnen gebührenden Platz gefunden.

Dafür gibt es zwei Gründe: Die Keplerzeit liegt Jahrhunderte zurück, und mancher fragt sich, was uns denn das »Damals« noch bedeuten könne. Zum anderen: Kepler war Mathematiker und Astronom. Diese beiden Berufe werden heute zwar geachtet, sind aber für die weitaus meisten Menschen undurchschaubar. (Darauf soll auch in diesem Buch Rücksicht genommen werden.)

Gibt es heute scharfe Auseinandersetzungen zwischen politischen Parteien, Systemen oder Weltanschauungen – bei Kepler können wir nachlesen, wie er sich mit seiner tapferen Duldsamkeit als Mittler im damaligen Kampf der Konfessionen bewährte. Die Parallelen drängen sich hier geradezu auf. Sie reichen bis zu unserer Forderung nach Verwirklichung der Menschenrechte.

Spricht man heute von einer Allmacht der Technik, die unsere Machbarkeit steigert und innere Werte des Glaubens schmälern könnte, woraus sich Gegensätze zwischen Kopf und Seele herleiten lassen – Kepler hat diesen Zwiespalt an sich selbst erlebt und überwunden.

Kepler lebte uns vor, wie auch ohne übertriebenen Ehrgeiz und ängstliches Konkurrenzdenken der Könner seinen Weg gehen kann, sogar Anerkennung und Wohlergehen gering achten darf gegenüber seinem Werk und seiner Erkenntnis, die es zu verbreiten gilt. Mühsal, Ärgernis und Irrwege begleiten ihn dabei.

Dieser »Märtyrer der Wissenschaft«, wie der schottische Physiker Brewster den Astronomen nannte, mußte sich seine Rechenmethoden selber erarbeiten. Bei trübem Kerzenlicht saß er trotz seiner schwachen Augen nächtelang über seinen Papieren, noch ohne Rechenmaschine und immer wieder abgelenkt, wie durch den jahrelangen Hexenprozeß gegen seine Mutter.

Abgesehen von persönlichen Bezügen Keplers zur Gegenwart tritt auch die Keplerzeit ins Rampenlicht, wenn wir den Lebensweg des großen Astronomen verfolgen. Sein Wirken und Streben offenbart ein Stück Geistesgeschichte des ausgehenden 16. und beginnenden 17. Jahrhunderts, als es gefährlich war, sich nicht dem jeweiligen Glaubensbekenntnis des Landesherrn anzuschließen. Der Kampf zwischen Gott und dem Teufel war bis in die Wohnstuben gedrungen, und draußen loderten die Hexenbrände. Qualvoll verbluteten Soldaten unversorgt auf den Schlachtfeldern. Viele erlagen der Pest.

Gleichzeitig wurden bei Hofe glänzende Feste gefeiert. Für Prunk und Spiele war immer Geld vorhanden, wenig aber für Forschung und Wissenschaft. Kepler diente drei deutschen Kaisern als Mathematiker. Sie bezahlten ihn mit Schuldscheinen, die fast nie eingelöst wurden.

Elf Jahre in Prag formten den Unermüdlichen in seinem wissenschaftlichen Streben und Erkennen. 20 Jahre in Österreich (Graz, Linz) ließen ihn das große Werk vollenden, das den Himmel aufschloß. Bei alledem war Kepler ungemein mitteilsam und schreibfreudig. Außer 86 Büchern liegen über 400 seiner Briefe vor sowie mehr als 700 an ihn gerichtete Schreiben, ferner Tausende von Blättern mit seinen persönlichen Notizen.

So lassen sich Werk und Schicksal dieses Genies nachzeichnen, wobei deutlich wird, daß die Gültigkeit seines Verhaltens und Strebens ebenso in unsere Tage hineinreicht wie das umfassende Ergebnis seines Forschens.

Zu Roß bei Regen und Sturm

Der 2. November 1630 war in Süddeutschland einer der düstersten Tage des Jahres. Den kalten Herbstnebel hatte ein rieselnder Regen abgelöst. Pfützen standen selbst auf der alten steinernen Brücke aus dem 12. Jahrhundert, die über die Donau nach Regensburg hineinführte.

In der trüben Abenddämmerung zeigte sich die zusammengesunkene, kleine Gestalt eines durchnäßten Reiters mit Sack und Pack auf der Brücke. Mühsam schleppte der magere Gaul ihn und seine Habe dem Stadttor am Brückenende entgegen. Wer das Klappern der Hufe bemerkte und zu dem Reiter aufsah, konnte nur noch mit dem Kopf schütteln, falls er sich nicht bekreuzigte. Der Mann kam offenbar von weit her. Bei diesem Wetter...!

Zum Donauufer und in eine Parallelstraße zum Fluß einbiegend, dem alten Fischmarkt, gelangte der Reiter bis vor das gotische Bürgerhaus des Handelsmanns Hillebrand Billy. Hier hob man den Entkräfteten von der Schindermähre. Der Reiter – mehr tot als lebendig, wie es schien – wurde unter die Arme gefaßt und ins Haus geleitet. Sein Gaul fand rasch einen Schlächter, der noch ein paar Gulden dafür aus der Tasche kramte. Es sollen etwas mehr als vier Mark nach unserem Gelde gewesen sein.

Er sei durch Sturm und Kälte, durch Schlamm und Regen geritten, berichtete der Gast, nachdem er einen heißen Trunk zu sich genommen hatte. Die letzte Strecke von Nürnberg über die Fränkische Alb (mehr als 100 Kilometer) sei besonders schlimm gewesen. Und er sei auch schon seit vier Wochen unterwegs: von Sagan in Niederschlesien über Leipzig sogar. Die Straßen seien jetzt unsicher in Kriegszeiten. Er habe mit Überfällen rechnen müssen. (Tatsächlich trug der Reisende Pistole samt Halfter und Pulverflasche bei sich.)

Er war nicht nur in Regensburg, sondern auch im Hause Billy bestens bekannt, der Kaiserliche Mathematicus Johannes Kepler, mit fast 59 Jahren einer der größten Gelehrten seiner Zeit, im ganzen Abendlande hoch geschätzt – nur eben nicht mit irdischen Gütern gesegnet.

Daß er dennoch der Ehefrau seines Gastgebers im Januar 1628 eine kleine Summe (22 Silbergulden) geborgt hatte, zeugte von einer gewissen Anhänglichkeit, die aus den Linzer Jahren 1612–1626 herrühren mochte. Dort hatte Kepler mit seiner Familie zeitweise im Altenstrasserischen Haus gewohnt. Maria Billy war eine verwitwete Altenstrasser und hatte erst vor drei Jahren in Regensburg den Witwer Billy geheiratet.

Als Kepler nach einer leidlich gut überstandenen Nacht mit den Eheleuten Billy, 70 und 42 Jahre alt, bei einem kräftigenden Frühstück saß, mag von der schlimmen Zeit damals in Linz die Rede gewesen sein. Auch Frau Maria Billy hatte das Österreichische im Zuge der Gegenreformation verlassen.

Wie es denn jetzt der Familie Kepler in Sagan gehe, wollte der Handelsmann wissen. Der große Astronom konnte nichts Gutes berichten. Die Stadt und die Menschen im Niederschlesischen seien ihnen fremd, man verstehe kaum die schlesische Mundart. »Ich fühle mich in Sagan nur als Gast und Fremdling. Ich bin fast unbekannt und werde als Barbar angesehen. Ein Haus besitze ich nicht. Ich habe auch kein Anrecht auf einen Sitz in der Kirche, weil ich in der Religion meine eigenen Wege gehe.« (So hatte sich Kepler kurz zuvor auch in einem Brief ausgedrückt.) Die finanzielle Lage sei außerordentlich betrüblich. Die eigene Druckerei verschlinge mehr Geld, als vorhanden sei.

Die Stimmung muß im Hause Billy an diesem Vormittag sehr gedrückt gewesen sein. Jetzt, in der Mitte des Dreißigjährigen Krieges, war auch Regensburg vom Feind bedroht – und von der Pest. Noch ahnten Hillebrand und Maria, die Kepler so freundlich und so hilfsbereit aufgenommen hatten, freilich nicht, daß sie vier Jahre später, am 16. September 1634, der Pest zum Opfer fallen würden. Beide am selben Tag.

Kepler war, als er jetzt nach Regensburg kam, wieder einmal auf dem Wege nach Linz. Dort, so hoffte er, würden zwei Wechsel zu Geld gemacht werden können. Die Landschaftskasse schuldete ihm seit vielen Jahren 3500 Gulden. Doch Regensburg lag nicht zufällig am Wege. Hier war der Kurfürstentag zusammengetreten. Kaiser Ferdinand II. nahm daran teil. Er schuldete seinem Hofmathematiker noch 11.817 Gulden. Zwar hatte der Kaiser schon vor geraumer Zeit seinen Generalissimus Wallenstein angewiesen, Kepler auszuzahlen, aber Wallenstein brauchte sein Geld selber. Außerdem war er kürzlich erst vom Reichstag seiner militärischen Ämter enthoben worden. Wer sollte nun für des Kaisers Schulden aufkommen? Kepler war äußerst besorgt, zumal damals eine hohe Inflation im Lande herrschte.

Er schaffte es nicht mehr, bis zum Kaiser vorzudringen. Am dritten Tage stellte sich hohes Fieber ein. Es hatte ihn so oft schon gepeinigt. Kepler glaubte, es werde auch diesmal vorübergehen. Ein kräftiger Aderlaß, den er selber ausführte, hatte aber kaum noch eine Wirkung. Der Zustand des nun bettlägerigen Kranken verschlimmerte sich immer mehr. Die Sinne begannen sich zu verwirren, berichten Augenzeugen.

Man schickte einen Boten zum Kaiser, der sein Schiff auf der Donau schon zur Abreise bestiegen hatte. Ein kaiserlicher Abgesandter überbrachte daraufhin ganze 25 Dukaten für medizinische Unkosten – aber der große Astronom hatte seinen Lebensfaden zu Ende gesponnen. Mehrmals noch wies er stumm zu der alten Holzdecke über ihm, als wolle er sagen, zum Himmel hinauf würde seine Seele nun ihren Weg nehmen. Prediger Siegmund Donauer hörte am Sterbebett noch die letzten, mühsam gehauchten Worte: In Jesus Christus sei aller Trost und alles Heil als letzte Zuflucht... Dann schloß der fromme Mann in der Mittagszeit des 15. November 1630 die Augen für immer.

Noch waren zahlreiche Würdenträger des Kurfürstentages in Regensburg. Sie gaben dem großen Gelehrten das letzte Geleit zum evangelischen Friedhof vor dem Peterstor. Es war eine Art Staatsbegräbnis auf Anordnung des regierenden Oberstkämmerers. Auch viele Regensburger Bürger nahmen daran teil. Am Tage der Beisetzung (oder am Tage darauf) trat eine Mondfinsternis ein, und mancher der Trauergäste mag sein Haupt verhüllt haben ob dieses »Zeichens«.

Der Gedenkstein, von dessen Inschrift es eine Abschrift gibt, wies darauf hin, daß hier Johannes Kepler ruhe, der ganzen Christenheit durch seine Werke bekannt, von allen Gelehrten zu den Fürsten der Astronomie gezählt. – Kepler selber hatte in all seiner Vorsorglichkeit und immer auch das Praktische bedenkend, eine lateinische Grabinschrift verfaßt. Sie war nun ebenfalls auf dem Gedenkstein zu lesen. Die Übersetzung lautet etwa: »Den Himmel durchmaß mein Geist, nun meß ich die Tiefen der Erde. Ward mir vom Himmel der Geist, ruht hier der irdische Leib.«

Der Friedhof wurde drei Jahre später in den Kämpfen des Dreißigjährigen Krieges total verwüstet. Der Gedenkstein ging verloren. Wo Kepler begraben liegt, weiß heute niemand genau. Aber dort, wo einst der Petersfriedhof gelegen war, ließ 1808 der Fürstprimas von Dalberg, der in Regensburg regierte, einen Rundtempel auf acht dorischen Säulen errichten. In der Mitte befindet sich Keplers Büste, doch hat er so bestimmt nicht ausgesehen. Diese Gedenkstätte hätte zwar kaum den Dreißigjährigen Krieg überdauert, wenn es sie 1630 schon gegeben hätte. Aber sie hat zwei Weltkriegen widerstanden und steht heute noch unweit des Regensburger Hauptbahnhofs. Und Keplers Sterbehaus bietet sich heute als das reichhaltigste unter mehreren deutschen Keplermuseen dar.

Der Mann, der inmitten des größten aller Glaubenskriege doch noch mit Anstand und Würde beigesetzt wurde, obwohl er ein Opfer der Zerrissenheit seines Vaterlandes war – von vielen als Ketzer verkannt –, soll uns hier näher beschäftigen. Von seiner Geburtsstunde an. Dieser Große in der Geschichte der Wissenschaft, um nicht zu sagen der Menschheit, »der schärfste Denker, der jemals geboren wurde«, wie

Immanuel Kant ihn nannte, dieser Mann lebt in seinen Werken weiter und auch in seiner beispielgebenden Persönlichkeit als ein Mensch des Friedens und des Ausgleichs, trotz eines starken Selbstbehauptungswillens als ein Gelehrter, der zahlreiche aufrichtig freundschaftliche Kontakte pflegte – weit über die Grenzen des Vaterlandes hinaus. Sein Ende verblaßt heute gegenüber der Bedeutung seiner Geburt.

1. Das Siebenmonatskind und der Komet

Die fensterlose Kammer in dem bescheidenen Fachwerkhaus am Marktplatz mißt keine acht Quadratmeter. Es ist der Raum, in dem kurz nach Weihnachten 1571, am 27. Dezember, in der damaligen »Freien Reichsstadt Weil« Johannes Kepler geboren wurde (Weil der Stadt). Hier am Nordrande des Schwarzwaldes, 20 Kilometer westlich von Stuttgart, lebten hinter mittelalterlichen Mauern, die teilweise auch heute noch stehen, um eine katholische Kirche geschart, an die 200 Familien (also etwa 600 Menschen). Heute sind es 6000 im erweiterten Stadtgebiet. Ihr Bürgermeister war dazumal Sebald Kepler, Großvater des neuen Erdenbürgers und energischer Verfechter der Lutherischen Reformation.

Das Enkelkind dieses gediegenen und umsichtigen Mannes, das hier im großelterlichen Hause zur Welt gekommen war, nur ein paar Schritte vom Rathaus entfernt, hieß Johannes. Der Tag der Geburt war der Tag des Evangelisten dieses Namens. Es schien zunächst ohne besondere Bedeutung, daß der neue Erdenbürger in der katholischen Pfarrkirche getauft wurde. Als bald darauf überall die Glaubensfanatiker aufeinanderstießen, geriet allerdings auch der Taufakt in den Strudel der Meinungen, teils als unerwünschte Belastung, teils als vermeintliche Vorbestimmung oder gar Verpflichtung dem katholischen Glauben gegenüber. Die Unduldsamkeit seiner Zeit stand insgeheim schon an der Wiege Pate.

Keplers Geburtshaus am großen Marktplatz mit dem Standbild Karls V. ist noch am letzten Tag des Dreißigjährigen Krieges von den Franzosen niedergebrannt worden, die weite Teile der Stadt zerstörten. Das Haus wurde später nach den alten Vorlagen wieder aufgebaut. Es enthält seit 1940 ein Keplermuseum.

Um 1571 und in den folgenden Jahren war es eine Stätte des Unfriedens und temperamentvoller Auseinandersetzungen der Eltern. Schließlich kam es zur Trennung und Abreise des Ehepaares Heinrich und Katharina Kepler. Sie hatten erst sieben Monate vor der Geburt dieses ersten Kindes geheiratet (15. Mai 1571), und daher ist Johannes immer als Siebenmonatskind bezeichnet worden. Er hat sich auch selber als solches empfunden. Jedenfalls ein sehr schmächtiges, von Anfang an kränkelndes Kind.

Vielleicht war es ein Glück für den kleinen Johannes, daß die Eltern die

Stadt verließen. Als das Kind noch kein Jahr alt war, verschwand zuerst der Vater, ein unsteter und Abenteuer suchender Mann. Er ließ sich für die Niederlande anwerben, um in die militärischen Dienste des Herzogs von Alba zu treten. Dieser führte damals als Statthalter in den Niederlanden ein wahres Schreckensregiment. Keplers Mutter Katharina gebar noch ein zweites Kind, den Sohn Heinrich, verließ dann aber ebenfalls die kleine Reichsstadt, um dem enteilten Ehemann nachzureisen. Mit ihrer Schwiegermutter hätte sie es im selben Hause ohnehin nicht länger aushalten können. (Insgesamt hat Keplers Mutter sieben Kindern das Leben geschenkt.)

Johannes war also zunächst ganz den Großeltern überlassen. Sie halfen fraglos mit, in den beiden ersten so entscheidenden Lebensjahren das schmächtige Kind einer halbwegs vernünftigen Entwicklung zuzuführen. Sie konnten jedoch nicht verhindern, daß im vierten Jahr Johannes beinahe den Pocken zum Opfer fiel. Damals sprach man von den Blattern. Die Krankheit ist äußerst ansteckend, war weit verbreitet und endete meist tödlich. (Erst 300 Jahre später, 1874, wurde gesetzlich die Pockenschutzimpfung eingeführt.)

Der künftige Astronom überstand zwar das Schlimmste, doch bestanden Anzeichen einer Erblindung. Ein Augenschaden blieb jedenfalls zurück. Hinzu trat eine »unokulare Polyopie«. Helle Gegenstände erschienen mit mehreren Umrissen. Dennoch erfand dieser Mann mit den schwachen Augen ein besseres Fernrohr als Galilei. Kepler erklärte das Brechungsvermögen von geschliffenen Linsen erstmals zutreffend, schuf die Dioptrie, die heute noch das Maß für die Brillengläser ist, und beobachtete Kometen und einen neuen Stern. Ein Schwachsichtiger schuf die Grundlagen für die moderne Optik. Er selbst führte auf die Pockenerkrankung auch sein »plumpes Gehaben« zurück, wie er sagte. Er habe auch »beinahe verstümmelte Hände bekommen«.

Ob die Großeltern wirklich alles für ihn taten, wissen wir nicht. Kepler hielt nicht viel von ihnen. In seinen persönlichen Notizen, die nur für ihn selber bestimmt waren, nannte später der 26jährige den Großvater streng, jähzornig und beharrlich. »Seine Miene verriet, daß er begierig war. Das Gesicht ist rot und fleischig, der Bart kündet von viel Machtvollkommenheit...« Die Großmutter sei unruhig, von Natur geschickt, aber lügnerisch, von hitziger Natur, »eine ewige Ursache von Verwirrungen, neidisch, Kränkungen nie vergessend«.

Solche Persönlichkeitsstrukturen entwarf Johannes Kepler hauptsächlich deshalb, weil er Übereinstimmungen mit den Geburtshoroskopen suchte. Dabei war es nicht immer klar, ob er nun Charakterzüge nach der Stellung der Gestirne orientierte oder umgekehrt die Zuverlässigkeit der Horoskope anhand der Tatsachen kritisch unter die Lupe nahm. Wir

Das Keplersche Wohnhaus am Marktplatz von Leonberg (Löwenberg). Johannes Kepler sah Löwenberg immer als seine Heimatstadt an, obwohl er unweit davon in der kleinen Reichsstadt Weil zur Welt gekommen war.

kommen darauf noch zurück. Diesen Bemühungen verdanken wir jedoch einige Kenntnisse über Eigenarten und Schicksale weiterer Familienmitglieder.

Über seinen Vater, der sich kaum jemals um das Kind gekümmert hatte, es sei denn, daß er den Jungen zur Landarbeit auf den Acker schickte, schrieb Kepler im Hinblick auf das Horoskop: »Saturn richtete alles zugrunde, brachte einen ruchlosen, schroffen, streitsüchtigen und zuletzt einen Menschen von schlimmem Tod hervor. Die Stellung der Gestirne vermehrte seine Bosheit, stürzte ihn in Armut. Dennoch fand er eine reiche Gattin. Er erlernte den Geschützdienst, hatte viele Feinde, eine Ehe voll Streit. Falsche und nutzlose Sucht nach Ehren und Hoffnung reizte sie beide, ebenso wie die Wanderlust.«

Die Eltern kehrten 1575 aus den Niederlanden zurück. Am 26. September 1575 bewirteten Bürgermeister und Rat den Schlachtenbummler in den »Bürgerstuben«, als habe er einen Krieg gewonnen. Die Keplers wollten jetzt nicht mehr in dem kleinen Weil der Stadt wohnen, wo Mutter Katharina doch schwerlich den Schwiegereltern aus dem Wege gehen konnte. Im benachbarten Leonberg aber war dicht am Marktplatz ein Haus mit Grundbesitz zu haben. Die Eltern Kepler kauften es und zogen dorthin. Die Kriegsdienste hatten sich bezahlt gemacht.

Vater Kepler hielt es jedoch kaum ein Jahr in Leonberg aus. Schon 1576 trat er wieder in Kriegsdienste in den Niederlanden. Wie Johannes berichtet, habe der Vater dort 1577 in der Gefahr geschwebt, aufgehängt zu werden. Im Jahr darauf »zerfleischte eine berstende Pulverflasche aus Bein (Knochen), die er entzündete, sein Gesicht«.

Noch einmal kehrte der Vater nach Leonberg zurück. Durch eine unvorsichtige Bürgschaft hatte er Haus und Grundbesitz verloren. Die Keplers pachteten 1579 das Wirtshaus »Zur Sonne« in Ellmendingen bei Pforzheim. Der Vater habe die Mutter sehr hart behandelt, schreibt Kepler, und sei schließlich nach einer Verurteilung in die Verbannung gegangen. Vermutlich wurde er Hauptmann und trat in die Dienste der Neapolitanischen Flotte. Es heißt, er sei auf der Heimreise in der Nähe von Augsburg gestorben.

Auch von der Mutter hören wir nicht viel Gutes: »Sie ist klein, mager, schwarz, von beißendem Witz, streitsüchtig, von schlimmem Wesen ... Nicht oft überwandt ihre Beharrlichkeit die Unmenschlichkeit der Schwiegermutter und des Gatten ... Im Jahre 1584 wurde die Mutter von einem pestartigen Fieber ergriffen, vielleicht auch ich, wenn ich nicht die verseuchte Heimat verlassen hätte. 1589 wurde sie von ihrem Gatten auf das härteste behandelt. Auch von ihren Eltern wurde meine Mutter geschlagen, selbst als sie schwanger war, sie kam aber davon ...«

Nichts Erfreuliches ist ferner über Keplers Bruder Heinrich zu berichten. Als Kind wurde er im letzten Augenblick vor dem Ertrinken gerettet. Ein andermal wäre er beinahe erfroren. Fraglos ist er viel verprügelt worden. Als er verkauft werden sollte, weil der Vater Geld brauchte, entkam Heinrich (1589) noch rechtzeitig nach Österreich. In Ungarn kämpfte er als Soldat gegen die Türken. Da er Epileptiker war, konnte er keinen festen Beruf ausüben. Mit dem Singen von Landsknechtsliedern und mit Brotbacken schlug er sich in Wien durch. In Prag fand er vorübergehend eine Anstellung in der Leibgarde des Kaisers. Wir finden ihn dann als Regimentstrommler im Westen des Reiches. In Köln fiel er in die Hände der Räuberbande »Hahnenfeder«, die ihn restlos ausplünderte. Zwei seiner Kinder – zwei Töchter – fanden später im Haushalt des Johannes Kepler Zuflucht.

Schließlich noch ein Blick auf das Leben eines Bruders von Keplers Vater. Über ihn berichtet Johannes: »Er war Zauberer, Jesuit, Priester der ersten und zweiten Ordination, schmutzig im Leben. Obwohl er katholisch war, täuschte er lutherisch vor. Er starb an Wassersucht nach vielen Krankheiten in frühem Alter. Er fand eine Ehefrau von edlem Geschlecht und Reichtum, aber mit vielen Kindern. Er steckte sich mit der gallischen Krankheit an, war ruchlos und haßte seine Mitbürger..., durchstreifte Frankreich und Italien in äußerster Bettelhaftigkeit.« Später fügte Kepler hinzu: »Er war von humaner Bildung und ein guter Gefährte.« Offenbar hatte ihm die negative Beurteilung leidgetan.

Die hier geschilderten Verwandten und ihre Schicksale – in mancher Hinsicht typisch für die damalige Lebensweise – mögen in Keplers frühen Jahren oft Gesprächsstoff im unruhigen Elternhaus geliefert haben. Für Johannes ist aus alledem ein Wandertrieb herzuleiten. Dies scheint eine vererbliche Familieneigenschaft gewesen zu sein.

Es darf auch nicht übersehen werden, daß es nach einer schweren Jugend einige Lichtblicke gab. Mit seiner jüngeren Schwester Margarete, die später mit dem Pfarrer Binder verheiratet war, und wohl auch mit Bruder Christoph, dem Zinngießer, verband Johannes zeit seines Lebens herzliche Zuneigung. Auch seiner Mutter war er trotz allem zugetan, besonders, seit sie als Hexe verbrannt werden sollte. Davon jedoch später.

Jetzt ist über die erste unmittelbare Begegnung des jungen Kepler mit den Erscheinungen des Himmels zu berichten, den noch ganz unbewußt gebliebenen Ausgangspunkt für Astrologie und Astronomie, die in Keplers Leben eine so überragende Rolle spielen sollten. Wir kehren noch einmal nach Leonberg und in das Jahr 1577 zurück.

»Von dem Kometen des Jahres 1577 hörte ich viel«, erinnert sich Kepler nach etlichen Jahren. »Von meiner Mutter wurde ich auch an einen hochgelegenen Ort geführt, um ihn zu beobachten.« Wahrscheinlich war die Keplerin mit den beiden Söhnen zum Engelsberg gegangen. Dies war die höchste Erhebung in Leonberg. Und sie waren nicht die einzigen. Der Komet vom November 1577 muß ein besonders großer gewesen sein, wie aus Flugblättern jenes Jahres zu erkennen ist. Die ganze Stadt war in Aufregung versetzt. Kepler selber schrieb: ». . . weil er größer und greulicher ist, dann andre vil vor ime gewesen.« Er meinte die Kometen von 1572 und 1576, die einige Unruhe verbreitet hatten, jetzt aber nur als Vorboten des neuen Himmelsereignisses galten. Denn dieser Komet erstreckte sich über einen weiten Bereich des nächtlichen Firmaments und erhellte die Landschaft. Einige wollten ihn auch am Tage gesehen haben.

Kometen galten damals als Verkünder größten Unheils. So werden die Einwohner von Leonberg mit allen Zeichen des Entsetzens emporgeblickt haben. Und die Keplerin war sicher unter denen, die am lautesten lamentierten und am verzweifeltsten dem Unheil entgegensahen, das nun bald hereinbrechen mußte. Hatte nicht der Komet von 1572 – einige Monate nach der Geburt des Johannes – den Ehemann in die Fremde getrieben?

Der künftige Astronom war inzwischen fast sechs Jahre alt. Was sollte er von dem großen Kometen denken? Sicher nichts anderes zunächst, als alle Welt dachte: greuliche Pestilenz, Hunger, Mord, Raub, Tatareneinfall, Verwüstung der Städte, Tod des Herrschers usw. Alles dieses wegen der Sünden der Menschen, die abgebüßt werden sollten.

Der große Komet war natürlich auch über dem Frankenlande zu sehen. In Nürnberg erschien ein Flugblatt (Vorläufer sehr viel späterer Tageszeitungen), in dem sich das damalige Erschrecken widerspiegelte. Das Blatt zeigt über den Konturen der Stadt das ungeheuerliche Gebilde und einige verängstigte Menschen im Vordergrund. (Einem derartigen Ereignis würde auch heute noch so mancher fassungslos oder in abergläubischer Furcht gegenüberstehen. Wir haben daher keinen Anlaß, das Flugblatt zu belächeln.)

Kometen galten als Ausdünstungen der irdischen Atmosphäre. Niemand wußte es zunächst besser zu erklären. So heißt es denn in dem kulturgeschichtlich bemerkenswerten Flugblatt von 1577, Geschichte und Erfahrung bezeugten, daß die ungewöhnlichen Zeichen, »so am hohen Himmel und in der Lufft sich sehen lassen«, große Strafe bedeuteten, weil Gott wegen der Verachtung seines Wortes drohe um der Barmherzigkeit der Menschen willen. Das Beispiel Jerusalems wird angeführt. Als dort alle Warnungen Christi und seiner Apostel verachtet worden seien, habe er von Wunderzeichen gesprochen, daß die Erde beben würde, ein Wind sich erheben werde und »eine ungewöhnliche Finsternis der Sonnen« geschehen werde. Gott habe dann, weil sie in ihrem Mutwillen fortfuhren, neben anderen schrecklichen Zeichen einen Kometen in Gestalt eines Schwertes

Ein besonders »greulicher« Komet stand 1577 am Himmel, so wie ihn hier das Nürnberger
Flugblatt vom selben Jahr darstellt. Für den fast sechsjährigen Johannes Kepler war dies
das erste große Himmelsereignis.

geschickt, der ein ganzes Jahr über Jerusalem gestanden habe, worauf die Stadt belagert, von den Feinden erobert und samt dem Tempel verbrannt und geschleift worden sei. Aus dem Volke seien neben unzähligem anderem Jammer viele Tausende durch Schwert, Hunger und Pestilenz umgekommen, die übrigen in alle Lande zerstreut.

Nach diesem Griff in die Bibel, die hier eine rächende und zürnende Gottheit kennt, wendet sich der unbekannte Verfasser des Kometenflugblatts dem Mittelalter zu. Auch für diese Periode will er nachweisen, daß Kometen wirklich großes Unglück bedeuten. Dabei erfahren wir einige Jahreszahlen für die Kometenregistrierung. Anno Christi 1337 habe zur Zeit Ludwigs des Bayern ein Komet vier Monate am Himmel gestanden. Und da er »noch nit gar vergangen, hat sich ein anderer sehen lassen, so zwey Monat gestanden«. Anno Christi 1339 sei schon der dritte gekommen, darauf das nächste Jahr eine greuliche Pestilenz fast durch die ganze Welt gegangen sei »und schröcklich entbörung im Römischen Reich war, darumb das der Pabst Keyser Ludwigen in Pann gethan und die Churfürsten einen andern Keyser zu wöhlen getrieben hat, welches zu großer uneinigkeit, Krieg und blutvergiessen ursach gegeben«.

Von 1400 bis 1403 seien vier Kometen erschienen. Sie hätten einen Tatareneinfall angekündigt. Selbst den türkischen Kaiser, der ihnen »mit gewerter Hand« entgegengetreten sei, hätten sie gefangen, in ein Vogelhaus eingesperrt und zu Hohn und Spott durch ganz Asien herumgeführt.

Weitere Kometenjahre waren: 1415, als Johann Hus in Konstanz verbrannt wurde, und 1500, als die Tataren in Polen einfielen. Der Komet von 1526 stand am Himmel, während die Türken nahe vor Wien gezogen und hätten »im abzug vil hundert Menschen mit sich in erbärmliche dienstbarkeit geführet«. Die Wiedertäufer wurden auf die Kometen von 1531 und 1533 zurückgeführt, und auch der neue Stern von 1572 ist erwähnt.

Es gab keine Kriege, keine Seuchen, die nicht durch einen Kometen verkündet worden wären. Denn in jenen Jahrhunderten waren Kometen überaus häufig. Und ließ sich für ein Ereignis kein Komet finden, dann wurde er erfunden – so für den Tod Karls des Großen (814).

Im 19., besonders aber im 20. Jahrhundert hat sich die Zahl der mit bloßem Auge sichtbaren Kometen sehr stark vermindert. Dafür kommen jetzt jährlich vier bis sechs teleskopische Kometen hinzu. Sie sind so klein, daß sie nur mit dem Fernrohr erkannt werden können. Zu Keplers Jugendzeit gab es noch kein Fernrohr.

Von Johannes wissen wir, daß er 1577 noch unter den Folgen seiner Pockenerkrankung litt, die seine Augen geschädigt hatte. Wie sehr auch die Mutter auf dem Hügel in Leonberg über neue Pestilenz, Teuerung und »schröcklich unglück« gejammert haben mag, der Knabe sah nicht viel von dem Kometen und war auch noch längst nicht in der Lage, selber dazu

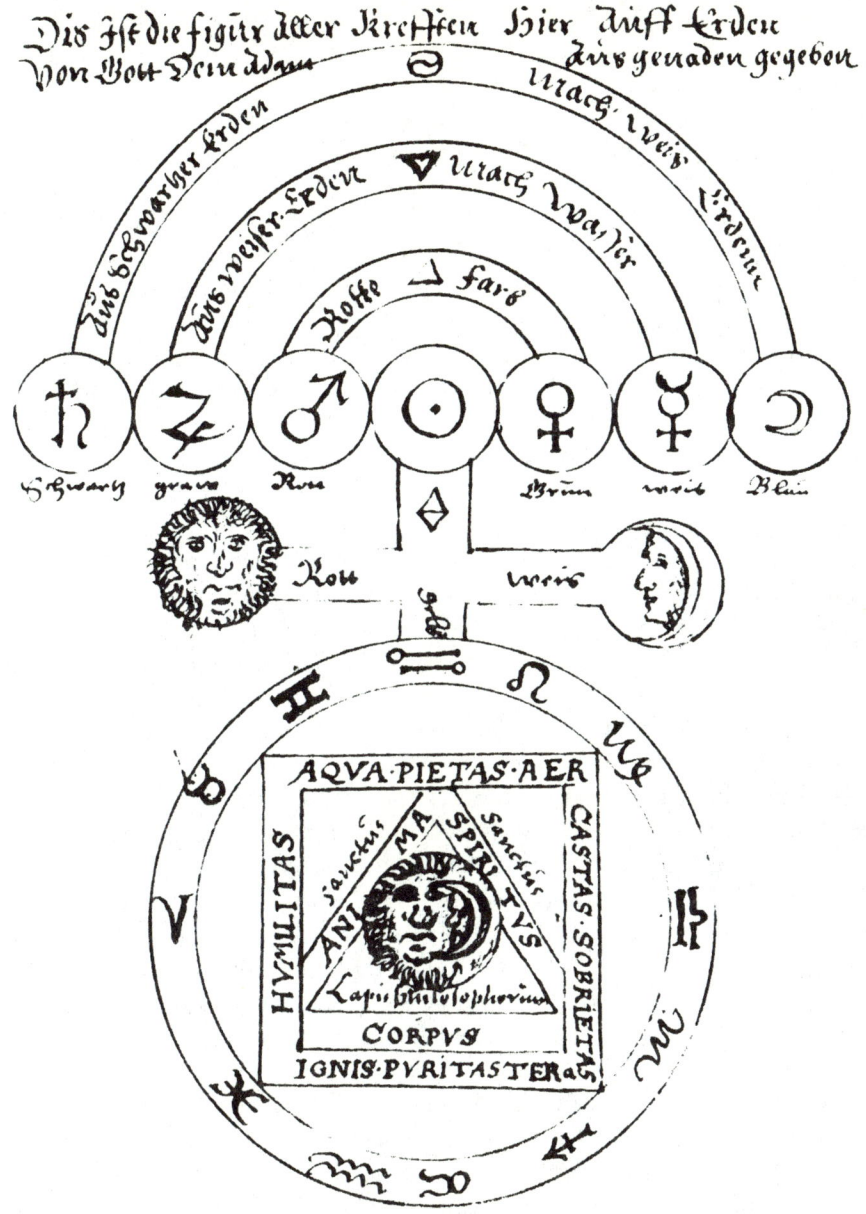

Als Kepler elf Jahre alt war, wurden in die Darstellungen des Planetensystems auch die Farben der Himmelskörper, die vier Elemente und Tugenden, Körper, Seele und Geist sowie der »Stein der Weisen« mit einbezogen, ferner die Niedrigkeit, Enthaltsamkeit, das reinigende Feuer usw., kurz »alle Krefften Hier auff Erden, von Gott dem Adam zur genaden gegeben«.

Stellung zu nehmen wie später nach seiner Kometenbeobachtung vom November 1596.

Dennoch kann das Ereignis von 1577 den Hochbegabten nicht völlig unberührt gelassen haben. Nunmehr war, was am Himmel geschah, doch wert, in seinen persönlichen Notizen aufgeführt zu werden. Das Schlüsselerlebnis blieb zwar mehr oder weniger im Unterbewußten, doch der spätere Entschluß, sich der Astronomie zuzuwenden, darf seinen frühesten Anstoß aus dem Jahre 1577 herleiten. Zum mindesten ist die damals herrschende Aufregung nicht spurlos an ihm vorübergegangen.

Noch aus einem anderen Grunde gewann dieser Komet für Kepler besondere Bedeutung. In jenen Tagen saß 700 Kilometer nördlich von Leonberg der seinerzeit prominenteste Astronom an seinen Meßinstrumenten auf der dänischen Insel Hven: Tycho Brahe, 31 Jahre alt und ein vorzüglicher Himmelsbeobachter. Zwar hatte auch er noch kein Fernrohr, doch verstand er es, die Sternpositionen, die »Örter«, genauestens festzulegen.

Ihm gelang in den Novembernächten 1577 durch eine Parallaxenmessung der Nachweis, daß dieser Komet nicht in der irdischen Lufthülle zu suchen sei, sondern jenseits des Mondes, mindestens so weit entfernt wie der Planet Venus. Auch Keplers späterer Lehrer Mästlin in Tübingen hatte dies erkannt. Die im Altertum und im Mittelalter gültige Auffassung von den Kristallsphären, auf deren äußerster die Sterne angeheftet sein sollten, war damit aufs schwerste erschüttert. Doch sprach sich diese Erkenntnis erst sehr viel später herum. Der Komet von 1577 durchbrach das als unabänderlich angenommene kristallene Himmelsgebäude, an dem Nikolaus von Kues und Giordano Bruno schon so kräftig gerüttelt hatten.

Das Kind Kepler ahnte damals nichts von dieser Bedeutung. Sein Schicksal fügte aber, daß der berühmte Astronom aus dem fernen Dänemark 22 Jahre später mit Kepler in enge Beziehung trat. Diese Begegnung bestimmte Keplers weiteres Leben. Er selber machte sich dann seine Gedanken über die Kometen. Der »Haarstern«, wie er ihn nannte, vom September bis Oktober 1607 veranlaßte den 36jährigen Kepler in einer Schrift zu bestätigen, daß Kometen keine atmosphärische Erscheinung sein könnten. Alle Kometen bewegten sich »in der himlischen, überall durchgängigen und ledigen Lufft« (wir würden sagen: im luftleeren Raum), und zwar in so großer Zahl wie es Fische im Ozean gebe. Eine damals kühne aber zutreffende Theorie. Tatsächlich gilt heute, daß es sogar Milliarden Kometen am äußersten Rande unseres Sonnensystems geben muß. Sie umrunden die Sonne gleich den Planeten, wobei es Irrläufer gibt, die bis in Sonnennähe gelangen. Sie können dann von der Erde aus gesehen werden.

Kepler durchschaute ebensowenig wie unsere heutigen Astronomen die Entstehungsgeschichte der Kometen. Erstaunlich aber ist Keplers zutreffende Behauptung, daß der Kometenschweif durch die Sonneneinwirkung verursacht werde. Der Schweif sei keine brennende Fackel, wie bis dahin angenommen wurde, sondern leuchtende Kometenmaterie. Sie werde durch die Sonne von dem Kometenkern abgesondert. Er hatte richtig beobachtet, daß der Kometenschweif immer von der Sonne abgewandt ist, wie Apian und Fracastoro schon vermutet hatten. Wir wissen heute, daß der Lichtdruck der Sonne, aber auch die Teilchenstrahlung, Sonnenwind genannt, die Schweifbildung hervorrufen.

Diese Erkenntnisse beschäftigten damals viele, die den geheimnisvollen Kometen auf die Spur kommen wollten – bis hin zu Halley (1656–1742). Der englische Astronom, Direktor der berühmten Sternwarte in Greenwich, studierte einige Jahrzehnte später aufmerksam, was Kepler über den Kometen von 1607 geschrieben hatte, und konnte aufgrund der Keplerschen Beobachtungen und Berechnungen nachweisen, daß es derselbe Komet gewesen sein mußte, der auch 1682 wieder in der Nähe der Sonne auftauchte.

Mit Hilfe der Keplerschen Zahlen berechnete Halley eine abermalige Wiederkehr des Kometen für 1758. Tatsächlich stand dann der Komet am Himmel. Halley erlebte es nicht mehr. Der Komet wurde nun Halleyscher Komet genannt. Kepler, der als erster seine Bahn berechnete, hatte das Nachsehen, wie so oft in seinem Leben. Inzwischen ist der Halleysche Komet immer wieder im Abstand von 76 Jahren aufgetaucht, so 1910. Seine Erdannäherung 1985/86 wurde schon im Oktober 1982 von Amerika aus im Sternbild »Kleiner Hund« beobachtet. Der Halleysche Komet war zu dieser Zeit noch 1600 Millionen Kilometer von uns entfernt.

Neben den wissenschaftlichen Messungen und Erkenntnissen stand freilich für die Masse der nicht orientierten Menschen vor allem die Frage im Vordergrund: Was bedeuten die Kometen? Welches Schicksal bereiten sie uns?

Kepler stand nicht gegen die Abergläubischen auf, die den »Haarsternen« jeden Tribut zollten. Auch er war noch mit einem Teil seines Wesens in der landläufigen Kometenfurcht befangen. Aber da regte sich doch eine neue Auffassung, die der fromme Kepler mit dem alten Zeitgeist zu verbinden suchte. Für ihn waren die Kometen Zeugen für die Existenz Gottes, »von dem alles künftige Glück und Unglück vorgesehen, verkündet, verhängt, gemessiget und geregieret« werde zur Besserung jener, die an keinen Gott glauben würden und zur Ermahnung derer, »die mit Unglück schwanger gehen und ihre Begierden nicht inne halten können, zum Trost aber und Gedult-Vermahnung dem kleinen, schwachen und untergedruckten Hauffen«.

Hier nimmt Kepler die kleinen Leute in Schutz vor dem Unglauben und dem Unglücksglauben schlechthin, ja er spendet ihnen ausdrücklich Trost. In der Zeit des überschäumenden Aberglaubens war dies ein Hoffnungsstrahl von besonderer Bedeutung für Unwissende und Gedemütigte, die unter der »Zuchtrute Gottes« zu verzweifeln schienen.

Es waren nicht nur die Kometennächte von 1577, die den jungen Kepler auf gewisse Vorgänge am Firmament aufmerksam werden ließen. Schon 1582 wurde der Zehnjährige vom Vater gerufen, um eine Mondfinsternis mitzuerleben. Der verfinsterte Erdtrabant sei rötlich aufgetaucht, schreibt Kepler. Auch im März 1588 fesselt ihn eine Mondfinsternis. Er konnte den Mond, »als er sich inmitten der Finsternis befand, gerade noch mit den Augen durch die Aschenfarbe erkennen«. Es muß also damals mit seiner Sehkraft nicht schlecht bestellt gewesen sein.

Die elf Jahre von dem Kometen 1577 bis zur Mondfinsternis 1588 waren nun in Keplers Jugend die wichtigsten Lernjahre. Kaum sechsjährig, begann für Johannes der Schulunterricht im Lesen und Schreiben, und schon als Siebenjähriger besuchte er in Leonberg die Lateinschule, in der drei Klassen zu durchlaufen waren. Doch der achtjährige Johannes arbeitete oft auf dem Acker und mußte auch in der elterlichen Gastwirtschaft mithelfen. So kam es, daß sein Schulbesuch als »lückenhaft« bezeichnet wurde. Die zweite Lateinklasse schaffte der an sich außerordentlich begabte Schüler erst im Winter 1582, als er elf Jahre alt wurde.

Im Frühjahr darauf war es klar, daß dieser Junge seiner schwächlichen Konstitution wegen besser nicht zur Landarbeit herangezogen werden sollte, und auch deshalb nicht, weil er das schwere Examen zur Aufnahme in die Klosterschule von Adelberg (1583) mit Glanz bestand. Dort herrschten strenge Sitten. Der Unterricht begann im Sommer um vier Uhr, im Winter um fünf Uhr morgens mit Psalmensingen. Nur in Begleitung der Aufseher war es erlaubt, das Gebäude zu verlassen. Hierbei trugen die Schüler einen schwarzen Mantel ohne Ärmel. Es durfte nur lateinisch gesprochen werden. Auch war mit dem Personal jede Unterhaltung verboten. Die Klosterschule war eine Vorstufe für die höhere Schule, das Gymnasium in Maulbronn, ehemaliges Zisterzienserkloster mit besonders dicken Mauern. Hier fand der 15jährige Kepler Aufnahme.

Lateinische und griechische Philosophen wurden in der Originalsprache gelesen. Ferner umfaßte das Studium Rhetorik, Dialektik, Musik, Astronomie und Arithmetik. Kepler war damals – auch wegen Krankheit – oft gereizt und vorlaut, wie einer der Präzeptoren feststellte. Auch prügelte sich der künftige Astronom mit seinen Mitschülern. Seine wissenschaftlichen Leistungen standen aber immer an erster Stelle.

Selbst bei der Mutter und den anderen Verwandten regte sich jetzt so etwas wie Stolz auf den begabten Jungen.

Die Entwicklung mündete in das Studium an der Tübinger Universität für den Siebzehnjährigen. Hier waren die Studenten im Stift untergebracht. Es war aus einem alten Kloster der Augustiner-Eremiten hervorgegangen, die auf strengste Zucht und totalen Verzicht auf alle freimütigen Lebensäußerungen geachtet hatten. Dieser asketische Geist herrschte immer noch hinter den Mauern, als das Kloster im Zuge der Lutherischen Reformation ein Heim der evangelischen Theologiestudenten wurde. Aus den Einsiedlerzellen waren zwar Studierstuben für jeweils mehrere Studenten geworden, aber man hatte keine Öfen hineingestellt. Nur in den wenigen Gemeinschaftsräumen war an besonders kalten Tagen für Heizung gesorgt.

Für die Beleuchtung in ihren Stuben mußten sich die jungen Leute selber Talglichter besorgen. Sie schliefen im Saal auf hartem Lager, vom Nachbarn durch eine Bretterwand getrennt und unter der Aufsicht von Aufpassern. Unter den Studenten gab es auch (nach Justus Schmidt) heimlich eingesetzte Angeber, die besonders verhaßt waren. Wurden sie erkannt, so mußten sie damit rechnen, in eine dunkle Ecke gezogen zu werden, wo es schwerste Prügel setzte.

Niemand traute hier dem andern über den Weg. Es gab auch ein »Schwarzes Brett« – auf ihm waren zur Strafe die Namen derjenigen zu lesen, die im Speisesaal zwischen den Tischen umhergehende Aufpasser hinterrücks mit Brotkugeln beworfen hatten..., sofern die Übeltäter erwischt oder verraten worden waren. Ausgangserlaubnis gab es nur in besonderen Ausnahmefällen. Das Haus wurde um fünf Uhr nachmittags abgeschlossen, so wie heute in den Gefängnissen um eine bestimmte Uhrzeit der »Einschluß« stattfindet. Überhaupt unterschied sich das, was hier als theologisches Stift bezeichnet wurde, kaum von dem, was im 20. Jahrhundert als Arbeitshaus für Asoziale in Verruf geriet, wenngleich in Tübingen geistig gearbeitet wurde. Die äußeren Bedingungen hierfür hätten nicht erbärmlicher sein können. Immerhin ist später eine Reihe hervorragender Männer und Wissenschaftler aus diesem Stift hervorgegangen. Andere flohen in die Freiheit, Kepler blieb.

Er hörte Vorlesungen über Griechisch, Hebräisch, Astronomie und Physik, Ethik, Dialektik und Rhetorik. Und 1591 bestand der 19jährige die Magisterprüfung mit dem zweitbesten Ergebnis unter 15 Kandidaten. Im Dezember begrüßten Bürgermeister und Rat von Weil der Stadt die Absicht der Universität Tübingen, das Kepler vor einem Jahr bewilligte Stipendium zu verlängern, »da sein vortrefflicher und herrlicher Geist also rühmlich, daß seinethalb etwas sonderliches zu erhoffen sei«. Die Theologie war nun das spezielle Ziel des Studiosus Kepler.

Über diese Lernjahre schrieb Kepler, er habe die mathematischen Studien allen anderen vorgezogen. In der Philosophie las er stets den lateinischen oder griechischen Urtext. Eigene Untersuchungen beschäftigten ihn in der Physik. Die Ethik vernachlässigte er, fand aber an der Analytik viel Gefallen. In der Verarbeitung eines Buches über Meteore »blieb ich vornehmlich in der Disputation hängen«.

Dies bedeutete aber nicht, daß er die Astronomie beiseite gelassen hätte. Zwar dachte er noch nicht daran, Astronom zu werden, aber er vertiefte sich doch sehr in das Buch von Nikolaus Kopernikus »De revolutionibus orbium coelestium« (Über die Umlaufbahnen der Himmelskörper). Das Werk, das vor 47 Jahren erschienen war und die Sonne in den Mittelpunkt der Welt versetzte, wurde dem Studiosus Kepler von seinem Astronomielehrer Michael Mästlin (1550–1631) nahegebracht. Es ist bezeichnend für die damalige geistige Situation in den deutschen Landen, daß die Entthronung der Erde als Mittelpunkt der Welt immer noch nicht offiziell behandelt werden durfte. Auch Mästlin, ein weithin anerkannter Astronom, war nur insgeheim von der Richtigkeit des Kopernikanischen Weltbildes überzeugt. Offiziell hielt er sich an den »Almagest« des Claudius Ptolemäus. Der alexandrinische Astronom war freilich schon vor mehr als 1400 Jahren gestorben, seine Epizykeltheorie inzwischen mehrfach angezweifelt worden.

Bei Mästlin fühlte Kepler sich gut aufgehoben. Was diese beiden über Kopernikus debattiert haben mögen, wissen wir im einzelnen nicht. Es gibt aber keinen Zweifel, daß Kepler sofort Feuer fing und das neue Weltbild schon damals in sich verankerte. Er empörte sich darüber, daß, wie er erkannte, in das Werk von Kopernikus ein falsches Vorwort hineingemogelt worden war. Es stammte in Wahrheit nicht von Kopernikus und entwertete den Inhalt. Man brauche das in diesem Buch Dargelegte nicht allzu ernst zu nehmen, hieß es da, man habe es nur mit Hypothesen zu tun, die vielleicht nicht einmal eine hinreichende Wahrscheinlichkeit besäßen. Das Ganze sei nur ersonnen worden, um gewisse Berechnungen abzukürzen.

Diese Verfälschung des Inhalts geht auf das Konto des Nürnberger Predigers Andreas Osiander, der den Druck der »Revolutionibus« überwachen sollte. Kopernikus selber konnte gegen diese schändliche Abwertung nichts mehr unternehmen, obwohl er davon erfuhr. Er lag schwer krank zu Bett im ostpreußischen Frauenburg, als ihm das erste gedruckte Exemplar überreicht wurde. Hatte er noch darin gelesen? Vielleicht das Vorwort? Jedenfalls starb er am selben Tag.

Mit Mästlin verband Kepler sein Leben lang eine enge Freundschaft. Sie bestand auf Keplers Seite auch dann noch fort, als Mästlin seinem hochbegabten Schüler später nicht mehr ganz zu folgen vermochte ..., vor allem auch nicht in konfessionellen Fragen.

In der Theologie beschäftigte sich Kepler sofort mit der Prädestination, der göttlichen Vorherbestimmung über Heil oder Unheil des Menschen. Luther hatte die Bedingungslosigkeit der göttlichen Gnadenwahl im Zusammenhang mit der Frage nach dem Wert des menschlichen Willens behandelt – eines der zahlreichen aufrüttelnden Themen, über die sich trefflich streiten ließ. Dies tat Kepler gern und sicher geistreich.

Aus der Fülle seiner intellektuellen Regsamkeit sei ferner erwähnt, daß der auch historisch interessierte Studiosus den Propheten Daniel analysierte und eine neue Geschichte der Monarchie der Assyrer schrieb. Vor allem aber untersuchte er den römischen Kalender gründlich. Kepler interessierte die Frage, ob der neue Kalender nun der bessere sei. So billigte er nicht, obwohl protestantisch, daß die Evangelischen den neuen Kalender nur deshalb ablehnten, weil die Reform des alten Julianischen Kalenders aus der Zeit Julius Cäsars jetzt von Rom aus betrieben wurde.

Die Kalenderreform stand damals im Vordergrund des allgemeinen Interesses, weil der im Jahre 46 v. Chr. unter Cäsar eingeführte Kalender auf die Dauer fehlerhaft war. Der Wechsel von Tag und Nacht in etwa 24 Stunden, der Wechsel der Mondphasen in etwa 28 Tagen und die Jahresbahn der Sonne von 12 Monaten mit einem Tiefststand um die Weihnachtszeit (auf der Südhalbkugel der Höchststand) lieferten drei voneinander ganz unabhängige Grundlagen für die Zeiteinteilung. Es war selbstverständlich, daß niemand auf den Tag- und Nachtrhythmus als Zeitmesser verzichten wollte. Ein Tag ist immer noch ein Tag. Aber auch auf den Mondwechsel wurde für den Lauf der Zeiten großer Wert gelegt: zwölfmal von Neumond zu Neumond. Nur läßt sich das Mondjahr nicht in ganze Tage einteilen. Das (tropische) Sonnenjahr ist um ungefähr elf Tage länger als das Mondjahr. Kurz: Es ist so gut wie unmöglich, die Dauer der täglichen Erdrotation, die Mondphasen und den Jahreslauf der Sonne auf einen Nenner zu bringen. Es geht nicht anders, als daß man hier und da einen Schalttag zu Hilfe nimmt, um aufgelaufene Abweichungen wenigstens eine Zeitlang dem Lauf der Gestirne anzunähern.

Dabei war bis zu Julius Cäsars Zeiten ein großes Durcheinander an Schalttagen und Daten entstanden. Der Julianische Kalender beseitigte einen Teil der Fehler. Zunächst wurden auf einen Schlag zusätzliche 67 Schalttage zu dem ohnehin vorhandenen Überschuß von 13 Tagen eingefügt. So entstand einmalig ein Jahr von 445 Tagen. Aber es war immer noch ein Fehler darin. Er hatte sich bis zum 16. Jahrhundert auf zehn Tage hochgeschaukelt. Jedes Schaltjahr des Julianischen Kalenders war nämlich gegenüber dem Sonnenjahr um 45 Minuten kürzer, als angesetzt worden war. Infolgedessen hatte sich der Jahresbeginn verschoben, und auch die Daten für den Frühlingsanfang stimmten nicht mehr.

Papst Gregor XIII. ordnete die neue Kalenderreform an. Diesmal wurden nicht Schalttage hinzugefügt, sondern zehn Tage gestrichen. Auf den 4. Oktober 1582 folgte unmittelbar der 15. Oktober 1582. Ferner wurde vereinbart, daß nach drei Jahren zu je 365 Tagen ein Schaltjahr zu 366 Tagen folgen müsse. Von den auf 30 bzw. 31 Tage festgelegten Monaten war der Februar auszunehmen. Er mußte 28 und (im vierten Jahr) 29 Tage lang sein. Anstelle des 19jährigen Mondzyklus wurden Epakten eingeführt: die Tage zwischen dem letzten Neumond eines Jahres bis zum neuen Jahresbeginn. Auf diese Weise konnte das Osterfest auf den ersten Sonntag nach dem Frühlingsvollmond festgelegt werden. Der Frühling mußte fortan immer um den 21. März beginnen.

Nach Wiederherstellung der Ordnung mußte nun auch an die Zukunft gedacht werden. Des Rätsels Lösung bestand darin, daß künftig bei einer Jahrhundertwende (falls ein Schaltjahr darauf fallen sollte) nur solche Jahre einen 29. Februar haben durften, die sich ohne Rest durch 400 teilen lassen. Das Jahr 1600 hatte also seinen Schalttag, das Jahr 1900, das wieder ein Jahrhundert-Schaltjahr hätte sein müssen, hatte keinen 29. Februar. Auch das Jahr 2100 wird leer ausgehen. Auf diese Weise verkleinert sich der Restfehler derartig, daß erst nach 3333 Jahren ein einziger Tag zuviel vorhanden sein würde. Eine Restdifferenz gegenüber der mittleren Sonnenzeit wird neuerdings durch eine Schaltsekunde bei Jahresbeginn ausgeglichen.

Dem unbeschwerten Bürger dürfte es nicht leichtfallen, die Notwendigkeit der Kalenderreformen zu durchschauen. Aber der Alltag richtet sich danach. Der »Gregorianische Kalender« gilt bekanntlich heute noch. Für Kepler waren alle derartigen Überlegungen ein Kinderspiel. In der astronomischen Mathematik war er ein Meister, auch bei viel schwierigeren Fragen. Er fand, daß die neue Lösung von 1582 vernünftig sei. Daß er sich da im Gegensatz zu seinen Glaubensbrüdern befand, nahm er in Kauf. Man sieht, es gab damals im Konfessionellen wie heute im Politischen einen gewissen Starrsinn je nach dem Ursprung einer Reform oder Gesetzesvorlage. Die Geisteshaltung, die Weltanschauung des Vorschlagenden (seine Parteizugehörigkeit) waren und sind gelegentlich wichtiger als die sachlich begründete Notwendigkeit. Dieses Spiel haßte Kepler, zumal nun ein Reisender, der aus evangelischen Landen in ein katholisches überwechselte, zehn Tage zu viel auf seinem Kalender hatte. Es vergingen noch mehr als 100 Jahre, bis sich der »Gregorianische Kalender« endlich in der sogenannten westlichen Welt überall durchgesetzt hatte.

Was Kepler menschlich und moralisch in diesen Entwicklungsjahren durchzustehen hatte, befindet sich auf einem ganz anderen Blatt als seine vorzüglichen Leistungen in der Latein- und Klosterschule. Auch für ihn gab es eine Sturm- und Drangperiode, ein unausgegorenes Aufbegehren. Darunter litt vor allem sein Verhältnis zu Lehrern, die er unnachsichtig korrigierte, zu Freunden und Mitschülern, die er neckte und reizte, so daß sie ihn mehr als einmal verprügelten. Nur mühsam verstand es Kepler, sich in dem Gerangel hinter den Stiftsmauern Geltung zu verschaffen. Es traten auch einige, vom Familiencharakter herzuleitende Unarten zutage, wie Besserwisserei, Schadenfreude, Angriffslust, übertriebener Ehrgeiz und eine Aufteilung in Freunde und Feinde. Wir sehen in dieser Zeit Kepler als Mensch unter Menschen im Ringen mit anderen und mit sich selbst. Er hat später seine damaligen Feinde namentlich aufgezählt, um sich gewissermaßen nachträglich zu entlasten.

Es muß schon schlimm hergegangen sein bei den jungen Leuten. »Da war ein gewisser Huldrich«, schreibt Kepler mit 26 Jahren, »der entfremdete sich mir zuerst durch nicht bewahrte Treue – und durch meine Unbesonnenheit, ihm Vorwürfe zu machen. Den Haß Seifferts zog ich mir selbst zu, da auch die andern ihn haßten und ich, obgleich durch keine Beleidigung herausgefordert, ihn reizte. Ortolph haßte mich, wie ich Köllin haßte, obwohl ich hingegen Ortolph gern habe. – Alle habe ich oft gegen mich aufgebracht durch meine Schuld, in Adelberg durch Verrat, in Maulbronn durch Verteidigung des Graeter, in Tübingen durch die verletzende Frage des Schweigens (Kepler wollte nicht durch Lärm gestört werden), Lendlin durch ein unpassendes Schreiben, Spangenberg durch unbesonnene Zurechtweisung. Cleber haßte mich als Nebenbuhler infolge eines übernommenen falschen Verdachts, hatte mich aber vorher sehr gern gehabt. Von daher kamen mein frecher Mund und sein mürrisches Wesen. Deshalb stürzte er sich öfter auf mich, mit Fausthieben drohend . . .«

Schlägerei also, Haß und Liebe dicht beieinander, Verrat und Beleidigung. Und alles in lateinischer Sprache. Nur diese war in den Seminaren und auf der Universität zugelassen. Wenigstens ein Großteil der Reibereien und Zänkereien in dieser schwierigen Entwicklungsphase dürfte auf die Abgeschlossenheit hinter den Mauern des Internats, später des Tübinger Stifts, zurückzuführen sein. Hier waren zu viele junge Burschen unter sich. Und Kepler hatte auch etwas von dem cholerischen Temperament seiner Vorfahren geerbt. Keine Tanzabende, keine Mädchenbekanntschaften, dafür aber harte Bestrafungen. »Im Februar kam ich verdientermaßen in den Karzer«, berichtete Kepler freimütig.

Was mag sich da sonst noch alles abgespielt haben? Wenn einmal Ausgangserlaubnis erteilt worden war, lief auch nicht alles nach Wunsch. In Kuppingen, 18 Kilometer nordwestlich von Tübingen, habe sich eine Liebschaft mit einem Mädchen ergeben, schreibt Kepler, zu dem er am Silvestertag 1592 »auf beschwerlichem Wege« gelangt sei. Er habe beim Gelage schwerste Anfälle erlitten. Es scheint, als sei ihm hier eine

Niederlage nicht erspart geblieben. Nach solchen Begebenheiten zog er sich umso lieber in seine Studierstube zurück, wo sich eine ganze Bibliothek geliehener Bücher angesammelt hatte. Kepler gab keines davon jemals zurück. »Bücher, die mir überlassen wurden und die mir einmal nützlich sein konnten, hielt ich gleichsam mit den Zähnen fest.«

Seine Generalbeichte, die sich in den Notizen findet, ist nicht nur eine Anklage gegen sich selbst. Er sucht auch nach Gründen. Einen Widerwillen zur Arbeit habe er gehabt und nur aus Wißbegierde studiert. Dabei sei auch seine miserable Gesundheit ein Hindernis gewesen. Kepler wurde während seiner Schul- und Studienjahre ständig von Pusteln auf der Haut geplagt, hatte oft hartnäckige Geschwüre und »durch falsche Zaubermittel aufbrechende Wunden an den Füßen«. Er beklagte sich über den »Wurm« am Mittelfinger der rechten Hand und über ein großes Geschwür an der linken. Für 1590 notierte er Kopfschmerzen und Schüttelfrost, auch sei er wieder von einem Ausschlag befallen worden, veranlaßt durch die Winterkälte, wie er meint. Ein heftiger Schauer mit starkem Schweißausbruch war wohl auf ein Gelage zurückzuführen. Einen kranken Zahn habe er sich selber gezogen, nachdem er ihn mit einer Schnur verknotet hatte, die an einem Türgriff befestigt war. Die Aufführung eines Theaterstückes auf dem Tübinger Marktplatz, wo der Moral wegen keine Mädchen mitspielen durften, versetzte Kepler in hohe Aufregung für Körper und Geist. Er hatte seiner schmächtigen Figur wegen die Rolle der Mariamne übernehmen müssen. Wir wissen, daß er zwar auf musischem Gebiet als Poet hervorgetreten ist und manches lateinische Gedicht von ihm viel Anerkennung fand, daß es ihm auch leicht fiel, lange Texte auswendig zu lernen, aber die Mariamne war wohl doch nicht ganz das richtige für den sensiblen Jüngling.

Als der 26jährige später in Graz mit seiner selbstkritischen Rückschau reinen Tisch machte, wurde ein Wandel in seiner Persönlichkeitsstruktur erkennbar. Es ist ein anderer Kepler, der uns nach 1597 entgegentritt: ein meistens zuvorkommender Mensch, der Verständnis für andere aufbringt, es sei denn, daß er gereizt wird, ein Mann des frommen Glaubens und des Friedens, später auch ein besorgter Familienvater, mit all seinen Kräften zwischen den Unbilden des Alltags und seinen Studien hin und her pendelnd, um das Holz für die Küche ebenso bemüht wie um die himmlischen Sphären, deren Gesetzmäßigkeit es herauszufinden galt.

An diesem Wandel war offensichtlich ein Erfolgserlebnis beteiligt, das wiederum mit großen äußeren Veränderungen einherging: Kepler wurde als Professor an die evangelische Landschaftsschule (Gymnasium) in Graz berufen, und dort schrieb er sein erstes bedeutendes Werk, das ihm die Tore zur Gelehrtenwelt in ganz Europa öffnete, das »Weltgeheimnis«.

Es ist darüber gestritten worden, ob nun der Tübinger Magister der Philosophie Johannes Kepler, der sich 1589 der Theologie zugewandt hatte, nur wenige Monate vor Vollendung dieses dreijährigen Studiums nach Graz »abgeschoben« wurde oder ob die Professur an der Grazer Landschaftsschule eine Auszeichnung bedeutete. Jedenfalls war es einer von den beiden Glücksfällen, die Kepler in seinem Leben beschert wurden, daß er in jener Zeit konfessioneller Zerreißproben nicht auf die Kanzel kam, sondern sich der Mathematik und Astronomie zuwenden mußte. (Der andere Glücksfall war der Tod des Tycho Brahe – darauf kommen wir zurück.)

Kepler hat sich nicht gesträubt, in die Fremde zu ziehen. Er war sich allerdings darüber klar, daß sein Einstieg ins Berufsleben höher bewertet worden wäre, wenn er die letzte theologische Würde auch noch errungen hätte. Er bat darum, ihm die Möglichkeit offenzuhalten, vielleicht doch noch als vollendeter Pfarrer und Doktor der Theologie auf der Kanzel stehen zu können. Er mag es wohl doch gespürt haben, daß die Entwicklungsjahre in Adelberg, an der Klosterschule von Maulbronn und an der Tübinger Universität nicht ganz makellos geblieben waren und daß er sich unbeliebt gemacht hatte, weil er etwas zu deutlich und sicher auch zu temperamentvoll für das Kopernikanische Weltbild eingetreten war.

Vielleicht machte sich der Keplersche Wandertrieb bemerkbar. Schon früh hatte er sich vorgenommen, nicht vor einem Ortswechsel zurückzuschrecken wie manche seiner Altersgenossen, denen eine auswärtige Position angeboten worden war. Diese Situation trat nun ein. In dem damals überwiegend protestantischen Graz war der Mathematiklehrer Stade (Stadius) gestorben. Die Stände wandten sich an die hochgeachtete Universität in Tübingen. Sie hatte schon mehrmals besonders gute Magister vermittelt.

So sehen wir den 22jährigen Kepler denn am 13. März 1594 (nach neuerer Zeitrechnung war es der 24. März) den Pferdewagen besteigen, der bis obenhin mit Büchern beladen ist. Ein Vetter namens Jäger begleitet ihn. Über dessen Unterbringungskosten auf der weiten Reise und in Graz gab es Abrechnungsschwierigkeiten mit dem Stift in Tübingen. Kepler notierte später: »Als er mein Vertrauen getäuscht hatte, als er mich anlog und viel von meinem Geld verschwendete, war ich zwei Jahre gekränkt und schrieb ihm eine Menge ärgerlicher Briefe.« In seinem Wams trug Kepler einen »Uriasbrief«, wie er sagte. Der Unheilsbrief habe ihm eine Braut bestimmt – aber er mochte jetzt davon nichts wissen.

Die Fahrt ging über Ulm, München und Salzburg nach Graz – gut 650 Kilometer weit. Sie dauerte 19 Tage. Die beiden Reisenden haben sich fraglos nicht nur über das Wetter unterhalten, obwohl dies bei einer solchen Fahrt gewiß ein wichtiges Thema war. Kepler wird seine Zweifel geäußert haben, ob er wohl wirklich in eine bessere Zukunft unterwegs sei, und wahrscheinlich hat er sich auch wieder einmal sein Horoskop angesehen. Schon vor seiner Abreise war davon gesprochen worden, daß er nach Figur und Alter noch nicht so recht auf eine Kanzel passen würde. Hatte er die Studienjahre zu schnell durchlaufen? Er fühlte sich auch immer noch nicht als Astronom und sollte doch in Graz gerade in Mathematik und Astronomie unterrichten. »Ich bin mehr mit Anlagen als mit Kenntnissen auf diesem Gebiet ausgerüstet«, meinte er. Das war sicher zu bescheiden gedacht.

War in Graz überhaupt erwünscht, die Sonne in den Mittelpunkt der Umlaufbahnen versetzt zu sehen? Was hielt man dort von Kopernikus? Noch weniger vielleicht als in Tübingen? Zweifel über Zweifel – aber auch ein verlockendes Abenteuer. Nur fort von der Heimat mit ihren Pest- und Pockenkranken, mit dem ewigen Familienkrach, fort von neidischen Altersgenossen, fort – leider – auch von guten Freunden.

Es gab Pferdewechsel, Übernachtungen, Aufenthalte wegen schlechten Wetters, verschlammter Wege, steiler Bergstraßen, Reparaturen am Wagen – alles Gelegenheiten, sich der weiten Strecke und des Abschieds von der Heimat so recht bewußt zu werden. Doch zog hier ein Mann in die Ferne, der sich trotz aller Besorgnisse darauf freute, seinen Horizont auch räumlich zu erweitern. Gab es nicht überall im Abendlande hervorragende Geister, die trotz der erbärmlichen Zustände in den Dörfern der Kleingläubigen – die Keplerfamilie nicht ausgenommen – hohe Kultur in Kunst und Wissenschaft verbreiteten? Man mußte nur die Nase in den Wind halten und anderswo andere Menschen und Meinungen kennenlernen ... nicht als Kriegsmann, wie sein Vater, sondern als forschender Philosoph.

Kepler dachte an Nikolaus Cusanus (1401–1464), der als junger Mensch von zu Hause fortgelaufen und dann in der Fremde zu hohen Ehren gekommen war. Seine Schriften mit der Unendlichkeitsphilosophie hatte Kepler sorgfältig studiert. Er nannte ihn sogar den »Göttlichen«. Cusanus, auch Nikolaus von Kusa genannt, war Sohn eines Fischers namens Chrypffs (oder Krebs) in Kues an der Mosel, heute Bernkastel-Kues. Im Jahre 1448 ist er Kardinal mit dem Titel eines Statthalters von Rom und später wird er Bischof von Brixen in Südtirol.

Es ist nicht schwer zu erkennen, was Kepler an diesem Cusanus so begeisterte: sein Bestreben, eine einheitliche Kirche entstehen zu lassen, sogar eine Weltreligion ins Leben zu rufen, seine Lehre von der Existenz Gottes im Mikrokosmos ebenso wie im Makrokosmos, besonders auch die Behauptung, daß alle Dinge im Universum mathematische Grundlagen besäßen. Dieses nachzuweisen, sah ja Kepler als seine Lebensaufgabe an. Schon 1440 hatte Cusanus geschrieben, die Welt habe keine Grenzen, also keine Umrandung, und auch keinen Mittelpunkt. Sie sei zwar nicht

Vil aberglaub man yetz erdicht
Was künfftig man an sternen sicht
Ayn yeder narr sich dar uff richt

Wô achtûg des gestirns
Der ist ayn narr der me verhaißt:
Dann er in sym vermögen waißt:

Die zur Keplerzeit außerordentlich beliebte und weit verbreitete Sterndeuterei war hundert
Jahre zuvor schon auf Ablehnung gestoßen. In der Reutlinger Ausgabe von Sebastian
Brants »Narrenschiff« ist diese Zeichnung von 1494 enthalten. Der untere Text lautet
»Beobachtung des Gestirns. Der ist ayn narr der mer verhaißt, dann er in sym vermögen
waiß« (als er zu sagen vermag).

unendlich groß, aber doch unbegrenzt (eine auch im 20. Jahrhundert geltende Auffassung!), und alles sei in Bewegung. Auf keinen Fall könne die Erde Mittelpunkt der Welt sein, sondern sie müsse an den allgemeinen Bewegungen teilnehmen – auch wenn diese Bewegungen nicht augenfällig sein sollten. – Nikolaus von Kusa übertraf damit den 72 Jahre später geborenen Kopernikus.

Erde, Mond und Planeten müßten sich um einen Mittelpunkt bewegen, schrieb ferner der Bischof von Brixen. Er nannte aber nicht die Sonne als Mittelpunkt, wie es Kopernikus tat, sondern dachte offenbar schon an eine höhere kosmische Ordnung. Er hatte nicht übersehen, daß die Bahnen der Himmelskörper keine idealen Kreisbahnen sind. Die Vermutung von Cusanus, es müsse bei den Himmelsbahnen mit einer ovalen Form gerechnet werden, ließ Kepler später noch aufhorchen, als er die elliptische Bahn des Mars errechnete. Es klang ihm auch in den Ohren, daß Cusanus von den überall gleich der Erde bewohnten Sternen gesprochen hatte. Nikolaus von Kues und Johannes Kepler waren durch ein besonderes Ereignis verbunden: beide wurden schon mit 23 Jahren Professor.

Weiter erinnerte sich Kepler, als er in den Herbergen nach dem Abendessen beim Wein saß und seinem Vetter kleine Vorlesungen hielt, an Giordano Bruno. Der italienische Himmelsschwärmer (1548–1600) reiste kreuz und quer durch Europa und verkündete ein Universum, das aus vielen Welten bestand. Von innen her sei es geeint durch die »Weltseele«, das Göttliche. Seine pantheistische Philosophie schöpfte er bei Cusanus. Er schloß teilweise auch Kopernikus ein. Erst zehn Jahre vor Keplers Reise nach Graz hatte Giordano Bruno sein Buch über »Das unendliche Universum und die Welt« veröffentlicht. Kepler ahnte nicht, daß der von der Inquisition verfolgte und unter falschen Versprechungen nach Italien zurückgelockte Dominikaner nur noch sechs Jahre sein Zeitgenosse sein würde. Bruno wurde 1600 in Rom verbrannt.

Von Regiomontanus, der eigentlich Johannes Müller hieß, aber sich nach seinem Geburtsort Königsberg in Bayern latinisiert hatte (1436–1476), war bekannt, daß er genau 100 Jahre vor Keplers Geburt in Nürnberg die erste Sternwarte errichtet hatte. Auf ihr wurde erstmals eine Uhr mit Hängegewicht benutzt. Er richtete sich – wie später Kepler – eine eigene Druckerei ein. Mit ihrer Hilfe veröffentlichte er seine Verbesserungen der Rechentafeln des Ptolemäus. Regiomontanus gehörte zu denen, auf die Papst Sixtus IV. große Hoffnungen für die Kalenderreform gesetzt hatte, weshalb er ihn nach Rom berief. Dort starb der Astronom im Jahr darauf. Die Kalenderreform mußte damals verschoben werden.

Nürnberg –? Dort hatte doch Peter Henlein um 1520 schon die erste Taschenuhr in Dosenform gebaut, nachdem er die »Unruhe« erfunden hatte. Auch zu Keplers Zeiten gab es dafür noch keine Serienproduktion.

Die einzelnen Stücke blieben große Kostbarkeiten. Soweit bekannt, hat auch Kepler ein solches Instrument nicht besessen. Dagegen benutzte er in späteren Jahren (1626) eine Klapp-Sonnenuhr aus Elfenbein. Und als von Nürnberg die Rede war, ist fraglos auch der Name Albrecht Dürer gefallen (1471–1528) und auch der des Meistersinger-Schuhmachers Hans Sachs, der noch lebte, als Kepler geboren wurde (1494–1576).

Die Renaissance hatte ihre Vollender auf den Plan gerufen, als Kepler seine Laufbahn begann. Dies war keine Zeit der Resignation und der Gleichgültigkeit. Landauf und landab wurden in den gehobenen Schichten der Bevölkerung Namen genannt wie Tillmann Riemenschneider, der geniale Bildschnitzer und Bildhauer in Würzburg, oder Giovanni Palestrina, der italienische Komponist unvergänglicher Messen, Motetten, Hymnen und Madrigale – ein Zeitgenosse Keplers. Unter den Musikern ragte ferner Heinrich Schütz hervor (1585–1672). Seine geistlichen Konzerte werden heute noch gespielt (Matthäuspassion). Er komponierte auch die erste deutsche Oper »Daphne«. Als Schütz geboren wurde, war Kepler 14 Jahre alt.

Dann die niederländischen Maler Jan Breughel (1568–1625), Peter Paul Rubens (1577–1640), der Kepler um zehn Jahre überlebte, und Rembrandt van Rijn (1606–1669) – alles Zeitgenossen des Johannes Kepler. In England dichtete zu Keplers Zeit William Shakespeare (1564–1616), in Spanien Cervantes (1547–1616), dessen »Don Quijote« weltberühmt wurde. Der große französische Philosoph René Descartes (25 Jahre jünger als Kepler), zugleich Naturwissenschaftler von hohem Ansehen, förderte das naturwissenschaftliche Denken ebenso wie das Bewußtsein der Existenz Gottes und stand damit Kepler sehr nahe.

Sieben Jahre älter als Kepler war David Fabricius, der Pfarrer in Ostfriesland, Entdecker des ersten veränderlichen Sterns (mira ceti) im Walfisch. Seine Beobachtungen führten zu einem unmittelbaren Kontakt mit Kepler. Johannes Hevelius (1611–1687) darf ebenfalls unter Keplers Zeitgenossen aufgeführt werden, der bedeutende Mondforscher und Begründer des Mondoberflächen-Studiums in Danzig. Er wurde allerdings erst geboren, als Kepler schon einen Höhepunkt seines Schaffens erreicht hatte. – Von Keplers Zeitgenossen Tycho Brahe und Galileo Galilei wird noch die Rede sein, weil sie in besonderer Weise eine Rolle in Keplers Leben spielten.

Kepler war nur einer unter vielen Großen, die jener Zeit den Stempel aufdrückten. Unter den Astronomen allerdings nahm er die erste Stelle ein. Künste und Wissenschaften standen in ganz Europa in hoher Blüte – allen politischen, konfessionellen und abergläubischen Wirren zum Trotz, von denen auch viele Gutwillige heimgesucht wurden. Vor allem auch Johannes Kepler.

2. Neuer Professor in Graz

Der Pferdewagen mit Kepler und seinem Vetter traf am 11. April 1594 im steiermärkischen Graz ein. Der künftige Astronom beeilte sich, seinen neuen Wirkungskreis kennenzulernen: den Rektor der kaum 20 Jahre alten protestantischen Stiftsschule, das zwölfköpfige Lehrerkollegium, die Herren vom Schulausschuß, alles Adelige, schließlich die Inspektoren. Wer in der obersten Klasse lehrte, wurde als Professor bezeichnet. Der 23jährige Kepler gehörte zu ihnen.

Hier war nun aber nicht alles so, wie Kepler gehofft hatte. Nach 14 Tagen schon packte ihn das »Ungarische Fieber« und warf ihn für zwei Wochen aufs Krankenlager. Erst eineinhalb Monate nach seiner Ankunft konnte er mit dem Unterricht beginnen. Zwar waren die Inspektoren und Kollegen freundlich zu ihm, und die Stadt als Ganzes konnte Kepler wohl behagen, aber es gab für die Schüler die verführerische Möglichkeit, dem Mathematikunterricht fernzubleiben. Die Teilnahme war freiwillig. Dies kam den meisten sehr gelegen. Die Mathematik hätte ihnen »schmackhaft« gemacht werden müssen, sofern dies überhaupt möglich ist. Doch Keplers pädagogische Fähigkeiten sollten sich ja hier erst entwickeln. Dazu kam es nicht. Zunächst war die Teilnahme schwach. Im Jahre darauf blieben die Schüler fast ganz weg. Richtig erkannten die Inspektoren: ». . . weyl Mathematicum studium nit jedermanns thuen ist.«

Kepler allerdings gab sich selber auch einen Teil der Schuld. Er habe während des Unterrichts, da ihm ständig etwas Neues einfalle, vieles überstürzt und angefangene Gedanken nicht zu Ende geführt. Es falle ihm immer alles auf einmal ein. Als Ausgleich für den gescheiterten Mathematikunterricht behandelte Kepler dann, was der römische Dichter Vergil gelehrt und geschrieben hatte. Dabei war Kepler wohl am meisten an der Frage gelegen, wie sich ein mythologischer Stoff mit dem geschichtlichen verbinden ließe.

Neben der Ethik nahm er dann auch in der Rhetorik den Unterricht auf, jener Kunst, eine Rede logisch perfekt und formvollendet zu gestalten.

Ärgerlich war, daß die damals in der Steiermark führende Schicht der Adeligen, deren Kinder die Stiftsschule besuchten, für die Wissenschaften kaum Verständnis aufbrachten. Sie kümmerten sich um niemand weniger, wurde Kepler zugeflüstert, als um Gelehrte und wissenschaftliche Koryphäen. Dagegen war ihnen an astrologischen Prophezeiungen sehr gelegen. Die Frage, wann die Ländereien bestellt werden sollten – im Grunde eine Frage nach dem Wetter –, wie in diesem Jahr die Ernte ausfallen werde, auch die politischen Aussichten und ob mit Seuchen zu rechnen sei, sollten unbedingt an den Sternen abgelesen und im Jahreskalender veröffentlicht werden.

Keplers Professur schloß die Tätigkeit eines Landschaftsmathematikers und Kalendermachers ein. Noch war kein halbes Jahr seit seiner Ankunft in Graz vergangen, hatte er schon den Kalender für 1595 herausgebracht – er war ein voller Erfolg. Das Bändchen mußte, wie es auch Keplers Vorgänger getan hatte, mit den »Prognostica« versehen sein, mit den Vorhersagen also. Kepler erinnerte sich an seine Tübinger Erfolge auf diesem Gebiet. Schon damals hieß es, daß er sich in den Horoskopen gut auskenne.

Es ist schwer zu sagen, ob er zu der bekannten Methode der Astrologen griff, Wahrscheinliches als Vorhergesagtes anzubieten, um die verlangten »Prognostica« drucken zu lassen, oder ob er ernsthaft auf die Himmelszeichen vertraute. Offenbar befand er sich bald in einem zermürbenden Zwiespalt: Einerseits warnte er davor, sich auf seine astrologischen Deutungen zu verlassen, andererseits boten sie ihm Gelegenheit, weit und breit auf sich aufmerksam zu machen. Damit verband er die Hoffnung, »den ungeordneten und verderblichen Begierden der Menge geeignete Mahnungen einzuträufeln, was auf andere Weise kaum erreicht werden kann«. Das war Astrologie als Mittel zum guten Zweck.

Der Kalender für 1595 ist zwar nicht erhalten geblieben, aber wir wissen aus Briefen, daß Türkeneinfälle und eine grimmige Winterkälte darin vorhergesagt worden waren. Beides traf ein. Die Türken brandschatzten das Land vor allem südlich von Wien, auf den Höhen erfroren einige Sennen, die nicht rechtzeitig in die Dörfer abgestiegen waren. Ferner hatte Kepler Unruhen unter den Bauern Oberösterreichs vorhergesagt. Wie zu erwarten war, trat auch dieses Ereignis ein.

Der »Einstand« Keplers mit Hilfe des Jahreskalenders ebnete ihm die Wege in die Gesellschaft. Jetzt war er auch beim Adel bestens angesehen. Bald fand er Zugang zu deren Familien, obwohl er selber nicht von Adel war, wie es damals noch schien. Die Gespräche drehten sich in den Adelshäusern auch um Politik und Kriegsgefahr. Kepler sah sich von Fragestellern bedrängt. Doch in seinen Prognosen für 1598 bekannte er: »Dem Stärkeren unter zwei Feinden kann der Himmel – gemeint waren die Gestirnstellungen – nicht viel schaden, dem Schwächeren nicht viel nutzen. Wer sich mit gutem Rat stärkt, mit Volk und Waffen, mit Tapferkeit, der bringt auch den Himmel auf seine Seite. Und wenn jener ihm zuwider, überwindet er jene und alles Unglück.« (Man sieht, es war ihm wirklich auch an den menschlichen Eigenschaften und der Vernunft gelegen und nicht nur an astrologischer Abhängigkeit von den Planetenstellungen zwischen den Sternbildern.)

Das Kalenderschreiben war ihm 1598 doch schon recht fragwürdig geworden. Zwar schickte er auch diesen Kalender an seinen einstigen Lehrer Mästlin nach Tübingen, aber er schrieb dazu: »Es ist vieles darin, was mit Bedacht entschuldigt werden muß oder aber meinem Ruf bei Euch schadet. Die Sache ist die: ich schreibe nicht für die große Menge, noch für gelehrte Leute, sondern für Adelige und Prälaten, die sich ein Wissen um Dinge anmaßen, die sie nicht verstehen. Mehr als 400 bis 600 Exemplare werden nicht verteilt, keines gelangt über die Grenzen der hiesigen Länder hinaus. Bei allen Prognostiken sehe ich darauf, daß ich mit Sätzen, die sich gerade darbieten und die mir wahr erscheinen, meinem oben umschriebenen Leserkreis einen frohen Genuß an der Größe der Natur bereite, in der Hoffnung, die Leser lassen sich vielleicht dadurch zu einer Erhöhung meines Gehaltes verlocken.« Tatsächlich erhielt Kepler diesmal nicht 20, sondern 24 Gulden als besonderes Honorar.

Seinen letzten Grazer Kalender, den für 1600, schrieb er nur noch mit Widerwillen. In einem Brief an den bayerischen Kanzler Herwart von Hohenburg, seinem Gönner, mit dem er entfernt verwandt war, nennt er seine Prognostica »eine höchst lästige Sklavenarbeit, aber eine notwendige . . ., um also das jährliche Gehalt, meinen Titel und Wohnort zu halten, muß ich törichtem Vorwitz willfahren«. Kepler hat in den Grazer Jahren sechs Kalender mit Voraussagen veröffentlicht, im ganzen aber sind 17 Prognostica von der Keplerforschung erfaßt. Er erlag auch später immer wieder den drängenden Forderungen seiner Brotherren – und der Möglichkeit eines so notwendigen Nebenverdienstes.

Nebeneinkünfte waren um so mehr erwünscht, als eine Ehefrau für ihn gesucht wurde und ein Hausstand gegründet werden sollte. Bevor es jedoch zur Hochzeit kam, mußte noch manche Schwierigkeit behoben werden. Zwar bemühten sich nach damaliger Sitte einige Freunde darum, eine möglichst wohlhabende Braut zu finden, indessen war Kepler aber intensiv mit seinen Studien beschäftigt.

Als der Mathematikunterricht noch von einigen Schülern besucht wurde, liebte er es, an der Tafel Proportionen und Dimensionen mit Kreide zu veranschaulichen. Hierbei wäre ihm um ein Haar eine großartige Entdeckung geglückt. Der nach einer Harmonie in der Weltenschöpfung suchende Professor verglich während des Unterrichts die Abstände, in denen die Planeten ihre Kreise um die Sonne ziehen. Grundlage bildete das Lebenswerk von Kopernikus über die Umlaufbahnen.

Es war eine zunächst spielerische Idee, die Planetenabstände in ein System einzuordnen. Er probierte einfach aus, ob dieses möglich sei. War etwa eine Regel zu finden, daß immer der nächste Planet in einem bestimmten regelmäßigen Abstand von dem vorangegangenen seine Jahresbahn durchwanderte – den Orgelpfeifen vergleichbar, bei denen ja der Tonhöhe nach ein ganz bestimmtes Maß an Länge und Dicke notwendig ist, um die Halbtonschritte einzuhalten?

Bei solchen Überlegungen ergab sich der Schein einer himmlischen Ordnung für die Planetenabstände. Noch aber stimmte nicht alles. Unter anderem fehlte zwischen Mars und Jupiter ein Planet, der eigentlich in eine bestimmte Reihenfolge hineingepaßt hätte. Kepler zögerte nicht, einen Hilfsplaneten einzusetzen (»inter Martem et Jovem planetam interposui«). Dieser sei allerdings zu klein, um gesehen zu werden. Seine Eingebung war richtig. Hätte er nur daran festgehalten! Doch bald darauf ließ er den Gedanken fallen. Er hatte bei weiterem Probieren jetzt eine andere Folge der Planetenbahn-Abstände im Sinn. Dafür war ein Hilfsplanet nicht mehr nötig.

Es gibt ihn aber. Er ist 206 Jahre später in der Neujahrsnacht 1801 von dem Italiener Piazzi in Palermo auf Sizilien entdeckt worden. Ihm stand freilich ein für damalige Verhältnisse gutes Fernrohr zur Verfügung. Gefunden wurde die Ceres. Wie sich dann bald herausstellte, war dies der erste und zugleich größte Kleinplanet in einer unübersehbaren Fülle von weiteren Kleinplaneten. Sie umrunden anstelle eines kompakten Planeten die Sonne zwischen Mars und Jupiter.

Viele Astronomen nehmen an oder halten es doch für nicht ausgeschlossen, daß hier ein richtiger Planet vor undenklichen Zeiten auseinanderbrach. Seine Bruchstücke füllen die ganze Umlaufbahn aus. Auch das System wurde später gefunden, nach dem Kepler gesucht hatte und dem er dicht auf der Spur war: die Titius-Bodische Reihe vom Jahre 1772. In ihr paßt die Zahlenfolge der Planetenabstände gut zu den tatsächlich gemessenen Abständen.

Keplers neue Planetenreihe kam also auf andere Weise zustande. Am 19. Juli 1595 (das Datum hat er sofort notiert) entwarf er an der Tafel aus anderen Gründen ein Dreieck. In dieses hinein zeichnete er einen Kreis, der die Mitte der Seiten des Dreiecks berührte. Ein zweiter Kreis ging außen herum durch die drei Ecken. Das Dreieck hatte also einen eingeschriebenen und einen umschriebenen Kreis. Plötzlich fiel Kepler auf, daß die beiden Kreise im selben Verhältnis zueinander standen, wie die Marsbahn (Innenkreis) zur Jupiterbahn (Außenkreis), wenn man die Sonne in den gemeinsamen Mittelpunkt der Kreise setzte.

Vom Dreieck ausgehend, das er zu einer regelmäßigen dreidimensionalen Pyramide (Tetraeder) ausbaute, probierte Kepler die anderen regelmäßigen Vielflächner aus, die es gibt: den Würfel, den Achtflächner (acht gleichseitige Dreiecke), den Zwölfflächner (zwölf Fünfecke) und den Zwanzigflächner (aus zwanzig gleichseitigen Dreiecken). Um jeden dieser Körper ließen sich ein eingeschriebener und ein umschriebener Kreis ziehen. Kepler war voll höchster Zuversicht und Erregung. Dies mußte das Verhältnis der Planetenabstände sein. Das »Weltgeheimnis« war gefunden. Der Allmächtige ließ die Planeten seit der Erschaffung der Welt nach einem wohlgeordneten und harmonischen Plan um die Sonne kreisen. Die fünf regelmäßigen Körper paßten ihrer verkleinerten Form nach in die fünf Abstände zwischen die sechs damals bekannten Planeten. Oder doch nicht?

»Ich schreckte vor keiner Berechnung zurück«, notierte Kepler, »wie schwierig sie auch sein mochte. Tag und Nacht brachte ich rechnend zu, um zu sehen, ob meine Behauptung mit den Bahnen des Kopernikus übereinstimmte oder ob meine Freude vom Winde verweht würde ... Ich sah, wie ein symmetrischer Körper nach dem anderen genau zwischen die angemessenen Bahnen paßte ... Den Genuß, den ich aus meiner Entdeckung geschöpft habe, mit Worten zu beschreiben, wird mir niemals möglich sein.«

Völlig neu war an Keplers Entdeckung, daß zum ersten Mal die Astronomie über die rein beschreibende Tätigkeit hinausging und nach Ursachen fragte. An die Seite des »Was« trat seit Kepler die Frage nach dem »Warum«. Die Antwort stimmte zwar nicht, konnte noch nicht stimmen, weil die Angaben von Kopernikus ungenau waren und keine zuverlässige Grundlage lieferten. Aber der entscheidende Schritt von der bloßen Aufzeichnung der Himmelsbeobachtungen zur zukunftweisenden mathematischen Lösung war getan.

Kepler knüpfte hier das Band von der Mystik zur Naturwissenschaft – ohne noch zu ahnen, was ihm da im Prinzip gelungen war, und ohne dieses Band etwa zu durchschneiden. Dafür war die Zeit noch lange nicht reif. In seinem Weltbild mußte sich beides vereinen: das himmlische Walten der mystischen Harmonien und die harten Tatsachen des rechnenden Verstandes und der Vernunft. Er ahnte noch nicht, daß er selber später an die Stelle der hier benutzten Kreisformen die Ellipse werde setzen müssen, und selbstverständlich wußte er noch nichts von den drei äußeren Planeten hinter Saturn, die erst 1781, 1846 und 1930 entdeckt wurden. Sie hätten das System des »Weltgeheimnisses« gesprengt.

Ein Nebeneffekt der Keplerschen Planetenbahn-Konstruktion war, daß sich alles nur auf der Grundlage des bisher so umstrittenen, meist abgelehnten Kopernikanischen Weltbildes mit der Sonne als Mittelpunkt darstellen ließ. Die Verdrängung der Erde aus dem Mittelpunkt der Welt erwies sich durch das Keplersche Werk als unausweichlich. Kopernikus mußte jetzt auch manchem Zweifler glaubwürdig erscheinen.

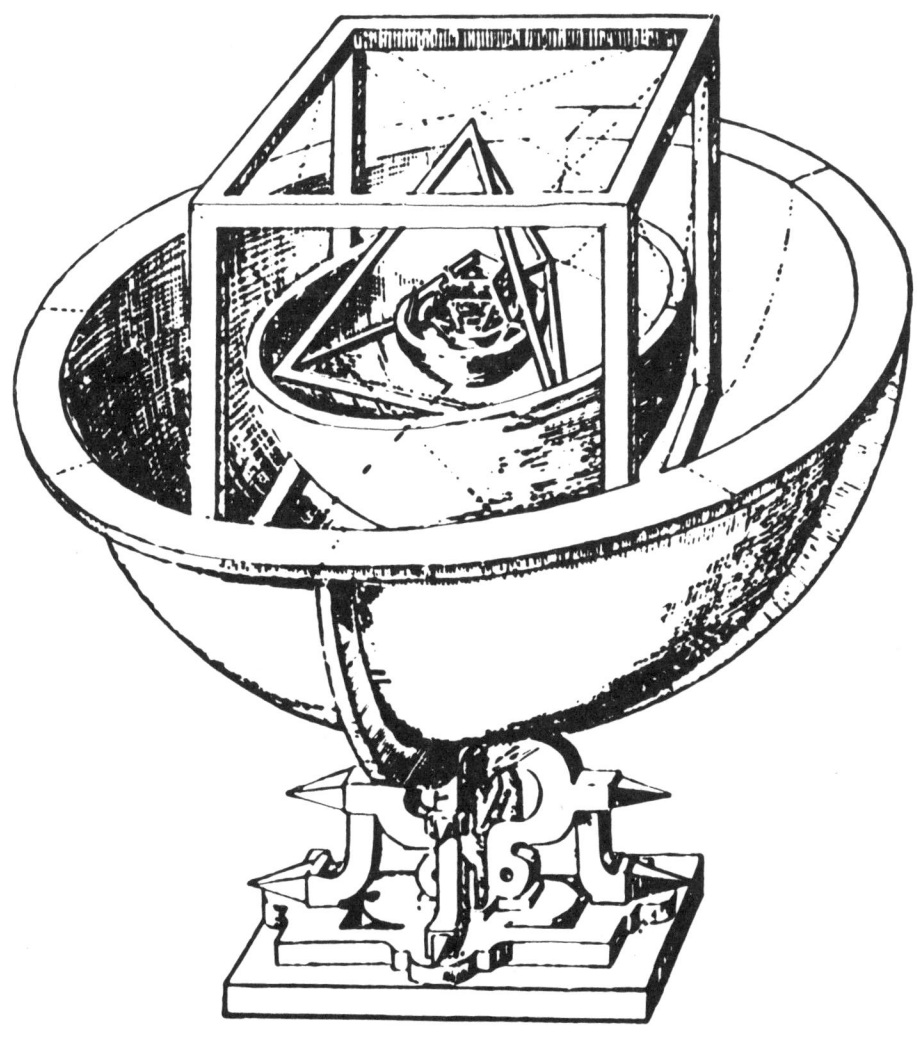

Keplers berühmtes Modell der Planetenbahnen und ihrer Abstände in einer Halbkugel. Im »Weltgeheimnis« (Mysterium Cosmographicum), Graz 1596. Die damals noch für kreisförmig gehaltenen Umlaufbahnen paßten in die Platonischen Körper oder konnten um sie herum beschrieben werden.

Überschäumend glücklich, daß ihm ein großer Wurf gelungen war, konstruierte Kepler auf dem Papier in einer großen Schale – vergleichbar einer oben offenen Kesselpauke – die verschiedenen Dreiecke und Vielecke so, daß alles zusammen mit der Sonne in der Mitte ein Gitterwerk von Stangen, Streben und Stiften ergab – ein Abbild der Planetenwelt. Um den Druck seines nunmehr rasch niedergeschriebenen Buches zu überwachen und um Herzog Friedrich von Württemberg vorzuschlagen, das neue Planetenbahngebilde mindestens in Silber schmieden zu lassen, ferner auch, um seine alten und kranken Großväter noch einmal zu sehen, begab Kepler sich 1596 auf die beschwerliche Reise nach Tübingen. Mästlin wartete schon auf ihn. Auch nach Stuttgart wollte er. Die leitenden Herren der Stiftsschule in Graz bewilligten ihm zwei Monate Urlaub. Sie waren aber auch zufrieden, daß daraus sieben Monate wurden. Das Gehalt ist weitergezahlt worden. Eine solche Großzügigkeit erklärt sich dadurch, daß der Herzog Kepler in seinem Schloß wohnen ließ und ihn als einen willkommenen Gast behandelte.

Großvater Sebald, der Bürgermeister von Weil der Stadt, starb denn auch im Alter von 77 Jahren, als Kepler seine Heimat besuchte. Die Tage des anderen Großvaters waren gezählt. Keplers ehemaliger, sehr verehrter Lehrer Mästlin setzte sich in einem Gutachten beim Herzog für das »Weltgeheimnis« ein, bis dieser dem Vorschlag zustimmte, das Gebilde mit den Planetenabständen anfertigen zu lassen, »zierlich in einem Kredenzbecher«. Der Durchmesser sollte einen Werkschuh groß sein, das Ganze »ein recht eigentliches Ebenbild der Welt und Muster der Erschaffung, soweit menschliche Vernunft reichen mag, und dergleichen zuvor von keinem Menschen gesehen noch gehört worden«. Aus sieben Planetenzapfen sollten verschiedene Weine, Bier, Wermut, Branntwein und Wasser fließen. »Aus der Sonne möge Aquavit strömen«, schlug Kepler vor.

Die damalige Goldschmiedekunst war jedoch mit diesem komplizierten Auftrag offensichtlich überfordert. Nach etlichen Versuchen mußte der Plan mit dem Kredenzbecher fallengelassen werden.

Der Druck des »Weltgeheimnisses« wurde von Mästlin überwacht. Schließlich konnte der Autor nicht noch ein weiteres halbes Jahr daranhängen. Mästlin bemühte sich, Keplers komplizierte Darstellungsweise in einen lesbaren Text umzuwandeln. Ferner mußte das Kopernikanische Fundament erläutert werden. Der Autor hatte da vieles als bekannt vorausgesetzt, was allgemein noch längst nicht begriffen worden war. Schließlich mußte Keplers Versuch gestrichen werden, sein »Weltgeheimnis« mit der Bibel in Übereinstimmung zu bringen. Der Tübinger Senat wollte die Arbeit Keplers auf das Mathematische beschränkt wissen. Es herrsche ohnehin in der Kirche Christi schon mehr Zank, als die Schwachen ertragen könnten, hatte der Tübinger Rektor Matthias

Hafenreffer Kepler gegenüber geäußert. Dieser stimmte der Streichung zu.

So war Mästlin fast täglich in der Druckerei. Er ließ andere Arbeiten liegen, um das Werk seines Schülers zu fördern. Dieser zeigte sich später dankbar und schickte Mästlin einen silbernen Becher, den er selber von den Ständen für die Aufstellung von Geburtskonstellationen erhalten hatte. Der Becher war vergoldet. »Hättet ihr nicht als Vulkan mit der Axt Hebammendienste geleistet, so hätte ich nie geboren«, schrieb der dankbare Astronom.

Das Buch erschien mit der Jahreszahl 1596 unter einem langen lateinischen Titel, beginnend mit »Prodomus« (= Vorbote). Der Extrakt des Titels ist unter dem Stichwort »Mysterium cosmographicum« (Weltgeheimnis) in die Geschichte der Wissenschaften eingegangen.

Da Kepler zeit seines Lebens vom Pech verfolgt wurde, geschah es denn auch, daß sein Name auf dem Titelblatt zunächst verstümmelt wiedergegeben war. Dort stand »Repleus« statt Keplerus. Der Stolz des 25jährigen Autors erhielt einen kräftigen Stoß, zumal das Werk auch im Katalog auf der Frankfurter Buchmesse vom Frühjahr 1597 unter dem entstellten Namen angeboten wurde. Es gab auch kein Autorenhonorar. Im Gegenteil. Um den Druck zu bezahlen, mußte Kepler gleich für 200 Exemplare das Geld auf den Tisch legen, je Exemplar 10 Kreutzer oder 28 Württembergische Nummuli. Auf der Plusseite standen 30 Gulden vom Herzog.

Auf eigene Kosten verschickte Kepler dann Freiexemplare unter anderem auch an Galilei in Italien und Tycho Brahe in Dänemark. Galilei dankte mit einer zwar wortreichen, aber nicht gerade begeisterten Zustimmung. Das Vorwort habe er schon gelesen. Im übrigen dachte er mehr an sich selbst als an den sieben Jahre jüngeren Kepler und dessen Buch. Schon seit vielen Jahren sei er von den Anschauungen des Kopernikus ebenfalls überzeugt, schrieb der selbstbewußte Gelehrte aus Padua. Er habe von diesem Standpunkt aus die Ursachen vieler Naturvorgänge entdeckt, die aufgrund der üblichen Annahmen zweifellos nicht zu klären seien. Vieles habe er an direkten und indirekten Beweisen niedergeschrieben, aber noch nicht zu veröffentlichen gewagt, abgeschreckt durch das Schicksal des Kopernikus, der von so vielen verlacht und ausgepfiffen worden sei. Gäbe es mehr Leute von der Gesinnung Keplers, würde er es wagen, an die Öffentlichkeit zu treten. »Da dies nicht der Fall ist, werde ich es unterlassen.« Damit ließ Galilei seinen »neuen Freund« Kepler also allein.

Dieser griff wiederum zur Feder, um Galilei zu bitten, er möge doch ernstlich zu dem Buch über das Weltgeheimnis Stellung nehmen. Die schärfste Kritik eines verständigen Menschen sei ihm immer noch lieber als der gedankenlose Beifall des großen Haufens. Und die Zurückhaltung Galileis, als Anhänger des Kopernikus hervorzutreten, weil er die »wütenden Angriffe des Gelehrtenhaufens« fürchtete, kann Kepler nun schon überhaupt nicht verstehen. »Faßt euch ein Herz, Galilei«, schrieb er, »und tretet an die Öffentlichkeit.«

Doch dieser schwieg. Es vergingen noch 17 Jahre, bis er mehr oder weniger deutlich seine Meinung vertrat, das Planetensystem des Kopernikus sei das allein richtige. Es brachte ihm bekanntlich nicht nur Feindschaft ein, sondern auch einen Prozeß vor dem Inquisitionsgericht. Er mußte 1633 (36 Jahre nach seinem Brief an Kepler!) kniend die Abschwörungsformel vorlesen, worin es hieß, er habe die Meinung des Kopernikus nicht für wahr gehalten. Seine beim Verlassen des Saales angeblich geäußerte Bemerkung »Und sie bewegt sich doch!« (nämlich die Erde um die Sonne) ist eine durch nichts belegte Legende. Er mag es aber gedacht haben.

Von einem dritten erfuhr Kepler sechs Jahre nach dem erwähnten Brief Galileis, dieser habe das »Weltgeheimnis« in seinen Vorlesungen als eigene Erkenntnis aufgrund eigener Messungen vorgetragen. Dieser Skandal ist zwar nicht völlig aufgeklärt worden, doch spricht vieles dafür, daß Galilei sich mit falschen Federn geschmückt hatte. Er entsprach seinem selbstherrlichen Gebaren, alles Neue an sich zu ziehen. Neid und Mißgunst unter den Gelehrten waren an der Tagesordnung.

Kepler reagierte völlig anders, als jedermann erwartete. Von seiner – allerdings recht einseitigen – Freundschaft zu dem großen Gelehrten in Italien hielt er so viel, daß er sich sträubte, auch nur die kleinste Trübung anzuerkennen. Zudem ging es ihm um die Sache, nämlich um die Verbreitung des »Weltgeheimnisses« und nicht um persönlichen Ehrgeiz. Also schrieb er, Galilei wolle er nicht davon abhalten, »mein geistiges Eigentum als seines auszugeben«. Die Wahrheit und die Ehrung des Schöpfers habe er sich als höchstes Ziel gesetzt und nicht den eigenen Ruhm.

Soviel Selbstlosigkeit eines gelehrten Mannes ist heute nicht zu verstehen. Kepler wollte unbedingt die einmal begonnene Brieffreundschaft mit Galilei aufrecht erhalten. Daß er dabei auf taube Ohren stieß, konnte ihn nicht davon abhalten, es immer wieder von neuem zu versuchen. Aber erst im August 1610 beantwortete Galilei einmal einen der zahlreichen Keplerbriefe. Und wieder schrieb der italienische Gelehrte hauptsächlich über sich selbst. »Sie würden sich vor Lachen überkugeln, mein lieber Kepler, wenn Sie hören könnten, was der Philosoph des Gymnasiums in Pisa dem Großherzog über mich erzählte . . .«

Klatsch und Tratsch also und zum Schluß ein »Leben Sie wohl, hochgeehrter Herr, und bleiben Sie mir gewogen«. Nein, Galilei spielt in Keplers Leben keine rühmliche Rolle. Wahrscheinlich fürchtete der

Mechaniker und Physiker, daß der große Mathematiker und Astronom jenseits der Alpen seinen Ruhm beeinträchtigen könnte.

Ganz anders dachte Tycho Brahe in Dänemark über das Werk des jungen Kepler aus Graz. Er spürte, daß aus diesem Mathematiker etwas werden könnte, wenn er nur eben nicht bei dem Erreichten stehen bleiben würde. Er solle die Grundlagen seines »Weltgeheimnisses« nochmals überprüfen, antwortete wohlwollend Tycho, als er das ihm zugeschickte Exemplar gelesen – besser studiert – hatte. Es war nicht gerade leicht lesbar. Weniger gefiel dem eigenwilligen Dänen, daß Kepler so eindeutig auf der Seite des Kopernikus stand. Tycho Brahe hatte nämlich ein eigenes Planetensystem ersonnen, um die Erde als Weltmittelpunkt zu retten. Davon wird noch die Rede sein.

»Das Heiraten gehört zu den Sitten deutscher Gelehrter«, schrieb Kepler, als er bereits verheiratet war. Es sieht nach einer Entschuldigung aus oder nach einer Bitte um Verständnis. Dieser Sitte wegen und zweifellos auch, weil eine begüterte Braut finanzielle Sicherung bedeutete, trat Johannes Kepler, seit anderthalb Jahren in Graz, dem Gedanken einer Eheschließung näher – noch vor seiner Reise nach Tübingen und Stuttgart 1596, über die bereits berichtet wurde. Turbulent verliefen die folgenden Ereignisse.

Verständlich werden die Vorgänge erst, wenn man sich daran erinnert, daß Kepler in jüngeren Jahren mit einer Liebesbeziehung offenbar schlechte Erfahrungen gesammelt hatte. Der jetzt 24jährige Professor hörte sich nun an, was Freunde und Bekannte in Graz mit ihm vorhatten, und notierte gewissenhaft: »Am 17. Dezember 1595 sagte mir Vulkan zum ersten Mal ein Wort über meine Venus, die sich mit mir verbinden sollte. Am 22. Dezember berührte eine zweite Erwähnung mein Herz.« Es klang nach Schicksal und Ergebenheit in gewisse Himmelskonstellationen.

Nun war Kepler damals mit Leidenschaft weniger bei einer künftigen Lebensgefährtin als bei seinem ersten großen Werk, dem »Weltgeheimnis«. Er habe Theologe werden wollen, schrieb er an Mästlin in Tübingen, und lange Zeit sei er in Unruhe gewesen. »Nun aber sehet, wie Gott durch mein Bemühen auch in der Astronomie gefeiert wird.« Von einer Verlobung sagte er nichts.

Als künftige Braut war von Freunden die Tochter des Mühlenbesitzers Jobst Müller vorgeschlagen worden. Dieser besaß südlich von Graz zu Gössendorf das Schlößchen Mühleck mit einigen Ländereien und war ein wohlhabender Mann. Seine Tochter Barbara, noch keine 23 Jahre alt, etwas rundlich geraten, wie ein Bild zeigt, war bereits zum zweiten Mal Witwe. Schon mit 16 Jahren hatte sie, wenn auch ungern, den 40jährigen Hoftischler Wolf Lorenz geheiratet und von diesem die Tochter Regina.

Der Tischler kränkelte sofort und starb nach zwei Jahren. Ein Bauzahl-meister Marx Müller, ebenfalls 40 Jahre alt, wurde ihr zweiter Mann. Er brachte aus einer früheren Ehe mehrere mißratene Kinder mit und starb 1595. Es stellte sich heraus, daß er umfangreiche Unterschlagungen begangen hatte.

Kein Zweifel, die dritte Ehe mußte sorgfältiger geplant werden. Bei dem Mühlenbesitzer galten vor allem wirtschaftliche Gesichtspunkte. Gelehrte waren ihm unsympathisch. Und nun auch noch dieser Kepler mit nur 150 Gulden im Jahr? Nicht einmal ein Adeliger!

Jobst Müller war zwar selbst nicht von Adel (sein Sohn wurde später geadelt), doch nannte er wenigstens ein Schlößchen sein eigen, und in der steiermärkischen Gesellschaft galt damals ein Adeliger immer als ein bevorzugter Schwiegersohn. In dieser Hinsicht konnte Kepler den Brautvater übrigens beruhigen. Zwei Vorfahren Keplers, tapfere Brüder, waren zu Pfingsten 1433 auf der Tiberbrücke in Rom von Kaiser Sigismund an seinem Krönungstag persönlich zu Rittern geschlagen worden. Ein Adelsbrief bescheinigte es. Der dann später in Nürnberg lebende Buchbindermeister Kepler (Kepner), Nachfahre eines der beiden Krieger, hatte den Adel abgelegt oder ruhen lassen, als er Handwerker wurde. Sein Beruf paßte nicht zu dem Adelsstand, wie man damals glaubte. Als Keplers Urgroßvater nach Weil der Stadt übersiedelte, war er eigentlich nicht mehr adelig, aber der Großvater des Johannes Kepler besaß Unterlagen über den einstigen Adel. Auch daran hatte Kepler gedacht, als er seiner württembergischen Heimat 1596 einen längeren Besuch abstattete. Er selber legte allerdings auf diesen etwas verblichenen Adel keinen Wert, obwohl er nach der Rückkehr in Graz eine Urkunde und ein wohlgelungenes Wappen vorweisen konnte.

Keplers Heiratsvermittler waren ein Arzt, Johann Oberndorfer, zugleich Inspektor an der Stiftsschule, und Professor Osius, Diakon an der Stiftskirche. Auf der Gegenseite agierten des Mühlenbesitzers Sippenange-hörige, darunter ein gewisser Zeiler.

Man kann sich leicht vorstellen, was die verhandelnden Parteien auch im persönlichen Gespräch beim Wein im Hinterstübchen einer Schenke vorbrachten. Kepler sei doch mit seinen Prognosen erfolgreich, mögen seine Brautwerber hervorgehoben haben. Und was das niedrige Professo-rengehalt betreffe, so sei doch anzunehmen, daß es nach der Eheschließung auf mindestens 200 Gulden jährlich erhöht werde.

Jobst Müllers Beauftragte haben fraglos trotzdem auf die ewige Geldverlegenheit des Professors hingewiesen. Ein Gelehrter, das sei ja wohl klar, habe keinen Erwerbssinn und bleibe schließlich ein armer Schlucker, wie man an Beispielen sehen könne. Der Bewerber habe auch eine schlechte Gesundheit.

Was den Erwerbssinn betreffe, so werden Keplers Brautwerber entgegengehalten haben, sei dieser Gelehrte sicher eine Ausnahme. Schließlich wolle er sich ja mit Bedacht einer begüterten Braut zuwenden – eben der Witwe Barbara – und nicht irgendeinem Mädchen, wie man sie in den öffentlichen Badestuben kennenlernen könne. Habe man den Mathematicus überhaupt jemals schon in eine öffentliche Badestube eilen sehen?

Niemand hatte derartiges beobachtet. Und das war sicher ein Pluspunkt für den angehenden Bräutigam. Diese Badestuben – erklärte einer der Herren – seien überhaupt eine Schande für die ganze Stadt. Immer wieder sehe man junge Mädchen und – wie entsetzlich – sogar ältere Frauen unbekleidet über die Straße eilen, wenn sie dorthin wollten – nur ein Handtuch über dem Arm! Und ein Gesprächspartner warf ein, allerlei Seuchen würden sich aus den Badestuben in der Stadt verbreiten, auch bei der anständigen Bevölkerung. Der Betrieb dort müsse endlich verboten werden. (Was dann wenige Jahre später auch geschah.)

Was Keplers Gesundheit betreffe, meinten seine Brautwerber, so habe er die gefährlichen Kindheitsjahre trotz Pocken und sonstigen Geschwüren gut überstanden. Er verfüge von seiner Mutter her über ausgezeichnete Heilmethoden. Sie könnten auch der Gattin zugute kommen.

In die langwierigen Verhandlungen griff schließlich der Landschaftssekretär Stephan Speidel ein. Er stammte zwar wie Kepler aus Schwaben, schlug sich aber auf die Seite der Heiratsgegner. Er wollte die gute Partie zur Vermehrung seines Einflusses einem anderen Brautwerber seiner Wahl zuschieben. Speidels Frau Amalia indessen stand auf Keplers Seite. Bei seinem ersten Kind war sie Taufpatin.

Man erkennt, daß Fäden gesponnen, Intrigen angebahnt und Befürwortungen hintertrieben wurden. Von einer etwaigen Zu- oder Abneigung der künftigen Braut selbst gegenüber dem Heiratskandidaten ist nichts übermittelt worden. Offenbar wurde sie überhaupt nicht gefragt.

Die schwierigen Verhandlungen waren seit sieben Wochen in vollem Gange, als Kepler im Frühjahr 1596 – wie gesagt – in seine schwäbische Heimat reiste. Inzwischen war ja sein »Weltgeheimnis« druckfertig, an dem er ein ganzes Jahr gearbeitet hatte.

Zu Beginn seiner Abwesenheit neigte sich in Graz die Waagschale zugunsten einer Eheschließung zwischen Barbara und Johannes. Selbst der Mühlenbesitzer schien bereit, dem Mathematiker und Kalendermacher seine Tochter anzuvertrauen – wenn auch grollend. Keplers Heiratsvermittler schrieben daher nach Tübingen, er möge seine alsbaldige Rückkehr ins Auge fassen. Einer seiner Freunde drang in ihn, doch bei der Rückreise in Ulm »gar guten Seydenrupff zu beschaffen« oder sich wenigstens »des besten Doppeltaffet zu einem gantzen Kleid für Euch und Euer Gespons zu versehen«.

Aber Kepler war, wie wir wissen, am Hofe des Herzogs Friedrich von Württemberg bemüht, das Modell seines neuen Planetensystems den Goldschmieden zu erklären und, da dieses Vorhaben zu schwierig war, wenigstens ein mechanisch funktionierendes Planetarium zu konstruieren. Die Rückkehr nach Graz verzögerte sich immer mehr, die Heiratschancen verminderten sich entsprechend, und das Planetarium kam doch nicht zustande.

Als er dann endlich in Graz eintraf, warteten harte Enttäuschungen auf ihn. Niemand gratulierte dem jungen Autor, und die Heiratsvermittler machten lange Gesichter. Die Hochzeit werde nun doch nicht zustande kommen. Der Brautvater sei abgesprungen.

Kepler rang sich zu dem Gedanken durch, einen neuen Lebensweg einzuschlagen. Ja es schien, als sei er im Grunde über diese Entwicklung nicht besonders unglücklich. Während er also auch innerlich von der Tochter des Mühlenbesitzers Abschied nahm und neue Pläne zu schmieden begann, setzten abermals Bemühungen ein, die Hochzeit doch noch zu retten. Dies war auf zwei Gründe zurückzuführen: Einerseits hatten sich angesehene Grazer Bürger in die Auseinandersetzungen eingeschaltet, auch die Kirche war für Keplers Verheiratung mit Barbara Müller, andererseits breitete sich ein Skandal aus. In der Stadt und in den Badestuben tuschelten junge Mädchen, Männer und alte Frauen, in den Gastwirtschaften bedauerten die Zecher das Mißgeschick des Herrn Professors. Die Partei des Brautvaters hatte schon öffentlich den Spott zu spüren bekommen. Um die Blamage nicht noch größer werden zu lassen, wurde dann also doch eine Verlobung angesetzt.

Kepler selbst schildert diese Vorgänge so: »Nachdem sich die Hoffnung auf die Ehe in einem halben Jahr tief eingewurzelt hatte, brauchte es ein weiteres halbes Jahr, bis sie wieder herausgerissen war und bis ich mich ganz überzeugte, daß es nichts sei, und einen anderen Lebensweg einschlug. Als alle Hoffnung geschwunden und der Ausgang schon bei der Behörde gemeldet war (die Aufhebung des einstigen Eheversprechens), kam ein neuer Umschwung. Die Menschen um den Schwiegervater wurden durch die amtliche Autorität bewegt und durch den Spott, sobald sie sich zeigten. Demnach bearbeiteten alle um die Wette die Meinung der Witwe und ihres Vaters, bezwangen sie und bereiteten mir so eine neue Heirat. Durch diesen Ansturm wurden alle meine Entscheidungen für einen Lebenswechsel umgestoßen. So wenig steht der morgige Tag in der Gewalt des Menschen.«

Hochzeiten wurden auch damals »auf das glänzendste« gefeiert, wie Kepler feststellte. Er mußte tief in die Tasche greifen. Der Schwiegervater dachte überhaupt nicht daran, sein gutes Geld für eine solche Hochzeit zu verschleudern. Noch eine Woche vor der Eheschließung schrieb Kepler an Mästlin nach Tübingen: »Ich bitte euch nur um eins: seid mir an meinem Hochzeitstag im Gebet nah. Mein Vermögensstand ist derart, daß, wenn ich innerhalb Jahresfrist sterben würde, kaum jemand schlimmere Verhältnisse hinterlassen könnte. Ich muß eine große Auslage machen...«

Auf die Verlobung vom 9. Februar 1597 folgte also am 27. April desselben Jahres die ebenso kostspielige wie mühselige Eheschließung in der Stiftskirche zu Graz. Das Fest fand »bei unheilvollem Himmel« statt, wie Kepler feststellte, und im Zeichen beginnender Streitigkeiten wegen der Mitgift. Offenbar hatte der Schwiegervater an eine Art »Probejahr« des jungen Ehemannes gedacht. Anders ist Keplers Äußerung kaum zu verstehen, wenn er innerhalb Jahresfrist sterben würde, wäre keine Hinterlassenschaft da.

Wegen der Mitgift kam Kepler nach der Hochzeit auf einen Berater seines Schwiegervaters Müller namens Zeiler zu sprechen, »gegen den ich unter allen am meisten in Hitze kam. Der erste Grund dafür waren seine Vorwürfe, daß ich die Güter meiner Frau verschwenderisch verwenden würde. Er sann schon darauf, mich zu verprügeln. Ich hatte einen gerechten Grund, die Mitgift meiner Frau zu verlangen. Meine Art und Weise war allerdings wenig höflich, indem ich durch Bitten reizte. Jener (Zeiler) aber war ungerecht, indem er die Mitgift versagte. Daraus ergaben sich infolge Unbeherrschtheit im Reden Beleidigungen der Gattinnen. Jener legte einen außerordentlichen Geiz an den Tag, ich einen besonderen Zorn gegen die Familie...«

Kein Frieden also kurz nach der Hochzeit. Der Schwiegervater habe ihn durch Verachtung und Verspottung gekränkt, notierte Kepler, fügte aber in rührender Selbstkontrolle hinzu, dies erschiene in seiner Einbildung wohl größer als in Wirklichkeit. Als unverzeihliche Kränkung empfand es Kepler jedoch, daß Jobst Müller die Stieftochter Keplers – das in die Ehe mitgebrachte Kind Barbaras – »wegbringen und entfremden« wollte. »Ich hingegen forderte ihn daraufhin durch heftigen Zorn heraus, so daß er mir das Schlimmste androhte.«

Auch die nächste Enttäuschung ließ nicht lange auf sich warten. Es war zwar zunächst die Freude groß, als am 2. Februar 1598 pünktlich das Söhnchen Heinrich geboren wurde. Der Vater sah sich das Horoskop an und schrieb begeistert, es stände dem Kind »alles mögliche Gute bevor, Beweglichkeit des Körpers, der Finger und der Hände, Geschicklichkeit für mathematische und mechanische Künste, Fleiß, Phantasie, tiefes Denken, Frömmigkeit, Mitgefühl und Anmut...«, aber schon nach 60 Tagen starb der Säugling an Hirnhautentzündung. Das Horoskop war nur ein Wunschtraum des Vaters gewesen.

Um es vorweg zu sagen: Ebenfalls starb, offensichtlich wieder an

Hirnhautentzündung, erst 35 Tage alt, das 1599 geborene zweite Kind Keplers, die Tochter Susanna. So blieb dem jungen Ehepaar in den Grazer Jahren nur die umkämpfte Tochter Barbaras namens Regina aus erster Ehe, genannt »Regerl«. Kepler hing sehr an dieser Stieftochter. Sie wurde übrigens 27 Jahre alt und hinterließ drei Kinder. Diese wurden dann von einer 15jährigen Tochter Keplers betreut, die wiederum Susanna hieß (das dritte Kind aus seiner ersten Ehe und in Prag geboren).

Das Eheleben in der Familie des Astronomen und Landschaftsmathematikers in Graz krankte nicht nur am Familienkrach und am frühen Tod der Kinder. Auch die Ehefrau enttäuschte. Zwar wurde sie wegen ihrer Tüchtigkeit und Bescheidenheit in der ganzen Stadt gerühmt, wie Kepler an Herwart von Hohenburg berichtete, den bayerischen Kanzler und Historiker, mit dem er seit 1597 befreundet war. Aber die Frau sei »geradezu einfältig und von dickem Körper ... Sie kann sich nur eine Magd halten, die krumm ist. In allen Geschäften ist sie schwerfällig und verwickelt. Auch gebärt sie schwer. Alles übrige ist gleicher Art.«

3. Opfer der Gegenreformation

Ehe Kepler zum zweiten Mal Vater wurde, ereilte ihn ein neues Unglück: Er wurde des Landes verwiesen. Schuld daran hatte das Gelübde, das Erzherzog Ferdinand von Österreich bei einer Italienreise dem Papst versprochen hatte: Das österreichische Land sollte dem Katholizismus zurückgegeben werden. Aufgehoben werden sollte das Versprechen von 1578, einer Duldung der protestantischen Mehrheit (Landtag zu Bruck – Brucker Libell). Gab es doch seit dem Augsburger Religionsfrieden von 1555 den Grundsatz, des Landesfürsten Religionsbekenntnis bestimme den Glauben auch seiner Landeskinder.

Bedrückende Zwischenfälle ließen das Schlimmste befürchten. Der katholische Erzpriester untersagte den evangelischen Predigern von Amts wegen die Ausübung der Religion. Die erschrockenen Kirchenvorsteher setzten sich zur Wehr. Grazer Protestanten verbreiteten Spottlieder gegen den Papst. Nach Rückkehr des Fürsten aus Italien verschärften sich die Gegensätze. Im September 1598 wurde angeordnet, daß die Prädikanten, das Stiftsministerium, das Kirchen- und Schulministerium in Graz und anderen Städten innerhalb von vierzehn Tagen ihre Tätigkeit zu beenden hätten. Unter Androhung der Todesstrafe befahl der Landesherr den betroffenen Protestanten, die Stadt innerhalb von acht Tagen zu verlassen.

Ein Versuch der Stände, den Fürsten umzustimmen, scheiterte schon deshalb, weil eines Hochwassers wegen die Beauftragten der Stände zu der Konferenz bei weitem nicht vollzählig erschienen waren. Schließlich mußten auf Ferdinands Geheiß alle Prediger und Lehrer »noch heutiges tags bey scheinender Sonnen«, also innerhalb weniger Stunden, aus Graz verschwinden. Frauen und Kinder durften zurückbleiben. Den Auszuweisenden wurden Gehalt und Zehrgeld ausgehändigt.

Kepler packte also eilends sein Bündel und floh über die Grenze nach Ungarn, wo der Kaiser herrschte. Bei Gutsbesitzern in Pinkafeld, Petancz und anderen Dörfern fanden die Flüchtlinge bescheidene Unterkunft. Es war der 30. September 1598. Gab es noch eine Zukunft für den Professor aus Graz?

Doch einen Monat später ist Kepler wieder zu Hause. Er ist sogar vorübergehend leidlich guter Dinge. Was war geschehen?

Das Rätsel seiner Rückkehr als einziger von allen Geflohenen hat zu mancherlei Spekulationen geführt. Kepler kehrte nicht etwa bei Nacht und Nebel heimlich nach Graz zurück, sondern auf Anweisung des Landesherrn. Offensichtlich war seine Flucht, waren alle ausgestandenen Ängste, der überstürzte Abschied von Frau und Stiefkind einem Irrtum zuzuschreiben. Kepler sei ausdrücklich ausgenommen gewesen, als es hieß, auch die Lehrer müßten Graz verlassen. So jedenfalls las man es in einem Brief, den Keplers Freund Koloman Zehntmair am 15. November 1598 an den Professor schrieb.

Andere vermuten, die Jesuiten hätten dank ihres Einflusses bei Erzherzog Ferdinand ein Wort für Kepler eingelegt. Ferdinand war von ihnen in Ingolstadt erzogen worden und jetzt volljährig. Der entschiedene Protestant Kepler stand den Jesuiten näher als irgendein anderer Lutheraner. Schon immer hatte die »Gesellschaft Jesu« ein offenes Ohr für die Wissenschaften. Ihre Angehörigen bemühten sich ernsthaft sogar um die Astronomie, sie standen von der Sache her dem Landschaftsmathematicus nahe. Kepler schätzte dieses Interesse, zumal es den tiefen Graben zwischen den Konfessionen zu überbrücken schien. Die Jesuiten erinnerten sich auch daran, daß Kepler in einer katholischen Kirche getauft worden war. Sie hofften, den Glaubensgegner zu sich herüberziehen zu können.

Schließlich wird die Rückkehr Keplers auch den Bemühungen der Stände zugeschrieben. Sie schilderten ihren Kalendermacher als einen Wissenschaftler, der den glaubenspolitischen Zerwürfnissen fernstehe. Womit sie durchaus recht hatten. In der Tat war Kepler aus mehreren Gründen beim Fürsten gut angeschrieben.

Der Heimgekehrte wollte sichergehen; daß er auf Geheiß von Beauftragten Ferdinands nach Graz zurückgeschickt worden war, genügte ihm nicht. Er bat den Landesherrn, doch auch schriftlich zu bestätigen, daß sich die Ausweisung nicht auf ihn, nicht auf das neutrale Amt des Landschaftsmathematikers erstrecke. Und er bekam die gewünschte Urkunde. Doch solle er sich, hieß es in der Sondergenehmigung, »allenthalben gebührlicher Bescheidenheit befleißigen und sich unverweißlich verhalten, damit Ihre Durchlaucht solche Gnade wieder aufzuheben nicht verursacht werde«.

War damit alles in Ordnung? Jedenfalls zahlten die Stände weiter vierteljährlich sein Gehalt. Die Inspektoren wünschten, daß er »seine philosophische Muße zur Verherrlichung der mathematischen Wissenschaften nütze«, und dachten dabei an das nächste Prognosticum, das an den Sternen abzulesen wäre. In so unruhigen Zeiten waren Voraussagen doppelt gefragt.

Kepler aber ahnte, was kommen mußte. Wenn erst die Macht des Fürsten gegen die Stände ausgeübt werde, sei es unmöglich, dort noch

Schutz zu finden, schrieb er an Mästlin nach Tübingen. Denjenigen aber, die eine bessere Schule besucht hätten, verleihe ihre »Schriftgelehrtheit« die Unverschämtheit, »meine mathematischen Spekulationen gering zu schätzen«. Sie murrten auch, es sei jetzt keine Zeit zum Lernen, sondern Zeit, den Krieg gegen die Türken zu führen.

Nicht lange, dann verschärfte sich tatsächlich die Situation der Stände. Ihr Sekretär Hans Georg Kandelberger wurde gefesselt aus Prag zurückgebracht, wo er gehofft hatte, untertauchen zu können. Im Oktober 1599 folterten ihn die Handlanger der Gegenreformation in Graz. Andere Steiermärker, die noch glaubten, Widerstand leisten zu können, forderten die Absetzung des Erzherzogs und beschimpften den Papst mit häßlichen Ausdrücken. An ihre Türen klopften die Beauftragten des Fürsten in aller Herrgottsfrühe und nahmen sie mit sich hinter Schloß und Riegel. An einem einzigen Tage erreichte 20 Grazer das Schicksal, von ihren Familien getrennt, gefesselt und in Verliese geworfen zu werden. Einige hatten gegen strengen Befehl evangelischen Geistlichen Unterschlupf gewährt. Andere wurden in die Verbannung geschickt, sofern sie nicht ihrem Glauben entsagten. Ein Zehntel ihres Besitztums verfiel.

Evangelische Gotteshäuser, teils vor wenigen Jahren erst erbaut, mußten abgerissen werden. Die Stadttore waren von Anhängern des Papstes besetzt. Jetzt zeigte sich, daß Keplers Aufenthaltsgenehmigung etwas wert war. Auf den Straßen herrschte große Unruhe. Gesinnungsschnüffelei und Denunziation waren an der Tagesordnung.

Das war kaum das Klima, in dem die wissenschaftliche Arbeit eines Gelehrten gedeihen konnte. Kepler versuchte es trotzdem. In der Stempfergasse, nicht weit von dem Haus der Stände, wohnte das Ehepaar Kepler mit dem Töchterchen Regina unter bescheidenen Verhältnissen. Eine Stube nur gab es, eine Schlafkammer, eine Küche, eine Kammer unter dem Dach nahe der Stiege und einen Keller. Keplers Schreibtisch trug kaum die Last der Bücher, darunter viele, um deren Zusendung er seinen Lehrer Mästlin in Tübingen gebeten hatte. Ein Kerzenhalter, ein halb gefülltes Weinglas, ein paar Schreibfedern (Federkiele) und Tinte in einem viereckigen Holztopf, dazu die Streusandbüchse und eine Menge meist sehr eng beschriebenen Papiers, aber auch noch unbeschriebene, lose Blätter – das in etwa ist der Arbeitsplatz.

Hier grübelte er, notierte er, verwarf er seine Konzepte, zeichnete er neue Hilfsfiguren mit ungelenker Hand, vertiefte er sich in Überlegungen und Eingebungen, die sich zuweilen überstürzten – allzuoft von Frau Barbara unterbrochen, »die mich zur Unzeit mit Hausangelegenheiten ansprach«. Gestört aber auch von Vorgängen auf der Straße. Dort rasselten die Ketten der Festgenommenen, wenn sie abgeführt wurden, dort schepperten aufdringlich die Wagenräder der Fahrzeuge, mit denen die Lutherischen abtransportiert wurden.

In diese aufgeregte Zeit fallen einige Arbeiten Keplers auf mechanischem Gebiet. Der Astronom war auch Erfinder. Immer damit rechnend, daß er bald endgültig ausgewiesen werde, entwarf der Rastlose einen Apparat, der automatisch das Wasser aus den Bergwerksstollen saugen sollte. Ein Buch über pneumatische Experimente, das in Frankfurt erschienen war, hatte ihn dazu angeregt. Obwohl ein Bergwerksbesitzer und ein Bergwerkspräfekt ihm zur Hand gingen, kam doch diese Erfindung nicht zur Anwendung. Die handwerkliche Ausführung war zu schwierig.

Einen großartigen Erfolg hatte er dagegen mit der Konstruktion der Zahnradpumpe. Durch eine Kurbel betätigte er zwei Zahnräder, die in einem eng umschließenden Kasten so angebracht waren, daß die ineinandergreifenden Zähne über die halbhohlen Rundungen zwischen ihnen das Wasser förderten. Auf diese Weise brauchte man keine Ventile.

Kepler empfahl seine Pumpe für Bergwerke, Schiffe, Brunnen, um Wetter in den Schacht zu bringen, und schließlich sei sie auch »zu grossen plasbälgen sehr dienstlich«. Er konnte nicht ahnen, daß seine Zahnradpumpe einige hundert Jahre später in den Motoren der Kraftwagen als Ölpumpe einen Siegeszug antreten werde. (Welcher Autofahrer weiß heute, daß unter seiner Motorhaube eine im Prinzip von Kepler erfundene Pumpe arbeitet?)

Damals führte der Weg der Erfindung über »ein lustiges Kunstbrünnlein« für den Kaiser weiter zur Verwendung in Brunnen und Entwässerungsanlagen. Da der nützliche Gebrauch dieser Pumpe ohne Ventile nicht zu übersehen war, beantragte Kepler auch ein »Privileg« darauf. Heute müßte es heißen: er meldete die Erfindung zum Patent an. Auch dies konnte nicht verhindern, daß die »Wasserkunst«, wie man sie nannte, unter allen möglichen Namensbezeichnungen weithin bekannt wurde, nicht aber unter dem Namen ihres Erfinders Johannes Kepler.

Und auch daran erinnert sich heute wohl niemand, daß Kepler der erste war, der ein Planetarium konstruierte – schon 1597, als sein Kredenzbecher mit den Planetenbahnen und dem »Weltgeheimnis« darin an handwerklichen Schwierigkeiten gescheitert war. Wir erwähnten es schon. Keplers Entwurf eines künstlichen und bewegten Planetenlaufs unter künstlicher Himmelskugel wurde zwar ebenfalls nicht ausgeführt, aber der Gedanke war richtig. Er führte 1925 zu dem ersten Projektionsplanetarium von Zeiss. Nach Keplers Vorschlag sollte die Sonne im Mittelpunkt stehen, und zwar unbeweglich, wie Kopernikus es sich vorgestellt hatte. Die Planeten könnten mit einem Triebwerk um sie herumgeführt werden. Umgeben war das Ganze von einer hölzernen Himmelskugel, auf der

die Sternbilder aufgemalt werden sollten. Die damit beauftragten Gold-
schmiede in Stuttgart konnten aber die gewaltige Anzahl von Zähnen in
den Rädern nicht herstellen. Auch ein vereinfachtes, viel kleineres
Planetarium blieb unausgeführt. Es war als Glasbecher gedacht, in dem die
Planeten auf Stiften aus Metall die Sonne umrunden sollten. Diese Pläne
beschäftigten Kepler auch noch 1599.

Seine zweifellos große mechanische Begabung hatte auch den Plan
reifen lassen, in Graz eine Sternwarte zu errichten. Natürlich war jetzt in
Kriegszeiten kein Geld dafür vorhanden. Kepler wußte auch, daß es mit
seinen Augen nicht gut bestellt war. Die nächtliche Arbeit an einem
Quadranten (Fernrohre gab es noch nicht) wäre bei Wind und Kälte seiner
schwachen Gesundheit nicht gut bekommen.

Hieraus wurde also nichts. Doch versuchte er es mit einfacheren
Mitteln von der Dachluke seines Hauses aus. Hier hatte er einen Holzstab
aufgehängt. Falls er nicht schaukelte, hing er senkrecht herab. »Er kommt
aus der gleichen Werkstatt wie die Hütten unserer Vorfahren«, beklagte
Kepler diese primitive Einrichtung. »Haltet euer Lachen zurück, Freunde,
wenn ihr diesem Schauspiel beiwohnen dürft.«

Das war Keplers »Sternwarte«. Er wollte hier Sternverschiebungen
messen, die Parallaxen. Am ehesten war dies beim Polarstern möglich.
Bewegte sich die Erde mit weitgezogenem Kreis tatsächlich um die Sonne
und war diese wirklich Mittelpunkt der Planetenwelt, so mußte der Blick
zu den weit entfernten Sternen eine Verschiebung der »Örter« erkennen
lassen, falls ein Stern in einem Zeitabstand von einem halben Jahr
vermessen wurde. Denn nach sechs Monaten befindet sich die Erde immer
im entgegengesetzten Teil ihrer Bahn um die Sonne, die sie in zwölf
Monaten ganz umrundet. Der Durchmesser der Erdbahn um die Sonne,
runde 300 Millionen Kilometer, wurde von Kepler als Basis eines Dreiecks
angesehen, an dessen Spitze der Polarstern stehen sollte. Da die Blickwin-
kel bekannt sind, läßt sich auf diese Weise tatsächlich (auch heute noch) die
Sternentfernung messen. Gleichzeitig konnte das Verfahren beweisen, daß
sich die Erde in einer Jahresbahn um die Sonne bewegt. Dies war damals
ein heiß umstrittenes Thema – trotz Kopernikus. Der Polarstern hätte sich
in einem winzig kleinen Kreis bewegen müssen. Kepler vermochte nicht,
die Parallaxe zu messen. Dazu fehlten ihm präzise anzeigende Instrumente.
Der Nachweis einer Sternverschiebung ist überhaupt erst 240 Jahre später
geglückt: dem hervorragenden Astronomen Friedrich Wilhelm Bessel auf
der Sternwarte in Königsberg/Ostpreußen (1838).

Der mißlungene Versuch am Dachfenster – später »Keplerturm«
genannt – konnte nun nicht etwa Keplers Überzeugung erschüttern, daß
die Erde sich um die Sonne bewege. Er erkannte die einzig richtige Ursache
seines Mißgeschicks: Die Entfernung zu den Sternen ist viel zu groß, um

eine Parallaxe mit unzureichenden Mitteln erkennen zu können. Damit verband er eine neue gedankliche Spekulation, daß nämlich der Mensch im Verhältnis zu einer so riesig weit ausgedehnten Welt da draußen doch recht klein sei.

»Es ist ein Trost«, schrieb er, »daß wir uns über die gewaltige und fast grenzenlose Weite des Himmels weniger wundern müssen als über die Kleinheit des Menschen und die Kleinheit dieses unseres winzigen Erdballs und ebenso all der Planeten. Für Gott ist die Welt nicht unermeßlich. Aber für Gott sind wir, verglichen mit dieser Welt, winzig klein. Auch darf man aus einer bestimmten Größe nicht auf eine besondere Bedeutung schließen. Wenn die Planeten der unbedeutendste Teil der Welt wären, weil das ganze Planetensystem im Vergleich mit den Fixsternen nahezu verschwindet, so würde der Mensch aus dem gleichen Grunde zu den gleichen Nichtigkeiten der Welt gehören, da er doch nur mit der Erde verglichen werden kann. Andernfalls ständen ja das Krokodil und der Elefant Gott näher als der Mensch, weil diese Tiere das Maß menschlicher Größe überschreiten.«

Er gebrauche solche Vergleiche gern, fügte Kepler hinzu, denn mit solchen und ähnlichen »süßen Umhüllungen« könnte der gewaltige Brocken möglicherweise verdaut werden – »das große Ganze, das wir so schwer begreifen«.

Die äußere Unruhe paarte sich in jenen Monaten mit einer inneren Aufgewühltheit des Astronomen. Die Gedanken und Überlegungen, die auf ihn eindrangen, pendelten zwischen Philosophie und Mystik, zwischen Physik und Astronomie. Betrachtungen über das Heilige Abendmahl schrieb er für seine Glaubensbrüder, obwohl dies damals sicher gefährlich war. Über den Magnetismus äußerte er sich und »Über die Weißheit Gottes in der Erschaffung der Welt«. Dazwischen finden wir Gedanken über die Ursache der »Schiefe der Ekliptik«. Dies ist der $23^1/_2$ Grad betragende Unterschied zwischen der Erdbahnebene um die Sonne und dem auf den Himmel projizierten Erdäquator. (Deshalb steht der Globus auf unseren Schreibtischen oder Schränken schief.)

Kepler begann in Graz auch mit den Vorarbeiten zur Lösung optischer Probleme. Hierin war er bald bahnbrechend. Außerdem registrierte er jetzt täglich seine Wetterbeobachtungen. Dies konnte ihm seine Vorhersagen in den Kalendern vielleicht erleichtern. Entscheidend für seine weiteren schriftlichen Arbeiten aber war die Grundkonzeption seines größten Werkes, der »Weltharmonik« (Harmonices mundi), die in jenen späten Grazer Wochen entstand. Erschienen ist das Buch erst 20 Jahre später. Fünf Kapitel sollten darin behandelt werden: Geometrie, Mathematik, musikalische Harmonie, Astrologie und Astronomie.

Die Glaubenskämpfe in seiner nächsten Umgebung rissen den fleißigen Mann immer wieder aus seiner Arbeit. Er spürte deutlich, wie auch an seinem Glauben gerüttelt wurde. Schon im Vorjahr hatte er seinen Standpunkt zu erkennen gegeben: »Ich bin ein Christ. Die Augsburger Konfession (das Bekenntnis zum Luthertum) wurde mir von meinen Eltern gelehrt, und ich nahm sie in mich auf, indem ich ihre Begründungen wiederholt durchforschte und täglich erprobte, und an ihr halte ich fest. Heucheln habe ich nicht gelernt. Mit dem Glauben ist es mir ernst, mit ihm spiele ich nicht.«

Dieses Schreiben war übrigens an seinen Freund und Gönner, den überzeugten Katholiken und Anhänger der Jesuiten Herwart von Hohenburg gerichtet, den wir schon erwähnten. Es spricht für Hohenburg, daß ein so offenes Wort in Glaubensfragen der Freundschaft keinen Abbruch tat.

Ein weiteres gewagtes Schreiben richtete Kepler am 30. Mai 1599 an Herwart. »In einen Streit über die Schutzengel will ich mich nicht einlassen. Das ist eine Sache des Glaubens und nicht des Wissens. Vielleicht findet jemand eines Tages eine natürliche Erklärung, und man braucht die Schutzengel nicht mehr.« So wie hier ist kaum in einer anderen Äußerung Keplers das Bemühen um Trennung zwischen Glauben und Wissen erkennbar, die damals noch bei vielen untrennbar miteinander verbunden waren.

Herwart von Hohenburg war es auch, der Kepler auf den dänischen Astronomen Tycho de Brahe (1546–1601) hinwies. Dieser wollte nach einigen Irrfahrten in Böhmen seßhaft werden. Kaiser Rudolf II. interessierte sich für ihn – er wollte ihn an seinem Hofe in Prag sehen. Und Tycho suchte einen Assistenten. Brahes Schicksal hatte insofern Ähnlichkeit mit dem des Johannes Kepler, da auch er seine Heimat verlassen mußte – wenn auch aus ganz anderen Gründen. Und beide hatten sie sich in der Gelehrtenwelt durch ein besonders hervortretendes Werk einen Namen gemacht: Tycho durch seinen »Neuen Stern«, Kepler durch sein »Weltgeheimnis«.

Ansonsten gab es große Unterschiede zwischen den beiden Astronomen. Brahe hatte sich ein eigenes Planetensystem erdacht, in dem immer noch die Erde den Mittelpunkt der Welt bildete. Die Sonne galt ihm nur als Mittelpunkt für die anderen Planeten, mit denen zusammen sie die Erde umrunden sollte. Keplers unbedingte Anerkennung der Kopernikanischen Auffassung mit der bewegten Erde stand dem entgegen. Groß war auch der Unterschied in finanzieller Hinsicht. Tycho Brahe war ein sehr vermögender Mann und verfügte über kostbare Instrumente. Ein einziges davon, meinte Kepler, sei mehr wert als sein ganzes Jahresgehalt. »Er hat Reichtümer im Überfluß, doch versteht er davon keinen rechten Gebrauch zu machen wie viele reiche Leute. Man muß sich bemühen, diese Reichtümer in Anspruch zu nehmen, was ich mit gebotener Bescheidenheit tue.« Auch in der Beobachtungskunst und im Meßverfahren war Tycho dem schwachsichtigen, durch sein Augenleiden behinderten Kepler überlegen.

Was wissen wir überhaupt von diesem dänischen Adeligen, der im Juni 1599 in Prag auftauchte und für zwei Jahre in Keplers Leben eine so bedeutsame Rolle spielen sollte?

Tycho de Brahes Vorfahren stammten aus Schweden. Als Neffe eines Vizeadmirals und Großgrundbesitzers war ihm von Kindheit an ein reiches Erbe sicher, zumal der Onkel den kleinen Tycho an Kindes Statt angenommen hatte. An sich war dies nicht notwendig, denn Tychos Eltern lebten damals noch, aber der Onkel hatte keine Kinder. Den ersten männlichen Nachkommen seines Bruders kaufte er ihm schon im voraus ab. Zwar sträubte sich der echte Vater, machte den Kauf rückgängig, wartete ab, bis ein zweiter Nachkomme geboren war, ging dann aber auf den Handel mit seinem Bruder ein, der inzwischen den Säugling aus der Wiege gestohlen hatte. Tycho, 1546 in Knudstrup bei Helsingborg geboren, gehörte jetzt dem Vizeadmiral. Dieser sehr temperamentvolle Herr hatte schon gedroht, er werde den Bruder umbringen.

Der Onkel wurde nicht alt. Nachdem er seinen König, der von der Schloßbrücke ins Wasser gefallen war, herausgezogen hatte, starb der Vizeadmiral an einer Lungenentzündung. Brahe beerbte ihn. So besaß der junge Mann viel zu früh freie Hand, ein ausschweifendes Leben zu führen, besonders in seiner Studentenzeit, die ihn auch nach Rostock führte.

Der trinkfeste und rechthaberische Bursche behauptete dort, er sei der beste Mathematiker an der ganzen Universität. Nur einer der Studierenden, der nicht auf den Mund gefallen war, wagte es, Brahe zu widersprechen. So kam es zu einem Säbelduell. Es kostete Tychos Nase, deren Vorderteil wurde glatt abgeschlagen. Tycho ließ sich eine Nasenprothese aus Gold und Silber anfertigen, die er zuweilen mit einer Haftcreme aus einer Schnupftabaksdose einrieb.

Der an sich begabte, aber eigenwillige Däne las mit 14 Jahren schon den »Almagest« des Ptolemäus und wunderte sich über dessen kompliziertes Weltsystem mit den vielen Hilfskreisen. Auch in Leipzig, Wittenberg und Basel, wo Tycho seinen philosophischen und juristischen Studien nachgehen sollte, beschäftigte er sich vorwiegend mit der Himmelskunde. Als er 17 Jahre alt war und Mitte August 1563 Jupiter und Saturn dicht beieinanderstanden, vermißte er die Ankündigung dieses gewiß seltenen Ereignisses in den Tafeln des Alfons von Kastilien, die immer noch als ein zuverlässiges Handbuch für astronomische Voraussagen galten. König Alfons X. (1223–1284) hatte übrigens die Ptolemäischen Hilfskreise (Epizykel) schon heftig kritisiert. Seine Tafeln aber waren sehr ungenau.

Tycho Brahe hatte sich auf der Insel Hven (Venus) mit Unterstützung des dänischen Königs diese Sternwarte gebaut, als er sich 1597 – verärgert über den neuen König – auf Reisen begab. Im Keller hatte er leibeigene Bauern in Fesseln gelegt, wenn ihre Abgaben zu mager ausgefallen waren. In Prag wurde Kepler 1600 Brahes Assistent.

Tycho de Brahe fand es unerträglich, daß da gewisse Berechnungen nicht mit den Tatsachen übereinstimmten. Also machte er sich selber daran, die Bewegung der Planeten gründlichst zu beobachten, zu messen und viele Tausende von Meßergebnissen in fast endlosen Zahlenreihen aufzuschreiben.

Man sagt zu Recht, daß die Beschäftigung mit den Sternen in der Stille der Nacht auch aufbrausende Gemüter beschwichtige. Brahe war eine Ausnahme. Obwohl er seine Messungen äußerst exakt durchführte, blieb doch seine Gemütsverfassung im Aufruhr. Immerhin überzeugten seine wissenschaftlichen Arbeiten auch den König, der ihm eine Insel schenkte und die Mittel für den Bau einer Sternwarte dazugab. Es wurde die damals größte Sternwarte Europas, wahrscheinlich der Welt. Sie hieß Uraniborg und stand auf der Insel Hven im Sund zwischen Kopenhagen und Schloß Helsingör. Gleichzeitig war dies ein Herrensitz für Tycho und seine Gehilfen, für Frauen, Kinder und Personal.

Der König hatte leider auch die auf der Insel wohnenden 40 Bauernfamilien und die Erträgnisse aus ihrer Hände Arbeit dem Astronomen überantwortet. Tycho machte in den 20 Jahren, die er dort verbrachte, von dieser Leibeigenschaft übelsten Gebrauch. Daß er sich mit einer der Bauerntöchter einließ, die er nicht heiratete, weil sie nicht seines Standes war, die ihm aber acht Kinder schenkte, mag noch hingenommen werden, denn er ließ diese Kinder nicht darben. Bedenklicher schon war, daß er sich einen Hofnarren hielt, einen Zwerg, der meist unter der reich gedeckten Tafel saß und sich wie ein Hund einige Bissen zuwerfen lassen mußte. Am schlimmsten war wohl, daß er überall Streit suchte und den Bauern hart zusetzte, um immer höhere Abgaben aus ihnen herauszupressen. Gelang ihm dies nicht, so warf er den einen oder anderen seiner Untergebenen ins Gefängnis.

Eine Sternwarte mit einem Verlies für »ungehorsame« Bauern – das hatte es zuvor nicht gegeben und ist auch seither nirgends festgestellt worden. Dort schmachteten seine Leibeigenen, meist in Ketten gelegt, obwohl es eine königliche Justiz im Lande gab und obwohl auch der oberste Gerichtshof gegen dieses Unrecht protestierte. Tycho wurde immer mehr eine Schande für das ganze Land. Ein Thronwechsel brachte die Wende. Der junge König, mit dem Tycho sich bald überworfen hatte, ließ ihn deutlich wissen, was er von einem solchen Manne halte, und kürzte die Zuwendungen, worauf Brahe das Feld räumte.

Mit einem großen Aufgebot an Dienern, Möbeln, Instrumenten, einer Druckpresse, einer ganzen Bibliothek samt eigenen Gedichtbänden, einem chemischen Laboratorium nebst eigenen Medikamenten, phantasievollen Kleidern und Kostbarkeiten zog er nach Deutschland. Bald sah man ihn und sein Gefolge in Wandsbek bei Hamburg, später vorwiegend in

ARMILLÆ ALIÆ ÆQVATORIÆ.

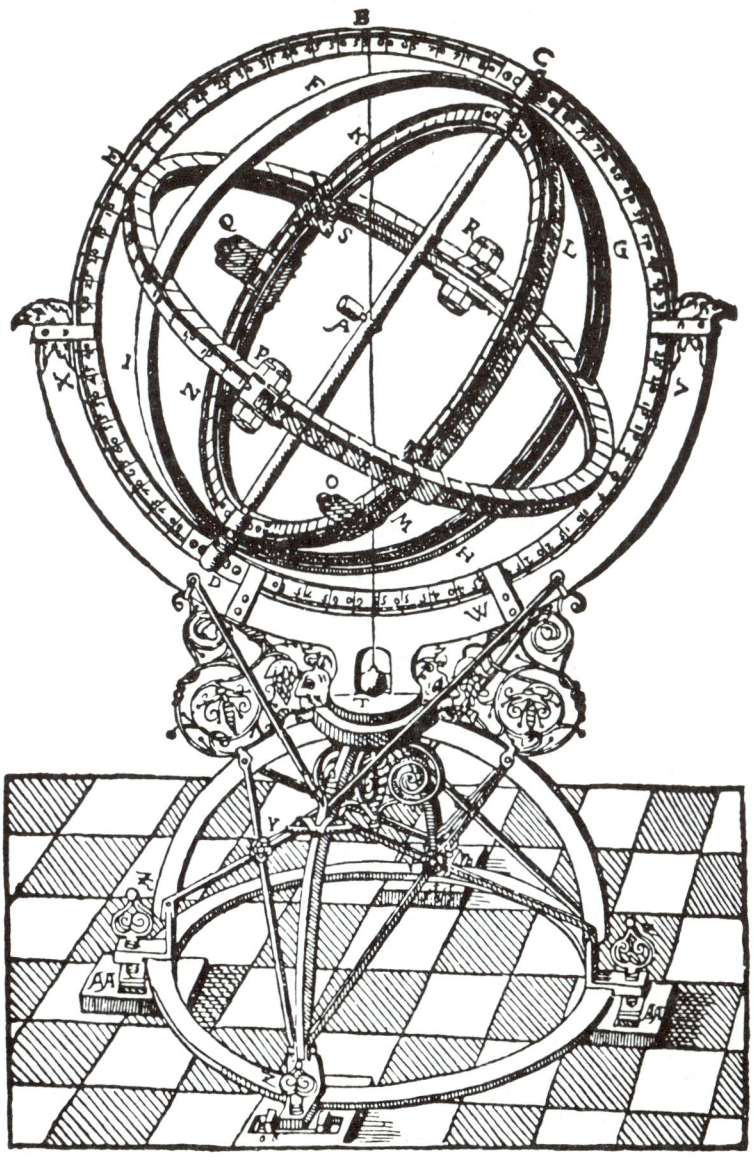

Tycho Brahes Instrument mit den Himmelskreisen (Armillarsphäre), dem Himmels-
äquator, dem durch die Himmelspole laufenden Deklinationskreis, der Weltachse und den
Gradeinteilungen diente auch Kepler zur Orientierung bei der Vermessung der »Planeten-
örter«. Das Instrument hat etwa einen Meter Durchmesser und steht heute im National
Museum of History and Technology (Smithsonian Institution), Washington.

Mitteldeutschland, und 1599 gelang es ihm, Kaiser Rudolf II. in Prag für sich zu gewinnen, der für Wissenschaften und Künste ein offenes Ohr hatte und auch der Sterndeuterei huldigte.

Der wie ein zweiter Kaiser residierende Astronom aus dem Norden hat sich seiner Berühmtheit nicht lange erfreuen können. Schon im Oktober 1601 »platzte ihm die Blase«, wie es hieß. In Keplers Schlußanmerkung hinter den Beobachtungsjournalen Brahes lesen wir: »Am 13. Oktober war Tycho Brahe in Begleitung des Herrn Mincowiz zum Essen an der Tafel des erlauchten Herrn Rosenberg, hielt aber sein Wasser aus Höflichkeit über Gebühr zurück (retenta praeter moram urina consedit). Es wurde freigebig weiter getrunken, und er verspürte eine wachsende Spannung in der Blase, stellte aber seine Gesundheit hintan. Als er zu Hause ankam, vermochte er kaum noch zu harnen.«

Was Kepler hier fast entschuldigend so perfekt schilderte, hätte auch anders lauten können: Tycho trank wie üblich ziemlich reichlich, obwohl er bereits an einer Nierenerkrankung litt. Er hielt sich auch in diesem Kreise für die bei weitem wichtigste Persönlichkeit unter den Gästen des Barons Rosenberg, wollte ständig der Mittelpunkt des Abends sein und fürchtete, es könne seinem Nimbus schaden, wenn er sich fortbegab, um etwas Menschliches zu verrichten. Ein tödliches Versäumnis also? Jedenfalls ein unrühmliches Ende. Nach einigen Tagen starb er an seiner Harnvergiftung (Urämie).

Manchmal empfiehlt es sich bei der Schilderung eines Lebenslaufs, Charakter und Leistung deutlich zu trennen, weil sie in krassem Gegensatz zueinander stehen. Dies ist ganz besonders bei Tycho de Brahe notwendig. Wir mußten auf seine Mentalität näher eingehen, weil sonst nicht zu verstehen wäre, wie Kepler auf diesen Mann reagierte. Tychos astronomische Leistung aber kann nicht hoch genug veranschlagt werden.

Er führte die Präzisionsmessung in die Astronomie ein. Er begnügte sich also nicht mit einmal ungefähr festgestellten Sternörtern und Planetenpositionen, sondern überprüfte die eigenen Messungen bis an die Grenze der damals möglichen Genauigkeit. Fernrohre gab es noch nicht, aber man konnte doch mit allerlei Winkelmeßinstrumenten Richtungen und zeitliche Veränderungen im Gradnetz des Himmels festlegen.

Es gab den Jakobsstab oder Gradstock, den astronomischen Sextanten, die Sonnenuhr und andere Chronometer, die kugelige Armillarsphäre zum Messen der Himmelskoordinaten und vor allem den Mauerquadranten, der auch als Meridianinstrument diente zur Beobachtung des Durchgangs eines Sterns duch die Mittags-(oder Mitternachts-)Linie. Solche Geräte erlaubten damals bereits Meßgenauigkeiten nach Grad, Minuten und Sekunden. (Ein Vollmonddurchmesser ist 31 Minuten und fünf Sekunden lang, also gut einen halben Grad.)

Tycho fertigte einen Katalog mit 777 Sternörtern an. Er beobachtete und beschrieb die »Tychonische Supernova«, einen Sternausbruch, am 11. November 1572 (Kepler war noch nicht ein Jahr alt). Und den Kometen von 1577 ordnete er zutreffend als einen weit hinter dem Mond zu suchenden Himmelskörper ein.

Kepler sah Ende 1599 seine Zukunft im schwärzesten Licht. Fast verzweifelt schrieb er Mästlin, die Ruhr raffe in Graz Menschen jeden Alters dahin, vor allem die Kinder, es gäbe Anzeichen für die Pest, und die Kronen der Bäume seien voll vertrockneten Laubes, weil Würmer sie zerfressen hätten. Ketzer habe man gefoltert, manchmal verbrannt. Weil er sein Kind nach lutherischem Brauch zu begraben wünschte, habe er eine Buße bezahlen müssen. So bat er Mästlin dringend, er möge ihm in Tübingen eine Anstellung, eine Professur, verschaffen. Immer das Praktische bedenkend, fragte er auch gleich, wieviel jetzt dort der Wein koste, wieviel das Getreide und welche Leckereien es gäbe, denn sein Weib sei es nicht gewohnt, sich von Bohnen zu ernähren.

Ehe Mästlins ablehnende Antwort – nach fünf Monaten – eintraf, lag nun das Schreiben Herwarts von Hohenburg vor: Tycho Brahe brauche einen Assistenten, »und als solchen möchte ich dich untergebracht sehen«. Der Kaiser hatte dem dänischen Astronomen das Schloß Benatek (Benàtky), 35 Kilometer nordöstlich von Prag, zur Verfügung gestellt, wo Brahe nun seine Instrumente einzurichten hoffte. Gleichzeitig war er zum Mathematiker des Kaisers ernannt worden – mit einem wahrhaft fürstlichen Gehalt von 3000 Gulden jährlich. Allerdings sind Brahe diese beachtenswerten Summen wohl meist nur zur Hälfte ausgezahlt worden.

Johannes Kepler sah sich sofort in Graz um, auf welche Weise er ohne große Kosten nach Prag reisen könne. Er fand Johann Friedrich Hoffmann, Freiherr zu Grünbüchel und Stechau, Mitglied der Steirischen Stände und zugleich Hofrat bei Kaiser Rudolf II., ein einflußreicher Mann, der Kepler auch später freundschaftlich unterstützt und gefördert hat. Der Baron beabsichtigte, aus der katholisch gewordenen Steiermark mit großem Gefolge nach Prag zurückzukehren. Auf einen mehr oder weniger kam es nicht an. Der Landschaftsmathematiker durfte mitfahren.

Leichteren Herzens hätte Kepler diese Reise Anfang Januar 1600 angetreten, wenn er gewußt hätte, daß in umgekehrter Richtung schon ein Brief des Tycho de Brahe unterwegs war, der ihn zum Besuch auf Schloß Benatek einlud.

Es muß ein harter Winter gewesen sein. Die Alpenpässe waren tief verschneit. Dies war keine Reise im üblichen Sinne, es war mehr eine mühselige Expedition über insgesamt 500 Kilometer bei Frost und Sturm. Kein Wunder, daß Keplers Gesundheit wieder einmal am seidenen Faden hing. Zeitweise schien es so, als werde er das Reiseziel niemals erreichen. Die Kälte machte dem fiebernden Mann schwer zu schaffen, aber er hielt durch. Tycho Brahe – das war seine große Hoffnung, der Astronom aus dem Norden, der 53 Jahre alt war.

Der 25 Jahre jüngere Kepler stand nach einem Zwischenaufenthalt in Prag bei Baron Hoffmann und einigermaßen wiederhergestellt am 4. Februar 1600 auf Schloß Benatek dem berühmten Edelmann aus Uraniborg gegenüber. Wer die beiden Persönlichkeitsstrukturen vergleicht, wird leicht erkennen, daß sie durch Herkunft und Entwicklung grundverschieden geprägt waren. Nur im Eifer ihrer Welterkenntnis glichen sie sich und in dem Bewußtsein, daß von nun an einer auf den anderen angewiesen sein werde.

Die Begegnung zwischen dem Meister der Meßkunst und dem Genie der Rechenkunst ist später oft eine Sternstunde der Menschheit, zumindest der Wissenschaft, genannt worden. Wenn auch die Bedeutung dieses Treffens vom Jahre 1600 keineswegs bezweifelt werden kann, so muß doch festgestellt werden, daß zunächst jedenfalls nicht eine Sternstunde, sondern ein regelrechter Krach zu verzeichnen war.

Es gab da die peinliche Affäre mit Reimarus Ursus. Er war bis zum Auftreten Tycho de Brahes der Kaiserliche Mathematiker. Sicher ein begabter Kenner der Materie und vom Schweinehirten in diese gehobene Position aufgestiegen, die ihm nun ein anderer abnahm. Schon 1584 hatte Ursus als Begleiter eines anderen Adeligen Tychos Sternwarte in Dänemark besucht. Dabei habe Ursus Papiere entwendet, behauptete jetzt Brahe, und Angaben über sein spezielles Planetensystem gestohlen. Deswegen führte Brahe einen Prozeß gegen Ursus. (Man würde heute von einem Plagiat sprechen.) Ursus hatte in seinem Buch über die »Astronomischen Grundlagen« ungefähr dasselbe behauptet, was Tycho bald darauf ebenfalls dargestellt hatte.

Von dieser Spannung zwischen Tycho und Ursus wußte Kepler nichts. Er hatte an Ursus schon Ende 1595 geschrieben, daß dessen »helleuchtender Ruhm« bei Hofe ihm bekannt geworden sei als eine Sonne unter den Mathematikern seiner Zeit. Diesen Brief, im überschwenglichen Stil jener Epoche geschrieben, veröffentlichte Ursus, ohne Kepler zu fragen, als eine Art moralischer Unterstützung, als er mit schwersten Beschimpfungen gegen Tycho zu Felde zog. Dessen Planetensystem, so behauptet er, sei nichts weiter als das Ursinische.

Kepler saß ahnungslos zwischen zwei Stühlen. Die beiden Kampfhähne hatten sich ineinander verbissen, und Brahe mußte annehmen, daß Kepler auf der Seite des Reimarus Ursus stehe. Die Parteien stritten im Grunde um die Urheberschaft eines Weltbildes, das in ganz ähnlicher Form schon vor 2000 Jahren verkündet worden war. Um 350 v. Chr. hatte

Herakleides von Pontus, ein Schüler Platos im alten Griechenland, die halb-heliozentrische Planetenwelt bereits entworfen. Außerdem hatten inzwischen auch andere Gelehrte ähnliche Planetensysteme zu Papier gebracht. Jetzt wußten viele überhaupt nicht recht, ob hier um die Stellung der Planeten in bezug auf Erde und Sonne gestritten wurde oder um die Stellung der Astronomen bei Hofe.

Kepler fürchtete, daß Tycho ihn nun fallen lassen werde. Aber er täuschte sich. Der alternde Astronom hatte klar erkannt, daß nur Kepler in der Lage war, die Beobachtungsjournale mathematisch richtig auszuwerten und daraus, wie er hoffte, sein Tychonisches Weltbild zu untermauern, damit es für alle Zeiten in die Geschichte eingehen könne. Also nahm Brahe die Keplersche Entgleisung mit der Lobeshymne auf Ursus nicht weiter tragisch. Allerdings verlangte er nach dem Tod von Ursus, daß Kepler deutlich in einem Flugblatt gegen dessen Theorie Stellung nähme. Dies konnte Kepler mit gutem Gewissen tun. Sie war ebenso falsch wie die des Tycho Brahe. Dieser war um so mehr versöhnlich gestimmt, als Kepler ja auch Tycho in einem Brief als den großen Meister der Astronomie gewürdigt hatte.

Es ist anzunehmen, daß die beiden großen Astronomen bei ihrer ersten Begegnung auf Schloß Benatek den »Fall Ursus« beiseite ließen! Der Besuch des Mathematikers aus Graz sollte ja dazu dienen, eine möglichst baldige Zusammenarbeit vorzubereiten. Als Kepler jedoch sah, welche Verhältnisse auf Schloß Benatek herrschten, schienen ihm alle seine Felle davonzuschwimmen. Es war ein lärmendes Gewimmel von Helfern, Studenten, Bediensteten, Boten, Kindern, Frauen und der ganzen Sippe Brahes samt Töchtern und Söhnen, ein ununterbrochenes Kommen und Gehen von Handwerkern, denn das Schloß mußte nach Tychos Wünschen umgebaut, Mauern mußten eingerissen, Tore errichtet werden. Pferdewiehern, Hufeschlagen, das Klappern von Wagenrädern, Türenschlagen und Hundegebell steigerten die allgemeine Lärmkulisse bis zum Unerträglichen.

Kepler mußte am untersten Ende der Tafel sitzen, wo die niederen Chargen ihre Plätze hatten. Offenbar gab es dort nur einen zweitklassigen Wein. Er konnte sich auch nicht daran gewöhnen, daß ein Zwerg unter dem Tisch saß, der spitzfindige Bemerkungen über den schmächtigen Kalendermacher aus der Steiermark zum besten gab. Es sollte sich wie ein Spaß anhören, doch war der Besucher aus dem weit bescheideneren Graz ganz und gar nicht zu Scherzen aufgelegt.

Um überhaupt ein Arbeitsklima zu finden, wollte Kepler verschiedene Voraussetzungen erfüllt sehen. Er gehörte zu den Wissenschaftlern, die auch auf Intuition angewiesen sind, die ihre schöpferische Phantasie mit den streng realen Überlegungen und Berechnungen zu verbinden wissen.

Dazu brauchte Kepler die Ruhe eines völlig abgeschirmten Arbeitsplatzes. Er vermochte auch bei Tisch nicht lange stillzusitzen, weil ihm dieser oder jener Gedanke zu schaffen machte, den es aufzuschreiben galt. Auch wollte er nicht allzu lange an der Tafel sitzen, »weil mein Körper dafür zu schwach ist, auch wenn ich sonst gesund bin«.

Tycho war seit der Affäre mit Ursus mißtrauisch – auch Kepler gegenüber. Der dänische Astronom holte ein vorbereitetes Papier mit dem Inhalt, daß Kepler alles, was er aus Tychos Messungen erfahren würde, »in höchster Geheim« halten müsse, so wie es sich für einen Philosophen gehöre.

Im einzelnen war darin ausgeführt: ».. . bekenne ich, demnach ich zu Herrn Tycho Brahe wegen dero ansehnlicher und weltberühmter astronomischer Bücher und Instrumente den 4. Februar 1600 gen Benatek gekommen, allgnädig und allerfreundlichst wohl empfangen, daß ich mich zu aller untertänigen Dankbarkeit schuldig erkennen, auch seiner Gestrengen, als einem Liebhaber aller Künste, und seinen Bearbeitern es gefallen soll, mir einen gut Teil ihrer Beobachtungen samt andern Entdeckungen und astronomischen Arbeiten mitzuteilen, habe ich mir zu Gemüt geführt, den in jetziger Zeit schändlichen Gebrauch, anderer Leute Arbeit verschlagenerweise den rechten Urhebern zu entziehen und andern unberechtigt zuzuschreiben .. . habe ich für ratsam gehalten, mit meiner Unterschrift mich dahin zu verpflichten, daß ich alles das, was mir von Herrn Brahe mitgeteilt werden sollte, in höchster Geheim zu halten.«

Zwar war Kepler immer, was die Geheimhaltung betraf, nicht so mißtrauisch wie sein Gastgeber, denn es kam Kepler mehr auf die Sache und ihre Verbreitung als auf den Ruhm des Gelehrten an – aber er unterschrieb. Nach kurzer Zeit merkte er, daß Tycho ihm die so sehr begehrten Meßergebnisse aus der Zeit in Dänemark nicht mitteilen wollte. Zwar sollte Kepler sich den Planeten Mars vornehmen, dessen Positionen bisher ein Assistent namens Longomontanus mangelhaft bearbeitet hatte, aber die Ziffern und Zahlen im Gradnetz des Himmels, die Exzentrizitäten und mittleren Planetenentfernungen, kurz die einzigartigen Meßergebnisse in den Journalen Brahes, gab dieser nur bruchstückweise preis, oft nur in einem Nebensatz anschließend an die Tafelrunde »ganz im Vorbeigehen«, wie Kepler notierte.

Das alles wollte er genauer und besser geregelt sehen. Er brauchte das, was es damals im heutigen Sinne kaum gab: einen präzise formulierten Anstellungsvertrag. Also setzte er, als fast zwei Monate in Benatek vergangen waren, ein Schreiben auf, in dem von einer isolierten Wohnung für sich und später auch für die Seinen die Rede war, von einem ausreichenden Gehalt, das der Kaiser bewilligen müsse, sogar von der Lieferung des Holzes für Küche und Wohnraum und von der Beköstigung. Er beanspruche Ruhestunden, wenn er die Nacht durchgearbeitet habe, und wolle sowohl freie Hand zur Erledigung der ihm aufgetragenen Marsberechnungen als auch für seine privaten Arbeiten. Zu Recht befürchtete er, Tycho werde ihn für dessen falsches Weltbild über Gebühr einspannen.

Das Schreiben gelangte durch eine Indiskretion sehr bald in Tycho Brahes Hände, obwohl es in dieser Form vielleicht noch nicht die Endfassung war. Es darf angenommen werden, daß dieser »Anstellungsvertrag« Ausgangspunkt für den nun folgenden Streit war, jedenfalls aus der allgemein kritischen Situation heraus das Faß zum Überlaufen brachte. Brahe stutzte. Wollte ihm dieser junge Mensch aus Graz vorschreiben, was er hier zu tun gedächte? Offensichtlich war der Stolz des Edelmannes über Gebühr strapaziert. Es kam zu einer mündlichen Auseinandersetzung, wie sie den beiderseits lebhaften Temperamenten entsprach.

In der Kunst diplomatischer Ausdrucksweisen war Tycho seinem Gesprächspartner zweifellos überlegen. Aber sein selbstherrliches Gebaren dürfte wie ein rotes Tuch gewirkt haben, zumal Tycho seine Stellung als Kaiserlicher Mathematiker wie ein hoher Vorgesetzter ins Treffen geführt haben wird, der keinen Widerspruch eines »Untergebenen« duldet. Und seine Redegewandtheit mag als eine Schranke gewirkt haben, gegen die Kepler – aufs höchste gereizt – vergebens anging. Wie ein »toller Hund« habe Kepler sich benommen, beklagte sich Tycho später noch. Jedenfalls war ihm hier ein Mann begegnet, der nichts von der gewohnten Unterwürfigkeit, von Kleinmut und bescheidenem Jasagen einem »Heros« gegenüber zu wissen schien. Tycho hatte seinen Meister gefunden und seinen Respekt verloren.

So kam es, daß zunächst der Faden riß, den die beiden schon geknüpft zu haben glaubten. Kepler warf alles hin und reiste ab.

Nun muß berücksichtigt werden: Jeder für sich war an diesem unseligen 6. April 1600 gereizt und voller Sorgen. Tycho bangte um seine großen Instrumente, die sich noch immer auf dem Transport von Dänemark nach Prag befanden. Würden sie überhaupt jemals eintreffen? Mit des Kaisers Kämmerer hatte er wegen des Geldes schon eine so heftige Auseinandersetzung gehabt, daß er dem Herrscher drohte, er werde abreisen und aller Welt verkünden, wie schlecht er bei Rudolf II. behandelt worden sei. Im Umland von Prag waren Pesterkrankungen festgestellt worden. Tycho hatte den Kaiser vorbeugend mit allerlei selbstgefertigten Tinkturen behandeln müssen. Inzwischen stellte einer der Assistenten, Junker Tengnagel, allzu unverschämt Tychos Tochter Elisabeth nach. Ärger über Ärger am »Hofe« des großen Astronomen.

Auch Kepler waren die Sorgen über den Kopf gewachsen. Ein peinigendes Fieber machte ihm wieder zu schaffen. Das herzliche Willkommen, das man ihm bei seinem Eintreffen entboten hatte, war nicht nur bei den Assistenten einer kühleren, ja feindlichen Haltung gewichen. Die ganze Familie Brahe schien gegen ihn zu sein. Mit Entsetzen mag Kepler sich ausgemalt haben, wie seine anspruchsvolle und leicht zu kränkende Frau wohl in diesem Kreise ihr Dasein fristen werde, weit entfernt von ihren Verwandten und den Besitztümern in der Steiermark. – Nein, hier hielt es ihn nicht länger.

In Prag fand Kepler abermals Unterkunft bei Baron Hoffmann. Noch immer erregt über die Auseinandersetzung, die ja wohl das Ende aller seiner Zukunftspläne bedeutete, schrieb Kepler einen mit Vorwürfen beladenen Brief an Tycho – dann aber trat jene Umkehr ein, die bei cholerischer Temperamentslage oft festzustellen ist: Kepler gewann die Oberhand über die eigene Heftigkeit. Vermutlich von Hoffmann angeregt, verurteilte er sein Verhalten und bedauerte es zutiefst.

»Die verbrecherische Hand, die neulich rascher als der Wind war mit dem Verletzen, weiß jetzt kaum, wie sie es anfangen soll, um alles wiedergutzumachen«, schrieb er an Brahe. Mit Schrecken denke er daran, daß er sich mit geschlossenen Augen eigensinnig gegen seinen Wohltäter und gegen dessen Familie gezeigt habe. Von Argwohn und Verdächtigungen habe er sich fortreißen lassen, erklärte Kepler. Er nehme nun alles zurück, was er gesagt habe.

Auch Tycho, von ähnlicher Temperamentsumkehr erfaßt, zeigte Versöhnungsbereitschaft und Verständnis, ja, er ließ seinen Wagen anspannen und fuhr nach Prag, um seinen »lieben Johann« persönlich nach Schloß Benatek zurückzuholen. Arthur Koestler charakterisierte trefflich in seinen »Nachtwandlern« die Szene so: »Man sieht beinahe, wie Tyges (Tychos) großer, fetter Arm in dem hammelkeulenförmigen Ärmel Keplers dürre Knochen in einer liebevollen Umarmung zerdrückte.«

Kepler bekam jetzt zwar eine vom Lärm des Schlosses abgesonderte Unterkunft, mag auch an der Tafel aufgerückt sein, aber der Kaiser hatte sich noch nicht zur Frage der Bezahlung dieses besonderen Assistent-Professors geäußert. Überhaupt schien nach vier Monaten die Besuchszeit auf Benatek abgelaufen zu sein. Sie sollte ja nur einen ersten Kontakt herbeiführen, und der war ja denn auch auf heftigste Weise zustande gekommen.

Die beiden Astronomen kamen überein, daß Kepler zunächst nach Graz zurückkehren sollte – wohl auch, um dort eine spätere endgültige Übersiedlung zu Tycho Brahe vorzubereiten, falls nicht überhaupt ein nur schriftlicher Kontakt ausreichen würde.

Kepler stand immer noch in Lohn und Brot bei den Ständen. Deshalb reiste er, als es Sommer geworden war (Juni 1600), im Gefolge eines Verwandten

Brahes über Wien, wo er in der großen Bibliothek nach Büchern suchte, zu den Seinen zurück.

In Graz atmete er in vollen Zügen die gesunde Luft seiner zweiten Heimat. Hier durfte er besonderes Ansehen genießen. Die Zeit bei Tycho de Brahe lag wie ein Alptraum hinter ihm. Doch es zeigte sich, daß die Stände nicht gewillt waren, ihren Professor als einen ewigen Reisenden in eigenen Angelegenheiten über Wasser zu halten, wenn nicht auch für die Steiermärker etwas Ersprießliches dabei herauskam. Seit die Stiftsschule in katholische Hände übergegangen war, hatte Kepler keine Lehrtätigkeit mehr ausüben dürfen. Nun sollte er die Astronomie an den Nagel hängen und Medizin studieren! Und zwar »unter Androhung der Entlassung«, falls er sich weigerte.

Wieder eine unangenehme Überraschung. Ernstlich wurde ihm geraten, »daß ich zur Herbstzeit um der Medizin willen nach Italien reisen müsse«. Jedenfalls nach Padua, wo die medizinische Fakultät besonderes Ansehen genoß. Dort wäre er vermutlich auch mit Galilei zusammengetroffen, und wiederum würde es zu einem häßlichen Zwischenfall gekommen sein, denn Galilei hielt überhaupt nichts von Kepler. Er sah in ihm nur eine lästige Konkurrenz auf dem Schauplatz der europäischen Gelehrtenwelt und verstand auch nichts von den später so berühmt gewordenen Keplerschen Planetengesetzen.

Doch Kepler wollte nicht nach Italien, wenngleich seine Ausweisung und die seiner Familie aus der Steiermark immer näher rückte. Würde Mästlin in Tübingen etwas für seinen ehemaligen Schüler tun können? »Ich möchte mit meiner Familie zu Schiff auf der Donau zu ihnen kommen, wenn Gott mich das alles überstehen läßt«, schrieb er. »Ich würde Arzt werden, wenn Sie mir vielleicht zu einer kleinen Professur verhelfen könnten! Denn in Wahrheit: Ich, der ich reich zu werden hoffte, bin nun bettelarm ... Das ist alles so schwer. Ich habe nicht geglaubt, daß es in Gemeinschaft mit den Glaubensbrüdern so köstlich ist, um des Glaubens und Christi Ehre willen Schimpf und Schande zu erdulden und Haus, Äcker, Freunde und Heimat aufzugeben. Ist es beim echten Märtyrertum und bei der Hingabe des Lebens ebenso wie jetzt und wächst die Freude mit der Größe des Verlustes, dann muß es leicht sein, für den Glauben zu sterben.«

Ehe es jedoch zu einer endgültigen Ausweisung kam, nahm die Sonnenfinsternis vom 10. Juli 1600 Keplers ganze Aufmerksamkeit in Anspruch. Das Datum lag schon fest. Bereits im Altertum war die Saros-Periode bekannt, eine 18jährige Wiederkehr der Verfinsterungen in einem bestimmten Zyklus. Es gibt mehrere solcher Zyklen, die nebeneinander herlaufen. Kepler hatte zudem die genaue Stunde berechnet. Auf dem Marktplatz in Graz ließ er sich eine Bühne errichten, wo er sein eigens hierfür konstruiertes Beobachtungsinstrument aufstellte. Es bestand im wesentlichen aus einem flach liegenden Holzrahmen als Unterlage für eine schräg zum Sonnenstand hinaufweisende bewegliche Latte mit einer winzigen Öffnung im Abschlußbrettchen. Hindurch fiel der Sonnenstrahl auf eine weiße Scheibe, auf der das Bild beobachtet werden konnte. Die Lochkamera war damit erfunden, Vorläuferin der Fotokamera, und zugleich eine Beobachtungsmethode, wie sie im Prinzip auch heute angewandt wird. Inzwischen ist das Verfahren durch geschliffene Linsen (Fernrohr) verbessert worden.

Um Keplers Holzgebilde hatten sich viele Grazer versammelt. Sie verstanden wohl nichts von dem Sinn dieser Konstruktion – wie sollten sie auch? –, aber daß eine Sonnenfinsternis durch ihren Mathematicus im voraus schon berechnet worden war und jetzt zur vorbestimmten Stunde auch stattfand, erregte Bewunderung und Kopfschütteln. War da wirklich alles mit rechten Dingen zugegangen? Hatte der »Gottseibeiuns« etwa seine Finger im Spiel?

Doch jemand anderes war hier mit seinen Fingern beteiligt, wie wir von Kepler erfahren. »Ich war gänzlich beansprucht, die Sonnenfinsternis zu berechnen und zu beobachten. Während ich noch mit der Herstellung eines außerordentlichen Gerätes befaßt war und während ich mich um die Aufstellung auf einer Bühne unter freiem Himmel bemühte, hat ein anderer die Gelegenheit ergriffen, eine andere Finsternis zu untersuchen, nicht ein Schwinden der Sonne, sondern meines Geldbeutels, indem er ihm 30 Gulden entzog. Beim Herkules! Ein kostspieliges Verschwinden. Doch ich mischte Lustiges und Ärgerliches.«

Die Herstellung des ganzen Jahreskalenders für 1600, einschließlich der Vorhersagen, brachte Kepler soviel ein, wie ihm hier gestohlen wurde. Der Diebstahl bei der Sonnenfinsternis war also keineswegs ein leicht hinzunehmender Verlust. (Man würde in heutiger Kaufkraft von mindestens 500 Mark sprechen, die da von einem allzu nahe stehenden Zuschauer entwendet wurden.) Dennoch nahm Kepler das Mißgeschick nicht sehr tragisch. Er wollte sich jetzt nicht ärgern müssen, da ihm gerade eine wichtige astronomische Entdeckung geglückt war. Nämlich eine Antwort auf die Frage, warum der Neumond, der bei der Finsternis vor die Sonne trat, einen offenbar kleineren Durchmesser zeigte als der Vollmond in klaren Nächten. Er fand bei dieser Sonnenfinsternis das Gesetz, das für Abbildungen mittels sehr kleiner Öffnungen gilt. Damit war einer der Wege beschritten, die wenige Jahre später zu hervorragenden Erkenntnissen und zur grundlegenden Theorie der Optik führen sollten. (Der Mond war nicht kleiner, sondern die hinter ihm stehende Sonne nahm wegen der Unschärfe die Abbildung durch Überstrahlung scheinbar etwas vom Mondrand fort.)

Am 17. Tag nach der Sonnenfinsternis befahl Erzherzog Ferdinand, daß die Bürger von Graz am 31. Juli und 1. August in der Kirche zu erscheinen hätten, soweit sie noch immer nicht zum katholischen Glauben übergetreten waren. Hier ließ er über 1000 Bürger und abgesetzte Beamte einzeln befragen. Gleich 60 bis 70 Einwohnern von Graz weigerte sich auch Johannes Kepler, seinen Glauben aufzugeben. Er mußte nunmehr innerhalb von 45 Tagen das Land verlassen. Diesmal endgültig. Den Schicksalsschlag voraussehend, hatte Kepler schon um Entlassung aus den Diensten der steirischen Landschaft und um Abfindung gebeten. Die Verordneten der Stände bescheinigten ihrem Professor voller Anerkennung seine hervorragenden Verdienste und empfahlen ihn weiter. Sie zahlten noch ein halbes Jahresgehalt in Höhe von 100 Gulden.

Nach einem kurzen Briefwechsel mit Brahe schien nun zunächst doch Prag als Zufluchtsort geeignet. Von dort aus ließe sich vielleicht eine Rückkehr nach Tübingen leichter in die Wege leiten. So sahen wir denn den wegen seines Glaubens Vertriebenen am 30. September 1600 mit zwei überladenen Lastwagen samt Frau und Stieftochter die Stadt verlassen. Nur langsam rollten die Räder auf den bald ansteigenden Wegen zu den Bergen hinauf, zunächst in Richtung Linz jenseits des Hochgebirges. Das Stiefkind »Regerl«, jetzt zehn Jahre alt, war noch rechtzeitig von Jobst Müller, dem Schwiegervater Keplers, freigegeben worden. Bis dahin hatte der Mühlenbesitzer die Vormundschaft besessen! Er war jetzt katholisch und lag krank darnieder. Im Jahr darauf starb er.

Keplers Habe bestand hauptsächlich aus Büchern und Hausrat. Daß der Anspruch auf Besitztümer seiner Frau nicht mehr viel wert war, schmerzte den Vertriebenen besonders. Er konnte die Reisekosten nur aufbringen, weil er sich in aller Eile noch Geld geborgt hatte.

4. Die guten Jahre in Prag

Zum zweiten Mal im Jahre 1600 (am 19. Oktober) rollte der Wagen mit dem Mathematicus und Astronomen Kepler durch das Tor der kaiserlichen Residenzstadt Prag in die glanzvolle Metropole des politischen, kulturellen und gesellschaftlichen Lebens jener Epoche. Der Hausrat war allerdings in Linz zurückgeblieben. Für dessen weiteren Transport reichte das Geld nicht. Ein neues Leben begann, aber vorerst sah es noch düster aus.

Als der Wagen vor dem Hause des Barons Hoffmann hielt, war Kepler in der denkbar schlechtesten Verfassung. Unterwegs hatte ihn wieder Krankheit befallen, und er mußte sogleich zu Bett. Dann kam Mästlins Brief mit einer deutlichen Absage auf die Frage nach der Professur in Württemberg. Der einstige Lehrer versicherte nur, er wolle für Kepler beten. Dieser war verzweifelt.

»Da ich mir auf dem Wege von Graz nach Prag ein Wechselfieber holte«, antwortete er Mästlin auf dessen Hiobsbotschaft, »kann ich kaum beschreiben, welch niedergedrückte Stimmung Ihr Brief hier hervorbrachte. Alles ist ungewiß und mein Leben sogar unsicher. Ich muß nun schon hierbleiben, bis ich mich entweder erhole oder sterbe. Hier ist alles viermal so teuer. Meine Frau tut mir leid, die bei mir ist.«

Der Brief wurde kurz vor Weihnachten 1600 geschrieben. Anfang Februar 1601 folgte der nächste Brief an Mästlin mit der Bitte, seinen vorigen zu beantworten! Er hoffte immer noch, in seiner schwäbischen Heimat eine Anstellung zu finden. »Ich habe Trost nötig«, schrieb er in großer Sorge um sein weiteres Schicksal. »Ich leide immer noch an dem Wechselfieber und dazu an einem gefährlichen Husten. Man fürchtet, es könnte Schwindsucht sein, also besteht Lebensgefahr. Nun ist auch noch meine Frau erkrankt, und ich habe in den vier Monaten, die ich hier bin, schon 100 Thaler ausgegeben, dazu das Reisegeld. Die Krankheit verschlechtert meinen Stil im Schreiben. Er ist ohnehin schon unanschaulich genug.« Aber Mästlin antwortete nicht mehr.

Und Tycho? Hatte er noch etwas für den kranken Kepler übrig, seinen »lieben Johann«?

Der Kaiserliche Mathematiker und Astronom aus Dänemark war von

Schloß Benatek nach Prag übergewechselt, weil der Kaiser seine Nähe wünschte. Als Observatorium diente ihm jetzt das kaiserliche Lustschloß Belvedere. Auch Kepler begann hier wieder zu arbeiten, sofern seine Krankheit es zuließ. »Tycho philosophiert ziemlich querköpfig«, notierte er. Offensichtlich war auch Brahes Gesundheit nicht mehr die beste. Er vermißte jetzt immer mehr seine dänische Heimat, an der er sein Leben lang hing. Tycho war weiterhin »mit seinen Beobachtungsergebnissen sehr geizig. Ich darf sie abschreiben, es ist aber eine Auswahl nötig. Mit mir selber bin ich unzufrieden. Ein wunderbares Schicksal stachelt Tycho an. Oft scheint er wie verloren, ringt sich aber immer wieder hoch.«

Im Mai 1601 machte Kepler sich noch einmal auf den mühsamen Weg nach Graz – immer noch von Fieberanfällen geplagt. Merkwürdigerweise störte es jetzt niemand, daß er ja »eigentlich« dieses Land nicht mehr betreten durfte. Der Schwiegervater war gestorben. Gab es noch eine Möglichkeit, etwas von dem Grundbesitz-Vermögen des Jobst Müller zu retten? War des Astronomen Ehefrau nicht unter den Erben?

Insofern war die Reise mehr oder weniger eine Enttäuschung. Dagegen bekam das Grazer Klima südlich der Alpen dem gesundheitlich so schwer angeschlagenen Kepler ausgezeichnet. Er blieb über vier Monate dort, wohnte in der Pfarrgasse bei Verwandten seiner Frau, besuchte viele alte Freunde, unternahm sogar Wanderungen und fühlte sich ausgesprochen wohl. Das Fieber war verschwunden. Für Frau und Kind in Prag hatte Brahe zu sorgen versprochen. Aber damit klappte es wohl nicht ganz.

Aus der Zeit dieses Genesungsaufenthalts in der Steiermark liegt uns ein Brief Keplers vor, der ihn als sorgenden Hausvater zeigt. Er schreibt der »Ehrntugendhafften frawen Barbara Kheplerin, meiner lieben Hauss-frawen zu Händen... Wenn euch Tycho Brahe Geld gibt, so mögt ir wol Holtz khauffen. Gibt er euch kheins, so schawt, wie ir Holtz zu leihen bekommt und laßt es anschreiben. Kauft für die Not einzeln Holtz daneben. Ihr habt noch nicht geschrieben, wie ir lebt, ob ir nachts die Zimmermann oder ir Dienl bei euch habt... Grüßet die Regerl und die anderen Bekannten in der Stadt, die Studenten, auch die Miller, und haltet die Regerl zum Nähen an.«

Frau Barbara, nicht sehr geschickt im Schreiben, antwortete an »Johannes, ihrem lieben Hausswiert«, daß der Franz (dies war Tychos künftiger Schwiegersohn Tengnagel) ihr noch kein Geld gegeben habe. Sie wisse nicht, ob sie Holz kaufen solle oder nicht. »Ih wais niht, was ih dain (tun) soll, mir geschieht so hart, daß ih niht weiß, woran ih bin...« Die Not war groß im Hause Kepler.

Dies ist, soweit bekannt, der einzige Brief, der von Frau Barbara erhalten blieb. Und dies nur deshalb, weil Kepler später zwischen den

Zeilen und auf freigebliebenen Stellen seine Berechnungen notiert hatte. Papier war knapp und teuer.

Anfang September 1601 nahm der entlassene Landschaftsmathematiker zum fünften, wenn auch nicht zum letzten Mal Abschied von Graz. Noch ein Blick zurück zu der stolzen Hauptstadt Innerösterreichs mit dem alles beherrschenden Schloßberg, der Hauptfestung des Deutschen Reiches gegen die Türken, der Stadt an der Mur, noch vor wenigen Jahren eine Hochburg des Protestantismus mit der berühmten Landschaftsschule als der evangelischen Zentrale des ganzen Gebiets, eine wichtige Stütze dann für die sogenannte Gegenreformation, die im Grunde eine Wiederherstellung der Verhältnisse vor der Reformation Luthers war. Viel Schönes und auch Schlechtes hatte Kepler hier erlebt. Graz – das war nun vorbei.

In Prag war er wieder von Geldsorgen geplagt. Brahe war mürrisch und von Launen beherrscht. »Er ist nicht der Mann«, schrieb Kepler, »der mit irgend jemand ohne recht schwere Zusammenstöße hätte leben können, geschweige denn mit hochgestellten Persönlichkeiten.« Davon gab es eine ganze Reihe in der Hofgesellschaft. Hier noch in prächtiger Gewandung die Rolle des berühmten Astronomen zu spielen und allen gesellschaftlichen Verpflichtungen nachzukommen, fiel Tycho immer schwerer. Doch war er selbstbewußt genug, keine dieser Geselligkeiten zu versäumen. Mit dem Nachlassen seiner körperlichen Standfestigkeit wuchs jetzt die Sorge, ob Kepler auch wirklich das Tychonische Planetensystem vollenden und zum Siege führen werde. Ahnte er, daß Kepler auf dem Wege des verhaßten Kopernikus weiterzugehen gedachte, um die Sonne im Mittelpunkt des Systems zu verankern?

Beide Astronomen standen im September 1601 vor dem Kaiser. Er beglückwünschte Kepler zur Genesung von schwerer Krankheit und beauftragte ihn, gemeinsam mit Brahe die Planetentafeln zu bearbeiten, die als »Rudolphinische Tafeln« herausgegeben werden sollten. Brahe schlug das vor.

Johannes Kepler gehörte nun zur Prager Gesellschaft. Eine Audienz beim Kaiser war eine Auszeichnung, die ihn in die oberste Schicht der Prominenz einreihte. Er machte sich aber nichts daraus. Ihm kam es auf Tychos Meßergebnisse an. »Er besitzt die besten Beobachtungen«, schrieb er, »und damit das Material zur Errichtung eines neuen Gebäudes. Er hat auch Arbeiter und alles, was man sonst wünschen mag. Es fehlt ihm nur der Architekt, der dies alles nach eigenem Plan benützt. Die Vielfalt der Erscheinungen und daß die Wahrheit recht tief versteckt liegt, hindert ihn am Weiterkommen. Nun schleicht das Alter an ihn heran, das den Geist und die Kräfte schwächt oder nach wenigen Jahren so schwächen wird, daß er schwerlich alles allein bewältigen kann.«

Die gehobene Gesellschaft verstand es damals in Prag, festliche Zusammenkünfte zu veranstalten. Dabei trafen sich viele führende Köpfe jener Zeit des Aufbruchs in Kunst, Musik, Wissenschaft und Literatur. Einer der feudalsten Gastgeber, wohlhabender Sammler von allerlei Kostbarkeiten und von der Alchemie begeistert, war Peter Vok von Rosenberg, Führer der Utraquisten. Sie wurden auch Kalixtiner genannt und leiteten sich von den Hussiten ab. Bei den katholischen Herren des Landes waren die Utraquisten nicht nur geduldet, sondern auch geschätzt.

Rosenberg hatte seine Gäste auf den 13. Oktober 1601 in sein Palais geladen. Wie so häufig bei solcher Gelegenheit war auch Tycho Brahe dort samt seinem Schwiegersohn Tengnagel erschienen. Das Ehepaar Kepler kam in Brahes Gefolge. Der Astronom aus Graz war froh, auch Baron Hoffmann hier zu finden. Die meisten anderen Gäste kannte er noch nicht persönlich.

Für Brahe war dies das letzte Festgelage. Nach reichlichem Trinken fiel er seinem Blasenleiden zum Opfer, elf Tage nach dem rauschenden Fest. (Keplers Schilderung hierüber erwähnten wir schon.) Am 4. November wurde Tycho in der Prager Teynkirche beigesetzt. Mit dem Text der Leichenrede wurde auch ein umfangreiches Gedicht veröffentlicht, das Kepler in Form einer Elegie auf Tychos Ende verfaßt hatte.

Schon zwei Tage nach Brahes Tod sprach ein Kaiserlicher Rat bei Kepler vor und teilte mit, der Kaiser wünsche, daß Kepler die Instrumente und die unerledigten Arbeiten Tychos übernehme. Kepler solle auch seine Gehaltswünsche als nunmehr »Kaiserlicher Mathematicus« vortragen. Er wurde damit übrigens Nachfolger des 1600 gestorbenen Reimarus Ursus, der so viel Ärger verursacht hatte. Tycho war nicht in diesem hohen Amt – er hatte eine Sonderstellung inne.

Hat es je einen rascheren Wechsel aus der Not eines mittellosen Vertriebenen zu den hohen Ehren eines der angesehensten Männer bei Hofe gegeben? Kepler mochte an ein Märchen glauben, sicher aber an die Fügung des Allmächtigen, der ein Wunder offenbart hatte. Von allen Seiten gab es Gratulation und Händeschütteln. In erster Linie von Herwarth von Hohenburg. Er sagte jedem bei Hofe, der den Namen Kepler erwähnte, daß in ganz Europa keiner so wie dieser in der Lage sei, das Werk Tycho de Brahes fortzusetzen und zu vollenden.

Dies traf nur bedingt zu, wie die Geschichte zeigt. Kepler vollendete nicht das Tychonische Weltbild, sondern das des Nikolaus Kopernikus.

Durch einen katholischen Landesherrn war Kepler vor kurzem erst seines Glaubens wegen aus Graz verbannt worden – trotzdem wurde er am Hofe des katholischen Kaisers in diese hochangesehene Stellung eingeführt. Denn in Prag gab es damals die verschiedensten Glaubensrichtungen, und der Kaiser setzte sich über manches Religionsbekenntnis hinweg, wenn er einen Mann der Wissenschaft oder der Künste zu fördern gedachte.

Dem Astronomen stand nun eine schaffensfreudige Periode von zwölf Jahren bevor, eine Zeit, in der er unter anderem die großen astronomischen und optischen Werke schrieb. Sie begründeten mehr noch als die späteren »Rudolphinischen Tafeln« den unsterblichen Ruhm dieses Genies der Himmelsforschung. Bald stand er im Kontakt mit allen namhaften Philosophen und Wissenschaftlern des Kontinents. Seine lebhafte Korrespondenz reichte von Edmund Bruce in Florenz, der mit Galilei in Verbindung stand, über Fabricius in Ostfriesland bis zu König Jakob I. von England.

Es hätte nicht Kepler sein müssen, wenn nun alles nach Wunsch verlaufen wäre. Zwar erfreute er sich sofort einer besonderen Beliebtheit, obwohl ihm nach Statur und Auftreten andere überlegen waren, zwar ging bald das Wort um, das der englische Dichter John Donne, Dekan an der St.-Pauls-Kathedrale in London, im Hinblick auf Kepler geprägt hatte: Der Kaiserliche Mathematiker habe seit Tychos Tode dafür zu sorgen, daß nichts Neues am Himmel ohne Keplers Wissen geschehe. Aber das Gehalt des Mathematicus war viel bescheidener ausgefallen als das des Tycho de Brahe, der 3000 Gulden jährlich – wenigstens auf dem Papier – zu beanspruchen hatte. Kepler bekam nur 500 Gulden (in Graz waren es 200 Gulden), obwohl er dem Kaiser 1500 alleruntertänigst vorgeschlagen hatte, die Hälfte des Brahe-Gehalts.

Auf die erste Bezahlung mußte er fast ein halbes Jahr warten (bis zum 9. März 1602). Im September 1603 schreibt er: »Vom Gehalt dieses Jahres, an dessen Ende nur ein Drittel fehlt, habe ich bis jetzt nichts erhalten.« Auch später notierte er mit Verbitterung, daß er »aus eigenem« seinen Lebensunterhalt bestreiten müsse. Gemeint waren wohl Vermögensreste seiner Frau aus Gütern und Weinbergen in der Steiermark.

Am Rindermarkt, gegenüber dem Emausufer in der Neustadt, wohnte nun die Familie Kepler, nachdem die bescheidene Unterkunft in der Prager Altstadt, Karlsgasse 3, aufgegeben worden war. In der Neustadt wurde das dritte Keplerkind geboren, das wiederum Susanna hieß (9. Juli 1602). Ein Sohn Friedrich folgte am 3. Dezember 1604. Die Familie war erst vor kurzem in das Wenzelskollegium in die Altstadt umgezogen.

Jede Geburt war damals ein viel riskanteres Ereignis als heute. Die Säuglingssterblichkeit war so groß, daß ein Überleben in den ersten Jahren immer sehr fraglich erschien. Kepler war auch nicht darauf aus, eine große Kinderschar um sich versammelt zu sehen, obwohl er durchaus als treusorgender Hausvater bezeichnet werden darf. In einer späteren Niederschrift über sein Verhältnis zu Frau Barbara, die insofern eine andere Meinung vertrat, lesen wir: ». . . hingegen hab' ich gewollt, sie soll viel lieber bei anderen Gelegenheiten sparen, nämlich an Kindern . . . hat oft auch nicht sein können.«

Aber bleiben wir noch einen Augenblick bei der Geburt Friedrichs. Das Haus war zum Taubenschlag geworden. An diesem kalten Dezembertag mußte zunächst für Stubenwärme und heißes Wasser gesorgt werden. Das kostete Holz. Auch frische Luft hätte der Wöchnerin gutgetan, aber die Fenster klemmten. Hier mußte mit Gewalt nachgeholfen werden. Die Frauen aus der Nachbarschaft und aus Keplers Freundeskreis hatten das Wort. Sie eilten mit Tüchern hierhin und dorthin, mußten Fragestellern, die sich an der Tür zeigten, Auskunft geben, ob es denn »schon soweit« sei, hatten die Wiege herzurichten und Windeln bereitzuhalten, während andere der Hochschwangeren den Schweiß von der Stirn wischten. Schließlich wurde hier nicht irgendein Kind auf der Weltbühne erwartet, sondern ein strampelndes, schreiendes Kindlein des berühmten Kaiserlichen Mathematikers. Was tat dieser?

Zunächst mag er noch versucht haben, sich an den Arbeitstisch zu setzen, um seine Berechnungen fortzuführen, doch damit war es bald vorbei. »Was ist das für ein Gehabe«, schrieb er, »was schafft das für Unruhe, die von den Weibern herrührt, denn was für einen Umtrieb macht es nicht, fünfzehn bis sechzehn Weiber zu meiner Frau einzuladen, die im Kindbett liegt, sie zu bewirten und schließlich hinauszubegleiten – am 3. Dezember wurde mir nämlich ein Sohn geboren.«

Dies war eine Geburtsanzeige auf Keplersche Art. Ihr Wortlaut verrät viel von dem sarkastischen Humor des Astronomen, der schon damals mit seiner Ausdrucksweise so manchen irritierte.

Vom Wenzelskollegium wechselte die Familie drei Jahre später ins Kramerhaus an der Brücke gegenüber dem Hauptsitz der Jesuiten. Hier kam am 21. Dezember Sohn Ludwig zur Welt, kurz nachdem der Umzug beendet worden war.

Während in der Wohnung ein lebhaftes Familienleben seinen Lauf nahm – auch Keplers geschwätzige Mutter kam aus Leonberg zu Besuch –, war der Professor oft auf den Straßen Prags zu sehen. Er ließ sich gern ansprechen und hatte im Gegensatz zu anderen hochgestellten Persönlichkeiten bei Hofe keine Scheu, sich mit Handwerkern, Händlern und Lastenträgern zu unterhalten. Es gäbe deren »allezeit alhie eine gute Anzahl, die mir nit vil Cramantzens machen«. (Darunter war ein Einhaken, ein Widersprechen zu verstehen.)

Natürlich wollten viele von ihm wissen, was man denn aus den Sternen über Hungerzeiten und Kriegesnot ablesen könne oder über das künftige Wetter. Kepler tat ihnen den Gefallen und ging darauf ein, hatte er doch dabei gleich Gelegenheit, auf die Fragwürdigkeit solcher Prognosen hinzuweisen. Als er einmal ein Unwetter für wahrscheinlich hielt, das zwei Wochen später tatsächlich über Prag hereinbrach, sagte jemand von seinen Gesprächspartnern auf der Straße mit einem Blick zum finsteren Himmel: »Der Kepler kömpt!« Kurzerhand wurde der Kaiserliche Mathematiker mit Sturm und Regen gleichgesetzt. Und gab es Hagelschlag und Gewitterdonner, die nicht vorhergesagt worden waren, so galt fortan dennoch die Feststellung: »Das ist der Kepler!«

Dies war nun nicht etwa so gemeint, als wolle man ihn als Unheilsboten fürchten. Es war vielmehr ein Ausdruck des Wohlwollens und der Bewunderung einem so gelehrten Manne gegenüber, der sich mit dem Prager Wetter so gut auskannte – was allerdings auch seine Schattenseiten hatte, wenn das Wetter nicht stimmen wollte.

Kepler schrieb seine Werke in lateinischer Sprache, die er mit großer Meisterschaft beherrschte. In Prag gab er nunmehr aber auch kleine, allgemeinverständliche Schriften in deutscher Sprache heraus. Wir lernen ihn hier als einen ersten Verfasser populärwissenschaftlicher Literatur über die Himmelskunde kennen. Auch schrieb er wieder das Jahres-Kalendarium mit dem Prognosticum, z. B. für das Jahr 1606.

Und wieder beschließt er, wie schon mehrmals, mit diesen Prophezeiungen aufzuhören. »Weil die Astrologi keine besondere Spraach haben, sondern die Wort bey dem gemeinen Mann entlehnen müsse, so wil der gemeine Mann sie nicht anderst verstehen, dann wie er gewohnt, weiss nichts von den abstractionibus generalium, siehet nur auff die concreta, lobt offt einen Calender in einem zutreffenden Fall, auff welchen der author nie gedacht, vnt schilt hingegen auff ihn, wenn das Wetter nicht kömpt, wie er ihms eyngebildet, so doch etwa der Calender in seiner müglichen Generalitet gar wol zugetroffen: welcher Verdruß mich verursachet, daß ich endtlich habe auffhören Calender zu schreiben« (Max Caspar).

Wirklich Schluß gemacht hat er aber mit den Prognostika erst 17 Jahre später, als in Linz seine Vorausschau für 1624 erschienen war. Der Kalender wurde übrigens im Dezember 1623 auf dem Marktplatz in Graz öffentlich verbrannt. Kepler war davon überzeugt, daß dies ein Racheakt sei. Er hatte auf dem Titel die Landschaft »Ob der Enns« (Linz) vor der Steiermark (Graz) genannt, der die Jahresschau gewidmet war. Vielleicht aber war auch konfessioneller Zwiespalt im Spiel.

Keplers Weg führte ihn an den Vormittagen in einem einstündigen Fußmarsch hinauf zur Burg auf den Hradschin, wo Fürsten und Hofräte seinen Rat suchten, zumindest aber ein Gespräch mit ihm, das immer einen Gewinn bedeutete. Über Einzelheiten hat der Astronom uns kaum etwas berichtet. Wir wissen aber, daß auch der Kaiser täglich eine Prognose wünschte, eine astrologische Voraussage über Krankheit und Seuchen, über Teuerung und Türkenkrieg, über »gefährliche« Planetenstellungen,

PROGNOSTICUM ME-
TEOROLOGICUM,

Das ist:

Naturgemässe vermu-
thung/was die beschaffenheit deß Himels-
Gestirns über diese nidere Welt ungefährlich bedeute.

Auff das Jahr nach der Gnadenreichen
Menschwerdung JEsu Christi unsers H E R R E N
und Erlösers/Als die Occidentalische Kirch
zehlen wirdt

M. DC. XXIV.

Auff den Meridianum gemeiner Grentzen zwischen dem Ertzhertzogthumm Oesterreich ob der Enß/
und dem Hertzogthumm Steir gestellt/und
in Druck verfertiget/

Durch
Johann Kepplern/ der Röm: Kay: May: und einer
löbl: Landschafft in Oesterreich ob der Enß
Mathematicum.

Cum privilegio Cæsareo.

Gedruckt durch Abraham Wagenmann.

Das 17. und zugleich letzte Prognosticum Keplers, geschrieben auf das Jahr 1624,
gewidmet dem »Ertzhertzogthum Oesterreich ob der Enß und dem Hertzogthum Steir«.
Hier spricht er nur noch von einer Vermutung, »was die Beschaffenheit des Himmels-
gestirns über diese niedere Welt ungefähr bedeute«.

die Lebenschancen seiner politischen Gegner, auch über Blitzschlag, Kometen und was der Himmel sonst noch zu bieten hatte. »Dieser Rudolf ist der Freund der okkulten Künste«, heißt es in Evans Buch *Rudolf II.*, »der sich mit einer an Wahnsinn grenzenden Besessenheit in die Geheimwissenschaften versenkt. Der kaiserliche Zauberer bleibt vor allem wegen seiner Alchimie in der Erinnerung der Nachwelt . . ., er hat aber auch in der Astrologie, im Hermetismus (magisch-okkultische Ausdrucksweise) und in der Kabbala (Buchstabenmagie und Zahlenmystik) versucht, den magischen Kräften auf die Spur zu kommen.« Vergessen wir nicht, daß damals der Hofastronom auch das Amt eines Wahrsagers auszuüben hatte.

Der immer gründliche Astronom hatte sich freilich mit dem Wert dieser Voraussagen etwas genauer beschäftigt. »Ein großer Teil der Regeln in dieser arabischen Kunst geht in nichts auf«, schrieb er 1601 in seiner Schrift über die Zuverlässigkeit der Astrologie. Man könne zwar »die Edelsteine aus dem Mist herauslösen« und in eine geometrische Ordnung bringen. Im übrigen aber benutze er die ungeordneten und verderblichen (weil astrologisch orientierten) Begierden der Menge, um ihr als Heilmittel geeignete, allgemein menschliche Ermahnungen – in der Form von Voraussagen verhüllt – einzuträufeln.

Obwohl Rudolf II. sein Geld mehr für seine Sammlungen, Gemälde, Münzen, Wachsfiguren und überhaupt zur Förderung der Künste ausgab als für seinen Mathematicus, schätzte Kepler den Kaiser doch sehr. »Er empfand Ekel an den Schlechtigkeiten, die ihm in der inneren und äußeren Politik begegneten, wandte seinen Geist von ihnen ab und verschaffte sich Genuß, wie sie die Naturbetrachtung bietet.« Dabei gerieten allerdings die Regierungsgeschäfte Rudolfs immer mehr ins Hintertreffen.

Und der Kaiser wußte, was für einen vorzüglichen Mathematiker er mit Kepler hatte. In einem öffentlich bekanntgegebenen Brief betonte Rudolf II. sein »angenehmes Wohlgefallen über die mit besonderem Bemühen erzeigten getreuen, fleißigen, schicklichen und unverdrossenen Dienste seines getreuen, lieben Johann Kepler«. Das war ebensoviel wert wie ein Verdienstorden erster Klasse.

Von solchen Ehrungen hielt Kepler nicht viel. In seiner großen Bescheidenheit, was seine Person betraf, stellte er für sich selber fest, es gäbe für ihn nicht den Reiz hoher Ehren und Würden. »Ich lebe hier auf der Bühne der Welt als einfacher Privatmann«, schreibt er 1605 an Mästlin nach Tübingen. »Wenn ich einen Teil meines Gehaltes bei Hofe herauspressen kann, bin ich froh, nicht ganz aus eigenem leben zu müssen. Im übrigen stelle ich mich so, als ob ich weniger dem Kaiser, vielmehr dem ganzen Menschengeschlecht und der Nachwelt diente. In dieser Zuversicht verachte ich mit geheimem Stolz alle Ehren und Würden und auch, wenn es nötig sein sollte, diejenigen, die sie verleihen.«

Hätte Johannes Kepler sein größtes Werk, die »Neue Astronomie« (Astronomia Nova), niemals geschrieben, so wären doch seine Prager Jahre voll ausgefüllt gewesen ... von morgens bis abends und oft auch von abends bis morgens. Denn in Prag wurde er nicht nur von vielen Seiten ständig in Anspruch genommen, er entwickelte auch von sich aus am Arbeitstisch einen Fleiß, der seinesgleichen suchte. Bücher und Schriften entstanden. Eine umfangreiche Korrespondenz häufte sich an. Notizen, Skizzen, Zirkel und Lineale sowie ganze Berge von Papier füllten die Stube.

Die zurückliegenden Enttäuschungen, die so schwierigen, oft gescheiterten Ansätze zu ungetrübter geistiger Arbeit, das mühselige Ringen um eine gewisse Ordnung in seinen Lebensumständen – das lag jetzt hinter ihm. Ein Ventil seiner Schaffensfreude öffnete sich, aus dem die Gedankenflut strömte wie in einem Bach, der durch einen Damm aufgestaut gewesen war. Zunächst aber mußte noch ein Stein weggespült werden, der darin lag.

Der Mars beherrschte jetzt das Denken des Astronomen. Der Mars – das war der widerspenstigste Planet unter allen, die sich um die Sonne bewegten. Tycho Brahe und sein Assistent Longomontanus waren nicht mit der Aufgabe fertig geworden, die beobachtete und gemessene Marsbahn in einen erklärbaren Zeit- und Richtungsablauf einzuordnen. Der rote Planet lief einmal schneller, dann wieder langsamer über das Firmament und benahm sich so eigenartig, als treibe er ein Satyrspiel mit allen, die ihm hinter die Schliche kommen wollten.

Kepler verfügte nur über einen Teil der Braheschen Meßwerte. Um die Herausgabe des ganzen Materials mußte er mit den Erben streiten. Zwar waren ihm vom Kaiser die Nachfolgearbeiten Tychos übertragen worden, aber Tengnagel, Brahes Schwiegersohn und Verwalter des Erbes, hielt die Hand drauf. Solange der Kaiser nicht Tengnagels ererbte Ansprüche befriedigte und die zugesagte Summe von immerhin 20.000 Talern (!) an ihn auszahlte, gab es keine weiteren Einblicke in die Journale Tychos, die Kepler jetzt so dringend brauchte. Leider verfügte der Kaiser aber nicht über eine so hohe Summe für Tychos Nachlaß.

Um sich aus diesem Dilemma zu befreien, raubte Kepler die Beobachtungsergebnisse. Sicher nicht zu Unrecht, denn ihm war ja von Tycho die Bearbeitung der Marsbahn zugewiesen worden.

Immerhin hatte er ein schlechtes Gewissen. »Ich bestreite nicht«, schrieb er an einen Freund in London, »daß ich nach dem Tode Tychos in Abwesenheit oder Unwissenheit der Erben seine hinterlassenen Beobachtungen in meine Obhut brachte oder mir vielleicht rücksichtslos angeeignet habe, entgegen dem Willen der Erben, indes auf eindeutige Anordnung des Kaisers, der mir die Sorge für die Instrumente Tychos übertragen

Gründlicher Bericht

Von einem Ungewöhnli=
chen Newen Stern/ Welcher im October
diß 1604. Jahrs erstmahlen er=
schienen.

Gestellt

Durch Johann Khepplern/ Röm. Keys.
May. Mathematicum.

Erstlich gedruckt in der alten Stad Prag/
in Schumans Druckerey.

Titelblatt der Schrift Keplers über den »ungewöhnlichen neuen Stern« vom Oktober 1604:
die Keplersche Supernova. Der sehr helle Stern stand nicht weit von Mars, Jupiter und
Saturn, wodurch er besonders großes Aufsehen erregte.

ASTRONOMIA NOVA
ΑΙΤΙΟΛΟΓΗΤΟΣ,
SEV
PHYSICA COELESTIS,
tradita commentariis
DE MOTIBVS STELLÆ
MARTIS,
Ex obfervationibus G. V.
TYCHONIS BRAHE:

Juffu & fumptibus
RVDOLPHI II.
ROMANORVM
IMPERATORIS &c:

Plurium annorum pertinaci ftudio
elaborata Pragæ,

A S^e. C^e. M.^{ti} S^e. Mathematico
JOANNE KEPLERO,

Cum ejusdem C^e. M.^{ti} privilegio fpeciali
ANNO ætæ Dionyfianæ cIɔ Iɔc Ix.

Titelseite der »Neuen Astronomie« von 1609, in der die beiden ersten Gesetze über die
Planetenbewegungen enthalten sind, auch »Marswerk« genannt. Erschienen im Auftrag
Rudolfs II.

hatte. So nahm ich auch die Beobachtungen an mich, indem ich den Auftrag weit faßte. Daraus entstanden viele Zwistigkeiten zwischen mir und den Erben, weil ich den öffentlichen Nutzen bedachte, sie aber ihren eigenen, der entgegen dem Versprechen des Kaisers nur sehr zögernd befriedigt wurde. Zunächst schämte ich mich des Streites, dem der Verdacht der Unrechtmäßigkeit und Beraubung anhaftete, und traf das ungleiche Übereinkommen, ohne Zustimmung der Erben keine Arbeit aufgrund dieses Beobachtungsmaterials zu veröffentlichen. Ich erreichte schließlich, daß mir mit Einverständnis der Erben eine Abschrift der Beobachtungen überlassen wurde« (Justus Schmidt).

Kepler war wieder einmal zwischen zwei Stühlen gesessen, war in den Zwiespalt zwischen Schuldner (Kaiser) und Gläubiger (Tengnagel) geraten. Wer wollte es ihm übelnehmen, daß er sich auf drastische Weise aus der Klemme zog? Der außergerichtliche Vergleich spricht ebenfalls zu Keplers Gunsten. Außerdem war er bereit, ein von Tengnagel geschriebenes Vorwort aufzunehmen.

Der Kaiserliche Mathematiker war nun mit Feuereifer am Werk – wie gesagt, neben vielem anderem, was ihn vollauf beschäftigte. Da saß der Familienvater bei trübem Kerzenschimmer in einem keineswegs störungsfreien Arbeitsraum, füllte Blatt auf Blatt trotz seiner Behinderung an den Händen – ein schlecht sehender, kurzsichtiger Gelehrter, dem das Sitzen schwerfiel, weil er unter Geschwüren litt, verbissen mit sich selbst und den Zahlen ringend, als habe er es mit hartnäckigen Widersachern zu tun.

Das überwältigende Werk, die »Neue Astronomie«, in dem die ersten Berechnungen bald 900 eng beschriebene Folioblätter füllten, entstand in den Jahren 1601 bis 1606, konnte aber wegen der Querelen mit den Erben Tychos erst 1609 veröffentlicht werden. Logarithmen standen ihm noch nicht zur Verfügung. Es ist bekannt, daß er die Schickardsche Rechenmaschine noch nicht besaß, die ihm das Addieren und Multiplizieren erleichtert hätte. Das erste für ihn bestimmte Exemplar verbrannte (nach 1623) in Schickards Werkstatt. So mußte Kepler zunächst ohne alle Rechenhilfen auskommen.

Seine Schwierigkeiten führten aber dazu, daß er sich mühsam an die Infinitesimalrechnung heranarbeitete, die mehr oder weniger Kepler ihren Ursprung verdankt. Andererseits verrechnete er sich mehrmals gründlich, worauf er gezwungen war, blattfüllende Zahlenreihen nochmals von vorn aufzustellen – wenn er den Fehler gefunden hatte. Es war, als wenn ein Schmied erst Hammer und Amboß hätte erfinden müssen, um ein Pferd zu beschlagen, das seinen Huf nicht stillhalten wollte.

Das in jenen Jahren heranreifende Werk, die »Neue Astronomie«, ist als »eines der größten Meisterwerke der Naturwissenschaften aller Zeiten«

(Max Caspar) eingestuft worden. In einem späteren Kapitel wird dazu noch Ergänzendes zu sagen sein. Hier nur das Wesentliche: Tycho hatte noch auf dem Sterbebett Kepler gebeten, er möge die Marsberechnungen verwenden, um das Tychonische System mit der Erde in der Weltmitte zu beweisen. Für Kepler aber stand schon seit seiner frühen Jugend fest, daß die Erde kein Weltmittelpunkt sein könne und daß Kopernikus den richtigen Weg gewiesen habe. Bei Kopernikus finden wir auch bereits die Erklärung dafür, daß der Mars seine »Oppositionsschleifen« am Himmel zieht, so als ob er innehalte, umkehre und am Ende der Schleife wieder die alte Richtung einschlage... infolge einer Veränderung der Blickrichtung zum Mars, hervorgerufen durch das Weiterwandern der Erde in ihrer Bahn um die Sonne.

Was aber hatte es damit auf sich, daß der Mars mit ungleichmäßiger Geschwindigkeit die Sonne umrundete? Und warum hatte Kopernikus nicht den Sonnenmittelpunkt als den neuen Weltmittelpunkt angenommen, sondern die Mitte der Erdbahn, die sich nicht mit dem Sonnenmittelpunkt deckte? Wie konnten die 34 Hilfskreise vermieden werden, die zur Erklärung der Bewegungen von Kopernikus angenommen worden waren?

Solche Hilfskonstruktionen und Vorstellungskrücken beseitigte Kepler. Nicht einer Weltanschauung wegen oder zugunsten der Metaphysik, sondern aus mathematischer Notwendigkeit und nach Überprüfung der alten Weltenharmonie, die nachzuweisen ihm so sehr am Herzen gelegen hatte. Die Form einer Kreisbahn der Planeten um die Sonne war nicht mehr aufrechtzuerhalten. »Ich will an Stelle der Himmelstheologie oder Himmelsmetaphysik des Aristoteles eine Himmelsphysik setzen«, schrieb er. »Mein Ziel ist es zu zeigen, daß die himmlische Maschine nicht eine Art göttlichen Lebewesens ist, sondern gleichsam ein Uhrwerk, in dem alle Bewegungen von einer einzigen, magnetischen körperlichen Kraft besorgt werden, wie bei einem Uhrwerk von dem einfachen Gewicht.«

Eine so überaus fortschrittliche Äußerung mußte auf den Widerstand derjenigen stoßen, die sich von dem allgemeinen Schicksalsglauben jener Epoche nicht lösen konnten. »Gott und der Teufel« (dies war wörtlich gemeint) bestimmten die Naturvorgänge, schrieb denn auch empört der ostfriesische Pfarrer David Fabricius, ein guter Beobachter des Sternenhimmels. Natürliche Ursachen zu erfinden hielt er für absurd.

Kepler verlegte den Mittelpunkt der Marsbahn in den Mittelpunkt der Sonne. Die Kreisbahn streckte sich in seinen Berechnungen zu einem Oval, schließlich zu einer Ellipse, in deren einem der beiden Brennpunkte die Sonne stand. Der zweite Brennpunkt ist nicht besetzt. Kepler erkannte weiter, daß die Verbindungslinie zwischen dem Sonnenmittelpunkt und dem Marsmittelpunkt (Fahrstrahl) in gleichen Zeiten auch gleiche Flächen

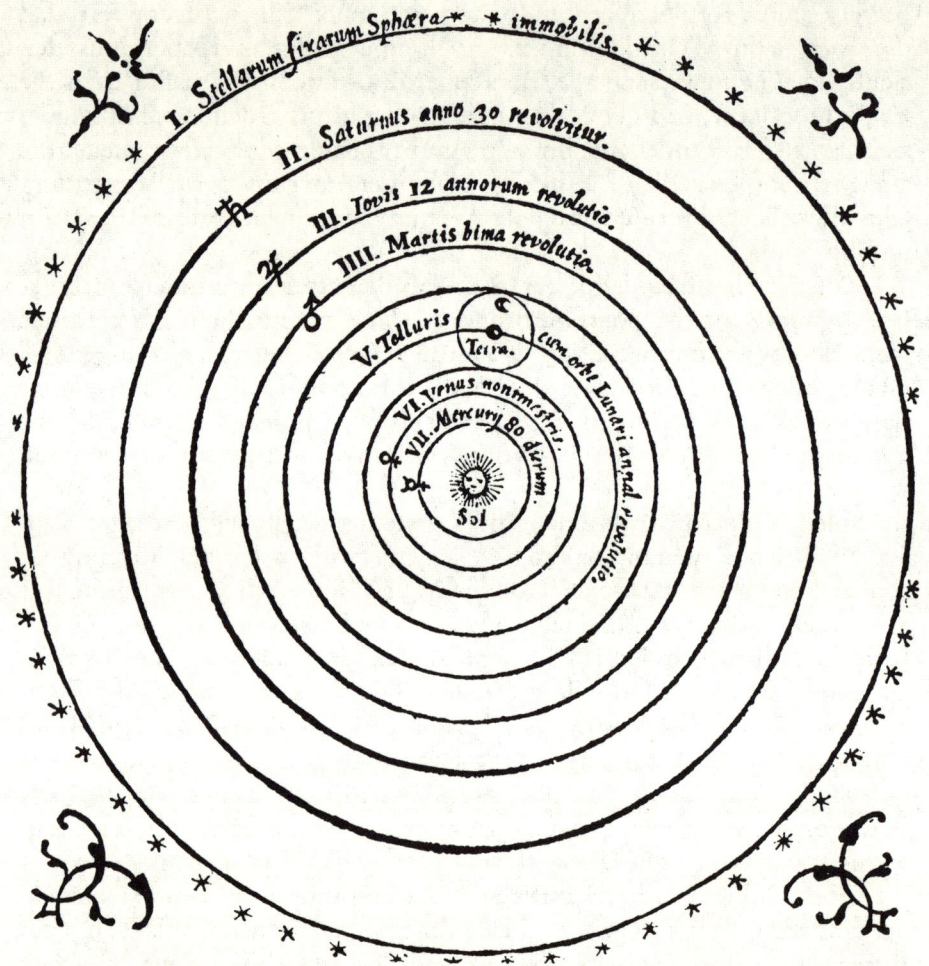

Kopernikus stellte in seinem Werk »Revolutionibus« 1543 das Planetensystem mit der Sonne im Mittelpunkt dar. Kepler erst erkannte, daß die Sonne nicht in einem Kreismittelpunkt, sondern in einem der beiden Brennpunkte einer Ellipse steht.

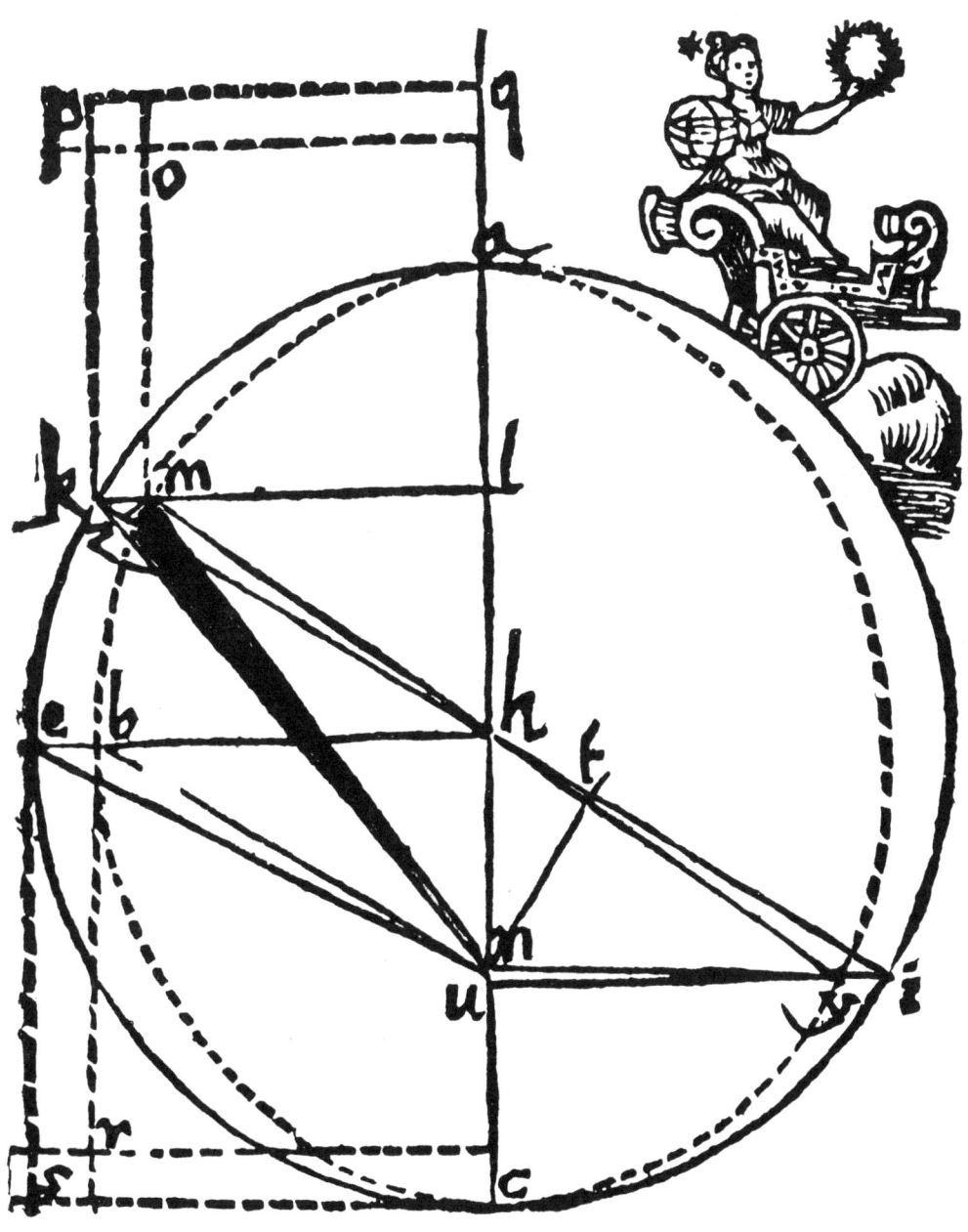

Keplers Zeichnung zu seinem 2. Gesetz (Flächensatz): Die Verbindungslinie Sonne – Planet (n – m) überstreicht in gleichen Zeiten gleiche Flächen. Also bewegt sich der Planet in Sonnennähe schneller auf seiner elliptischen Bahn (gestrichelt) als in Sonnenferne. – Aus »Astronomia Nova«, Prag 1609. (Der Sektor n – m ist zur Verdeutlichung nachträglich als Fläche angelegt.)

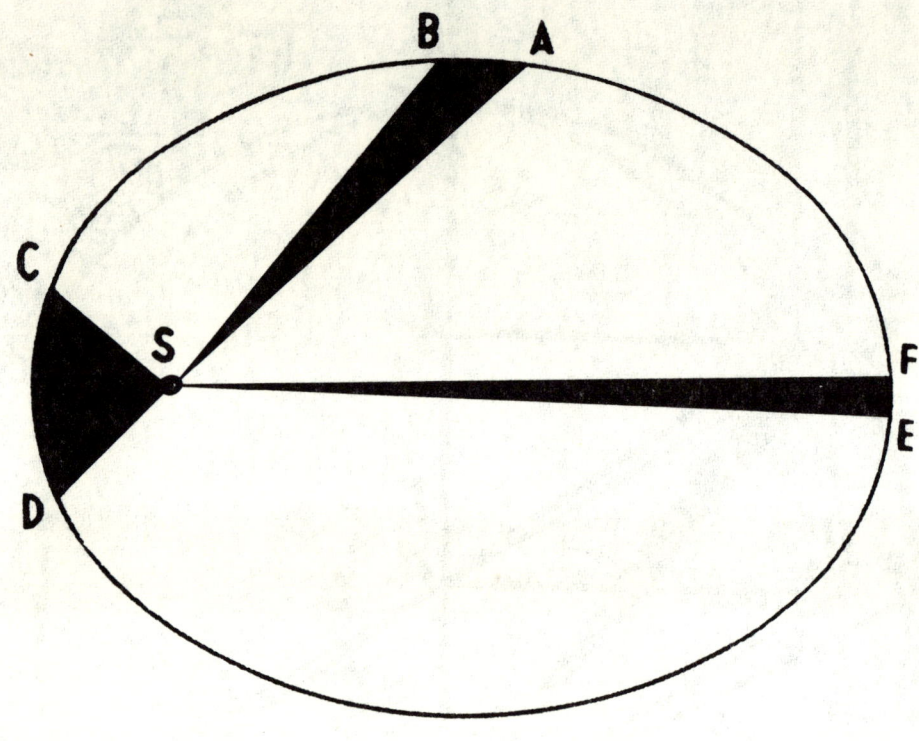

Die Keplerellipse wird heute ohne schmückendes Beiwerk dargestellt. Im Brennpunkt (S) steht die Sonne. Sie wird von einem Planeten unregelmäßig schnell in einer Ellipsenbahn umwandert. Gleiche Zeiten entsprechen den Bahnabschnitten von B nach A, auch von F nach E, aber auch von D nach C.

überstreicht, einfacher gesagt: Der Planet bewegt sich in seinem sonnenfernen Bahnabschnitt in gesetzmäßiger Weise langsamer als in Sonnennähe. Eine Ellipse also und ein regelmäßiger Wechsel in der Bahngeschwindigkeit, herausgefunden durch die größte mathematische Arbeit, die je ein einzelner mit so unzureichenden Mitteln zustande brachte. Er selber verglich seine Entdeckungsfahrten in die Mathematik mit denen des Kolumbus oder des Weltumseglers Magellan.

Keplers Vermutung war richtig: »Entweder gelangen wir durch Mars zur Erkenntnis der Geheimnisse der Astronomie oder diese bleiben uns ewig verborgen.« Er wußte, daß die Marsbahn in zweierlei Hinsicht besonders günstig liegt: Einmal, weil sie der Erde verhältnismäßig nahe ist (nur die Venus kommt näher), und zweitens, weil die Abweichung von der Kreisbahn größer ist als bei den anderen Planeten. Der Mars bietet also ein besonders gutes Beispiel für die Gesetzmäßigkeiten, nach denen sich die Himmelskörper bewegen. Und gerade für ihn hatte Tycho die hervorragenden Beobachtungsmessungen zusammengestellt, die Kepler um zwei Beobachtungszeiträume erweitert hatte: die Marsoppositionen von 1602 und 1604.

Die Vollendung eines solchen Werkes ließ den Autor aufatmen. »Auf Geheiß Ew. Majestät«, schrieb er in seiner Widmung an Kaiser Rudolf II., »führe ich endlich einmal den hochedlen Gefangenen zur öffentlichen Schaustellung vor, dessen ich mich schon vor einiger Zeit unter dem Oberbefehl Ew. Majestät in einem beschwerlichen und mühevollen Krieg bemächtigt habe.« (Mit dem Gefangenen war der Planet Mars gemeint.) »Durch die Mutter Natur übermittelte er mir das Eingeständnis meines Sieges. Nachdem er sich Freiheit innerhalb der freiwilligen Fesseln ausbedungen hatte, ging er alsbald, begleitet von Arithmetik und Geometrie, munter und aufgeräumt in mein Lager über.«

Das also war Keplers Mars. Ein besiegter, aber wohlgelaunter Planet hatte Farbe bekennen müssen. Er trug jetzt persönliche Züge. Man möchte meinen, der Astronom habe ihn in Gedanken an sein Herz gedrückt. Von dem Umheil und dem Verderben, das in der Astrologie dem roten Planeten zugeschrieben wird, war mit keinem Wort die Rede. »Das ist mein Entzücken, daß es mir gelungen ist, eine Astronomie ohne Hypothesen zu errichten.« Hier war handfestes Wissen aufbereitet worden. Es beruhte auf unwiderlegbaren Zahlen.

Den beiden ersten Keplerschen Gesetzen – das sei hier vorweggenommen – folgte ein drittes, das er acht Tage vor Ausbruch des Dreißigjährigen Krieges entdeckte (1618). Die Prager Zeit lag schon sechs Jahre hinter ihm. Da sich die ersten beiden Gesetze nur auf den Mars bezogen, lag es nahe, nach den Beziehungen der Umlaufbewegungen aller Planeten zueinander zu suchen. Er fand, daß sich die Quadrate der Umlaufzeiten zweier

Planeten wie die dritten Potenzen ihrer großen Halbachsen verhalten. Wiederum einfach gesagt: Die Umlaufzeiten (bei der Erde das Jahr) sind es, die uns die Abstände von Planet zu Planet errechnen lassen – und umgekehrt. Hat man den mittleren Planetenabstand, so kann man auch angeben, mit welcher Geschwindigkeit er sich um die Sonne bewegt.

Newton leitete 67 Jahre später sein Schwerkraftgesetz von diesen Keplerschen Gesetzen ab. Er profitierte aber auch an dem, was Kepler in der »Neuen Astronomie« über die magnetische, also anziehende Eigenschaft der Sonne geschrieben hatte als den Sitz einer »bewegenden Kraft«. Davon später mehr. Hier sei nur angemerkt, daß damals außer der magnetischen Kraft keine Fernwirkung zwischen materiellen Körpern bekannt war. Heute muß man an die Stelle eines planetenbewegenden Magnetismus die Schwerkraft setzen, die Gravitation. Auch Kepler wies schon auf die »gravitas« hin, womit er über seine eigene Magnetfeldtheorie richtungweisend hinausging.

Zurück zur »Neuen Astronomie« und zum Jahr 1606. Es lief nun wieder alles nicht so, wie Kepler es sich gedacht hatte. Für die Druckkosten hatte der Kaiser immerhin 400 Gulden bewilligt. Aber mit dem Druck konnte nicht begonnen werden, weil Tengnagels Zustimmung noch fehlte. Erst zwei Jahre später – Kepler hatte schon einen Teil des Geldes für andere Zwecke ausgegeben – begannen in Heidelberg die gewiß nicht einfachen Druckarbeiten. Kepler war dabei. Wieder griff der Kaiser in seine Schatulle und legte 500 Gulden dazu, verlangte aber auch, daß Kepler kein Exemplar ohne Genehmigung verkaufen dürfe.

Dieser wußte wohl, was das bedeutete: Er würde völlig leer ausgehen. Also nutzte er die Gelegenheit, als Rudolf II. mit anderen Angelegenheiten sehr beschäftigt war, und verkaufte die Auflage kurzerhand an den Drucker. Schließlich schuldete der Kaiser seinem Mathematiker noch das Gehalt. Es war damit teilweise abgegolten.

In Prag machte Kepler sich daran, eigene Beobachtungsmöglichkeiten zu entwickeln, allerdings noch ohne Okulare und Objektive. Einen Vorläufer solcher Instrumente gab es schon in Graz anläßlich der Beobachtung einer Sonnenfinsternis. Soweit es seine schwachen Augen zuließen, versuchte er bei klarem Himmel vor allem das Bild der Sonne einzufangen, ohne dabei selbst in die Sonne sehen zu müssen. Dies hätte ihm vollends die Sehkraft gekostet. Der Astronom bediente sich daher der Projektionsmethode mit Hilfe der Lochkamera.

So auch am 28. Mai 1607. Das Abbild der Sonne sollte auf einem weißen Papier zu sehen sein. Beobachtungsort war das Wenzelskolleg, wo er damals wohnte. Was an diesem Tage vor sich ging, hat er wie immer sorgfältig aufgeschrieben.

Er verhängte auf den Stiegen, die vom weiten Gang ins Zeughaus hinabführten, den offenen Laden mit einer alten Tür und mit Mänteln, so daß er sich in einem verdunkelten Raum befand. Die Sonne ließ er durch ein Blech mit einem Loch hineinscheinen, dessen Durchmesser ungefähr $^1/_9$ bis $^1/_{10}$ Zoll groß war (= 2,5 mm).

Nachdem sich das Auge an die Dunkelheit gewöhnt hatte, betrachtete er das gut talergroße Sonnenabbild. »Da haben wir underwertz gegen links ein klein zimlich schwartzes Düpfflin, wie ungefährlich ein dürre floh gar deuttlich und nit nur einmahl sehen khönden«, berichtete er. Es sei etwa ein Drittel des Durchmessers oder weniger vom äußeren Rand in den runden Schein der Sonne hineingekommen. Und damit man nicht meine, es sei eine Papierunreinheit, sei das Blatt immer wieder hin und her gerückt worden, damit sich der Schein auf dem Papier verschieben konnte, aber es sei allewegen das schwartze »Düpfflin« an derselben Stelle innerhalb des Sonnenbildes geblieben. Auch als Wolkenschleier gekommen seien, habe man gesehen, daß also das »Düpfflin« innerhalb des Scheins stillgestanden sei, die Wolken aber darüber herzogen.

Die Entdeckerfreude des Astronomen veranlaßte ihn, sich nach Zeugen umzusehen. Ein gewisser Heinrich Stolle stand dabei – er hatte dem Astronomen beim Aufbau des Beobachtungsstandes geholfen. Im selben Hause wohnte aber auch der Rektor der Karls-Universität, Martin Bacháček. Er wurde unverzüglich hinzugebeten und war bereit, ebenso wie Stolle seine Unterschrift unter das Beobachtungsprotokoll zu setzen.

Heinrich Stolle war ein sehr befähigter Gehilfe des berühmten Schweizer Uhrmachers Jost Bürgi, der bei Landgraf Wilhelm IV. von Hessen in Kassel Uhren und andere Präzisionsinstrumente angefertigt hatte, jetzt aber in Prag auch astronomische und geometrische Instrumente herstellte. Dem Kaiser hatte Bürgi 1603 als Geschenk des Landgrafen Wilhelm eine kostbare, mit Silberblech überzogene Himmelskugel überreicht, auf der er die Sternbilder nach eigener Beobachtung eingetragen hatte. In Bürgis Werkstatt war Kepler oft zu Gast, wobei auch mathematische Gespräche geführt wurden. Der Uhrmacher gilt als einer der Erfinder der Logarithmen. Ferner war er in der Dreiecksmessung (Triangulation) besonders bewandert. Wieder ein Thema, für das sich Kepler sehr interessierte.

Das »Düpfflin« war nach Keplers Meinung der Planet Merkur. Er tritt gelegentlich vor die Sonne, d. h. er kreuzt unsere Blickrichtung zum Sonnenball, bleibt aber immer mindestens 48,8 Millionen Kilometer von ihm entfernt. Solche »Merkurdurchgänge« sind in der Zeit nach Kepler mehrfach beobachtet worden. Was Kepler im Mai 1607 sah, war vermutlich nicht der Merkur, obwohl er nach des Astronomen Berechnung in dieser Blickrichtung hätte stehen können. Mit größerer Wahrscheinlichkeit hatte Kepler einen Sonnenfleck beobachtet. Dies ist ihm dann auch Jahre später mitgeteilt worden. Er war jedoch keineswegs enttäuscht. »Ich Glücklicher«, meinte er, »habe ich doch als erster in diesem Jahrhundert einen Sonnenfleck gesehen!« (Vier Jahre später wurden in Holland Sonnenflecken mit einem richtigen Fernrohr beobachtet.)

Am 15. März 1610 klapperten Pferdehufe vor Keplers Haus, dem Kramerhaus unweit des Altstädter Brückenturms. Ein Wagen hielt. Kepler eilte ans Fenster: Hofrat Dr. Johann Matthäus Wacker von Wackenfels, ein Freund Keplers, war vorgefahren. Erregt rief er nach oben, in Italien habe Galilei mit einem Perspicillum (Fernrohr) vier neue Planeten entdeckt.

Was Wacker da mitzuteilen hatte und Kepler zu entgegnen wußte, entwickelte sich zu einem aufgeregten Gespräch unter sachkundigen Freunden. Alle Möglichkeiten einer Erweiterung der Planetenfamilie wurden sofort diskutiert. Während Zuhörer die schmale Gasse zu füllen begannen, neugierig einige Brocken aufschnappend, debattierten die beiden Wissenschaftler auch darüber, ob es überhaupt Planeten sein könnten, die da entdeckt worden sein sollten. Waren hier vielleicht Monde beobachtet worden? Wahrscheinlich hat Kepler bei dieser Unterhaltung über die Straße hinweg erstmals den Begriff »Satelliten« gebraucht, von dem dann soviel und zutreffend bis auf den heutigen Tag die Rede ist.

An weitere Planeten mochte Kepler schon deshalb nicht gern glauben, weil sein »Weltgeheimnis« vor 13 Jahren auf der Theorie aufgebaut war, es könne nur fünf Planeten außer der Erde geben, nämlich Merkur, Venus, Mars, Jupiter und Saturn. »Beide wurden wir im Gelächter von der Neuigkeit verwirrt«, notierte Kepler.

Die aufregende Nachricht paßte gut zu dem, was schon Anfang September 1609 aus Venedig bekannt geworden war: Daß in Padua dem Professor und Mathematicus Galileo Galilei wegen seiner Erfindung eines Fernrohres eine hohe Provision bewilligt worden sei. (Sein Gehalt wurde verdoppelt.)

Damit kein Irrtum aufkommt: Galilei hat das Fernrohr nicht erfunden, sondern nachgebaut. Aber auch der niederländische Brillenschleifer Hans Lippershey (ein Jahr älter als Kepler), dem die Erfindung einer Kombination von zwei Linsen in einem Rohr nachgesagt wird, war nicht der erste, der ein Fernrohr herstellte. Möglicherweise hat er aber nicht gewußt, daß genau 100 Jahre zuvor Leonardo da Vinci ein Fernrohr entworfen und angefertigt hatte.

Leonardo (1452–1519) zeichnete 1509 auf einem Blatt seines Notizbuchs außer verschiedenen Apparaturen auch eine Röhre mit dem Vermerk »Sehglas aus Kristall«. Er beschrieb sogar die Dicke der Linsen und lieferte auch eine Gebrauchsanweisung. Man müsse das Rohr (zwei ineinandergesteckte Rohre) für die Beobachtung aus weiter Sicht etwas zusammenschieben, dagegen auseinanderziehen, wenn man einen Gegenstand aus der Nähe betrachten wolle. Diese Verschiebung wird heute durch Drehen eines kleinen Rädchens bewirkt.

Und über die Nutzanwendung seines Fernrohrs, das er fraglos auch gebaut hat, empfahl er: »Mache Augengläser, um den Mond groß zu sehen.« Ob Leonardo da Vinci dabei Besonderheiten am Himmel wahrgenommen hat, ist allerdings sehr zweifelhaft. Seine Linsen waren sicher nur von minderer Qualität. Im Beobachten war Galilei ihm überlegen.

Ebenfalls noch vor Galileis Fernrohrbau hatte sich der italienische Physiker – später auch Dramatiker – Johann Baptist Porta (1535–1615) in seinem Werk »Magia Naturalis« (Zauber der Natur) mit Linsenkombinationen beschäftigt. Man könne die Gegenstände verkleinert oder vergrößert sehen, schrieb Porta 1589. Er bedauerte, daß es keine theoretische Erklärung für die Lichtbrechung gebe.

Portas Werk war Kepler bekannt. Er griff die Anregung auf und machte sich in Prag an die Erforschung der Eigenart des Lichts, das beim Durchgang durch eine Glaslinse »gebrochen« wird. Schon sechs Jahre vor Galileis erstem Fernrohrbau stellte er sich die Aufgabe, »die Optik so zu verfeinern, daß sie die Astronomen zufriedenstellen konnte«.

In zwei großartigen Werken legte er das Fundament für die gesamte Optik – auch unserer Tage. Wir dürfen feststellen, daß Kepler eine bessere Linsenkombination als die des Galilei schon vor ihm entworfen hatte. Nur baute Kepler sein Fernrohr nicht.

Das erste Werk aus dem Jahre 1604 ist als »Der Astronomie optischer Teil« (Astronomiae pars optica) schon deshalb bedeutsam, weil Kepler hier auf die Refraktion stieß, auf die Ablenkung eines Lichtstrahls von einem Stern in der Erdatmosphäre. Beim Durchdringen der nach unten zu dichter werdenden Atmosphäre wird der Lichtstrahl mehr und mehr gekrümmt. Dadurch erscheint der Punkt am Himmel, in dem der Stern steht, ein wenig verschoben, und zwar desto mehr, je tiefer der Stern steht, denn gegen den Horizont hin hat das Sternenlicht einen weiteren Weg durch die Atmosphäre zurückzulegen.

Kepler fand auch heraus, daß die Lichtstärke (Lichtdichte) mit dem Quadrat der Entfernung abnimmt, also eine Lichtquelle, die aus einem Meter entfernt eine bestimmte Helligkeit ausstrahlt, in vier Metern nur noch ein $1/16$ so hell ist. Geradezu genial aber war seine Entdeckung, daß auf der Netzhaut des Auges ein umgekehrtes Bild entsteht. Es wird erst nach Weiterleitung durch den Sehnerv im Gehirn aufgerichtet.

Als erster begründete Kepler ferner die Wirkung der Brillengläser für Kurzsichtige und Weitsichtige. Bei den Kegelschnitten erkannte er die

Parabel als Zwischenglied zwischen Ellipse und Hyperbel. Im Verlauf seiner weiteren Untersuchungen fiel zum ersten Mal das Wort »focus«. Es gilt auch heute als Bezeichnung für den Punkt, in dem die Strahlen zusammengefaßt sind (Brennpunkt).

Das Werk von 1604 hätte nun mit seinen Abbildungen und den Zeichnungen der Strahlengänge durch eine Konkav- und eine Konvexlinse schon wichtige Anregungen für den Bau eines Fernrohrs bieten können – fünf Jahre vor Galilei. Im wesentlichen lag hier das Prinzip der Vergrößerung schon fest. Aber es ist bekannt, daß Kepler mit seinen Augen seit der Jugendzeit schlecht dran war. Er glaubte auch, daß ein scharfes Bild der Himmelskörper mit Hilfe von geschliffenen Linsen wegen der atmosphärischen Trübungen wohl doch nicht zustande kommen könne.

Bevor das zweite optische Werk Keplers genannt wird, muß über den Tumult wegen seiner Stellungnahme zum »Sternenboten« berichtet werden. Galilei gab 1610 nach der Entdeckung der vier Sterne bei dem Planeten Jupiter, die er zu Ehren des Cosimo de Medici die »Mediceischen Sterne« nannte, eine kleine Schrift heraus: »Sidereus Nuncius«, auf deutsch »Der Sternenbote«. Durch Vermittlung des toskanischen Gesandten in Prag gelangte die Schrift auch zu Kepler. Darin schilderte Galilei, was er gesehen hatte: die Mondberge, die Auflösung der Milchstraße in das unübersehbare Heer der Einzelsterne, wie überhaupt die Vielfalt der Sterne am ganzen Himmel, die um das Zehnfache die Zahl der bisher zu erkennenden Sterne übertraf. Das Siebengestirn erkannte er als eine Anhäufung von etwa 40 Sternen. (Wir wissen heute, daß es über 300 sind.) Und dann eben die vier Satelliten des Jupiter, die Galilei für Planeten hielt: ». . . daß ich jedermann die Möglichkeit enthülle und bekanntmache, vier Planeten zu entdecken und zu beobachten, die vom Urbeginn der Welt bis in unsere Zeit nie gesehen worden sind.«

Kepler beeilte sich – wohl als einziger in der ganzen Gelehrtenwelt Europas –, die Entdeckungen Galileis wie eine Offenbarung zu feiern und ihm sogleich eine Stellungnahme zukommen zu lassen. Ihm war klar, daß jetzt ein ganz neuer Abschnitt in der Erkenntnis des Universums beginnen müsse. Er brauchte nur zehn Tage, bis er sein Schreiben für den Kurier nach Italien fertiggestellt hatte, die so berühmt gewordene »Unterhaltung mit dem Sternenboten« (Dissertatio cum Nuncio Sidereo), kurz darauf gedruckt auf Keplers eigene Kosten. Die Schrift erschien auch in Florenz, wo sie unerlaubterweise und unvollständig auf den Markt geworfen wurde.

Die acht Seiten lange Stellungnahme wurde von Galilei sofort für eigene Zwecke weitergereicht. Dem Hofmathematiker der Medici und anderen drängte er förmlich Keplers Zustimmung auf, um alle Zweifel an seinen Fernrohrbeobachtungen auszuschalten. »Alles, was ich schrieb, bestätigte er, ohne auch nur ein Jota auszusetzen!«

Was hatte Kepler geschrieben? Er schilderte mit bewegten Worten den dramatischen Ablauf der Ereignisse, angefangen von der ersten Nachricht über die Mediceischen Sterne durch Wacker in der Gasse vor dem Wohnhaus. Nach Worten begeisterter Zustimmung bietet Kepler Galilei seine Hilfe an. Kepler meint, vielleicht werde man ihn für toll halten, weil er die Beobachtungen Galileis so ohne weiteres hinnehme, obwohl er doch kein Fernrohr dieser Qualität besitze, um die Behauptungen nachzuprüfen. »Wie aber sollte ich einem zuverlässigen Mathematiker mißtrauen, dessen Kunst der Sprache allein schon die Richtigkeit seiner Behauptungen beweist!«

Wie in einem Taumel der Begeisterung läßt Kepler seiner seherischen Phantasie freien Lauf. Wenn der große Jupiter vier Satelliten habe, werde Mars wohl zwei Monde besitzen. (Womit er zufällig recht behielt.) Bei Saturn müsse man mit sechs bis acht Monden rechnen. (Zehn bis zwanzig wäre richtig gewesen.) Und er sieht auch voraus, daß es einmal möglich sein werde, zu unserem Mond hinaufzufliegen, wo es Lebewesen geben könnte.

»Es wird sicher kein Mangel an menschlichen Bahnbrechern sein, wenn wir erst die Kunst des Fliegens beherrschen. Wer hätte gedacht, daß die Schiffahrt über den ungeheuer weiten Ozean weniger gefährlich ist und ruhiger verläuft als in den engen, bedrohlichen Buchten der Adria, der Ostsee und in der Britischen Meerenge? Baut Schiffe und Segel, die sich für die Himmelsluft eignen, und es wird genug Menschen geben, die vor der öden Weite des Raumes nicht zurückschrecken. Inzwischen wollen wir für die tapferen Himmelsfahrer Karten der Himmelskörper anfertigen – ich die des Mondes, Ihr, Galilei, die des Jupiter.«

Eine wahrhaft prophetische Äußerung – fast 300 Jahre vor dem ersten Motorflug und 355 Jahre vor den ersten bemannten Raumflügen unseres Jahrhunderts. Es zeigt sich hier etwas Ähnliches wie 145 Jahre später bei Immanuel Kants »Naturgeschichte des Himmels« und der darin enthaltenen Weltentstehungstheorie, daß nämlich die überaus genaue Kenntnis der Materie, die Gesamtschau aller bisherigen Fakten, zutreffende Hypothesen erlauben.

Das blinde Vertrauen, das Kepler in Galileis Beobachtungen setzte, brachte ihm tatsächlich Ärger ein: Die Gegner Galileis, die es in großer Zahl gab, denn seine aufbrausende und überhebliche Art hatte viele verletzt, wandten sich nun auch gegen Kepler. Sie wiesen unter anderem darauf hin, daß es ja Fernrohre schon seit einiger Zeit gegeben habe. So sei im September 1608 ein Fernrohr auf der Frankfurter Messe angeboten worden. Und im Sommer 1609 hatte – immer noch vor Galilei – Harriot in

England mit Hilfe eines Teleskops Mondkarten gezeichnet. Aber wer wußte das schon? Harriot hatte seine Karten nicht veröffentlicht.

Die Lage war jedenfalls undurchsichtig. Wie konnte des Kaisers Mathematiker so leichtsinnig sein mit der Anerkennung dessen, was Gallilei behauptet hatte? Dieser lud zu einer Beobachtung ein.

Im Hause des Astronomen Magini zu Bologna versammelten sich also am späten Abend des 24. April 1610 mit ernsten, ja mißmutigen Mienen Geistliche und Philosophen von Rang und Namen. Zunächst wurde diskutiert. »In der Bibel ist von diesen Mediceischen Sternen kein Wort zu lesen«, eiferte sich einer der Gäste. »Und daher gibt es sie auch nicht«, pflichtete ein anderer bei. Galilei, der etwas mühsam sein Fernrohr in Stellung gebracht hatte, war sich seiner Sache sicher. »Seht selbst«, war seine immer wieder vorgebrachte Trumpfkarte. Doch die Philosophen waren hartnäckig. Auch Aristoteles habe nichts über Jupitertrabanten geschrieben, hielten sie Galilei entgegen. Was also sollte da noch ein Blick durchs Fernrohr?

Diejenigen Besucher, die nur gekommen waren, um das Instrument und nicht die Sterne zu sehen, schüttelten mit dem Kopf. Dieses Gerät war keineswegs ein besonders auffälliger Gegenstand. Eine Röhre aus Blei hatte man schon oft gesehen. Sie gingen enttäuscht davon und ließen einen empörten Galilei zurück, der nun zu ahnen begann, daß ihm hier ein Fehlschlag drohte. Der Himmel war nun auch nicht mehr ganz klar, das Fernrohr wackelig aufgebaut und ohne Nachführung, so daß Galilei es alle Augenblicke mit der Hand korrigieren mußte. Infolge der Erddrehung schob sich Jupiter mit seinen Trabanten immer wieder aus dem Gesichtsfeld.

Dennoch wagten schließlich einige, von der Neugier übermannt, durch das Rohr zu blicken. Aber sie erlebten nicht, was sie erwartet hatten. Da war kein gewaltiges Himmelsschauspiel mit Engelschören und Strahlenbündeln. Sie erhaschten bestenfalls ein paar ganz unscheinbare, winzige Lichtpünktchen, wie es deren ja viele am Himmel zu sehen gab – auch ohne Fernrohr.

Galilei hat diesen Abend nie vergessen. Als der Philosoph Libri starb, der sich geweigert hatte, durch das Fernrohr zu sehen, sagte Galilei: »Jetzt wird er auf dem Wege zum Himmel wohl endlich die Jupitersterne gesehen haben.«

So schwer es der Praktiker in Bologna hatte, mit seiner dreißigfachen Vergrößerung Anerkennung zu finden, so sehr quälte sich 700 Kilometer nordöstlich in Prag der Kaiserliche Mathematiker, seinen Kopf aus der Schlinge zu ziehen. »Niemand sollte glauben«, so schrieb er am 3. Mai 1610, »daß meine freimütige Zustimmung zu Galilei anderen die Freiheit

Galileis erste Aufzeichnungen der »Mediceischen Sterne«, die er beim Jupiter entdeckt hatte, stießen in der Gelehrtenwelt auf große Skepsis. Nur Kepler stimmte begeistert zu. Er erkannte die von Galilei noch als neue Planeten bezeichneten Himmelskörper richtig als Monde. Später wurde – auch mit Hilfe des Keplerschen Fernrohrs – eine große Zahl weiterer Jupitermonde entdeckt.

nimmt, anders zu denken. Ich lobte ihn ohne Rücksicht auf das Urteil irgendeines anderen, auch habe ich hier einige eigene Lehrsätze verteidigt.« (Gemeint war sein Entwurf einer Linsenkombination aus dem Jahre 1604.) »Wenn ich das auch im Vertrauen auf den Wahrheitsgehalt tat, so verspreche ich doch, alles unverzüglich aufzugeben, sobald mir ein Klügerer einen Irrtum überzeugend nachweist.«

Kepler war keineswegs leichtsinnig gewesen. Niemand konnte besser als er beurteilen, was mit einem guten Fernrohr bei starker Vergrößerung zu beobachten möglich sei, wenn auch nicht feststand, was im einzelnen am Himmel entdeckt werden würde.

Schwerlich können wir heute nachempfinden, wie sehr Kepler sich gewünscht haben muß, selber ein brauchbares Linsenfernrohr auf Mond, Jupiter, Sonne, Kometen und andere Himmelskörper zu richten. Der große Theoretiker hatte ja den Boden für eine neue Weltanschauung im eigentlichen Sinne des Wortes bereitet. Hier war jetzt die Wende zur Praxis eingetreten, zur Bestätigung aller optischen Theorien, zum Blick nach draußen.

Seine Hände, von Kindheitstagen an durch die Blattern geschädigt, waren nicht fähig, ein Rohr mit geschliffenen Linsen zu konstruieren. Wer ihm geholfen hat, wissen wir nicht genau, aber Kepler besaß im August 1610 bereits einige kleinere Fernrohre. Leider lieferten sie kein brauchbares Bild. Am 9. August 1610 schrieb er daher wieder einmal an Galilei nach Padua:

»Ich erhielt durch den Gesandten seiner Durchlaucht des Großherzogs von Toskana Ihre Beobachtungen über die Mediceischen Sterne. Sie weckten bei mir damit den leidenschaftlichen Wunsch, Ihr Instrument zu sehen, so daß ich endlich wie Sie das Schauspiel am Himmel genießen kann. Von unseren Okularen hier hat das beste eine zehnfache, die anderen haben kaum eine dreifache Vergrößerung. Das einzige, das mir gehört, hat eine zwanzigfache Vergrößerung, das Licht ist aber sehr schwach. Den Grund kann ich mir denken, und ich weiß auch, wie man die Helligkeit steigern könnte, aber man zögert, mir hierzu das Geld zu geben ... Die Würfel sind jetzt gefallen. Sie, mein Galilei, öffneten das Allerheiligste des Himmels. Was könnten Sie anderes tun, als den Lärm zu verachten, der sich erhob? Rächt doch die Menge ihre Verachtung der Philosophie dadurch an sich selber, daß sie in ewiger Unwissenheit bleibt.«

Er tröstet ihn also auch noch. Und Galilei?

Direkt an Kepler zu schreiben, wagte er nicht, auch wenn er eine Ablehnung seiner Entdeckungen durch des Kaisers Mathematiker nicht zu befürchten hatte. Litt er noch unter dem Schock des Beobachtungsfiaskos von Bologna? Fürchtete er den kritischen Verstand des Theoretikers, dem er nicht zu folgen vermochte? Galilei hatte nicht die Frage nach dem

»Warum« der Fernrohrvergrößerung beantwortet, nach der Theorie der Brechung des Lichtstrahls im Linsensystem. Er wäre hierzu auch nicht in der Lage gewesen.

Nachdem Kepler sich so überschwenglich zu Galileis Beobachtungskunst bekannt hatte, wäre es an der Zeit gewesen, diesem ein Fernrohr nach Prag zu schicken. Doch Galilei dachte nicht daran. Seine Fernrohre verschenkte er an andere, die seinen Beobachtungen nur zögernd oder gar nicht zugestimmt hatten. Keplerforscher haben vermutet, er sei auch aus Glaubensgründen gegenüber dem deutschen Protestanten vorsichtig gewesen. Wahrscheinlich konnte er seinen großen Kollegen in Prag grundsätzlich nicht leiden. Keines der Keplerschen Werke hatte er beachtet, auf zahlreiche Briefe Keplers nicht geantwortet – 13 Jahre hindurch. Jetzt erst, genauer gesagt vier Monate nach Keplers »Unterhaltung mit dem Sternenboten«, bedankte er sich für geistig überragenden Freimut (»Dank Eurem offenen und edlen Geist«), aber ein Fernrohr könne er ihm leider nicht schicken.

Dies war der zweite und zugleich letzte Brief (vom 19. August 1610), den Galilei unmittelbar an Kepler geschrieben hat. Er nannte keine neutralen und sachkundigen Zeugen, die Galileis Jupitertrabanten ebenfalls gesehen hatten, so sehr Kepler ihn auch darum bat. Er selber sei Zeuge »und viele andere in Pisa, Florenz, Bologna, Venedig und Padua«. Als Laien auf dem Gebiet der Beobachtungskunst erwähnte er unter den Zeugen den Großherzog von Toskana und den Bruder des toskanischen Gesandten. (Diese beiden hätten ihren berühmten Galilei sicher nicht im Stich gelassen, wenn es hart auf hart gekommen wäre.)

Ein glücklicher Zufall fügte jedoch, daß Kurfürst Ernst von Köln, Herzog von Bayern, der zur Fürstenversammlung nach Prag kam, ein von Galilei geschenktes Fernrohr mitbrachte. Anfang September 1610 durfte Kepler es sich ausleihen. Aller Zweifel an Galilei, aller Groll über den Italiener, der ihn so übel hatte aufsitzen lassen, waren verflogen. Hier hatte er nun endlich ein Fernrohr, wenn es auch nicht das allerbeste war.

Wer heute als Schüler oder später mit einem besonders guten Fernglas oder einem Fernrohr zum ersten Mal die vier großen Jupitermonde betrachtet (insgesamt hat er mehr als ein Dutzend), glaubt, ein kleines Stück lebendigen Weltalls handgreiflich vor sich zu sehen. Auch in unserer an Fortschrittsüberraschungen nicht gerade armen Epoche bewegt uns dieses Bild mit dem Wechselspiel der Monde. Wie auf einer Schnur aufgereiht sind einmal alle vier auf einer Seite des Planeten zu finden, dann wieder drei rechts und einer links, vielleicht auch zwei rechts und zwei links oder im ganzen nur drei, weil der vierte gerade durch Jupiter verdeckt ist. Sie scheren seitwärts aus, sie treten scheinbar dichter an ihren Planeten heran, sie ziehen ihre stummen Kreise und lassen den Vergleich mit einer Kinderschar zu, die sich um den Vater herum tummelt – hier allerdings streng nach den Gesetzen des Weltalls, die Kepler dann fand. Schon wenige Tage, ja auch Stunden zwischen den Beobachtungen genügen, um das Hin und Her der Monde wahrzunehmen.

Mit Herzklopfen und Erwartungsfreude sah nun der 38jährige Johannes Kepler zum ersten Mal die Jupitermonde. Auf der Belvedere-Galerie hatten sich Freunde eingefunden, Mitarbeiter und der Assistent, den er sich damals noch leisten konnte, hochgestellte Persönlichkeiten, vermutlich sogar der Kaiser. Sie alle waren nicht nur neugierig, sondern auch ergriffen von dem Vorgang in dieser Stunde, in der das Weltall eine seiner Pforten öffnete.

Keplers Sehschärfe reichte wohl nicht aus, um ganz klar die Einzelheiten zu erkennen. Aber soviel war sicher: Dort gab es kleine Lichtpünktchen in der Nähe des hell strahlenden Planeten auf dunkelsamtenem Nachthimmel.

Er ging sogleich daran, die einmalige Beobachtungsmöglichkeit zu einem Experiment wissenschaftlich auszunutzen. Die Gäste bat er, vorläufig für sich zu behalten, was sie sehen würden. Dann durfte einer nach dem andern schweigend durch das Fernrohr blicken.

Auf kleinen Tafeln mußte jetzt jeder mit Kreide aufzeichnen, in welcher Reihenfolge er die Monde gesehen hatte. War hier eine Übereinstimmung festzustellen, hatten alle die gleiche Stellung der Monde im Verhältnis zum Jupiter aufgezeichnet, so war damit erwiesen, daß eine subjektive Täuschung nicht vorlag, daß die Satelliten tatsächlich vorhanden waren und zur Zeit die hier festgehaltene Stellung zueinander eingenommen hatten. – Das Beobachtungsexperiment bestätigte Keplers Erwartungen.

Welch ein Unterschied zwischen den temperamentvollen Gelehrten, die bei dem stolzen Galilei nicht sehen wollten, was es zu sehen gab – und der Beobachtergruppe in Prag, die der Sachkunde des Kaiserlichen Mathematikers vertrauten, seine Bewunderung und seine Erlebnistiefe teilten. Für Galilei hatte kaum jemand eine Spur von Sympathie aufbringen können, Kepler aber war der beliebte, uneigennützige, bescheidene, zuweilen humorige Astronom, dem fast von allen Seiten großes Wohlwollen entgegengebracht wurde. Wie man sieht, kommt es bei der Erweiterung der Kenntnisse über diese Welt auch darauf an, wes' Geistes Kind derjenige ist, der uns das Neue aufbereitet.

Kepler griff sofort zur Feder und schrieb den »Bericht über die Beobachtung von vier Jupiter-Satelliten« (Narratio). Darin war zu lesen, daß nicht neue Planeten bei Jupiter gefunden worden waren, wie Galilei angenommen hatte, sondern Monde, wie auch die Erde einen besaß. Zum ersten Mal war hier einwandfrei die Entdeckung Galileis durch eigene und bezeugte Beobachtung bestätigt. Dafür schuldete wiederum der Gelehrte in Padua seinem Kollegen in Prag großen Dank, denn Keplers Schrift wurde sofort in Florenz nachgedruckt, und die Mediceischen Sterne Galileis konnten nun auch in Italien nicht länger angezweifelt werden. Doch Galilei hüllte sich Kepler gegenüber in Schweigen.

Dagegen konnte er mit einem Ratespiel besonderer Art aufwarten. An den toskanischen Gesandten in Prag schickte Galilei ein Anagramm aus einer durcheinandergewirbelten Buchstabenfolge, die bei richtiger Sortierung eine wichtige Mitteilung über eine neue astronomische Entdeckung enthalten sollte. Fraglos war er neugierig, ob Kepler sich an dem Rätselraten beteiligen werde. Derartige Anagramme wurden damals angefertigt, um die Urheberschaft zu schützen. Eine Erstentdeckung sollte nicht gleich von anderen als deren eigene Leistung aufgetischt werden können, wie es vielfach geschehen war.

Kepler rätselte also an dem Buchstabensalat wie kein anderer. Mit einer Ausdauer ohnegleichen saß er trotz anderer dringender Arbeiten bis tief in die Nacht über das Papier gebeugt, war er doch sicher, daß Galilei am Fernrohr wieder Bedeutendes entdeckt habe. Schließlich glaubte Kepler, auch wenn er einen einzigen von den 36 Buchstaben nicht unterbringen konnte, eine Nachricht über zwei Marsmonde herauslesen zu können.

Tatsächlich enthielt aber das Anagramm, wie sich ein Vierteljahr später herausstellte, die Mitteilung über eine Dreigestalt des Planeten Saturn. Galilei hatte die noch unbekannten Saturnringe gesehen und bei mangelhafter Bildqualität falsch gedeutet. Die Ringe ragten beiderseits über die Planetenkugel hinaus, was wie ein dreigeteilter Planet aussah. Daß Galilei überhaupt sein Geheimnis lüftete, war Kaiser Rudolf zu verdanken. Dieser wollte sich nicht länger auf den Arm nehmen lassen und forderte die Auflösung des Rätsels.

Ein zweites Anagramm folgte bald dem ersten. Wieder grübelte Kepler. Was er herauszulesen glaubte war zwar auch diesmal nicht das, was Galilei entdeckt hatte, aber seltsamerweise war es noch aufregender. Der Kaiserliche Mathematiker entzifferte, es sei ein großer roter Fleck auf Jupiter gesehen worden, der in mathematischer Gleichmäßigkeit rotiere.

Dieser rote Fleck (GRF) spielt in der späteren Astronomie bis in unsere Tage eine bedeutende Rolle, ist doch seine Entstehung immer noch nicht geklärt. Einwandfrei beobachtet wurde er allerdings erstmals 1878, also 268 Jahre nach Keplers Vermutung. Und daß Jupiter mit mathematischer Genauigkeit rotiert, was auch an dem »Großen Roten Fleck« abzulesen ist, gehört heute zu den festen Bestandteilen der Astronomie.

Galilei dagegen hatte in seinem zweiten Anagramm nur mitzuteilen, er habe die Venus in Phasengestalt gesehen, also als Viertelvenus und

Halbvenus, wie der Mond vom Vollmond zum Neumond wechsle. Das wußte Kepler schon lange. Die Venus wird ja durch die Sonne von verschiedenen Seiten angestrahlt, tritt unsichtbar werdend vor den Strahlenbereich der Sonne – dann ist sie uns besonders nah – und verschwindet als Vollvenus hinter der Sonne. Sie kann sowohl als Abendstern wie auch als Morgenstern gesehen werden.

Die ganze etwas abenteuerliche Geschichte des Fernrohrs von Leonardo da Vinci über Keplers Linsenkombination von 1604 und Galileis Entdeckungen 1609 und 1610 mit allem, was da soviel Staub aufgewirbelt hatte, mündete 1611 in Keplers zweites großes optisches Werk, die »Dioptrice«. Er schrieb es im August und September 1610, also um die Zeit seiner denkwürdigen Beobachtung der Jupitermonde. Daher auch seine Worte in der Vorrede: »O du vielwissendes Rohr, kostbarer als jedes Szepter! Wer dich in seinen Händen hält, ist er nicht zum König, nicht zum Herrn über die Werke Gottes gesetzt!«

Wer heute eine Brille braucht, läßt sich die richtige »Dioptrie« verschreiben. Kepler hat sich in diesem Wort ein Denkmal gesetzt. Ob das die Brillenträger wissen? In seiner »Dioptrice« klärte er den Verlauf des Strahlengangs durch Linsen und Linsensysteme. Kein modernes Physikbuch kommt ohne diese Darstellung aus. Die Totalreflexion entdeckte er bei seinen Untersuchungen des Strahlengangs im Glaswürfel und im Dreikantprisma. Die Eigenschaften der bikonvexen Linsen, Bildweite, Bildvergrößerung usw. wurden hier behandelt.

Zwei Ergebnisse dieser Forschungen müssen hervorgehoben werden: Er entdeckte das Teleobjektiv, das heute in der Fotografie bis hin zu Fernsehkameras so ausgiebig angewandt wird, vor allem aber entwickelte er das »Keplersche Fernrohr«, auch astronomisches Fernrohr genannt.

Hatte Galilei am vorderen Rohrende (Objektiv) eine Sammellinse verwendet, am Okular aber eine Zerstreuungslinse, so benutzte Kepler zwei Konvexlinsen, wobei er ein größeres Gesichtsfeld und ein wesentlich helleres Bild gewann. Es stand freilich auf dem Kopf. In der Astronomie ist dies belanglos, weil es im Weltraum kein oben und kein unten gibt. Für eine Aufrichtung des Bildes bei Erdbeobachtungen diente Kepler dann das dreilinsige System mit einer weiteren Konvexlinse zwischen den beiden anderen. Somit ist er auch der Erfinder der »Umkehrlinse«.

Sein Fernrohr, dank der theoretischen Durcharbeitung erheblich besser als das Galileische, hat einen Siegeszug über die ganze Welt angetreten. Wo auch immer in den Jahrhunderten seither eine Sternwarte Linsenfernrohre einrichtete (Refraktoren), waren diese nach Keplers Prinzip gebaut. Die freien Öffnungen, d. h. etwa der Durchmesser der größten Linsen, steigerten sich auf dem Lick-Observatorium 1888 (USA) bis auf 91 Zentimeter, auf dem Yerkes-Observatorium 1897 (ebenfalls in den USA) sogar auf über einen Meter! Und auch die beiden Marsmonde, deren Existenz Kepler wiederholt so ahnungsvoll angedeutet hatte, wurden durch ein Keplerfernrohr entdeckt: von dem Amerikaner Asaph Hall 1877 am großen Refraktor der Sternwarte in Washington. Seine Brennweite entspricht mit zehn Metern etwa der Länge des Rohres.

Neben diesen Linsen-Fernrohren entstanden größte Fernrohre als Spiegelinstrumente (Reflektoren), in denen der einfallende Lichtstrahl zurückgeworfen und herausgespiegelt wird. Das zur Zeit größte steht mit 6,10 Metern Spiegeldurchmesser im Kaukasus. Für die Berechnung des Prinzips der Reflexion lieferte wiederum Kepler die Grundlagen.

Galilei hatte weit weniger Erfolg mit seinem Fernrohr. Sein Linsensystem findet sich aber heute noch in kleinen »Durchguckern« und im Opernglas.

Die »Neue Astronomie« und die beiden optischen Werke sind die Höhepunkte im Schaffen Keplers während der zwölf Prager Jahre. Sie stehen sich in nichts nach und haben für unser 20. Jahrhundert eine kaum übersehbare Bedeutung gewonnen. Des großen Mathematikers Forschungen und seine wissenschaftliche Produktivität waren aber damit nicht erschöpft.

Schon 1601 schrieb er die »Fundamente der Astrologie«, worin seine eigene Ansicht über die Weltauffassung mit Hilfe der Sterne enthalten ist. Sie weicht wesentlich von dem ab, was damals vom Einfluß der Gestirne auf irdische Vorgänge im Umlauf war und heute noch im Schwange ist.

Ferner sind noch seine Schriften über die Kalenderreform zu nennen, weiters seine Untersuchungen über das Datum der Erschaffung der Welt, die er auf das Jahr 3993 v. Chr. festlegen zu können glaubte. Sein »Gründlicher Bericht über einen ungewöhnlichen neuen Stern« (Lichtausbruch eines alten Sterns) im Fuße des Sternbildes »Schlangenträger« behandelte die Keplersche Supernova vom Oktober 1604. Auch Tycho Brahe hatte eine Supernova aufleuchten gesehen und 1573 – Kepler war noch keine zwei Jahre alt – darüber geschrieben. Seither sind in unserer »Milchstraße« keine Supernova-Ausbrüche mehr mit bloßem Auge zu sehen gewesen.

Der »Neue Stern«, den Kepler beobachtet und beschrieben hatte, verbreitete in der Öffentlichkeit größte Unruhe. Auch Mars, Jupiter und Saturn standen damals am Abendhimmel (die »feurige Triangel«). Allgemein gab die Menge dem Zusammentreffen mit dem neuen Stern unheilvolle Bedeutung. Nicht nur Kepler hatte darüber geschrieben. Er wandte sich gegen die große Zahl »viel langer gewäsche von ursprung dieses Sternen«, das in Flugblättern überall verbreitet worden war. Seine

Abhandlung über den »Neuen Stern« mußte fünfmal nachgedruckt werden. Wer lesen konnte, riß sich darum.

Über die Sonnenfinsternis vom 12. Oktober 1605 veröffentlichte Kepler sofort eine Schrift, in der er um Beobachtungsmitteilungen bat. Das Buch war auch in Italien, Frankreich, Spanien und den Niederlanden verbreitet.

Schon 1606 veröffentlichte er – nunmehr in lateinischer Sprache – zusätzlich eine wissenschaftliche Untersuchung des bereits beschriebenen »Neuen Sterns«, wobei er auch die Frage nach dem Geburtsjahr Christi behandelte. Er sah einen Zusammenhang mit dem »Stern der Weisen« und der jetzigen »Großen Konjunktion« der Planeten. Der Stern von Bethlehem war ja nicht ein Komet, wie vielfach dargestellt wurde, sondern ein Zusammenstehen von Jupiter und Saturn. Nach Überprüfung zahlreicher historischer Überlieferungen fand Kepler heraus, daß Christus vier bis fünf Jahre vor Beginn unserer Zeitrechnung geboren sein mußte, also im Jahre sechs v. Chr. Dies war das Jahr 748 römischer Zeitrechnung. Die Berechnung ist später vielfach bestätigt, aber auch auf das Jahr sieben v. Chr. erweitert worden.

Über den 1607 erschienenen »Haarstern oder Cometen und seine Bedeutungen« schrieb Kepler ein 1608 erschienenes Buch. Im Jahr darauf veröffentlichte er eine Streitschrift gegen Helisaeus Röslin, einen Hahnauer Arzt, der sich in der Astrologie zu weit vorgewagt hatte. Auch das »Düpfflin« bei der Sonnenbeobachtung vom 28. Mai 1607, über das wir schon berichteten, wurde in einem Buch behandelt (»Einzigartiges Phänomen oder Mercur vor der Sonne«).

Dann wieder (1611) beschäftigte er sich mit den Schneekristallen und ihrer sechseckigen Struktur. Die Schrift ist dem Kaiserlichen Rat Wacker von Wackenfels gewidmet, mit dem er in Freundschaft verbunden war.

Im letzten Jahr seines Prager Aufenthalts mußte Kepler schwere Rückschläge und schmerzliche Ereignisse hinnehmen. Die große Periode seiner besten Jahre endete mit Kummer und Leid – mit dem Tod seines ihm besonders liebgewordenen Sohnes Friedrich, der am 19. Februar an den Pocken starb, und mit der Abdankung des Kaisers.

Was war geschehen?

Ein weltfremder Herrscher, der sich als Sonderling mißmutig tagelang in seine Gemächer einschloß, der allen und jedem mißtraute, lediglich noch an Weissagungen und seinen mechanischen Spielereien Gefallen fand, in seiner Räucherkammer alchimistischen Dunst verbreitete, überhaupt deutliche Spuren des Altersabbaus erkennen ließ – ein solcher Kaiser mobilisiert ungewollt seine Widersacher. Im Falle Rudolfs II. kamen sie aus der eigenen Verwandtschaft.

Matthias, Bruder des Kaisers, hatte die Schwäche des Herrschers bereits ausgenutzt, um sich den Besitz Österreichs, Ungarns und Mährens zu sichern. Aber auch Vetter Leopold mischte mit, Bischof von Passau und Bruder des Erzherzogs Ferdinand. Diesen kennen wir schon, weil er im Zuge der Gegenreformation die Protestanten, darunter auch Kepler, aus Graz vertrieben hatte.

Vetter Leopold stellte eine Soldateska zusammen, die schlecht oder gar nicht bezahlt wurde und mehr an einen Raubzug als an einen Krieg dachte. Damit fiel er über Österreich her und zerstörte auch so manche Ortschaft in Böhmen. Im Februar 1611 drang er in Prag ein. Seine »Truppen« besetzten die sogenannte Kleinseite der Hauptstadt, begannen sofort mit Mord, Raub und Plünderung und verbreiteten die Pocken.

Der Angriff rief Gegner auf den Plan. Einmal waren dies böhmische Kampfgruppen, die nun ihrerseits die Gelegenheit benutzten, um Klöster und Kirchen Prags zu plündern. Andererseits griffen die evangelischen Stände ein. Sie verbanden sich mit dem katholischen Kaiserbruder Matthias, der wiederum mit einem österreichischen Kriegshaufen die Situation zu retten versuchte. Als fünfte Truppe in diesem verworrenen Verwandtenkrieg nennen wir des Kaisers eigene Soldaten, denen es jedoch an Sold mangelte. Sie zogen unverrichteter Dinge ab. Am 23. Mai 1611 endete das räuberische Spektakel damit, daß Matthias seinen Bruder Rudolf zur Abdankung zwang.

Dies war noch nicht der Dreißigjährige Krieg, aber doch eine Art Vorübung, was die plündernden Horden betraf. Zu dem blutigen Verwandtenkrach gesellte sich bald die Steigerung der konfessionellen Unduldsamkeit, die Rudolf II. während seiner langen Regierungszeit in Schach gehalten hatte.

Kepler glaubte zu erkennen, was nun wieder kommen werde: Glaubenskämpfe, Verlust der Einkünfte, Not und Vertreibung – wie seinerzeit in Graz. Doch Rudolf legte immer noch Wert auf seinen Mathematicus. Er sollte ihm weiterhin die Sterne deuten. Dabei hatte Kepler schon alles getan, um Rudolf von der unnützen Astrologie fernzuhalten. Das Horoskopstellen sei ein »unannehmlich und in dieser Zeit übel besudeltes Werk«, verbreitete er bei Hofe.

Zeitweise hoffte er noch, mit der absichtlich aufgestellten Prognose, die Sterne ständen gut für Rudolf II., des Kaisers Position zu verbessern. (Rudolf selber durfte nichts von dieser Prophetie erfahren.) Die Tatsachen überwogen dann aber bald.

In Keplers privatem Bereich brach alles zusammen. Wieder einmal hatte er den württembergischen Herzog in Stuttgart um eine Lebensstellung – man möchte sagen: Lebensrettung – gebeten, um eine Professur etwa, doch sei er auch zu politischem Dienst bereit. Die sehr einflußreiche

Kirchenbehörde aber, das Konsistorium, verweigerte strikt die Zustimmung, die der Herzog schon geben wollte. Kepler sei calvinistischer Neigungen verdächtig, habe die Konkordienformel niemals unterschrieben und leugne die Allgegenwart des Leibes Christi beim Abendmahl. Ein solcher Mann könne nicht »Bruder in Christo« genannt werden. Auch Mästlin, sein immer noch hochgeschätzter Lehrer in Tübingen, konnte (oder wollte?) daran nichts ändern. Ein für allemal war Kepler beruflich die Rückkehr in seine protestantische Heimat versperrt, in der sich eine überspannte, ja fanatische Glaubensklauberei breitgemacht hatte.

Im Oberösterreichischen aber hatten sich Freunde für Kepler interessiert. Sie waren bereit, ihm in Linz eine Position zu verschaffen. Kepler fuhr hin, besprach mit den dortigen Ständen das Notwendigste und unterzeichnete am 11. Juni 1611 die Verpflichtung, als Landschaftsmathematiker tätig zu werden. Linz schien ihm auch deshalb für den weiteren Lebensweg der Familie geeignet, weil dort seine kranke Frau Barbara sicher eine angenehmere, friedlichere und heimatnähere Atmosphäre antreffen würde. Prag war für sie immer eine ungesunde, aufrührende, mit Lärm und Gehässigkeit erfüllte Stadt, in der sie sich niemals wohl gefühlt hatte.

Die Sorge um Barbara war vergebens. Nach seiner Rückkehr fand Kepler in Prag nur noch ein menschliches Wrack vor. Barbaras Tage waren gezählt.

Der Zusammenbruch der Familie Kepler hatte schon Ende 1610 begonnen, als sich bei Frau Barbara epileptische Anfälle einstellten. Eine scheinbare Besserung wurde zunichte, als im Jänner 1611 die drei Kinder an den Pocken erkrankten. Als der sechsjährige Friedrich starb – die beiden anderen überlebten –, begann sich Frau Barbaras Geist zu verwirren.

»Niedergedrückt von den Greueltaten der Soldaten und den blutigen Kämpfen in der Stadt, aufgezehrt von Hoffnungslosigkeit wegen der unsicheren Zukunft und einer unstillbaren Trauer um den gestorbenen Liebling, wurde sie am Ende vom ungarischen Fleckfieber befallen, ein Opfer ihrer Barmherzigkeit, da sie vom Besuch der Kranken nicht abzubringen war. In trübsinnigem Verzagen, dem traurigsten Zustand ihres Gemüts unter der Sonne, hauchte sie ihre Seele aus.« Dies waren Keplers Worte noch ein dreiviertel Jahr nach dem Tode seiner Frau.

Beim Begräbnis zeigte sich, daß Frau Barbara trotz übelstem Klatsch doch großes Ansehen genoß. Ihr Hinscheiden wurde von einer großen Menschenmenge betrauert. In derselben Nacht noch begann der Witwer mit einer Erinnerungsschrift über die Verblichene und das Söhnlein Friedrich, ihren besonderen Liebling, mit dem sie nun im Jenseits vereint war. Eines der Keplerschen Gedichte, das Barbara besonders gefallen

Keplers Handschrift aus dem Unglücksjahr 1611.
In Übersetzung aus dem Lateinischen:

Flach auf den Rücken gestreckt
fällt keiner vom Rasen der Erde.
O, was ihr Menschen euch quält
in all den nichtigen Dingen!
Johannes Keplerus, seiner Kaiserl. Majestät
Rudolphs II. Mathematicus
geschrieben in Linz Mitte Juni
Anno Christi
1611.

(Original im Londoner Britischen Museum.)

hatte, setzte er zu ihrer Erinnerung in deutscher und lateinischer Sprache hinzu. Die letzte Strophe, schon ganz auf den Übergang ins Jenseits bezogen, lautet:

> »Ach Mensch, jetzt lebst ein stäten Todt,
> Zum wahren Leben sterbens noth
> Tut nur den anfang bringen.
> Auff einmahl wirst du wie ein Korn
> Zum ewigen Leben neu geborn.
> Durch Christum mag's gelingen.«

In einem anderen Schreiben, das aber nicht an einen bestimmten Adressaten gerichtet war, sondern zu den privaten Selbstbekenntnissen Keplers zu rechnen ist, legte er Rechenschaft ab über sein Verhältnis zu Frau Barbara. Wir berichteten, daß er mit 26 Jahren in Graz über seine Entwicklungsjahre eine schriftliche Beichte für sich selber niedergeschrieben hatte. Der 39jährige nahm wiederum zu dieser Form der Bewältigung bohrender Gewissensfragen seine Zuflucht. Er offenbarte so rührend aufrichtig und selbstkritisch wesentliche Teile seiner Persönlichkeit und der damaligen Lebensumstände, daß auszugsweise hier einiges wiedergegeben werden soll.

Kepler bedauerte zunächst, daß es »schimpflich gelautet« habe, wenn seine Frau eine Sternseherin genannt worden sei. Auch ihn selber habe diese Verspottung sehr geschmerzt, doch habe er ein übriges getan und sich spaßig selber einen Sternseher genannt. Damit sei »der Spott der Burschen« gestillt worden. Und was man hinter seinem Rücken gesprochen, habe ihm nicht wehe tun können.

Frau Barbara war empfindlicher und leicht zu kränken. »Wenn der liebe Gott meiner herzliebsten Hausfrau selig beständigere Gesundheit des Leibes und Gemüts und mir bessere Einkünfte beschert hätte, wollte ich einmal den gesehen haben, der ihre Ehre durch mein Sternsehen hätte herabsetzen können.«

Und weiter schrieb Kepler: »Fürs andere merke ich, daß man mir zutraut, ich hab mein Weib übel gehalten, sie mit hochsinnigen Dingen gepeinigt. Ein nichtswerter Mensch muß es sein, der mir nachsagt, daß ich die ganze Zeit unserer ehelichen Beziehung sie nur mit einigen Schmachworten zu ihrer Beleidigung angetastet oder daß auch sie einigen Menschen über meine Untreue geklagt habe. Dessen bin ich in meinem Gewissen und bei allen Bekannten versichert, daß sie mich allezeit gerühmt, es treuherzig und gut mit ihr gemeint zu haben, ihr alle mögliche Ehre angedeihen lasse, sie herzlich liebe.« (Was muß es da für böswillige Klatschmäuler gegeben haben!)

»Was aber Gott getan«, fuhr Kepler fort, »der verhängt hat, daß meine Besoldung mir versagt gewesen und daß sie ständig krank und mit

Melancholie beladen war, weswegen sie immer verzagen wollte an meinem Restgeld und mir doch nicht gestattete, daß ich ihr Hauptvermögen angreife, ja nicht einen einzigen Becher solle versetzen lassen, sie selbst aber nicht die Hand an ihr geringes Schatzgeldlein legen wollte, als würd' sie darüber an den Bettelstab kommen – da kann ich nicht leugnen, daß ich nicht allein mein Leid an ihrer vergeblichen Sparsamkeit gesehen, sondern auch oft sei verursacht worden, sie wegen ihrer Unvernunft mit zornigen Worten zu strafen. Und weil sie ständiger Krankheit halber von ihrem Gedächtnis gekommen, hab ich ihr mit viel Anmahnungen und Erinnerungen viel Überdruß angetan, denn sie hat wollen ungemeistert sein und hat es doch nicht allwegs verstanden. Oft hab ichs weniger verstanden denn sie, und bin aus Unwissenheit auf meinem Streit beharrt. Summa ist sie zorniger Art gewesen ... da hab ich mich hingegen zum Streit aufbringen lassen und sie gereizt. Ist mir leid. Hab mich wegen meines Studierens nicht allwegs besonnen, hab aber an ihr Lehrgeld gegeben und gelernt, Geduld zu haben. Wenn ich gesehen, daß es ihr zu Herzen geht und nicht ein Zorn dabei war, hätt ich mich eher in einen Finger gebissen, denn daß ich sie sollte weiter beleidigt haben. ... Es hat wohl viel Beißens und Zürnens gesetzt, ist aber nie zu einer Feindschaft kommen. Keines hat das andere hoch verklagt. Wir haben zu beiden Teilen wohl gewußt, wie unsere Herzen gegeneinander seien.«

Das war gewiß keine glückliche Ehe, wie übrigens von Anfang an feststand. Für Keplers Arbeiten hatte Frau Barbara kein Verständnis. Und die bösen Nachbarn müssen ihr in gehässiger Weise zugesetzt haben. Hieß es doch, Kepler habe sie mit »hohen Religionssachen oder gar mit calvinischen Irrtümern von der Vorsehung Gottes in ihre Melancholie und ihre kläglichen Gedanken getrieben«.

Dagegen verteidigte sich der Ehemann: »Mein Weib hat von meinen Disputationen nicht ein Wort jemals gewußt, gehört oder gelesen. Ich habe auch nie in meinem Haus auf deutsch disputiert, daß sie es hätte anhören können. Zu keiner Geschichte hat sie Lust gehabt, geschweige zu einer Streitschrift. Nur in Gebetbüchern ist sie Tag und Nacht gesteckt und hat sie nicht nur von Andacht, sondern auch von Lust wegen gelesen. Wer weiß, ob nicht der Verdacht gegen mich durch die Prediger oder ihre vorwitzigen Weiber, die immer alles wissen müssen, verursacht worden.«

Dann machte Kepler sich seinem Ärger über die Prediger Luft. Zu hoch fahren sie ihm auf der Kanzel, erweckten zu viel Disput, brächten neue Sachen auf, bezichtigten einander fälschlich, hetzten die Gemüter der Fürsten gegeneinander und deuteten den Päpstlichen viele Dinge gar zu böse.

Wieder zeigt sich das Bemühen Keplers, zwischen den Konfessionen eine ausgleichende Position zu beziehen.

Rudolf II. starb am 20. Jänner 1612. Er war Kepler 2333 Gulden (= 2000 Taler) schuldig geblieben. Des Mathematikers Aufenthalt in Prag war damit beendet. Die fruchtbarste Periode seines Schaffens, die vielen Freunde und Gegner, die arbeitsreichen Nächte daheim, die Audienzen beim Kaiser auf der alles überragenden Burg Hradschin, wo das Herz des damaligen Deutschen Reiches geschlagen hatte, die glanzvollen gesellschaftlichen Ereignisse – alles vorbei. Die Provinz wartete auf ihn.

Der Weg dorthin führte zunächst nach Kunstadt in Mähren. Kepler kannte es aus dem Jahre 1606. Kaum hatte er damals die Arbeiten an der »Neuen Astronomie« abgeschlossen, war in Prag die Pest ausgebrochen. Kepler und die Seinen waren vorübergehend nach Kunstadt geflohen. Dort lebte, wie er sich jetzt erinnerte, die Witwe Pauritsch. Bei ihr konnten zunächst die beiden Kinder untergebracht werden: Susanna (9 Jahre) und Ludwig (4 Jahre). Nur diese beiden waren von den fünf Kindern aus der Ehe mit Frau Barbara am Leben geblieben. Die Stieftochter, »Regerl« genannt, hatte schon 1608 Philipp Ehem geheiratet, den Geschäftsträger des Kurfürsten Friedrichs IV. von der Pfalz, der am Prager Hof seinen Dienst versah. Die »Regerl« gehörte nicht mehr zu Keplers Haushalt.

Es zahlte sich jetzt aus, daß er durch seine Schriften und Bücher, vor allem durch sein freundliches Entgegenkommen und seine Stellung bei Hofe über zwölf Jahre hinweg ein gewisses Ansehen genoß. Kaiser Matthias, zu dessen Thronbesteigung Kepler ein Gedicht verfaßt hatte, bestätigte ihn als Hofmathematicus und verlangte auch nicht seine ständige Anwesenheit in Prag. Er willigte offiziell ein, daß Kepler nunmehr in Linz seine Arbeiten fortsetzen sollte, zu denen ja immer noch das riesige Tabellenwerk die »Rudolphinischen Tafeln« gehörte. Der Kaiser versprach eine bescheidene jährliche Vergütung samt 60 Gulden an Wohnungs- und Holzgeld. Hinzu trat eine Entlohnung der Stände des Erzherzogtums Österreich »ob der Enns«.

5. Kummer und Freuden in Linz

Der graue Schleier, der sich über Keplers Schicksal gebreitet hatte, ist in den 14 Jahren seines Linzer Aufenthalts kaum jemals ganz gewichen. Der Witwer wußte ja schon aus seiner Grazer Zeit, wie schwer es ihm fallen werde, die heranwachsende Jugend in die Geheimnisse der höheren Mathematik einzuführen. Auch die Anfertigung von Landkarten Österreichs, der Steiermark und Kärntens, die in Linz von ihm erwartet wurde, begeisterte ihn nicht, ganz zu schweigen von den dazu nötigen Vermessungsarbeiten bei Wind und Wetter.

Dennoch machte er sich daran, die in ihn gesetzten Erwartungen zu erfüllen. Dabei half ihm ein Ingenieur namens Abraham Holzwurm. Was diese beiden vermaßen und zeichneten, war allerdings ungenau. Es fehlte jede innere Anteilnahme an dieser Beschäftigung, mit der Kepler gewohnt war, sich in seine Arbeiten zu versenken.

Es fehlte auch das Vertrauen der Bauern ringsum in die unerfindlichen Tätigkeiten eines Fremdlings, der wie ein Professor aussah und sich in verdächtiger Weise auf den Feldern zu schaffen machte. »Da ich den wässern nachgangen und auff ungewonliche pfäde kommen, hab Ich vil Zuredstellungen und dräuliche anstöss von unerfahrnen groben argwönischen baurn erleiden müessen.« Sie standen sprachlos da, wenn er sich bei ihnen nach dieser oder jener Grenzziehung oder auch nur nach dem weiteren Verlauf eines Baches erkundigen wollte. Sie wiesen ihn auch mit harten Worten ab, war es doch klar, daß dieser Mann nicht zu ihnen gehörte, denn er wußte über nichts in der Landschaft Bescheid. Wurden hier politische Umtriebe vorbereitet? Woher hatte der Mensch den vierrädrigen Wagen mit Kutscher und zwei Pferden?

In den kleinen Städten war Kepler etwas besser dran. »Ich habe mich an jedem Ort, da es eine Kirche, einen Mesner und Eigentümer hat, einen Tag versäumt, bis ich die Kirche besehen, einen erfahrenen Inwohner gefunden, ihn um die Einzelheiten der umliegenden Orte genugsam ausgefragt. Keiner hat mir etwas vergebens getan, sondern solange Antwort gegeben, als er zu trinken gehabt oder sonst nicht unwillig geworden ist.«

Man würde dies heute für eine detektivische Arbeit halten, wie Kepler in den Wirtshäusern etwas zu erfahren trachtete. Er selbst war, wie bekannt, einem guten Tropfen Wein sehr zugetan. Es ist also nicht schwer, sich vorzustellen, wie der Mathematicus des Kaisers die Zunge seiner Gesprächspartner löste, selber dabei mit etwas unsicherer Hand seine Blätter beschrieb und Zeichnungen anzufertigen versuchte. Nur war diese Art der Landvermessung nicht ohne Spesen durchzuführen. So entschlossen sich die Stände 1614, ihm als Unkosten für die Landkarte 50 Gulden extra zu vergüten.

Die Kinder waren inzwischen 26 Kilometer südwestlich von Linz, in Wels, untergebracht worden. Er selber fand in Linz eine Unterkunft (später Rathausgasse 5). Dort fühlte er sich an seinem Arbeitstisch doch offensichtlich wohler als draußen in Wald und Flur. Er begann mit den Vorarbeiten zu seinem nächsten großen Werk, dem Lehrbuch der Kopernikanischen Astronomie, auf das wir noch zurückkommen.

Gleichzeitig mußte er seine Erkenntnisse über das Geburtsjahr Christi aus dem Jahre 1606 in einem neuen Buch verteidigen (gedruckt 1613). Denn was er seinerzeit geschrieben hatte, war von seinem Widersacher Röslin angegriffen worden. Dieser hatte Kepler in einer Protestschrift nicht weniger als 160mal sehr kritisch erwähnt und zu widerlegen versucht.

Keplers Verteidigungsschrift kam in Straßburg heraus, wo der Humanist Matthias Bernegger den Druck überwachte. Kepler hatte ihn am 17. Juli 1612 in Linz kennengelernt, als Bernegger auf der Durchreise dort Station gemacht hatte. Er fand in ihm einen Freund für sein weiteres Leben. Zwar trafen sich die beiden später niemals mehr persönlich – Straßburg ist von Linz in Luftlinie 500 Kilometer entfernt –, aber ihr Briefwechsel, der einen großen Umfang annahm, zeigte, wie sehr sie sich verstanden und zu gegenseitiger Unterstützung bereit waren. Bernegger stammte aus Hallstatt in Österreich und wurde in Straßburg Professor für Geschichte.

Drei besondere Ereignisse sind nun aus den ersten Linzer Jahren hervorzuheben: der Entzug des Abendmahls, der Kepler in die Rolle eines Ketzers versetzte, seine neue Verheiratung nach gründlicher Auswahl unter elf Jungfrauen und Witwen, schließlich der Prozeß gegen seine Mutter, die als Hexe verbrannt werden sollte.

Luther hatte verkündet, daß beim Abendmahl nicht nur der Geist Christi zugegen sei, sondern auch der Leib. Andererseits war in der Bibel festgelegt, daß Christus »zur Rechten Gottes« sitze. Hieraus ergab sich ein Streit, der mit Verbissenheit und Unduldsamkeit geführt wurde. War es möglich, daß der Leib Christi überall dort anwesend sein konnte, wo ein Abendmahl gereicht wurde? Kepler hielt diese Ubiquität (Allgegenwart) für abwegig und unterschrieb daher auch nicht die sogenannte Konkordienformel aus dem Jahre 1577, in der die Ubiquitätslehre enthalten war. Er hielt sich »auff das allen Laien gegebene Gebot Christi: Tut dies zu meinem Andenken . . .«, nämlich die Darreichung von Wein und Brot im Abendmahl.

Das »Augsburger Bekenntnis«, von Melanchthon 1530 verfaßt, gehört zu den Bekenntnisschriften des Luthertums. Hierzu bekannte sich Kepler als Protestant . . . mit zwei Abweichungen. Sie wogen allerdings damals sehr schwer. Die lediglich geistige (symbolische) Anwesenheit Christi im Abendmahl hatte der Schweizer Reformator Calvin (1509–1564) verkündet. Sein Landsmann Zwingli (1484–1531) stimmte darin mit ihm überein. Der Calvinismus trat ferner – trotz Gnadenwahl der Auserwählten – für Freiheit und Selbstverantwortlichkeit des einzelnen ein, während im Luthertum die göttliche Vorherbestimmung (Gnadenwahl oder Prädestination) betont wurde.

Kepler sah in Katholizismus, Luthertum und Calvinismus keine unversöhnlichen Feinde. Er hatte die Glaubensrichtungen von Jugend an bis in die letzten Winkel ihrer Forderungen studiert und sich zu etwa folgendem entschlossen:

Mein Grundbekenntnis ist das Luthertum (Augsburger Bekenntnis), doch halte ich für vernünftig, was bei Calvin und Zwingli u. a. zu finden ist, nämlich die nur symbolische Anwesenheit Christi im Abendmahl und zweitens das Eintreten für eine Willens- und Handlungsfreiheit des einzelnen. Dies entsprach seiner modernen, sogar übermodernen Grundauffassung, nicht mit dem Oberbegriff auch gleich alle Einzelheiten anzuerkennen, sondern beim Gegner etwa vorhandenes Vernünftiges aufzuspüren und zu bejahen . . . eine Kunst, die auch heute noch im öffentlichen Leben nicht von allen beherrscht wird.

Keplers weitgestreuter Glaubensbereich entsprach zwar seiner Überzeugung als Christenmensch und war aller Ehren wert, doch mußte seine liberale Auffassung damals nicht nur als ärgerlich, sondern auch als ketzerisch empfunden werden. So kam es denn, daß der Prediger Daniel Hitzler, Inspektor der Landschaftsschule und Superintendent der evangelischen Kirchengemeinde von Linz, ihn aus der Kirche wies, als Kepler 1612 am Abendmahl teilnehmen wollte.

Dies war nicht nur eben eine Privatangelegenheit. Das Ansehen des Kaiserlichen Mathematikers stand bei den Protestanten auf dem Spiel. Die Katholischen sahen das anders. Von jesuitischer Seite bemühte sich Paul Guldin, Mathematikprofessor in Wien, Kepler zum Katholizismus herüberzuziehen. Doch dieser war, wie bekannt, in Glaubensfragen nicht beeinflußbar.

Seine Empörung gegenüber Hitzler, der wie Kepler aus dem Tübinger Stift hervorgegangen war, trieb ihn dazu, an das Konsistorium in Stuttgart zu schreiben, Hitzler müsse veranlaßt werden, sein Verbot zurückzunehmen.

Und wieder mußte Kepler eine böse Enttäuschung einstecken. Das Konsistorium in seiner alten Heimat, das kürzlich erst gegen ihn stimmte, als er dort auf eine Anstellung gehofft hatte, zeigte sich dem »verschlagenen Calvinisten« gegenüber von seiner unerbittlichsten Seite. Er solle gefälligst seine Astronomie betreiben und sich nicht in religiöse Fragen einmischen. Selbst wenn er an Scharfsinnigkeit Plato und Aristoteles, Ptolemäus und Kopernikus überlegen sein sollte, so begreife er doch nicht die Mysterien der Heiligen Schriften. Somit sei er ein Ketzer und ein krankes Schaf, das Herr Hitzler mit Recht nicht unter seinen anderen Schäflein auf die Weide und zur Tränke führen könne.

Kepler schrieb zurück – einmal und noch einmal –, aber das Konsistorium in seiner württembergischen Heimat hielt die Exkommunikation für angebracht und verpflichtete auch andere Prediger, den ketzerischen Kepler vom Altar fernzuhalten. Nicht alle hielten sich daran.

Der Glaubensstreit zwischen den ultraorthodoxen Protestanten in Württemberg und dem »abtrünnigen« Mathematicus in Linz dauerte bis zu dessen Tod. Noch 1616 schrieb er an Mästlin: »Es steht mir nicht zu, in Gewissenssachen zu heucheln. Ich bin bereit zu unterschreiben, wenn man meine Vorbehalte zuläßt. An dem Theologengezänk will ich mich nicht beteiligen. Ich werde über die Brüder nicht richten, denn ob sie nun stehen oder fallen, sie sind meine Brüder im Herrn. Da ich nicht Kirchenlehrer bin, steht es mir besser an, zu entschuldigen und Gutes zu denken, als anzuklagen, zu schmähen und zu verdrehen.«

Kepler meinte dies wörtlich. Als später im Zuge der weiterschreitenden Rekatholisierung des Landes Hitzler gefangengenommen wurde, setzte sich vor allem der exkommunizierte Kepler für ihn ein: . . . »Ich halte mich zu allen einfältigen Christen in Gemeinschaft, sie heißen wie sie wölln mit dem Christlichen band der Liebe, bin feind aller Mißdeutung, rede das beste was ich kan . . . Mein Gewissen sagt mir, daß man auch dem feind nicht unrecht thun, sondern jhn lieben, und die ursachen zu weitterer trennung nicht vermehren helffen solle.«

Das damals von Kepler vorgelebte praktische Christentum hätte, wäre es Allgemeingut gewesen, die Greuel eines Glaubenskrieges verhindern können, der 30 Jahre lang mit Brand und Tod die deutschen Lande verwüstete. Der Christenmensch Kepler aber stand fast allein mit dieser Toleranz – seiner Zeit um Jahrhunderte voraus.

Bald nachdem er in Linz seßhaft geworden war, wollte Kepler – entschiedener noch als in Prag – die Frage lösen, was nun aus den beiden Kindern werden sollte. Sie brauchten eine Mutter. Es mußte wieder eine

Familie zustande kommen. Immer noch galt seine Überzeugung, die er in Graz niedergeschrieben hatte: »Das Heiraten gehört zu den Sitten deutscher Gelehrter.«

Da seine Geldheirat mit Frau Barbara ein schmerzlicher Fehlgriff gewesen war, galt es jetzt, besonders vorsichtig zu sein. An die Stelle der Geldheirat sollte eine Liebesheirat treten, doch wollte der Kaiserliche Mathematicus auch die Vernunft nach besten Kräften zu Wort kommen lassen. Er ging also wissenschaftlich vor. Nach dem Ausleseprinzip mußte ja wegen Aussonderung dieser oder jener ungeeigneten Kandidatin schließlich die geeignetste übrig bleiben.

Man mag dieses Vorgehen heute für pedantisch halten, vielleicht auch für entwürdigend, denn eine Braut ist ja kein Ballen Stoff, den man aus mehreren auswählt. Aber Kepler hatte unter dem Unverständnis der armen Frau Barbara schwer gelitten. Und er war nun auch mit 40 Jahren nicht mehr der Jüngste, um etwa frisch drauflos heiraten zu können. Es kommt für unser heutiges Verständnis noch hinzu, daß damals selbstverständlich ein geeignet erscheinendes Mädchen nicht etwa nach ihrer Zustimmung gefragt wurde. Vielmehr war es Sitte, daß die Eltern ihre Tochter einem Manne zur Frau gaben, den die Eltern ausgesucht oder doch wenigstens für geeignet befunden hatten. Die Tochter besaß meist nicht einmal das Mitspracherecht.

Es ist immer wieder erstaunlich, wie Kepler seine intimsten Beobachtungen und Erkenntnisse nicht anders verarbeiten konnte als schriftlich. So brachte er denn auch ausführlich zu Papier, wie er eine neue Braut gesucht und was sich dabei im einzelnen abgespielt habe.

Ohne Keplers Intimsphäre vollends aufzublättern, darf doch in Umrissen geschildert werden, was damals unter seiner »Brautschau« zu verstehen war. Der Ausdruck hat nichts Unehrenhaftes und wird heute noch gelegentlich gebraucht.

Die erste und zweite Kandidatin seiner engeren Wahl hatte Kepler noch in Prag kennengelernt. »Was könnte vernünftiger sein«, notiert er, »als daß ich als Philosoph, der den Gipfel der Mannesjahre überschritten hat und sich deren Ende nähert, bei gedämpften Leidenschaften, von schlaffem Körper, von Natur trocken – eine Witwe heirate!« Diese war schon von Frau Barbara »nicht undeutlich empfohlen‟ worden.

Doch die Witwe zögerte, entschuldigte sich schließlich in aller Form und stellte Kepler ihre beiden Töchter vor. Eine davon kam in Frage. Über sie gab es jedoch »ungünstige Vorzeichen, wenn Verletzung der Ehrbarkeit als solche gelten kann«. Zwar preist Kepler das Aussehen und das angenehme Gesicht, und ihre Erziehung sei glänzender gewesen, als für ihn notwendig, auch sei sie mit sinnlichen Genüssen über alle Maßen genährt worden, doch sei das Alter für häusliche Sorgen bei diesem

Mädchen noch nicht erreicht. Die Mutter hielt denn auch die Tochter für zu jung. Die Sache zerschlug sich. Kepler reiste aus Prag ab.

Die dritte soll die Witwe Pauritsch in Kunstadt gewesen sein, von der die Keplerkinder schon einmal betreut worden waren. »Hier wurde mir die Seele warm«, lesen wir in Keplers Brautschau-Analyse. »Sie gefiel mir, und sie war erzogen, wie es mir nur recht sein konnte.« Doch da gab es ein Hindernis: Sie hatte vor Jahresfrist einem anderen die Treue gelobt. Kepler respektierte das.

Von den Jungfrauen in und um Linz war die erste Kandidatin (Keplers vierter Versuch) ein Mädchen, das sich »durch Schönheit und der Mutter Ansehen hinreichend empfahl«. Kepler stellte ferner fest: »Wegen des hohen Wuchses und athletischen Körpers hing ich an ihr und wäre zu einem Abschluß gekommen, wenn nicht Liebe und Vernunft mir inzwischen eine fünfte aufgedrängt hätten.«

Diese war zwar erst 24 Jahre alt (18 Jahre jünger als der potentielle Bräutigam), aber »sie obsiegte durch Liebe und Treue, Wirtschaftlichkeit, Emsigkeit und die Liebe, die sie auch den Stiefkindern entgegenbrachte«. Ferner nahm Kepler Anteil an ihrer einsamen Stellung als Waisenkind. Es war Susanne Reuttinger, seit dem 12. Lebensjahr erzogen im Waisenhause der Herrin von Eferding, Baronin von Starhemberg, gut 20 Kilometer westlich Linz.

Der brautsuchende Astronom war jetzt unsicher geworden. Er holte Rat ein. Die Frau eines Freundes half dabei. Schon hatte er sich für die vierte so gut wie entschieden, »voll Ärger, daß mir die fünfte entschlüpfte«, da wurde die vierte »meines Zögerns müde und versprach sich einem anderen ... Die Schuld liegt in meinen Gefühlen, die ich durch Zögern, Vergleichen, Abwägen der Gründe für und wider täglich neu entfachte.«

Was nun die fünfte betraf, so beklagte sich Kepler, warum Gott es zugelassen habe, daß im Laufe des Jahres noch weitere sechs Mitbewerberinnen geprüft wurden. Keplers Stieftochter, die »Regerl«, und deren Mann empfahlen ihm nämlich eine sechste. Sie war adelig und »hatte Geld, was verlockte«. Allerdings fehlte es ihr an Jahren. Als adelige Dame stand sie auch im Verdacht des Stolzes. Der Bewerber fürchtete, die Hochzeit könne sehr teuer ausfallen – wie seinerzeit bei Frau Barbara.

Inzwischen hatten weitere Frauen und Männer aus Keplers Bekanntenkreis von der Brautschau Kunde erhalten. Sie wollten alle dem Mathematicus in seiner Bedrängnis helfen und empfahlen ihm die siebente. »Sie hatte ein Angesicht, das sie liebenswert machte«, notierte Kepler. Aber es gab auch warnende Stimmen und Andeutungen verschiedener Art. Kepler sagte nein.

Eine achte Jungfrau wurde wiederum von einem guten Bekannten zur Wahl gestellt. »Schönheit empfahl sie nicht«, schrieb Kepler, »die Mutter war aber ehrbar. Jetzt rächte sich das Schicksal an meinem unruhigen und zweifelnden Sinn und stellte mir in dieser Jungfrau ein Wesen gleicher Unbeständigkeit entgegen.« Bald habe niemand gewußt, ob sie wollte oder nicht. Jedenfalls war da nichts mehr zu erwarten.

»Ich wurde jetzt endlich vorsichtiger. Mit den übrigen – es kommen nämlich noch drei – machte ich es heimlich.« Die neunte kam nur theoretisch in Frage. Wahrscheinlich war sie aus taktischen Gründen (um Eifersucht zu erwecken?) vorgetäuscht worden. Bei der zehnten war »die Ungleichheit des Körpers allzu offenbar: ich schmächtig, saftlos, dünn, sie kurz und fett«.

Beinahe wäre die elfte dann für die fünfte noch eine ernsthafte Konkurrentin geworden. Geld, Vornehmheit, Wirtschaftlichkeit wurden gerühmt, nur am Alter fehlten einige Jahre. Nach vier Monaten entschieden dann die Eltern: das Mädchen ist noch zu jung.

»Im Begriff, nach Regensburg abzureisen«, schrieb Kepler, »kehrte ich zur fünften zurück, erklärte mich und wurde angenommen.«

Susanne Reuttinger war eines Tischlers Tochter. Die Eltern lebten schon lange nicht mehr. Sie war nicht stolz, sie kannte keine Verschwendung, war geduldig und bereit, Fehlendes zu erlernen. Am 30. Oktober 1613 heirateten die Brautleute um zwölf Uhr »in Gegenwart der Gemeinde Eferding«, wie es hieß. Der Bräutigam war soeben erst aus Regensburg zurückgekehrt, wo er auf Geheiß des Kaisers an den Beratungen über die Kalenderreform teilgenommen hatte. Baron und Baronin von Starhemberg ließen im »Goldenen Löwen« ein fürstliches Hochzeitsmahl auftischen.

»Die Hochzeit findet am Tage der Mondfinsternis statt«, hatte Kepler zwölf Tage zuvor an seinen Freund Bernegger geschrieben, »damit sich der astronomische Geist verbirgt, da ich den Tag festlich begehen will.«

Susanne Reuttinger ist dann mindestens siebenmal, wahrscheinlich achtmal Mutter geworden. Und zwar mit großer Regelmäßigkeit alle zwei Jahre: Margarethe Regina 1615; Katharina 1617; Sebald 1619; Cordula 1621; Fridmar 1623; Hildebert 1625; ein nicht mit Namen bekanntes Kind in Regensburg 1627 und Anna Maria in Sagan 1630 in Keplers Todesjahr. Was hatte sich der Familienvater gedacht, als er 1613 schrieb, er nähere sich dem Ende seiner Mannesjahre?

Da auch noch zwei Keplerkinder aus erster Ehe und zwei Kinder des mißratenen Keplerbruders Heinrich in die Familie aufgenommen wurden, hätte es bald an Platz gemangelt. Doch war die Kindersterblichkeit damals erschreckend hoch. Als Johannes Kepler 1630 starb, lebten noch sieben von den sechzehn Kindern. Nur vier haben beide Eltern überlebt: Susanna, das dritte Kind aus erster Ehe, Ludwig, das fünfte Kind aus erster Ehe, auch Cordula, das vierte Kind der zweiten Ehe, und Anna Maria, das letzte

Kind. Die Todesursachen waren meist Pest, Pocken und Schwindsucht (Tuberkulose). Epilepsie trat mehrfach auf.

Wäre noch zu erwähnen, daß die meisten Kinder im Steinernen Saal des Linzer Landhauses, auch im Landhaus eines Predigers, evangelisch getauft wurden – mit einer Ausnahme. Zu Hildeberts Taufe war im April 1625 ein katholischer Geistlicher in Keplers Wohnung gebeten worden. Wieder eine Bestätigung dafür, daß der Astronom kein eingeschworener Feind des Katholizismus war. Außerdem hatte inzwischen eine neue Protestantenverfolgung eingesetzt. Sie ließ wohl kaum eine andere Wahl.

Zu Keplers Hochzeit ist noch ein Nachtrag notwendig. Es hatte im »Goldenen Löwen« einen vorzüglichen Wein vom Faß gegeben, dem der Bräutigam fraglos gut zugesprochen hatte. Bald darauf sah er sich an, wie am Donauufer die Fässer mit dem gutgeratenen Jahrgang des oberösterreichischen Weines ausgeladen und aufgestapelt wurden. Er kostete mit der Zunge des Weinkenners und fand, daß dieser Wein dem Hochzeitswein entsprach. Sogleich bestellte er für seinen neugegründeten Haushalt ein paar Fässer.

Bei der Lieferung »frei Haus« beobachtete er dann, wie der Weinverkäufer mit flinker Hand eine Meßrute durch das Spundloch steckte, schräg abwärts, bis es den inneren Deckelrand unten berührte. Dann las der Händler am Stab eine Markierung ab, und schon stand offensichtlich fest, wieviel Eimer Wein sich in dem Faß befanden.

Das hier beobachtete Verfahren veranlaßte den Gelehrten zu einigen mathematischen Überlegungen. Spielten Form und Größe des Fasses keine Rolle? Bald machte er sich an die Berechnung von krummen Flächen, erfand die Werte, die bei Rotation von Kegelschnitten auftreten, und interessierte sich für das Verhältnis des Bodendeckeldurchmessers zur Länge der gebogenen Bretter für die Wandung des Fasses. Dabei bediente er sich als einer der ersten Mathematiker überhaupt wieder der Infinitesimalrechnung, die schon in seiner »Neuen Astronomie« 1609 zu Wort gekommen war, einschließlich des Integrals. Begriffe, die in der heutigen höheren Mathematik ihre festen Plätze gefunden haben.

Für den einfachen Mann war das natürlich viel zu kompliziert. Wie sollte ihm der Wein noch schmecken, wenn er etwa an das »Integralkalkül« des Faßinhaltes dachte? So ließ Kepler denn dem lateinischen Werk, das die Weinfaßuntersuchungen behandelte (1615), ein in deutsch geschriebenes und allgemeinverständliches Buch folgen (1616): »Auszug aus der uralten Meßkunst Archimedis von der neulich in Latein herausgegebenen Ergänzung, betreffend Rechnung der körperlichen Figuren, hohlen Gefäße und Weinfässer, sonderlich des österreichischen, so unter allen andern den artigsten Schick hat ... Erklärung und Bestätigung der österreichischen

Weinvisier-Ruhthen und deren sonderbaren, ganz leichten und behenden Gebrauch an den Landfässern, Erweiterung dessen auf die ausländischen Fässer, so auch auf das Geschütz und Kugeln . . .« usw.

Der Titel füllte eine ganze Seite und war gleichzeitig eine Inhaltsangabe. Der Autor empfahl sein Buch »allen und jeden Obrigkeiten, Beamten, Kriegsobristen, Handelsleuten, den Münz-, Bau- und Rechenmeistern, den Wein-Visieren, Hauswirten und allen Leuten in und außer Landes, sonderlich den kunst- und antiquitätenliebenden Lesern aufs angenehmste«. (Wie man sieht, war auch die ganze Verkaufswerbung schon im Titel enthalten. Hier zeigt sich eine neue Mathematik vereint mit einem gesunden Erwerbsstreben in liebenswertester Form – am Weinfaß.)

Beide Bücher hatte Kepler – wieder einmal – auf eigene Kosten drucken lassen müssen. Zum ersten Mal war dabei der Buchdrucker Johannes Plank bemüht worden. Kepler hatte ihn aus Erfurt nach Linz geholt, weil es hier noch keinen Drucker gab. Plank ist auch weiterhin mit dem Druck Keplerscher Werke befaßt gewesen. Und es waren nicht gerade wenige.

6. Hexenprozeß gegen Keplers Mutter

Wir haben Keplers Lebensgeschichte in den Rahmen seiner Zeit einzuspannen versucht. Die damaligen Lebensumstände, die Sorgen und Nöte der Mitmenschen wurden ebenso beachtet wie die größeren Zusammenhänge und Zusammenstöße in Politik und Religion. Ein sehr wesentliches, die Keplerzeit besonders prägendes Charakteristikum muß jetzt hinzugefügt werden: der alles beherrschende, menschenverachtende, tödliche Aberglaube. Er erlebte im 16. und 17. Jahrhundert seinen absoluten Höhepunkt.

Hexenwahn und Teufelsglaube suchten ihre Opfer kaum in den Reihen der Fürsten und Adeligen. Der Teufelsspuk und die gnadenlosen Hexenverbrennungen waren hauptsächlich der großen Masse der Bevölkerung vorbehalten: den Bauern, Handwerkern, Händlern, Fuhrleuten, Brauern, Schreibern, Badern, Buchhaltern, Verwaltern, Metallgießern usw., genauer gesagt deren Frauen, Müttern und Töchtern. Auf sie wartete in ungezählten Fällen der Scheiterhaufen. Keplers Mutter in Leonberg war unter den Unglücklichen.

Sosehr die beiden großen Konfessionen auf unterschiedlichen Glaubensprinzipien beharrten, in der Frage der Macht des Teufels und der Notwendigkeit von Hexenverbrennungen waren sie sich über lange Zeit hinweg einig. Teilweise wird versucht, diese finsterste Periode abendländischer Kulturgeschichte zu verdrängen, weil der Wirbelsturm des Wahns, der offenbar von Zeit zu Zeit über die Menschen hereinbricht, »zum Wesen des Menschen gehört« (Koestler). Es bleibt nur noch übrig, das Haupt zu verhüllen.

Um zu verstehen, wie es zu dem sechs Jahre dauernden Hexenprozeß gegen Keplers Mutter Katharina kam und wie schwer es Kepler hatte, seiner Mutter beizustehen, muß ein kurzer Blick in die Geschichte des Hexenglaubens geworfen werden.

Voraus ging ihm der in ältester Zeit aufgekommene, heute noch bei zahlreichen Völkern verbreitete Dämonenglaube.

Wo auch immer sich Feindseliges zeigte, wo Menschen gequält oder getötet wurden, verursachten dies zunächst andere Menschen oder Tiere – jedenfalls die unberechenbaren, aber doch zu erkennenden Lebewesen der

Umwelt. Da lag es nahe, sich auch unbekannte Wesen für solche Schrecknisse vorzustellen, deren Ursachen nicht ohne weiteres zu erkennen waren.

Gewitter und Kometen, Sturmflut und Zwillinge, Erdbeben und Seuchen, Heuschreckenschwärme und Waldbrände, Mißgeburten und Epilepsie, Sonnen- und Mondfinsternisse, Vulkanausbrüche und Regenbogen, Dürreperioden, Steinregen, Giftpilze usw. ließen zunächst keine andere Erklärung zu als eben den Dämonenglauben. Der Mensch hatte sich daran gewöhnt, daß alles, was geschah, auch von jemand verursacht werden müsse.

Auch war in jenen frühen Tagen die Phantasie viel stärker entwickelt, sie war sicher lebensnotwendiger als heute. Eine Gefahr vorauszuahnen, die Phantasie auf das Bevorstehende zu richten, wenn sich eine gefährliche Situation anzubahnen schien, die Möglichkeiten des Geschehensablaufs im voraus auf das Negative hin zu kalkulieren, das war eine über den Instinkt hinausgehende Vorsorge, die über Leben und Tod entscheiden konnte.

Die Phantasie wirkte sich ferner aus, wenn sie z. B. den Ästen von Bäumen in der Dämmerung die Gestalt von »Baumgeistern« verlieh oder die zufällig am Nachthimmel verstreuten Lichtpunkte zu Sternbildern zusammenfügte. Niemand mehr wäre heute ohne die Übernahme der alten Deutungen noch in der Lage, bestimmte Sterngruppierungen als Tiere oder andere Figuren zu erkennen. Unsere Umwelt ist längst perfektioniert, die Phantasie auf dem Rückzug.

Leider ging mit dem Verlust des Instinkts zugunsten des bewußten Vorausschauens und Handelns auch eine Entartung Hand in Hand: Visionen traten auf, der Wunderglaube setzte sich fest, womit die Wurzeln für den Mystizismus schon gelegt waren. Er führte über Medizinmänner, Wahrsagerinnen, Askese und Ekstase, Bewußtseinsverdrängung und Hellsehen zu allerlei Formen des Aberglaubens, bis schließlich der Teufel am Wege stand, eine Ausgeburt menschlicher Angstpsychose.

Daneben schuf man sich gute Geister, deren Hilfe erbeten wurde, oder solcher Geister, die sich durch Opfer – auch Menschenopfer – günstig stimmen ließen, z. B. in Dürrezeiten den Regen herbeizuzaubern.

Es sieht so aus, als sei die Phantasie der orientalischen, vorderasiatischen Völker den europäischen Gruppen um einiges voraus gewesen. Im alten Babylon schon war verbreitet, daß Krankheiten von Dämonen und heimtückischen Weibern herrührten.

Vom Orient und von Ägypten her hielten krasse Formen des Aberglaubens ihren Einzug in Mittelgriechenland. Thessalien war bevorzugt. Die ursprünglich dort ohne Argwohn verehrte Mondgöttin Hekate, vermutlich eine ehemalige Muttergottheit aus Kleinasien, wandelte sich unter den importierten Wahnvorstellungen zu einer Hexengöttin. Spuk und Zauberei wurden ihr angedichtet. Die Empusen und Lamien ständen ihr zur Seite, Dämonen, die besonders auf Sexualität besessen seien. Bald hörte man auch die Schauermär, Hekate ziehe nachts durch die Landschaft, begleitet von einem grausigen Heer der Geister.

In die westeuropäische Welt fand der Hexenwahn Einlaß, als sich im 7. und 8. Jahrhundert n. Chr. die Araber unter der Herrschaft ihrer Kalifen auszubreiten begannen. Die Personifizierung des Satans siedelte sich im Christentum an: ein durch Sünde gefallener und zur Hölle verdammter Engel, der Widersacher Gottes und der Menschen, und zwar leibhaftig. Der Symbolcharakter wurde überhaupt nicht beachtet.

Zwar wissen wir heute noch lange nicht alle Erscheinungen dieser Welt auf wissenschaftliche Weise zu deuten, aber Dämonen sind nicht mehr gefragt, und der Hexenspuk liegt (hoffentlich) in den letzten Zuckungen. Jedenfalls ist er für einen vernünftigen Menschen ohne Bedeutung.

Im Mittelalter aber lagen die Dinge anders. Wir müssen uns eine Welt vorstellen, in der die Geister sowohl wie die Gottheit den Menschen beherrschen, sein Wohl und Wehe bestimmen, seine Handlungen in die Wege leiten, auch sein Sinnen und Trachten in der Hand halten. Teufel gegen Gott – Gott gegen die Teufel, alles wurde in den Menschen ausgetragen. Es gab »Besessene«, Ausräucherungen und Auspeitschungen, Folter und Hexenverbrennungen.

Sie waren zunächst auf Widerstand gestoßen. Geistliche Würdenträger verurteilten im frühesten Mittelalter die Teufelspakte als eine böse, heidnische Erfindung. Karl der Große setzte es 785 n. Chr. auf der Synode von Paderborn durch, daß jeder mit dem Tode zu bestrafen sei, der – vom Teufel verblendet – an Hexen glaube, sie verfolge oder verbrenne. Erzbischof Agobard von Lyon und Bischof Burchard von Worms wandten sich besonders gegen die Hexenjäger, deren heidnisches Treiben sie auf das schärfste ablehnten.

Die Abkehr von der infernalischen Grausamkeit, dem Verbrennen lebendiger Menschen, ist auch in der Folgezeit niemals ganz erlahmt. So rettete der Kölner Arzt und Philosoph Agrippa von Nettesheim (1486–1535) in der Stadt Metz eine Bäuerin vom Verbrennungstod. Sie war schon gefoltert worden und hatte erwartungsgemäß alles »gestanden«. Nettesheim aber erhob Gegenklage. Der Inquisitor sei mit dem Teufel im Bunde und nicht die Bäuerin, behauptete er. So merkwürdig es klingt – er hatte damit Erfolg.

Auch König Jakob I. von England, dem Kepler 1619 sein großes Linzer Werk widmete, die »Weltharmonik«, hatte im Jahre 1597 Schriften verfaßt, in denen er sich gegen Hexen, Teufelsbündnisse und Satansaustreibungen wandte. Leider lag es im Zuge der Zeit, daß solche Warnungen, daß dieses Händeringen nach Mäßigung und Vernunft auf keinen fruchtbaren Boden fielen. Die Sucht nach dem Phantastischen, Übersinnlichen, Unergründlichen war stärker, als etwa vernünftige Überlegungen, Sachkunde und Logik. Dies gilt in gewisser Weise auch heute noch.

Zurück zum Jahr 1000. Es sollte den Weltuntergang bringen oder auch das Himmelreich auf Erden. Da beides nicht eintraf, vielmehr Seuchen, Mißernten und Überschwemmungen den geplagten Erdenbürgern weiterhin zu schaffen machten, griffen die Enttäuschten immer mehr zum Hexenglauben, suchten Schuldige für die Unbill des Daseins. Die »Schwarze Magie« griff um sich. Das Jüngste Gericht war offensichtlich nur verschoben. Die Angstpsychose steigerte sich. »Gottesgerichte« wurden abgehalten. Wer, wegen Teufelsverdachts ins Wasser geworfen, nicht unterging und nicht ertrank, war auch schuldig. Schwimmende Frauen und Mädchen waren vom Teufel »leicht gemacht worden«. Die als Hexe »überführte« Agnes Bernauer, Ehefrau Herzog Albrechts III. von Bayern, mußte, da der gefesselte Körper von der Strömung ans Ufer getrieben wurde, mit Gewalt unter Wasser gedrückt werden, damit sie ertrank. Anders wäre man ja ihrer Zauberkünste nicht Herr geworden.

Und weiters: »Augenzeugen« berichteten im 11. Jahrhundert, der Teufel sei auf einem Pferd dahergeritten und habe eine Hexe leibhaftig entführt. Andere hatten beobachtet, wie zwei Hexen an der Landstraße standen, um ein Stück Weges mitgenommen zu werden. Sie hätten aber die Männer, die mit dem Wagen anhielten, in Pferde und Maulesel verwandelt und beim nächsten Bauern verkauft.

Dergleichen Schauergeschichten machten überall die Runde. Der nächste Schritt war die Behauptung, Hexen würden unerkannt mitten unter der Dorfbevölkerung leben, nächtens mit Buhlteufeln Unzucht treiben, auf Besen, Heugabeln oder Hunden am 1. Mai zum Hexensabbat davonfliegen, dem Satan den Hintern küssen, Hexenkinder gebären, und so solle allmählich die Herrschaft des Teufels an die Stelle der Christenheit treten. Der ganze Unsinn wurde trotz einiger Gegenstimmen geglaubt. Schon deutete sich allgemein eine Abkehr von der christlichen Lehre an.

Vermutlich war das Anwachsen der Massenpsychose, die nun nicht mehr aufzuhalten war, der Grund, warum 1327 Papst Johannes XXII. das Steuer herumwarf und sich den Hexenglauben zu eigen machte. Es gäbe Menschen, die tatsächlich einen Pakt mit der Hölle geschlossen hätten.

Besonders förderte der Hexenwahn die Bulle des Papstes Innozenz VIII. vom 5. Dezember 1484, die »Hexenbulle«. Wurde früher derjenige gescholten, der an den Hexenspuk glaubte, so galt jetzt jeder für ungläubig, der nicht daran glaubte, »daß Personen beiderlei Geschlechts, ihr eigenes Heil mißachtend, sich mit Buhlteufeln vermählten und mit Hilfe des Teufels schweren Schaden anrichteten«. Die Inquisition wurde angewiesen, die Hexenverfolgung durchzuführen.

Noch hatte der abergläubische Wahnwitz seinen Höhepunkt nicht erreicht. Gegen die päpstliche Bulle meldete sich Widerstand. Daher beklagten sich die beiden deutschen Hauptinquisitoren des Papstes, Heinrich Krämer, genannt Institoris, und Ordensbruder Jakob Sprenger, Professor der Theologie, über zu geringe Einkünfte. Nicht überall sei die gewünschte Anzahl von Hexen aufzutreiben, deren Hab und Gut der Inquisition anheimfiel. Gegen Institoris lag auch schon ein Haftbefehl vor, weil er Ablaßgelder unterschlagen hatte. Er setzte sich dadurch zur Wehr, daß er gemeinsam mit Professor Sprenger ein notarielles Dokument im Sinne der Hexenverfolgung fälschte.

Diese beiden Galgenvögel stellten 1486 in Straßburg auf der Grundlage der Hexenbulle den »Hexenhammer« zusammen, eine Art Hexenprozeßordnung. Hierin war beschrieben, welche »Verzauberungen« den Hexen vorzuwerfen seien, wie sie verfolgt werden müßten (ein bloßes Gerücht genügte für die Anklage), die verschiedenen Stufen der Folterungen waren behandelt, und als Urteil war selbstverständlich die Verbrennung vorgesehen. Hier feierte die sadistische Grausamkeit ihre Triumphe.

Frauen waren besonders verdächtig, mit dem Teufel im Bunde zu stehen, weil dieser als männliches Wesen einen Partner abgeben konnte. Die aus dem Orient übernommene Mißachtung der Frau machte sich ebenfalls bemerkbar. Sie geht auf Hammurabi zurück, den König im alten Babylon, der 1793 bis 1750 vor Christi Geburt lebte. Er verbannte die Frauen aus der allgemeinen Gesellschaft.

Sexuelle Widerwärtigkeiten hoben den »Hexenhammer« über alles hinaus, was sich bisher eine schmutzige Phantasie hatte ausdenken können.

Auf derselben Linie lagen andere Schriften, wie die des Magiers Trithenius, der dem Kurfürsten von Brandenburg die Notwendigkeit der Hexenverbrennung »nachweisen« wollte. Die Erfindung der Buchdruckerkunst (um 1445), eine der segensreichsten Einrichtungen in der Geschichte der Menschheit, wurde sofort mißbraucht, um den Aberglauben noch weiter in der Bevölkerung zu verbreiten.

Das ganze Unheil ist nicht in allen Landesteilen mit derselben Scheußlichkeit aufgetreten. In Köln z. B. wurden unter den Geistlichen erhebliche Bedenken laut. Sie richteten sich vor allem gegen den Initiator Professor Sprenger. Aber auch in Trier und andernorts sträubten sich einige Tapfere, die erwünschte Anzahl von Hexen zum Verbrennen aufzutreiben.

Doch der »Hexenhammer« war weit verbreitet und eine gefragte Lektüre für jeden, der etwas Aufregendes lesen wollte, falls er des Lesens kundig war. Das Buch wurde 1487–1520 nicht weniger als dreizehnmal nachgedruckt und erlebte zwischen 1574 (Kepler war drei Jahre alt) und

Ein erschröckliche geschicht/ so zu Derneburg in der Graff-
schafft Reinstepn am Hartz gelegen von drepen Zauberin vnnd zwapen
Mannen/ In etlichen tagen des Monats Octobris Im 1 5 5 5. Jare ergangen ist.

Wenige Jahre vor Keplers Geburt begannen sich die Hexenverbrennungen zu häufen. Auch
Keplers Mutter wäre auf dem Scheiterhaufen geendet, hätte sich nicht ihr Sohn, der
Kaiserliche Mathematicus, über Jahre hinweg mit Entschiedenheit und Aufopferung für
die alte Frau eingesetzt.

1669 sogar 16 Neuauflagen. Damit ging eine neue Welle des Hexenwahns in der Keplerzeit einher.

Als 1612 Kepler von Prag nach Linz übersiedelte, erschien eine besonders schauerliche, aber ernstgemeinte Schrift des französischen Hexenjägers Pierre de Lancre »Wunderliche Geheimnisse der Zauberei«. Lancre war im Auftrage Heinrichs IV. (1553–1610), des Führers der Hugenotten, nach Labourd gereist. Dort wurde baskisch gesprochen. Er beherrschte diese Sprache. An seinem Zielort hatte sich der Aberglaube zu einem besonders hektischen Fanatismus hochgeschaukelt.

De Lancre wußte vor allem über die Einzelheiten des Hexensabbats zu berichten. Auf Wolken reitend, kämen die Hexen in hellen Scharen nach Labourd, ungefähr 100.000 seien es, und sie brächten 2000 Kinder mit. Ein großer Kessel wird beschrieben, in dem die Hexen ihr Gift zusammenbrauten. Dämpfe stiegen daraus empor, aus denen wiederum Hexen, Dämonen und scheußliche Insekten entstanden seien. Man habe auch beobachten können, daß Frauen aus ganz verschiedenen Gesellschaftsschichten mit den Teufeln beisammengesessen hätten, um gekochte Säuglinge zu verspeisen.

Das Gift aus dem Kessel sei einwandfrei eine grünliche Flüssigkeit, die sich eingedickt auch als Salbe verwenden ließe, z. B. zum Ölen von Türschlössern. Sämtliche Bewohner eines so präparierten Hauses würden durch das Gift sterben, wie schon 1563 (dies war nur acht Jahre vor Keplers Geburt) in Genf festgestellt worden sei. Vor allem aber eigne sich Hexenpulver, die Ernte zu vernichten. Andererseits werde eine Hexensalbe gekocht, die zum Fliegen befähige oder denjenigen, der sich damit einreibe, in ein Tier verwandle.

Im Bilde dargestellt fand sich bei de Lancre, wie nackte Hexen einen katalanischen Reigentanz zur Musik eines Hexenorchesters zum besten gaben. Über dem Teufel in Gestalt eines vierhörnigen Ziegenbocks flackerte ein Irrlicht.

Dies alles wurde geglaubt. Und zwar nicht nur von einigen wenigen Psychopathen. Auch in jenen Landen, in denen Kepler wirkte. Wie viele Hexen zu seiner Zeit verbrannt wurden, hat niemand gezählt. Wir wissen aber, daß ein einziger Richter in Lothringen 800 Hexen verbrennen ließ. Insgesamt spricht man von Hunderttausenden, sogar von einer Million. In ganz Europa sollen es zwischen 1480 und 1780 mehrere Millionen gewesen sein. Wer spricht heute noch davon? Die moderne Geschichte, in der an die Stelle der Hexen in manchen Ländern der Erde politische oder weltanschauliche Gegner traten, hat ähnliche Zahlen aufzuweisen.

In Keplers Geburtsort Weil der Stadt, wo ja nur 200 Familien lebten, mußten 38 Hexen zwischen 1615 und 1629 den Scheiterhaufen besteigen. Sechs Frauen erlitten in Leonberg, wo Keplers Mutter wohnte, im Winter 1615 den Flammentod am Hexenpfahl.

Dies war das Jahr, als in Leonberg bei Stuttgart die Hexenverfolgung auch gegen Katharina Kepler begann. Ihr Leben war in allerhöchster Gefahr.

Ein Saufgelage ist Ausgangspunkt dieses Hexenprozesses. Unweit Leonberg saßen sie am 14. August 1615 im Hause des Forstmeisters zusammen und leerten einen Humpen nach dem anderen: Luther Einhorn, Vogt zu Leonberg, und sein Freund Urban Kräutlin, Hofbarbier und Chirurg bei den in Tübingen wohnenden Brüdern des Herzogs Johann Friedrich. Der Barbier war im Gefolge des Prinzen Achilles gekommen, eines Bruders des Herzogs, der hier zur Jagd weilte.

Als der Alkohol die Stimmung gesteigert hatte, stimmten die Freunde einen Gesang an. Dann aber wandte man sich den Tagesnöten zu. Ob er nicht die Kätterle kenne, fragte der Barbier den Vogt. Sie stehe mit dem Teufel im Bunde. Habe doch die arme Schwester, die Ursula Reinbold, bei der Kätterle einen Trunk bekommen, daß ihr ganz übel geworden sei. Seither leide sie schwer darunter. Sie sei nun auch im Kopf nicht richtig beisammen. Der böse Zauber habe die Schwester zugrunde gerichtet.

Hiermit hatte der Hofbarbier bei seinem Zechkumpan einen wunden Punkt berührt. Die Kätterle (gemeint war Katharina Kepler) sei ihm schon lange zuwider mit ihrer heiseren Schwatzhaftigkeit, ihrem Klatsch und ihrer Neugier. Der Vogt wollte Näheres wissen.

Kräutlin beklagte sich, daß die frühere Freundschaft seiner Schwester Ursula mit der Keplerin nur Unheil gebracht habe. Ein Sohn der »alten keifenden Zänkerin«, der Christoph Kepler, habe der Reinboldin Schlechtigkeiten vorgeworfen, habe ihren früheren Lebenswandel vor allen Leuten im Kramladen verhechelt und verfälscht, und dabeigestanden habe die Keplerin, von der nun alles noch mehr in den Schmutz gezogen worden sei. Mit dieser Freundschaft sei es ein für allemal vorbei.

Der Vogt fragte weiter, ob die Kätterle nicht jenes Weibstück sei, das die Jugendjahre bei einer Base verbracht habe, die wegen ihrer schändlichen Hexerei auf dem Scheiterhaufen habe enden müssen. Ihm seien die Verbrennungen von Amts wegen noch ungefähr im Kopf. Die Base, eine gefährliche Hexe, sei doch Renate Streicher gewesen.

Der Barbier bestätigte dies. Auch habe die Keplerin in Eltingen – da sei sie nämlich geboren – vom Totengräber verlangt, er solle ihr den Schädel des verstorbenen Vaters ausgraben. Sie wolle ihn in Silber fassen – ein Trinkbecher für ihren Sohn Johannes habe das werden sollen. Da sehe man, was für eine Hexe sie sei. Natürlich habe der Totengräber das abgelehnt. Die Kätterle braue auch allerlei sonstige Tränklein zusammen. Alles Gift! Die Ursula habe das immer schon gesagt.

Und was der Sohn Heinrich sei, der habe doch behauptet: die Mutter sei geizig und wahrsagerisch... habe auch ein Kalb zu Tode geritten...

So steigerten sich die beiden Zecher, wie Zeugen gehört haben wollten, in Klatsch und Zorn gegen die Keplermutter. Unerwähnt blieb, daß die schwachsinnige Reinboldin wegen öffentlicher Unzucht ins Gerede gekommen und bestraft worden war und daß ihre andauernde geistige Zerrüttung nicht von einem Trunk aus der Keplerin Zinnbecher herrührte, so seltsam das Getränk auch geschmeckt haben mag, sondern von einigen Abtreibungen. Das Kalb hatte übrigens der mißratene Sohn Heinrich im Ärger über seine Mutter selber abgestochen.

Die Kätterle müsse her und den Zauber selber aufheben, lallte schließlich der Barbier. Der ebenfalls nunmehr betrunkene Vogt stimmte ihm zu. Er ordnete an, die Katharina Kepler sei unverzüglich zum Amtshaus zu expedieren. Ferner waren sich die beiden Saufbrüder einig, daß auch der Glaser Jakob Reinbold und seine so sehr leidende Frau Ursula hinzugezogen werden müßten, denn die Reinboldin sollte ja von dem Zauber befreit werden.

Im Amtshaus saßen sie sich dann gegenüber: der Vogt und der Barbier, seine angeblich verzauberte Schwester Ursula, deren Mann und auf der Gegenseite die fast siebzigjährige Mutter des Kaiserlichen Mathematikers Johannes Kepler. Dieser wußte in Linz damals noch nichts von diesen Vorgängen.

Der Auftritt im Amtshaus zeigte, wieweit sich Gehässigkeit, Spießertum und Aberglaube zu steigern vermögen, wenn auch noch der Alkohol in den Köpfen spukt. Sie müsse jetzt an Ort und Stelle den Zauber mit einem Gegenzauber brechen, verlangten Vogt und Barbier von der alten Frau. Die Keplerin weigerte sich. Sie wisse nichts von einem Zauber. Die Krankheit und die geistige Verwirrung der Ursula Reinbold seien eine Folge der Unzucht, die ja nachgewiesen sei.

Dies brachte nun wieder die Reinboldin in höchste Erregung. Sie zeterte und schrie, sie sei durch den Hexentrank vergiftet worden. Jawohl, so sei es, bestätigte ihr Mann, der Glaser. »Die Kätterle ist eine Hex!« In ganz Löwenberg (Leonberg) sei dies ja schon bekannt.

Der Vogt sprach bereits von einem »Malefizverfahren«, mit dem die Anschuldigungen in einen Hexenprozeß übergeleitet werden müßten. Dann wurde die Keplerin abermals unter Druck gesetzt. Man werde sie einsperren. Als sie auf ihrer Unschuld beharrte, zog der Barbier seinen Säbel und stieß »mit Gewalt dreimal hintereinander«, wie es in den Akten heißt, auf die Gequälte ein, streifte an ihrer Brust vorbei und soll sie auch mit der Säbelspitze berührt haben. Sicher hätte er die Keplerin schwer verletzt, wenn er nicht wegen seiner Trunkenheit getorkelt wäre. Fluchend schwor er mit hochrotem Kopf, er werde sie umbringen, wenn sie den Gegenzauber nicht ausführe.

Es war nur gut, daß sich die Keplermutter dazu nicht hinreißen ließ. Sonst wäre sie um so leichter als Hexe angeklagt worden.

Inzwischen ahnte der Vogt, daß hier in einem Amtsgebäude und mit seiner Duldung zu weit gegangen worden war. Ein Totschlag in diesem Hause, noch dazu unter Zeugen, das würde auch ihm Kopf und Kragen kosten können. »Schluß jetzt!« rief er und hinderte seinen Freund am weiteren Vorgehen. Dieser hatte schon wieder seinen Säbel geschwungen. Man werde ja die Hexe schon zu Fall bringen, versicherte der Vogt. Für heute sei es genug. Dann schickte er alle nach Hause.

Das Tribunal im Amtshaus von Leonberg und die dort vorgebrachten, im ganzen Ort verbreiteten Verleumdungen wollte die Keplerin nicht ungesühnt hinnehmen. Ihre Anzeige beim Stadtgericht in Leonberg richtete sich in erster Linie gegen die Reinboldin und deren Mann. Offenbar war auch der Hofbarbier Urban Kräutlin in die Anzeige mit einbezogen (wegen der Säbelattacke), doch kam dieser andererseits, wie auch sein Freund, der Vogt, als Zeuge in Frage. Unterstützt wurde die Anzeige vom Sohn der Keplerin, Christoph, Zinngießer und Herzöglich Württembergischer Drillmeister bei der Miliz in Leonberg, ferner von Tochter Margarete und deren Mann, dem Pfarrer Georg Binder in Heumaden bei Stuttgart.

Der zweite Teil der Auseinandersetzungen war also keineswegs ein Hexenprozeß gegen Keplers Mutter, sondern eine Verleumdungsklage gegen das Ehepaar Reinbold. Hierbei befand sich nun Vogt Einhorn in einer besonders unangenehmen Lage. Er hatte nicht nur die Vorführung der Keplerin zu Unrecht und nur seinem Saufbruder zuliebe angeordnet, er war auch Zeuge für den tätlichen Angriff mit dem Säbel. Hätte er seine Zeugenaussage beschwören müssen – und es sah ganz danach aus –, so würde sein Freund, der Barbier bei Hofe, in Tübingen wohl vor Gericht gestellt werden. Die Freundschaft hätte sich in Feindschaft verwandelt. Auch wäre der Vogt wegen seiner unberechtigten Amtshandlung im betrunkenen Zustand zur Rechenschaft gezogen worden.

Auf keinen Fall durfte es also zu dem Verleumdungsverfahren kommen. Die Vernehmungen ließen sich vielleicht hinausschieben? In zwei Gerichtsterminen hatten es der Vogt und der Barbier verstanden, um die Sache herumzureden. Sie hofften, es werde ihnen gelingen, den Spieß umzudrehen und die Keplerin doch noch in das Malefizverfahren zu verwickeln. Man mußte Zeit gewinnen.

Das Jahr 1615 neigte sich seinem Ende entgegen, als Margarete Binder ihrem Bruder Johannes nach Linz einen Brief schickte, in dem sie die bedrohlichen Vorgänge schilderte. Das Schreiben traf nach guten zwei Monaten am 29. Dezember 1615 in Oberösterreich ein. Keplers Schwester berichtete nicht nur von dem Säbelhieb gegen die Mutter, sondern schilderte auch deren Eigenarten, die fraglos zur Unbeliebtheit der Keplermutter beigetragen hatten: »Weißt ja, wie wunderlich sie ist«, schrieb sie, »die sie in keinem Dinge Ordnung hält, alles herumliegen und stehen läßt, auch den Wein. Dann kommt es wohl für, daß er sauer und stickig wird und Leute, denen sie davon zu trinken gibt, von Bauchgrimmen befallen werden. Sie schimpfieren alsdann, die Keplerin hätte ihnen was angetan. Auch Mixturen und Medicinen gegen allerhand Gebrest weiß die Mutter, sammelt Kräuter und murmelt Segenssprüche darüber. Hat manch einem schon geholfen. Jetzund aber hat sie einer Nachbarin eine Salbe für ihren bösen Fuß gegeben, und der ist davon schlimmer geworden. Nun ist sie in aller Leute Mäuler, wo sie sich nur blicken läßt, schimpfiert man sie, und die Kinder schreien ›Hex, Hex!‹ Auch der Untervogt ist ihr bös gesinnt. Dieweilen er ohnehin auf alte Weiblein, so der Zauberei verdächtig, fahndet. Allgemein wird ihr bang, weiß sich nimmer zu helfen.« (Der mehrfach erwähnte »Hexentrank« aus dem Zinnkrüglein bestand übrigens – wie in der Familiengeschichte zu lesen ist – aus einem sauren Wein und Wermut sowie Kardamom und Ingwer.) Die Schwester hatte auch erwähnt, daß Johannes Kepler sogar in den Verdacht zauberischer Umtriebe geraten sei. Fraglos war dieses Argument der Gegenseite auf Keplers Vorarbeiten zu seinem Buch über eine Traumreise zum Mond zurückzuführen. Das Thema hatte ihn schon vor seiner Prager Zeit beschäftigt. Es sollte ein utopischer Roman werden. Darin war gesagt worden, die Mutter stehe im Verkehr mit weisen Geistern, von denen einer sie sogar in andere Länder versetzen könne.

Der Astronom griff sofort zur Feder, obwohl er mit einem großen Werk beschäftigt war und eine Reihe komplizierter Berechnungen auf ihn warteten. Sein Brief ging an den Vogt, den Bürgermeister und das Gericht von Leonberg.

Auf eine Einbildung der Schwester des Barbiers Kräutlin hin, »die in Leichtfertigkeit gelebt und hernach im Kopf zerrüttet sein soll«, so schrieb er, sei der Argwohn aufgekommen, als habe seine in allen Ehren bis nah an das 70. Jahr erlebte liebe Mutter der wahnsinnigen Person einen verzauberten Trunk beigebracht. Die Anschuldiger aber hätten sich »vom Teufel, der ein Gott ist allen Unverstandes und Aberglaubens, so weit blenden lassen, daß sie Hilfe für ihre Angehörige beim Teufel und dessen vermeintlichem Werkzeug (der Mutter) gesucht, eine eingebildete Zauberei mit einer anderen aufzulösen geglaubt, nämlich mit der Erschreckung und Verängstigung, darüber mir das Herz im Leib versprengen möchte, daß erwähnte Teufelsbanner diese höchst sträfliche Tätigkeit vorgenommen, meine geliebte, alte und von zeitlichem Trost mehr und mehr verlassene Mutter heimtückischer Weise mit Mißachtung ihres Sohnes, meines Bruders (der nicht hinzugezogen worden war), vor die Obrigkeit fordern lassen. Mit teuflischer Auflage, Bedrohung mit Gefängnis, ferner mit Ergreifung der Waffen, als wollten sie sie an derselben Stelle entleiben ...«, also hätten sie ihr auf alle möglichen verteufelten Wege zugemutet, daß sie der irren Frau hätte helfen sollen, der sie nichts Böses zugefügt und der sie auch nicht zu helfen vermocht habe. Man hätte sich nicht wundern dürfen, »wenn meine höchstgeängstigte und unversehens überfallene Mutter, um ihr Leben zu retten, etwas hätte verlauten lassen, was zu Tortur und schmählichem Tod geführt haben könne«.

Und weiter schrieb Kepler in energischem Ton, die Sache müsse vor Gericht verfolgt werden, zumal auch verlautet, »als ob auch ich selber verbotener Künste bezichtigt worden sei und die Gegenseite mich und meine in die fünfzehn Jahre währenden kaiserlichen Dienste gleichsam über ein Haus hinaus blasen (in den Wind schlagen) wolle und hiermit meiner Mutter das Herz ganz und gar gebrochen werden solle ...«

Er gedenke, die Ansprüche seiner wohlverdienten Mutter mit Aufgebot seines Leibes und Gutes, auch Ansprechung seiner Freunde und Gönner oder was er sonst mit Diensten und gutem Namen für Gunst erworben, zu verfechten und soweit zu verfolgen, bis der Sache nach geschriebenem Recht zu Ende geholfen werde.

Das war deutlich gesagt und verfehlte seine Wirkung nicht. Vogt und Barbier, aber auch das Reinbold-Ehepaar mußten sich nun ernstlich umsehen, wie sie das Verleumdungsverfahren weiterhin verschleppen konnten, falls es nicht überhaupt möglich war, die Keplerin doch noch der Zauberei zu überführen. Gab es dafür nicht einen handfesten Grund?

Geliefert wurde er, fast wie bestellt, acht Tage vor dem nächsten Gerichtstermin vom 21. Oktober 1616 durch ein achtjähriges Mädchen. Es war die Tochter der »Schinderburga«, so genannt, weil der Schwiegervater die wenig geachtete Tätigkeit eines Schinders ausübte. Er schlachtete Kadaver aus. Die »Schinderburga« war die Ehefrau des wegen Diebstahls bestraften Tagelöhners Jörg Haller. Sie haßte die Keplerin, die ihr Geld geborgt hatte, denn sie wollte das geliehene Geld nicht zurückgeben.

Außerdem bildete sich die Burga ein, ihr Sohn sei verkrüppelt, weil die Keplerin – um Schulden einzutreiben – just in dem Augenblick in die Stube getreten sei, als die »Schinderburga« ihren Sohn badete. Bei dieser Gelegenheit müsse die Keplerin ihn verhext haben. Kepler stellte später fest, »daß der Knabe seit der Geburt von schlechtem Körperbau war«. Die Burga habe auch verbotene, abergläubische Gebräuche ausgeübt, und ihr Bruder sei als Wahrsager und durch verbotene Krankenheilungen verrufen.

Das Verhältnis zwischen den beiden Frauen war also schon zutiefst erschüttert, als sich folgendes begab: Junge Mädchen trugen rohe Ziegelsteine zur Brennerei. Auf dem Weg in ein Nachbardorf kam ihnen die Keplerin entgegen. Die Mädchen wichen zur Seite. Daß sie eine Hexe sei, hatte sich schon herumgesprochen. Nun war der Fußsteig nur schmal, und es ließ sich nicht vermeiden, daß der Rock der Keplerin die Mädchen streifte oder doch nur eines von ihnen. Besonders »schlimm« war, daß sich die »Hexe« nach der Begegnung noch umgedreht hatte, um den Mädchen nachzusehen, wie sie davonhasteten.

Die Tochter der Burga war unter den Ziegelträgerinnen. Sie behauptete, die Keplerin habe ihr auf den Arm geschlagen, so daß sie Schmerzen verspürt habe, ja Hand und Finger hätten sich nicht mehr bewegen lassen.

Als die Burga zu Hause hörte, was die Tochter zu erzählen wußte, schnallte sie sich das Messer um die Hüften, wie es damals viele Frauen taten. Voller Wut eilte sie auf die Straße. Es dauerte nicht lange, bis sie die Keplerin entdeckt hatte. Und wieder kam es zu einem tätlichen Angriff gegen die alte Frau. Wie eine Furie stürzte sich die »Schinderburga« auf die vermeintliche Hexe, die »den Arm des unschuldigen Kindes verzaubert« habe, schlug auf sie ein und verlangte, daß der Arm entzaubert werde, sonst wolle sie an Ort und Stelle zustechen.

Katharina Kepler war, wie wir wissen, nicht auf den Mund gefallen. Sie wußte sich mit lauten und heftigen Worten zu verteidigen, brachte dadurch freilich die Burga noch mehr gegen sich auf. Es sah nach einer lebensgefährlichen Schlägerei aus, was sich hier entwickelte, und so hatten sich sogleich einige Leonberger eingefunden. Der Haufen der Umstehenden vergrößerte sich. Mit Ausrufen wie »Schlagt die Hexe« (gemeint war die Keplerin) und »Fort mit der Wahnsinnigen« (auf die Burga gemünzt) wurde nicht gespart. Als wieder das Messer blitzte, drängten jedoch beherzte Männer die Streitenden auseinander.

Beide Frauen eilten noch am selben Tage zu Luther Einhorn, dem Vogt. Dieser beachtete nicht weiter die Keplerin, die den Überfall auf der Straße mit beredten Worten schilderte, sondern ließ die Achtjährige kommen, und betastete ihren Arm. Mit Erleichterung stellte er »sachkundig« fest, der Arm sei verhext worden.

Auch die anderen Mädchen, die zur Ziegelei gegangen waren, wurden vernommen. Nur eine Zehnjährige bestätigte, die Freundin habe über Schmerzen am Arm geklagt. Wenn auch die anderen Mädchen ebensowenig davon wußten wie der Ziegeleibesitzer und seine Familie, die alle vernommen wurden, so reichte doch das »Beweismaterial« für den Vogt aus. Er benachrichtigte seinen Freund, den Barbier Kräutlin in Tübingen, von der auch für diesen günstigen Wendung in der leidigen Prozeßangelegenheit vom Jahre zuvor.

Natürlich konnte der neuen Ereignisse wegen der Termin für die unangenehme Zeugenvernehmung in der Sache gegen die Eheleute Reinbold und den Barbier abermals verschoben werden, Kräutlin, der sofort nach Leonberg geritten kam, und der Vogt hofften sogar, die Verleumdungsklage werde nun hinfällig sein. Wie könne eine Hexe als Klägerin gegen andere auftreten!

Die turbulenten Ereignisse führten zum dritten Teil der Prozeßtragödie, zu der schwersten Verdächtigung, die damals möglich war. Sollte sich wirklich nachweisen lassen, daß die Keplerin mit dem Teufel im Bunde stehe, Giftsäfte mische und was sonst noch alles im »Hexenhammer« zur Auswahl geboten wurde, so war es um des Johannes Mutter geschehen. Die alte Frau spürte, was ihr wahrscheinlich bevorstand. War sie doch unter denen gewesen, die dabei standen, als in Leonberg eine Hexe nach der anderen, auf dem Scheiterhaufen festgebunden, den Flammen übergeben worden war. Sie hatte sich bekreuzigt und entfernt, das schreckliche Bild des rauchenden Holzstoßes noch einige Zeit vor Augen. Würde sie nun bald selbst in Rauch und Flammen umkommen? Die Keplerin hatte Angst.

In ihrer gefährdeten Lage und in Kopflosigkeit tat sie das Schlechteste, was sie tun konnte: Sie ging zu Vogt Einhorn, unter dem Arm einen silbernen Becher. Diesen wollte sie ihm überlassen, wenn er von einem schriftlichen Bericht an die Kanzlei des Herzogs absehe, den Vorfall mit der Burga-Tochter vergesse und dafür sorge, daß die Zeugen der Verleumdungsklage gegen die Reinbold endlich vernommen würden.

Der Vogt triumphierte. Jetzt hatte er die »Kätterle« in der Hand. Der Bestechungsversuch offenbarte ja ihr schlechtes Gewissen, und also war klar, daß sie mit dem Teufel im Bunde stand. Der Bericht über den Versuch, sich durch einen silbernen Becher vom Scheiterhaufen freizukaufen, ging sofort nach Stuttgart, dazu die angeblich belastetenden Angaben über die »Verzauberung« des Arms der Burga-Tochter. (Diese hatte sich offenbar zu viel Ziegel aufgeladen und am folgenden Tag verspürt, was auch heute in solchem Falle nicht ausbleibt: einen Muskelkater. Er hielt nur 24 Stunden an . . ., falls der Schmerz nicht überhaupt erfunden war. Aber dies genügte für einen Hexenprozeß.)

Die gänzlich verstörte alte Frau besprach sich mit ihrem Sohn Christoph in Leonberg und ihrer Tochter in Heumaden. Auch diese zweifelten nicht, daß jetzt alles schieflaufen würde. Sie begannen um ihr eigenes Ansehen in der Bevölkerung zu bangen und hielten es für das beste, wenn sich die Keplermutter zu ihrem Sohn Johannes nach Linz begebe. Er hatte schon seit langem gehofft, sie werde ihn dort besuchen.

Zunächst kam die Keplerin, von ihrem Sohn Christoph begleitet, nur bis Ulm. Hier wollte sie am 30. Oktober 1616 ein Schiff besteigen, aber die

Donau war durch einen plötzlichen Frosteinbruch zugefroren. (Die Wintertemperaturen lagen zu Keplers Zeit allgemein niedriger als im 20. Jahrhundert.) Es blieb nur übrig, nach Leonberg zurückzukehren.

Dort hatte inzwischen der Vogt neues Unheil angerichtet. Er ließ die Lüge verbreiten, von Stuttgart aus sei ihm aufgetragen worden, die »Kätterle« zu verhaften und zur Folter zu berufen. Nur deswegen habe sie die Flucht ergriffen. Auf das Haus der alten Frau hatte er die Sperre gelegt. Dies sei auf Ersuchen der Burga geschehen, erklärte er dem Zinngießer Christoph Kepler, als dieser voller Empörung wissen wollte, warum das Haus seiner Mutter versiegelt worden war. Die Kinder der Burga seien ja schließlich wohl von der Keplerin verhext worden, sagte der Vogt.·

Ihrer Wohnung beraubt, ging die Keplermutter nach Heumaden zu Tochter und Schwiegersohn. Sie hoffte, durch diesen kleinen Ortswechsel beweisen zu können, daß sie nicht an eine Flucht nach Oberösterreich gedacht hätte.

Christoph Kepler war nun – wie Johannes später schrieb – »über die Schmach erregt, daß der Mutter Haus mit Sperre belegt sei, ging am 21. November 1616 zur Mutter nach Heumaden, drang in sie, obwohl sie von neuem widersprach und sich sträubte, sie eilte dann aber doch zu mir und kam am 13. Dezember in Linz an«. Die Donau war inzwischen wieder schiffbar. In Linz erkrankte die Mutter schwer und war längere Zeit bettlägrig. Sie blieb hier neun Monate.

Kepler arbeitete in dieser Zeit unter anderem an einem großen Ephemeriden-Werk. Ephemeriden sind die vorausberechneten Werte für Gestirnstellungen zu bestimmten Zeiten. Seine Berechnungen sollten sich auf 30 Jahre zurück und auf 50 künftige Jahre erstrecken. Er hoffte auch, seine immer noch regelmäßig notierten Wetterbeobachtungen zu den Planetenstellungen in Beziehung setzen zu können.

Und auch die Arbeiten an seinem großen Linzer Werk, der »Weltharmonik« (Harmonices mundi), nahmen ihn voll in Anspruch (erschienen 1619). Max Caspar schrieb 1948 dazu: »Schon Ende 1616 sehen wir ihn auch bei seinen astronomischen Rechnungen auf der Suche nach dem Gesetz, das die Umlaufszeiten der Planeten mit ihren Abständen von der Sonne verbindet, jenem Gesetz, das die Krone seines neuen Buches bilden sollte.«

Es war das dritte der drei berühmten Keplergesetze. Von März bis Mai 1617 war er an den Prager Hof berufen. An seiner Stellung als Kaiserlicher Mathematicus hatte sich nichts geändert.

In Leonberg aber ruhten die Drahtzieher nicht, um den Hexenprozeß doch noch in Gang zu setzen. Es hing immer noch das Wohl und Wehe des Barbiers und des Vogts daran, daß der Verleumdungsprozeß gegen die Reinbolds niedergeschlagen werden konnte, weil die anzeigende Keplerin mit dem Teufel im Bunde stand.

Johannes Kepler wußte genau, wie schlecht es um seine Mutter bestellt war. Trotz seiner vielen Arbeiten und Reisen nahm er sich daher die Zeit, durch zahlreiche Briefe, die nach Württemberg gingen, den Hexenprozeß abzuwenden. Wie objektiv und sachlich genau er dabei vorging, wie er verstand, auch seine subjektive Meinung als hochangesehener Wissenschaftler mit einfließen zu lassen, zeigt z. B. ein Schreiben, das er am 1. September 1617 an den Herzog Johann Friedrich von Württemberg in Stuttgart richtete. Hier einige Sätze daraus, in denen die besondere Situation der Mutter angesprochen ist: »Meine liebe Mutter hat sich kärglich ernährt, ihr Gütlein verbessert, um das Ihrige geredet und hierüber zuweilen in allerhand Zank, Unlust und Feindschaft geraten. Derentwegen und als vor wenigen Jahren unter dem jetzigen Vogt von Löwenberg (Leonberg) etliche Hexen hingerichtet worden, wodurch unter dem abergläubischen, sonderlich dem Weibervolk ein großes Geraune, Murmeln und Ferscheln erweckt worden. Es geschah, daß manche Leute den jungen Heranwachsenden zu lange gelebt zu haben schienen und, wegen der Mängel des Greisentums verdrießlich geworden, das unchristliche Sprichwort umging: Nur immer auf den Scheiterhaufen mit den alten Weibern ...

Meiner Mutter ist aus Rache dieses Abenteuer begegnet. Dazu hat der böse Geist durch seine Werkzeuge, die Wahrsager, die man auf der Gegenseite zu Rate gezogen, das seinige getan ...

Was die mit öffentlichem Aberglauben befleckte und wegen Verleumdung gerügte Weibsperson (die Reinboldin) und ihre Bezichtigungen anlangt – meine Mutter hat sich hierüber beim Vogt beklagt und erfahren müssen, daß der Vogt begierig zur Einstellung der Zeugenverhöre kam, bei denen er selber einen Eid schwören sollte ...« (nach J. Schmidt).

Kepler war also bemüht, das dumme Gerede über seine Mutter, »fast die Älteste in Löwenberg«, auf seine Quellen zurückzuführen und von den Behauptungen zu trennen, die sich nur durch die Intrigen des Vogts und der Reinboldin erklären ließen, an denen aber nichts Zutreffendes sei.

Vier Wochen nach diesem Brief machte sich die Keplerin auf die Rückreise in ihre schwäbische Heimat. Es gefiel ihr in Linz nicht. Wieweit ihre leider zänkische und besserwisserische Art von Keplers zweiter Frau Susanne in Kauf genommen wurde, ist nicht überliefert. Überhaupt wird Susanne Reuttinger, 18 Jahre jünger als Kepler und 42 Jahre jünger als die Schwiegermutter, so gut wie überhaupt nicht mehr erwähnt. Sie muß erstaunlich anpassungsfähig und gutherzig gewesen sein.

Kurz darauf, noch im Oktober 1617, reiste auch der Astronom ab. Zunächst machte er in Walderbach bei Regensburg halt. Hier war Johannes Keplers Stieftochter gestorben, die »Regerl«. Er hatte seit den schlechten Grazer Jahren sehr an ihr gehangen. Kepler notierte gewissenhaft die Todesursache: »Sie war den Winter über von Blattern befallen. Ihnen folgten Abszesse im Unterleib, eine Gefährdung der Augen und lang anhaltende Eiterungen... Den Sommer über hatte sie schon Husten, Lungensucht und zuletzt Fraisen (Krämpfe), die den Tod herbeiführten am 8. September 1617, morgens um zehn Uhr.«

Ihr Mann, Philipp Ehem, hatte gebeten, zur vorläufigen Betreuung seiner kleinen Kinder möge Kepler seine 15jährige Tochter Susanna dorthin bringen. Kepler entsprach diesem Wunsch, wenn auch ungern, reiste in Richtung Stuttgart weiter mit dem Ziel Heumaden, wo jetzt die Mutter im Pfarrhaus des Schwiegersohnes wohnte.

Diese Reisen gingen meist zu Schiff, fast 400 Kilometer die vielfach gewundene Donau abwärts bzw. aufwärts. Von Ulm waren es dann noch 100 Kilometer mit dem Fuhrwerk bis Stuttgart.

Die mächtige schwarze Rauchwolke, der Kepler südwestlich Stuttgart entgegenfuhr und die den Horizont verfinsterte, ließ ihn Böses ahnen. Waren wieder die Scheiterhaufen entfacht? Doch diesmal war es ein ganz gewöhnliches Feuer. Vaihingen war abgebrannt – es war der 30. Oktober 1617, der Tag vor dem Reformationsfest.

Hierzulande, so hatte Kepler gehofft, werde er der Mutter besser beistehen können als von Linz aus. Er besuchte aber auch Verwandte und Freunde, bemühte sich in Stuttgart an höherer Stelle um Verständnis für die verdächtigte Mutter, und er erreichte auch, daß nun der Vogt in Leonberg veranlaßt werden sollte, das Protokoll aus den ersten Vernehmungen in dem Verleumdungsprozeß endlich vorzulegen.

Johannes Kepler blieb nur etwa einen Monat in seiner alten Heimat. Die Mutter wollte er zur Sicherheit nach Linz mitnehmen, aber sie sträubte sich entschieden. So reiste er – wieder über Walderbach, das ja fast am Wege lag – allein nach Linz zurück. Hier traf er noch rechtzeitig zwei Tage vor Weihnachten 1617 bei seiner großen Familie ein.

Das Jahr 1618 begann mit einem Hoffnungsschimmer. Um es mit Keplers Worten zu sagen: »Der Herzog hat dem Vogt in Löwenberg anbefehlen lassen, daß die von ihm vorgenommene Sperre aufgehoben und meine Mutter zur Fortsetzung ihres bürgerlichen Rechtsverfahrens zugelassen werde. Endlich ist sie 1618 zu dem so lang ersuchten Zeugenverhör gelangt, hat mit Hilfe von vier alter, ehrliebender Gerichts- und Ratspersonen Aussage erwiesen und dargetan, daß die beklagte Reinbold nicht den geringsten Grund ihrer Verleumdung habe, sondern mit abergläubischen Sachen umgegangen ist, wodurch sie diesen Wahn und ohne Zweifel ihre Krankheit verursacht habe.«

Jetzt hätte ein Richterspruch die bösen Verdächtigungen gegen die Keplerin aus der Welt schaffen können. Aber es geschah nichts. Offenbar hatten die aufwühlenden politischen Ereignisse ihren Anteil daran, daß der

Prozeß stockte. Am 23. Mai 1618 waren in Prag kaiserliche Statthalter aus den Fenstern des Hradschin in den Burggraben geworfen worden – von den Angehörigen des protestantischen böhmischen Adels. Ein Aufstand gegen den Kaiser also und Auftakt des furchtbaren Glaubenskrieges, der nun 30 Jahre lang die Lande verwüsten sollte. (Kepler erlebte das Kriegsende nicht mehr.)

Der Aufstand wurde, wie überall in den protestantischen Herzogtümern, auch in Württemberg diskutiert. In der Residenz des Herzogs Johann Friedrich herrschte Aufregung, neue Pläne wurden geschmiedet. An den Prozeß eines alten, mageren, zahnlosen Weibleins im benachbarten Heumaden, das immer noch auf sein Recht wartete, dachte jetzt niemand. Der Vogt und die Reinbolds konnten sich die Hände reiben.

Keplerforscher vermuten, daß der Prozeß auch deshalb ins Stocken geraten sei, weil die Protokolle über die Zeugenvernehmungen, die ein riesiges Ausmaß angenommen hatten, vor Urteilsverkündung noch mit der Hand geschrieben werden mußten. Amtsschreiber Melchior Nördlinger brachte es allein auf 280 Folioseiten. Jedenfalls ist für die Zeit von Herbst 1618 bis Herbst 1619 nichts von einer weiteren Entwicklung des Verfahrens überliefert.

Dies muß aber die Zeitspanne gewesen sein, in der Vogt, Barbier und die Eheleute Reinbold weiteres Material gegen die Keplermutter zusammentrugen. Zwar hatte sich der »vergiftete Zaubertrank« ebensowenig nachweisen lassen wie die Verzauberung des Arms der Ziegelträgerin, aber es gab fraglos noch andere Verdächtigungen, die ausreichen konnten, die Keplerin auf den Scheiterhaufen zu bringen. Der Verdacht gegen sie war ja keineswegs vom Tisch.

Die Freunde des Hexenprozesses stellten also bereits vermutete Zaubereien zusammen, stocherten im Lebenslauf der »Hexe« herum und fügten neue Verdächtigungen hinzu. So brauten sie eine infernalische Serie von gefährlichen Ungereimtheiten zusammen. Gerüchte, die ihnen zugetragen wurden, ließen sich ausschmücken, frühere Zeiten konnten noch herhalten, z. B. die 25 Jahre zurückliegende »Verzauberung einer Sau«, die von der Keplerin im Stall »wild gemacht« worden sein sollte, worauf das Tier verendete, oder die zehn Jahre zurückliegende Begebenheit mit dem Schulmeister Beutelspacher. Dieser war ein Mitschüler des Johannes Kepler gewesen, hatte später der Keplerin dessen Briefe vorgelesen und war mit dem bekannten Trunk aus der Zinnkanne belohnt worden. Seine Schmerzen am Bein und schließlich eine Lähmung seien auf den Schluck aus der Kanne zurückzuführen, behauptete er.

Das zusammenphantasierte Material wurde in 49 »allerschröckhlichsten vnnd schendlichisten Schmachpunkhten« als Anklage formuliert.

Dies war kein bürgerliches Verfahren mehr, sondern ein Strafprozeß. Im einzelnen konnte man lesen, wie ein Bastian Meyer behauptet haben sollte, seine Frau sei nach einem Schluck aus der berüchtigten Kanne gestorben. Die Frau des Metzgers Christoph Frick hatte erzählt, ihr Mann habe Schmerzen im Schenkel verspürt, als die »Keplerhexe« an ihm vorbeigegangen sei. Schreckliches wußte auch der Schneider Daniel Schmid zu berichten: Die Keplerin sei ungebeten in sein Haus gekommen, habe sich über die Wiegen der Kinder gebeugt und einen Segen gemurmelt, worauf die Kinder gestorben seien. Auch habe die Keplerin der Schneidersfrau ein Sprüchlein vorgesagt, das auf dem Friedhof bei Vollmond nachgesprochen werden sollte, um die Kinder vom Tode zu erretten . . .

Das Gedicht war freilich alles andere als Teufelsspuk. Es ist uns erhalten geblieben:

> »Heiß mir Gott willkommen
> Sonn und Sonnentag.
> Kommst daher geritten,
> Sieh, da steht ein Mensch.
> Laß dich also bitten,
> Vater, Sohn und Heil'ger Geist
> und die heilige Dreifaltigkeit:
> Geb dem Menschen Blut und Fleisch
> und auch gute Gesundheit!«

Natürlich beklagte sich so mancher Leonberger, dem das Vieh verendet war, die Keplerin sei an dem Anwesen vorbeigegangen und habe die Tiere verhext. In Punkt 27 hieß es zum Beispiel: »Wahr ist, daß sie der Guldenmannin einen Sack voll Kraut geschickt – und als das Vieh dieses gefressen, es die Wände hat hinaufspringen wollen.« Unter Punkt 15 war dargelegt, wie die »Kätterle« versucht habe, des Schützenbastians Töchterlein für die Ausübung des Hexenhandwerks zu gewinnen. Bei Nummer 46 stand zu lesen, sie habe seinerzeit ihren Mann durch »Unholdenwerk« mehrmals von Hause vertrieben. Am tollsten war wohl die Behauptung, daß die »Hexe« zum Entsetzen der Bewohner durch verschlossene Türen in so manche Stube getreten sei, um ihren Hexentrank anzubieten.

Inzwischen hatte die Reinboldin am Schädel der »Schinderburga« Maß genommen, wobei sie allerlei Sprüche vor sich hersagte. Die Prozedur ergab wunschgemäß, daß der Schädel verzaubert worden sei. Von wem sonst, wenn nicht von der Keplerin? – Bis Ende 1619 waren an die 40 »Zeugen« vernommen worden.

So konnte denn Anfang 1620 der Hexenprozeß richtig in Gang kommen. Was sich bisher ereignet hatte, war nur das Vorspiel.

Die Nacht zum 7. August 1620 leitete den vorletzten, bitterernsten Teil der Hexentragödie ein. Was sich hier unter wolkenverhangenem Himmel bald nach Mitternacht ereignete, hätte einem altitalienischen Gruselstück alle Ehre gemacht.

Daß so spät noch ein Pferdewagen durch Heumaden rollte, fiel wohl nicht besonders auf. Wer wegen des Klapperns der Räder aufwachte, mag gedacht haben, daß der Wagen von weither käme.

Das Gefährt hielt vor dem Haus des Pfarrers Binder. Jedes Geräusch vermeidend, bewegten sich zwei Gestalten bis vor die Tür. Dann klopften sie beide gleichzeitig.

Es dauerte eine Weile, bis sich der Pfarrer den Rock übergeworfen hatte und in seine Pantoffeln geschlüpft war. Wohl rechnete er damit, daß einem Sterbenden der letzte Segen gespendet werden müsse. Als er die beiden finsteren Gestalten vor sich sah, erschrak er. Einer überreichte stumm ein Pergament. Binder sah im Schein seiner Kerze, daß es Wappen und Siegel des Herzogs trug.

Wer sie seien und was sie wollten, fragte der Pfarrer zweifelnd.

»Marx Waltter, Vogt zu Stuttgart – im Auftrage des Herzogs«, lautete die Antwort. Wo die Hexe sei, wolle er wissen, sie müsse jetzt abgeholt werden.

Binder sah sich das Papier genauer an. »Befehl auf die Haftnahme... gegen Katharina Kepler, weil verdächtig, mit dem Teufel im Bunde zu stehen, weshalb sie in amtliches Verwahr zu verbringen sei«, las er, und man darf wohl annehmen – mit zitternder Stimme. Immer schon hatte er sich dagegen ausgesprochen, daß die als Hexe verdächtigte Schwiegermutter im Pfarrhause untergekommen war, hatte ihr deutlich zu verstehen gegeben, daß sie in seinem Amtszimmer nichts zu suchen habe.

Der Vogt und sein Begleiter wollten wissen, wo sie sei. Sie drängten sich an dem Pfarrer vorbei ins Haus.

Jetzt erst hatte Binder den Karren bemerkt, der vor dem Hause stand. Um Himmels willen, was würden die Nachbarn sagen? Waltter muß wohl das Entsetzen bemerkt haben, jedenfalls sagte er: »Es muß so sein. Macht jetzt Platz!«

Währenddessen hatte sich im Hause einiges zugetragen. Frau Margarete war schon beim ersten Klopfen aufgewacht. Sie hatte einen Spalt der Stubentür ängstlich geöffnet und alles gehört, was ihr Mann vorgelesen hatte, war in die Kammer geeilt, wo die Mutter schlief und hatte sie vom Lager gehoben, um die Schlafende in eine Wäschetruhe abzulegen. Dabei ließ sie ein Wäschestück herausbaumeln, damit die Mutter Luft bekam.

Die beiden Männer hatten sich in der Wohnung umgesehen, auch einen Blick auf den Speicher geworfen, aber niemand gefunden. Jetzt traten sie in die Kammer, wo Margarete neben der Truhe stand. Und nun rührte sich das alte Weiblein, ruderte mit dem Arm um sich und trommelte gegen den Deckel der Truhe. Vogt Waltter und sein Gehilfe mochten wohl einen Augenblick lang gedacht haben, hier sei leibhaftig der Teufel im Spiel. Dann aber griffen sie beherzt zu. Die immer noch unbekleidete Keplermutter rief um Hilfe.

Rasch warf Margarete der Mutter ein altes Wäschestück über den mageren Leib. »Wenn schon die Mutter fort muß aus dem Haus«, jammerte sie, »ich bitt euch: laßt sie in der Truhe. Tragt sie, wohin ihr wollt, aber schleppt sie nicht vor die Tür in all ihrer Not. Ich will sie begleiten. Ich komme mit dir, Mutter! Sei nicht bang. Ich bleibe bei dir...«

Die beiden Männer sahen ein, daß es tatsächlich wohl das beste sei, die Keplerin, die schreiend um sich schlug, in der Truhe zu transportieren. Als der Deckel zuklappte, war nur noch gedämpft das Jammern und Wehklagen zu hören. Dann trugen sie die Kiste hinaus zum Karren. »Wie leicht sie ist«, sagte der Vogt. »Vom Teufel leicht gemacht!«

Margarete saß hinten auf, als der Karren Richtung Leonberg davonfuhr.

Über die Vorgänge in dieser Nacht sind alle Einzelheiten für die Protokolle des Hexenprozesses aufgezeichnet worden. Und da die Akten fast vollständig erhalten sind, läßt sich der Ablauf des Geschehens nachvollziehen. Johannes Kepler äußert sich selber später in seiner Conclusionsschrift, die eine Art »Letztes Wort« der Beschuldigten war:

»Betreffend des Indiziums, als sei die Keplerin zu unterschiedlichen Malen geflohen, item habe sie sich in einer Truhe versteckt, so finden sich in den Akten darüber die unerfindlichsten und grundfalschesten Auflagen durcheinander geworfen... Zur Verstärkung dieses Indiziums wird auch die Einschließung in der Truhe herangezogen. Es geschieht der Mutter damit zuviel, sonsten sie wohl erstickt sein würde. Sie wurde einfach von der Tochter samt dem Bettdeck in die nächststehende offene Truhe gelegt, um den Spott des öffentlichen Abfahrens der Mutter vom Pfarrhaus abzuwenden, welches gar wohl zu verantworten, zumal die Keplerin bereits drei Jahre ihre ununterbrochene Wohnung zu Heumaden bei ihrer Tochter hatte und zu einem solchen Überfall ohne vorhergegangene gerichtliche Vorladung keine Ursache bestand.«

Angesichts dieser Festnahme und der »Schmachpunkte« hielt leider auch der familiäre Zusammenhalt nicht stand. Der Keplerin Sohn Christoph (Heinrich war schon gestorben) und Schwiegersohn Pfarrer Binder fürchteten um ihr eigenes Ansehen und schrieben an den Herzog, wenn denn die Katharina Kepler eine Hexe sein sollte, so wollten sie nichts weiter dagegen sagen und dem Recht nach Verschulden seinen Lauf lassen. Offenbar glaubten sie wirklich, daß die Keplerin eine Hexe sei. Außerdem bat der Sohn Christoph, man möge auf seine Eigenschaft als Herzoglich

Württembergischer Drillmeister Rücksicht nehmen und einen anderen Prozeßort wählen. In Leonberg und Umgebung könne er sich sonst nicht mehr sehen lassen.

Der Bitte wurde entsprochen. Der Prozeß sollte fortan in Güglingen südwestlich Heilbronn weitergeführt werden.

Tochter Margarete leistete sich dann auch noch einen Mißgriff. Als am 11. August 1620 in Leonberg die Mutter noch einmal vernommen werden sollte, hatte sich Margarete Binder vor die Arrestzelle geschlichen und durch den Türspalt der alten Frau zugeflüstert, wenn sie etwas getan habe, so solle sie das nicht zugeben, ihren Sohn in Linz und auch sie als Pfarrersfrau schonen und nicht alle zuschanden machen. Es sei schließlich nichts weiter als »nur ein böses Stündlein«, wenn sie bei der Folter gestreckt werde und etwas ausstehen müßte...

Weiter kam sie nicht. Der Stadtknecht hatte die Flüsternde überrascht und beim Arm gepackt. Der Türspalt wurde geschlossen.

Bei der Vernehmung wurde dann die Keplerin gefragt, warum sie den Kopf abwende und bei der Verlesung von Bibelsprüchen keine Träne vergieße (dies war ein »Indiz« für Hexen). Katharina antwortete, sie habe im Leben so viel Tränen vergossen, daß ihr jetzt keine mehr übriggeblieben seien.

Der Vogt wollte ein Geständnis hören. Aber jetzt zeigte sich, was eine gewisse – in der Keplerfamilie erbliche – Hartnäckigkeit wert war. Die »Verhafftin« bestritt alle 49 Anklagepunkte entschieden – dann wurde sie nach Güglingen abgeschoben. Damit war sie zwar aus den Händen des Leonberger Vogts befreit, aber Vogt Johann Ulrich Aulber in Güglingen war von der gleichen Art wie sein Leonberger Kollege. Eine Hexenverbrennung würde sein Ansehen heben, mindestens sein Selbstbewußtsein. Er war im Ort nicht gerade beliebt.

Margarete schrieb an Johannes nach Linz, berichtete, was sich in der Nacht abgespielt hatte und daß die Mutter jetzt in den Turm geworfen worden sei. Umgehend ging Keplers nächster Brief – es ist nicht mehr zu zählen, der wievielte es war – an Johann Friedrich Herzog von Württemberg:

»Da mir aus göttlichem und natürlichem Recht allewege zusteht, meiner Mutter in diesen ihren Nöten gebührlichen Beistand zu leisten und ferneres Unheil womöglich zu verhüten, so kann ich wegen so naher Blutsverwandschaft in meinem Gewissen, ob ich meine Schuldigkeit getan, anders nicht versichert sein, ich wohne denn dem bevorstehenden Rechten persönlich bei.«

Er könne aber jetzt, schrieb Kepler weiter, die Reise nicht sofort antreten, weil er durch die kriegerischen Ereignisse, »welche das Land ob der Enns zusätzlich überschwemmt, an eilender Zureisung gehindert«

werde. (Im August 1620 waren die Truppen Herzog Maximilians von Bayern in Linz eingerückt.) Kepler bat um Aufschub und um einen »leidlichen Ort« für die verhaftete Mutter, auch solle sie mit ihrer gebührenden Leibesnotdurft versehen werden. – Der Aufschub wurde gewährt.

Im September 1620 packte die Familie Kepler – Frau Susanna war wieder schwanger – in Linz ihre Sachen zusammen. Die Reise ging mit allen Kindern nach Regensburg. Hier wohnten gute Freunde, hier konnte sich die Familie trotz der Kriegswirren einigermaßen sicher fühlen. Johannes reiste allein sofort weiter nach Güglingen. Jetzt ging es ums Ganze. Das Leben der Mutter mußte gerettet werden.

Es war der 26. September 1620, als Kepler in Güglingen eintraf. Am selben Tage noch suchte er die Mutter auf. Ihr war die Anklageschrift schon am 4. September vorgelesen worden. Im Oktober richtete der Kaiserliche Mathematicus sein nächstes Schreiben an den Herzog. Seine Mutter, die arme Gefangene, habe sich wegen der Kälte und in trostloser Einsamkeit auf das höchste beklagt. In ihrem hohen Alter sei sie von vorangegangenen Beispielen (Hexenverbrennungen) erschreckt und bekümmert. Der Vogt zu Güglingen solle veranlaßt werden, »sie in des Stadtknechts und Gerichtsdieners Haus und Stuben, das Henkerhaus, überzuführen, weil kein besserer Ort für sie zu finden ist«.

Der Stadtknecht weigerte sich. Die »Hexe« wollte er nicht beherbergen. So wurde sie in eine Kammer des Stadttors gebracht. Es war ein Durchgangsraum für den Torwächter und seine Leute – bei Tag und bei Nacht. Hier legte man die alte Frau in Ketten. Außerdem wurde sie von zwei Schergen bewacht.

»Gefährlich ist«, heißt es in Keplers nächstem Brief an den Herzog, »daß unsere liebe Mutter von solchen zwei Hütern bewacht wird, die in Schulden stecken und darauf trachten, wie sie möglichst langen Dienst haben mögen.« Er nannte sie »unnütze, verschwenderische Hüter mit übertriebenem Holzheizen, damit sie nicht so oft in den Ofen schliefen müssen«. (Schliefen, ursprünglich soviel wie hineinkriechen, ist hier im Sinne von Schüren gebraucht.) Dies sei auch zu teuer, denn die Mutter müsse ja für alle diese Kosten selber aufkommen.

». . . wie sie denn bereits sogar um ihren Kredit gekommen, weil die Obrigkeit zu Löwenberg ihr Feldgütlin in einem Kauf sämtlich hingegeben und damit zwischen uns Geschwisterigen, die wir das Unsrige dabei haben, ein ganz unzeitiges disputat erwecket, darüber ich von meinem Bruder verdächtigt werde, als ob allein ich mit meiner Ankunft im Lande eine solche Verlängerung und so große Unkosten verursacht habe, die ihn künftig in äußerste Armut bringen möchte – obwohl ich doch Gott im Himmel zu klagen habe, daß ich mein armes Weib und Kinder unterwegs in der Fremde zu Regensburg versetzet, ferner meinen Zehrpfennig genommen und dennoch etwa bald unverrichteter Sachen, mit Schanden, Spott und Herzleid wieder davonziehen müßte, weil ich keinen Kredit im Land nit habe.«

Um die Nebenkosten dieses Prozesses entwickelte sich jetzt ein Papierkrieg. Der Astronom war besorgt, das bescheidene Vermögen seiner Mutter werde gänzlich von diesen Kosten aufgezehrt. Er selber hatte auch schon einiges beigesteuert. Am lautesten aber beklagte sich das Ehepaar Reinbold darüber, daß die Inhaftierte ihre Beköstigung und Unterbringung im Turm selber bezahlen mußte. Auf diese Weise schmolz doch die Summe dahin, die hier offenbar zu kassieren sein würde, wenn die Keplerin erst verbrannt sei. Während es bei katholischen Hexenprozessen üblich war, daß die Inquisition als Erbe der Hingerichteten auftrat, fiel das Vermögen der »Hexe« im protestantischen Prozeß auch den »Verhexten« anheim. In erster Linie hoffte hier die Reinboldin auf eine erhebliche »Entschädigung«. Die Heuchlerin bat sogar, der armen Keplerin »aus Barmherzigkeit in Gottes Namen« nicht so viele Unkosten aufzubürden. Kepler war über diese Falschheit aufs äußerste empört.

Die Wächter sammelten indessen verdächtige Aussprüche der Inhaftierten. Ihnen war auch aufgefallen, daß die alte Frau, die ja keine Zähne mehr hatte, beim Essen ein Messer benutzte, obwohl doch nicht feststand, woher sie dies hatte. Vielleicht vom Teufel?

Johann Kepler wußte, welche neue Gefahr heraufzog, wenn die Schwatzhaftigkeit der Mutter, ihre immer noch spitze Zunge, von den Wächtern ausgenutzt würde. Hatte sie doch dem Stadtknecht, als er ihr am 7. Oktober 1620 das Nachtessen gebracht und sich erkundigt hatte, was sie so tue, geantwortet: »Ach, was soll ich schon tun. Da liege ich, lieber Mann, lasset mich hinaus, ich will euch auch hundert Gulden geben.« Aus dem Bestechungsversuch an Vogt Einhorn hatte sie nichts gelernt.

Also schrieb Kepler wieder an den Herzog: »So Gott will, werden Euer fürstliche Gnaden sich etlicher der Verhafteten angegebene Reden, als ob solche zur Bestechung der Hüter gemeint, nicht irren lassen, zumal solche nicht erwiesen, und was etwa gehört worden sein möchte, solches in einem anderen Verstand geredet, von den Hütern aber zu ihrem Vorteil aufgezwackt sein möchte.« Die Eingabe hatte Erfolg. Dem Güglinger Vogt wurde befohlen, die Inhaftierte nur noch von einem Hüter bewachen zu lassen.

Des Kaiserlichen Mathematikers Hartnäckigkeit und Mitgefühl paarten sich mit erstaunlichen juristischen Kenntnissen. Er hatte sie sich während der Jahre dieses Prozesses angeeignet. Obwohl er auch Anwälte hinzuzog, was ihm viel Geld kostete, war er doch auch selber bei den Vernehmungen dabei. »Die Verhafftin erscheint leider mit Beystandt Ihres Herrn Sohns,

Johannes Kepplers Mathematici« notierte der Stadtschreiber in der Anwesenheitsliste. Dieses »leider« zeigt, wie sehr man sich schon darauf gefreut hatte, die alte Frau recht bald verbrennen zu können.

Von Keplers eigener Hand stammt unter den zahlreichen anderen Schriften des Aktenberges die Conclusionsschrift vom 22. August 1621, ein Dokument von 128 Seiten. Kepler fertigte es in nur zwei Tagen und Nächten gewissermaßen aus dem Stegreif an. Die einwandfreie Argumentation mit Hilfe juristischer Fakten überrascht heute noch ebenso wie sein gewagter Angriff auf die Rechtsregeln, nach denen bloße Vermutungen hinreichten, um Unschuldige der peinlichen Befragung in der Folterkammer auszusetzen. Der Astronom griff damit dem bekannten Jesuitenpater Spee vor, der zehn Jahre später als Beichtvater vieler Hexen mit seiner Schrift »Cautio criminalis« die Hexenverbrennungen anzuprangern begann, was ihm schwere Nachteile einbrachte. Auch Keplers immer wieder vorgebrachter Angriff gegen den Aberglauben findet in der Conclusionsschrift seinen Platz.

Für diejenigen, die sich auch heute noch für das erstaunliche Geschick des großen Astronomen in juristischer Argumentation interessieren, seien hier einige Passagen aus der Conclusionsschrift angeführt. Sie ist an »unseres gnädigen Fürsten und Herrn Anwalt gerichtlich übergeben« worden. Es war dies Hieronymus Gabelkofer. Er spielte damals die Rolle des Staatsanwalts. Hauptsächlich dieser Conclusionsschrift ist es zu verdanken, daß schließlich das Schlimmste von der Keplermutter abgewendet werden konnte.

Kepler wendet sich unter anderem dem Bestechungsversuch der Mutter zu, die mit einem silbernen Becher Vogt Einhorn veranlassen wollte, den Strafprozeß wegen Hexerei nicht einzuleiten, sondern den Zivilprozeß gegen das Ehepaar Reinbold weiterzuführen. Sie hatten die Keplermutter verleumderisch als Hexe gebrandmarkt. Kepler schreibt dazu:

»Wie böswillig diese Versprechung in eine Bestechung des Richters umgedreht wurde, ist schon einmal bei Widerlegung des zwanzigsten Klag-Artikels sattsam ausgeführt. Es gilt weiterhin: Da Vogt Einhorn sich einer unangemessenen Macht über Ihre Fürstl. Gnaden verwittibte Untertanin angemaßt, also mit Sperrung des Rechtes so viel getan und mehr, als vielleicht der Landfürst selber sich schlimmsten Falls anmaßen würde, so will man eine unterdrückte Untertanin ahnden lassen, wenn sie zur Begütigung eines solchen ihr auf dem Hals sitzenden Stadthalters und zur Erhaltung des Fortgangs ihres Rechts ihm eine Verehrung verspricht.«

Auch mit der Beschuldigung, die Keplerin sei »zu unterschiedlichen Malen geflohen«, setzt Kepler sich auseinander. Die Mutter habe durch fürstlichen Befehl vom 26. November 1617 ausdrücklich die Erlaubnis erhalten, sich zu ihrem Sohn nach Österreich zu begeben, der sie zu dieser

Reise vielfach ermahnt habe. Wegen des »Geschreis bei dem so schon gereizten Volke« hätten ihre Kinder Ursache gehabt, ihrer alten Mutter bei der Tochter eine ruhigere Wohnung zu verschaffen. »Selbst wenn die Keplerin ganz ausgewichen und nicht wiedergekehrt wäre, so könnte eine solche Flucht vor den Drohungen und Machenschaften ihrer Feinde nicht für ein übles Zeichen gehalten werden.«

Des Lehrers Beutelspacher Behauptung, die Keplerin sei durch verschlossene Türen ins Haus gekommen, entkräftet der Astronom folgendermaßen: ».. . sollte sich dieser Fabelmann zu erinnern wissen, daß es manchem Hausvater widerfährt, daß er vermeint, er habe sein Haus zugeschlossen, dabei aber entweder gar nicht zugemacht, sondern nur die Tür angelehnt, oder daß sie von einem der Hausgenossen wieder aufgeschlossen und offen gelassen. So erklärt sich das Wunder von dem Erscheinen durch angeblich verschlossene Türen. Aus anfänglichem Gesage wird zuletzt bitterer Ernst.«

Und ein weiterer Punkt, der gegen die Keplerin vorgebracht wurde: »Bei dem Fall mit der Anna Maria, der Tochter des weiland Pfarrers Maisterlin, besteht die Widerrede nicht nur für die Zeit, sondern für die einfache Angabe, die Keplerin habe sie geschlagen. Nun ist erwiesen, daß sie diesen Schlag beim Austrieb der Ziegen auf dem Markt zu Gebersheim erhalten hat. Der Richter wolle bemerken, daß zu gleicher Zeit die Keplerin als flüchtig angegeben wird und zu Stuttgart auf offener Gasse mit bekannten Leuten redend gesehen wurde. Die Anna Maria wird also zu Gebersheim wohl von einem Ziegenbock oder dem Hütebuben den Schlag oder Stoß bekommen haben, den sie freilich wohl lieber von der Keplerin erhalten hätte.«

Ausführlich befaßt sich Kepler in der Conclusionsschrift auch mit der Reinboldin, die als Hauptzeugin gegen die Mutter aufgetreten war:

»Daß die Reinboldin nicht nach empfangenem Trunk aus der Kanne der Keplerin gleich krank wurde und Verdacht schöpfte, wie böswillig angegeben wird, beweist die Keplerin mit der Aussage von Zeugen, die sie noch im Jahre 1614, also in dem Jahr, als die Reinboldin ihre argen Beschuldigungen angefangen, in dem Hause der angeblichen Hexe freundlich mit ihr redend gesehen haben . . . Die hiernach folgende, vom Fürstl. Anwalt zu sonderlichem Grauen zusammengeflickte Anhäufung von Zeugnissen, wodurch die Keplerin vor 8, 9, 10, 18, 20, 25 Jahren schon zur Unholdin gestempelt werden soll, zerfällt nach und nach in sich selbst. Daß die Reinboldin ordentliche Arzneien gesucht, mag die Keplerin nicht beschwören, sonderlich, weil auch erwiesen, daß sie gequacksalbert hat. Und dieses werden erfahrene Mediziner und Wundärzte nicht in Abrede stellen können, daß ein unmoralischer Lebenswandel zuweilen solcherlei Krankheiten und darauf gehörige Quecksilber-Kuren verursache, welche zwanzig und mehr Jahre ihre Wirkungen hinterlassen. Ganz zu schweigen von den Mitteln, die ihr ein Liebhaber, der Apothekergeselle zu Anspach, zu gebrauchen gegeben hat. Es geht aus alle diesem hervor, daß das Leiden der Reinboldin aus hexenmäßigen Ursachen im höchsten Grade ungewiß erscheint.«

Abschließend meint Kepler: »So gibt peinlich Beklagte dem Richter zu beherzigen: Wenn allewegen bei so mangelhafter Beschaffenheit der Indizien und deren gehäufter Anzahl willen die peinliche Befragung stattfinden solle, so ist nicht zu erkennen, welche alte verwittibte und verlebte Matrone trotz aller Unschuld überhaupt jemals der peinlichen Fragen entgehen könnte.«

Im einzelnen führt Kepler an, es dürfe nicht sein, daß die Behauptung, bei verborgenen Dingen seien auch unvollkommene Beweise hinreichend, diesen Mangel ersetzen könnte. Es dürften auch nicht »wegen der Abscheulichkeit der Hexerei diejenigen Rechtsregeln der Doktoren, die sich auf offenkundig natürliche Verbrechen beziehen, auch auf ihres Ursprungs halber ungewisse Dinge bezogen werden...« Wenn leichtes Argwöhnen bei Gott beleidigenden Verbrechen zur Folter gültig sein sollten, müsse unangesehen der Richter sich versichern, »ob nicht ein Unschuldiger auf bloße Injurien peinlich befragt wird«. Die Willkür des Richters dürfe bei verborgenen Dingen, wo bloße Vermutung vorhanden, nicht so unangemessen sein, daß sie selbst durch Kaiser Karls Peinliche Halsgerichts-Ordnung nicht gedeckt werden.

»Vielfältige Erfahrung lehrt, wie gefährlich es ist, auf dergleichen weit gesuchte, von unverständigen, abergläubischen Leuten vorgebrachte Ankündigung hin einem zum Ebenbild Gottes erschaffenen Menschen wegen verborgener Verbrechen, darin auch die Verständigsten leichthin irren können, mit der Tortur anzugreifen und grimmig zu zerreißen.«

Allmählich wurde dem Herzog die Sache lästig. Es mußte eine Entscheidung fallen. Er ließ die große Menge der Protokolle, Eingaben, Zeugenvernehmungen und sonstigen Schriftstücke aus den letzten sechs Jahren des Prozesses zur Stellungnahme der juristischen Fakultät in Tübingen vorlegen. Hier erinnerten sich einige ältere Professoren noch an Keplers Studienzeit, unter ihnen der bekannte Rechtsexperte Christoph Besold. Er gehörte immer schon zu denen, die Kepler freundlich gesonnen waren. Vermutlich ist es Besold zu verdanken, daß ein »Missiv-Bedenken« am 10. September 1621 dem Hexenprozeß die Wende gab.

Die Indizien seien teils nicht genugsam zu Recht, hieß es da, teils mit nur einem einzigen Zeugen oder sonsten nicht nach Gebühr erwiesen, weil »auch dergleichen in so hohem Alter stehende Personen in der Tat nicht torquiret (gefoltert) werden sollen, so wird eine wirkliche Tortur in diesem

Falle keineswegs statthaben. Da andererseits aus zutreffenden Indizien noch Erschwerendes verbleibt, so würde es gegen die Ordnung und unverantwortlich sein, wenn einfach Freisprechung erfolgen sollte. Das Urteil soll aber nur dergestalt vollstreckt werden, als die Verhaftete, damit die Wahrheit aus ihr herausgeschreckt werden möchte, an den gewöhnlichen und zur Tortur bestimmten Ort geführt werde, ihr auch allda der Nachrichter vor Augen gestellt, dessen Instrumente vorgezeigt und damit ernstlich gedroht, jedoch sie von demselben nicht angegriffen, viel weniger gefesselt oder aufgezogen noch sonsten gemartert werden soll.«

Dies sah nach einem Kompromiß zwischen den unterschiedlichen Meinungen der Tübinger Juristen aus: einerseits mangelnde Indizien und das hohe Alter der Angeklagten, andererseits wohl doch ein gewisser Verdacht...? Jedenfalls machte sich der Herzog das »Missiv-Bedenken« zu eigen. Doch wurde dessen Inhalt der Keplerin nicht etwa mitgeteilt. Zu viele wollten sie in der Folterkammer jammern hören, wollten sich an ihrer Unwissenheit weiden, vor allem die Vögte von Leonberg und Güglingen. Offenbar wurde auch Johannes Kepler nicht von dem Kompromiß der Juristen unterrichtet.

Der Astronom hatte mit seiner Conclusionsschrift das letzte getan, was er für seine Mutter noch hatte tun können. Gleichwohl kehrte er nicht nach Linz zurück, wo seine Werke der Vollendung harrten. Ruhelos und wohl auch wieder von einer Depression geplagt ritt er hierhin und dorthin, kam Ende Juni 1621 an den Neckar und an den Rhein, wobei ihm so mancher Scheiterhaufen mit seinem mörderischen Qualm das Schicksal der Mutter vor Augen führte, falls nicht noch ein Wunder geschah. In Frankfurt führte er Verhandlungen mit einem Buchverleger. Hier erfuhr er auch Einzelheiten über die »Prager Exekution«. Nach dem Sieg am Weißen Berge hatte Kaiser Ferdinand II. eine blutige Strafaktion gegen die Anführer der böhmischen Protestanten angeordnet. Am 21. Juni 1621 fielen ihr 27 Edelleute und Bürger zum Opfer. Sie wurden auf dem Marktplatz enthauptet oder aufgehängt. In Prag wurden die Köpfe aufgespießt und zur Schau gestellt. Unter den Hingerichteten befanden sich auch Freunde Keplers, wie Doktor Jessenius.

Anfang Juli 1621 traf der Astronom in Butzbach ein, 35 Kilometer nördlich von Frankfurt, wo er mit Landgraf Philipp von Hessen Sonnenflecken beobachtete. Am 28. September 1621 bemühte sich der Ruhelose im Stuttgarter Lustgarten auf der Terrasse des »Neuen Lusthauses« um die besonders präzise Aufstellung eines hölzernen Beobachtungsinstruments zur Messung der Sonnenhöhe über dem Horizont in der Zeit der Tag- und Nachtgleiche, als in Güglingen folgendes geschah: Die Keplerin wurde von zwei Henkersknechten aus ihrer Turmstube gezerrt und auf einen Karren gestoßen. Am Gerichtsort wartete schon der Vogt auf sie, aber auch andere an dem Prozeß Beteiligte wie Urban Kräutlin, Bruder der Reinboldin, der hier als Wundarzt hinzugezogen worden war. Er hatte vor sechs Jahren die Hexenjagd in die Wege geleitet. Jetzt stand er für den Fall zur Verfügung, daß bei der zu erwartenden (und erhofften) Folter die Delinquentin in ihrer Qual das Bewußtsein verlieren sollte. Nach der historisch getreuen Überlieferung, wie sie beim Güglinger »Zabergäuverein« nachzulesen ist, faßte das dortige Rathaus nicht die Menge der Zeugen und Gerichtspersonen. Der Wirt des gegenüberliegenden Gasthauses wurde daher veranlaßt, den Tanzsaal zur Verfügung zu stellen. Auch hier war das Gedränge groß, hatten sich doch auch sehr viele Neugierige eingefunden. Einige waren aus Leonberg herbeigeeilt – darunter die Verwandten der Keplermutter. Hier führte zunächst der fürstliche Ankläger das Wort. Katharina Kepler habe das Vieh behext und getötet und sei selber Schülerin einer argen Hexe, nämlich der Renate Streicher. Die Keplerin erwiderte, sie verstehe von Zauberkünsten nichts. Leider habe sie ihre Jugend bei der Streicherin verbringen müssen. Der Ankläger wertete dies als ein Geständnis. Als sich die alte Frau auf ihren Sohn Johannes berief, »der mich von der Schmach des Scheiterhaufens erretten wird«, mußte sie sich sagen lassen, daß sich auch der Kaiserliche Mathematiker gegen die Zucht der Kirche vergangen habe.

Nach der Einvernahme der Zeugen schleppte man die Keplerin dann in die Folterkammer. Hier verbreiteten wenige Unschlittkerzen flackerndes Licht. Auf einem Podest stand ein Tisch, an dem die Richter saßen. Hinter einem hohen Holzgitter verbargen sich die anderen Beteiligten. Beisitzer waren Hans Stenglin, Jakob Schönberger, Samuel Epplin und Stadtknecht Martin Franckh.

Zwei Henkersknechte gingen dem Nachrichter zur Hand, der eine Kapuze übergestülpt hatte. Seine muskulösen Arme ragten so furchterregend aus dem ärmellosen Wams, als sollten hier wer weiß wie viele Opfer erwürgt werden. Die Keplerin aber war, wie der Bericht sagt, ruhig und gefaßt.

Der Richter fragte sie, ob sie nun endlich zugeben wolle, Hexenwerk getrieben zu haben. »Niemals, so wahr mir Gott helfe«, antwortete die Keplerin. So werde ihr denn gezeigt, fuhr der Richter fort, wie nach Recht und Gesetz und im Namen Gottes jeder verstockte Sünder zum Reden gebracht werde.

Der Nachrichter drückte sie auf einen Schemel und begann mit der Erklärung. Der Prügelbock, über den sich die Angeklagte zu beugen haben würde, sei noch das harmloseste. Unangenehmer seien die Daumenschrauben am Verhörtisch. Sicher wisse die Keplerin, wie es Appolina Wellinger gegangen sei, »deren Daumfinger in der Waag hängen geblieben, als sie in der Tortur nicht zugab, mit Katharina Kepler zur Gesellschaft der Hexen zu gehören«.

Die Keplermutter, die bis dahin wie eine Unbeteiligte auf ihrem Schemel gehockt hatte, antwortete heftig: »Die Appolina hat nichts zugeben können, weil es nichts zuzugeben gab, auch wenn wir uns gelegentlich unterhalten haben.«

Der Henker zeigte jetzt den Stachelstuhl vor, der von hinten beheizt werden könne, und auch den »Spanischen Esel«, dessen eiserner Rücken eine scharfe Kante bildete. Wer da hinaufgesetzt werde, erklärte der Kapuzenmann, müsse es sich gefallen lassen, vom Hintern her in zwei Hälften geteilt zu werden. Und dies hier sei die Foltermaske. »Der Eisenlappen wird Euch ins Maul gestopft, damit Euer Schreien nicht zu hören ist. Die Mundbirne dort dient einem ähnlichen Zweck.« Das alles schmerze jedoch weniger als diese Beinschraube, die »Spanischen Stiefel«. Sie würden so lange zugedrückt, bis das Blut fließe und die Schraube auf den Knochen stoße, der dabei zermalmt werde.

Die Vorführung der Instrumente wurde durch Fragen des Richters unterbrochen. Ob der Trunk in der Zinnkanne vergiftet gewesen sei, ob sie tatsächlich durch verschlossene Türen in die Häuser eindringe, welche Hexensalben sie zubereitet habe und mit welchem Zauberspruch sie das Vieh verhexen könne, wollte der Richter wissen. Die Antwort lautete: »Um des Heilands willen – es ist nicht die Wahrheit!«

Der Henker erklärte die »Pommersche Mütze«, die den Kopf zusammenpresse, bis der Schädel auseinanderzukrachen drohe. »Der Leibgürtel hier ist ein Korsett mit Eisenstacheln. Und jetzt die Streckleiter an der Mauer. Hier werden Euch die Arme aus den Gelenken gerissen. Ihr werdet an den gefesselten Händen hinaufgezogen.« Im dritten Grad schließlich käme das Streckbrett an die Reihe. Brennende Späne würden ihr unter die Fingernägel gesteckt, auch in die Achselhöhlen, »daß Ihr das verbrannte Fleisch riecht . . .«

»Haltet ein!« rief jetzt die Keplerin. »Hilfe! Gott, hilf mir!« Ein unbändiger Zorn muß sie gepackt haben. Es war genau das Gegenteil von den Schmerzensschreien, die üblicherweise diese Folterkammer zu erschüttern pflegten. »Fangt mit mir an, was ihr wollt«, kreischte sie, »nur tut es nicht im Namen Gottes! Ihr versündigt Euch an einer alten unschuldigen Frau! Ich weiß nichts zu bekennen. Wäre ich eine Unholdin und hätte ich jemals mit Hexerei zu tun gehabt, so würde ich es längst bekannt haben in all den Jahren der Qual!«

Sie war aufgesprungen und nahm sich jetzt jeden Richter einzeln vor. Dieses sollten sie wissen: Würde sie in Marter und Pein etwas bekennen, so sei es doch nicht die Wahrheit. Sie sterbe darauf, daß sie mit der Hexerei nichts zu tun habe. »Gott, dem ich alles in die Hände gebe, wird die Wahrheit nach meinem Tod offenbaren . . ., daß hier Unrecht und Gewalt geschehen!«

Sie war wirklich nicht auf den Mund gefallen. Sie solle sich mäßigen, rief einer der Richter. »Mäßigt Ihr Euch und Eure Henker!« rief die Keplerin. »Gott wird mein Beistand sein und seinen heiligen Geist nicht von mir nehmen. Solltet ihr mir schon eine Ader nach der anderen aus dem Leibe herausreißen, so wüßte ich doch nichts zu bekennen. Gott aber wird ein Zeichen tun . . .« Sie sank auf die Knie und betete laut das Vaterunser.

»Die Territio ist beendet«, kam es von der Richterbank. »Das Malefizverfahren ist eingestellt. Wie durch fürstliche Weisung befohlen, darf eine Tortur nicht angewandt werden. Somit ist die Verhaftete in ihr Verwahr entlassen.«

Pastor Binder mit Margarete und Christoph, dem Zinngießer, war unter den Neugierigen. Als Vogt Aulber auf die Straße trat, fragte Margarete: »Ist es wahr? Sie wird frei sein?« Der Vogt sagte: »Das paßt Euch wohl nicht? Sie hat aber auf vielfältiges Erinnern und Bedrohen nichts bekennen wollen, sondern auf ihrem Verneinen beharrt und ist pure et constanter verblieben« (rein und standhaft). So stand es dann auch im Gerichtsprotokoll.

In der Woche darauf wurde sie auf Anweisung des Herzogs freigelassen. Kepler schloß sie in seine Arme. 14 Monate hatte sie in Ketten geschmachtet. Bei ihrem Alter konnte das nicht ohne Folgen bleiben. Die abgemagerte, vielfach gequälte Frau war in Gedanken während der letzten Jahre unzählige Tode gestorben. Es war, als habe sie in der Folterkammer zum letzten Mal ihre ganze Energie und Hartnäckigkeit verströmt. Jetzt machte sich der Altersschwachsinn bemerkbar. Ein halbes Jahr nach ihrer Freisprechung starb sie am 13. April 1622. Ob sie in Heumaden bei ihrer Tochter oder in Leonberg bei Sohn Christoph ihr Leben aushauchte, ist unbekannt. Auf der Straße hätte sie sich weder hier noch dort sehen lassen können. Die meisten Einwohner hielten sie immer noch für eine Hexe.

Aber sie erlebte noch die Genugtuung, daß die hohen Prozeßkosten denen auferlegt wurden, die sie jahrelang beschimpft und gequält hatten. Der Oberrat in Stuttgart setzte die Summe auf 120 Gulden fest. Von Jakob Reinbold, dem Glaser zu Leonberg, der hier stellvertretend für seine Frau Ursula, die Hauptzeugin, genannt wird, wurden 10 Gulden verlangt. Er galt als »Verursacher der Gefangennahme«. Von dem Zinngießer und Drillmeister Christoph Kepler, dem Bruder des Astronomen, forderte der Oberrat 30 Gulden für den Antrag, die verhaftete Mutter von Leonberg nach Güglingen zu überführen. Das Amt Leonberg mußte 40 Gulden bezahlen, Vogt Einhorn ebenfalls 40 Gulden. Die Keplerin wurde von allen Kosten freigestellt, weil Sohn Johannes, wie eine Inventuraufnahme ergab, das von ihm zu beanspruchende Vermögen der Mutter durch seine berechtigte Teilnahme am Prozeß mehr als verbraucht hatte. Reinbold, der nicht zahlen wollte, wurde in den Turm gesperrt, bis er den Verpflichtungen nachkam. Vogt Einhorn wollte sich aus der Schlinge ziehen, kam aber damit nicht zu Rande. Johannes Kepler wurden Grundstücke zur weiteren Abdeckung seiner Ansprüche bereitgestellt, aber sie brachten nichts ein.

Der Hexenprozeß ist hier ausführlicher geschildert worden, als üblicherweise in den Büchern über den großen Astronomen zu lesen ist. Was sich in Leonberg, Heumaden, Güglingen, auch in Stuttgart und Tübingen begeben hatte, greift über den Einzelfall hinaus.

Dank des rastlosen Einsatzes des großen Mathematikers für seine Mutter, dank seines außerordentlichen Fleißes im Schreiben und Argumentieren, den wir bei ihm auf allen Gebieten feststellen können, aber auch dank der fast vollständig erhaltenen Prozeßakten (von Ch. Frisch 1870 im 8. Band seiner Gesamtausgabe wiedergegeben) war es möglich, jede Phase des Prozesses und so manche überlieferte Einzelheit nachzuvollziehen. Überschaut man das Ganze, so kann es keinen Zweifel geben: Die Keplerin wäre ohne die massive und entsagungsvolle Hilfe ihres Sohnes Johannes auf dem Scheiterhaufen verbrannt.

Erst 1631, ein Jahr nach des Astronomen Tod, begann sich hier und dort die Vernunft zu regen. Mit dem Jesuiten Friedrich Spee, dem Professor für Moraltheologie in Paderborn, Köln und Trier, setzte eine gegenläufige Auffassung ein. Er hatte als Beichtvater vieler Frauen und Mädchen, die zum Tod auf dem Scheiterhaufen bestimmt waren, erkannt, daß hier mit den Menschenleben Schindluder getrieben wurde. Spee war auch ein namhafter Dichter. Er starb fünf Jahre nach Kepler an der Pest.

7. Die letzten Linzer Jahre

Nur wenige Wochen nach dem Ende des Hexenprozesses in Güglingen kehrte Johannes Kepler im November 1621 nach Linz zurück. Frau und Kinder überwinterten noch in Regensburg. Zuletzt hatte er sie im Februar 1621 dort besucht, als Tochter Cordula, sein neuntes Kind, zur Welt kam. Die Taufe wollte er auf keinen Fall versäumen.

Die Linzer hatten Kepler mehr oder weniger schon abgeschrieben. Gerüchte besagten, er sei beim Kaiser in Ungnade gefallen oder habe sich ins Ausland abgesetzt. Einige befürchteten, er sei nicht mehr unter den Lebenden zu finden, weil ihn der Teufel geholt habe.

Vom Ausland lagen Angebote aus Italien und England vor. Kepler lehnte sie ab. »Ich zögere nicht, den Ständen meine Dankbarkeit zu bezeugen«, schrieb er an Bernegger in Straßburg, »und in ihren Diensten auch in der Gefahr auszuharren, wenn ich kann und wenn sie mich nicht entlassen. Soll ich über das Meer gehen, wohin mich Wotton einlädt, ich, ein Deutscher, der das Festland liebt und die Enge einer Insel scheut? Ich mit meiner jungen Frau und einer Schar Kinder? Das mütterliche Erbe meiner Kinder und mein Vermögen verwahren die österreichischen Stände. Werden die Stände aufgelöst, was ich kommen sehe, verbleibt nur, daß die Allgemeinheit auf ihr Eigentum verzichtet. Kürzlich wurde in Bayern verboten, daß auch nur ein Heller an einen Gläubiger oder Lohnempfänger ausgegeben werde. Wenn dies auch nur eine vorläufige Verfügung ist, so kann sie, wie ich fürchte, auch eine dauernde werden.«

Wieder zeigt sich, daß sich Kepler um seine Einkünfte und seine Rücklagen bei den Geldinstituten sorgen mußte. Vom Ausland aus wäre das nicht möglich gewesen. Auch fürchtete er, daß er anderswo doch nicht richtig verstanden werden würde. Daß er auch im eigenen Lande auf viel Unverständnis stieß, machte ihm weniger zu schaffen. Hier konnte er immer eine Entgegnung zu Papier bringen.

Kaiser Ferdinand II., der 1619 auf den altersschwachen Matthias gefolgt war, bestätigte übrigens am 30. Dezember 1621 Kepler als Kaiserlichen Mathematicus. Dies war der dritte deutsche Kaiser, der sich der Dienste des großen Astronomen versicherte – ungeachtet der protestantischen Glaubensrichtung des eigenwilligen Mannes.

Aber auch dieser Kaiser zahlte Keplers Dienste nicht mit barem Geld, sondern in der Regel mit Schuldscheinen, die niemand ohne weiteres einlösen wollte. Unter anderem hatte Ferdinand an Kepler geschrieben: »Demnach wier dich zu unserem Mathematico mit gleichmäßiger Underhaltung, allermaßen dier solche vonn weilendt Kayser Matthiae bewilliget, an unnd aufgenomben...« (Gerlach/List).

Der Kaiser wollte also weiterzahlen, wie sein Vorgänger. Über dessen Zahlungsmethode aber hatte Kepler schon 1618 an Hofrat Wacker geschrieben: »Um die Kosten zweier Jahrgänge der Ephemeriden zu decken, schrieb ich auch einen gemeinen Kalender mit Prognostiken, was nur weniger ehrenhaft ist als betteln, außer daß dabei die Ehre des Kaisers geschont wird, welcher mich gänzlich im Stich läßt und bei dessen Kammeranweisungen ich verhungern könnte.«

Wieder hatte Kepler »bei der buhlerischen Tochter Astrologie« Unterstützung suchen müssen. Dagegen waren jetzt die Stände in Linz nicht abgeneigt, ihren heimgekehrten Landschaftsmathematiker weiterhin zu entlohnen. Jedenfalls hieß es in einer Verfügung: »Was die bsoldung betrifft, wird Supplicant bis Gelt vorhanden zur gedult gewisen« (Rossnagel). Das war wieder ein kleiner Hoffnungsschimmer gegenüber den enormen Kosten des Hexenprozesses.

Wie Kepler es fertigbrachte, neben der Mühsal des Prozesses, der ihn sechs Jahre lang in Anspruch nahm, noch ein außerordentlich reichhaltiges astronomisches und mathematisches Schaffen zu entfalten, kann nur durch die gelegentliche Unterstützung zweier Assistenten erklärt werden. In diese Linzer Zeit fallen viele Schriften und Bücher (einige erwähnten wir schon), aber auch praktische Arbeiten.

Ein Beispiel dafür, wie schwierig es damals war, Himmelsbeobachtungen durchzuführen, ist Keplers Schilderung über eine Mondfinsternis vom Dezember 1616. Die Angaben fanden sich auf einem Blatt, das er seinem Brief an Mästlin in Tübingen beilegte. Es wurde etwa in der Zeit geschrieben, als Keplers Mutter, von schweren Anschuldigungen bedroht, aus Leonberg kommend in Linz eingetroffen war.

Der Brief ist hauptsächlich wieder eine Rechtfertigung in der Konkordienfrage. »Wenn es einen Trost bedeutet in der Übereinstimmung der Konfessionen in diesem streitsüchtigen Jahrhundert, da die Menschen sich in so verschiedene Bestrebungen zerteilen, so bekenne ich mich zur Augsburger Konfession... Wer mich der Neuerung auch nur im mindesten beschuldigt, tut Unrecht. In dieser einen Sache nur errege ich die Galle der Theologen, weil ich den Frieden unter den Reformern wünsche...«

So ernst und unerbittlich Kepler in diesem Brief seinen Glaubensstandpunkt verteidigte, so skurril und Mitleid heischend schilderte er in der Anlage, wie es ihm bei der Mondfinsternis ergangen sei. Merkmale seines Galgenhumors werden hier sichtbar.

Von seiner Wohnung aus konnte er den Mond nicht sehen. Das Haus muß dicht unter dem Schloß gelegen haben, wahrscheinlich heute Hofgasse 21. Eine Aussicht auf den Himmel gab es hier nur in bescheidenstem Ausmaß, »weil es vom Schloß aller Aussicht beraubt ist«. Also suchte er nach einer freiliegenden Beobachtungsstelle, vorsichtshalber schon am Abend vor der Verfinsterung.

»Als das Stadttor schon geschlossen werden sollte, schlüpfte ich noch hinaus und stieg mit zwei Begleitern, die ich heranzog« – vermutlich seine Assistenten Johann Strauß und Florian Crusius –, »den steilen Berg im Zeitraum einer einzigen Stunde empor. Ich war unbequem beladen mit dem Instrument, auf dem ein Dreieck mit zusammenklappbaren Seiten dem Azimutalkreis aufgesetzt war von einem Fuß Durchmesser.« Es war der Pöstlingberg (mons Pesting) nördlich von Linz. Von seiner Höhe aus hörte der Astronom die Stimmen der Nachtwächter und das Schlagen der Turmuhren, wenn die Stunden voll waren, auch die städtischen Wächter von Ottensheim und Wildberg. Nicht das geringste Geräusch störte sonst den Frieden der mondhellen Nacht.

Eine Stunde nach Mitternacht kamen Wolken auf. Ferner zeigte sich, daß gegen Osten das Hocheck, gegen Westen der Kürnberg und der St.-Martins-Berg mit der ziemlich hohen Burg die Fernsicht doch sehr behinderten. Offenbar wurde erwartet, daß der Mond zur Zeit der Verfinsterung sehr tief stehen würde.

Am nächsten Tage postierte sich die kleine Gruppe »in einem holperigen Brachfeld«. Von der Stille der Nacht konnte hier keine Rede sein. »Ein Bauer in der Nachbarschaft schlug zwei Stunden lang unaufhörlich belästigend die Torflügel auf und zu, und es wurde bis zur Heiserkeit geschrien.« Die Mondfinsternisbeobachter waren entdeckt worden. Fraglos hielt man sie für Diebe und Landstreicher. Der Bauer holte schließlich Verstärkung von Nachbarn heran, nachdem er »einen Boten heimlich durch die Hintertür ausgeschickt hatte, und wir wurden vertrieben«.

Sie mußten das Weite suchen, ehe ihnen ein Dreschflegel um die Ohren flog. Wohin aber jetzt? Kepler berichtete weiter: »Nicht lange danach fanden wir so etwas wie einen dreifüßigen Baumstumpf von zwei Fuß Höhe, auf dem wir unser Instrument aufrichten konnten. Eine Kerze oder Fackel konnten wir um keinen Preis auftreiben, ein Feuer zu machen war nicht statthaft, weil weithin die Fülle auf dem Acker uns fürchten ließ, zu Brandstiftern zu werden.«

Da nun aber die Markierungen auf der Latte des Holzinstrumentes, während der Mond immer weiter in den Erdschatten trat, abgelesen werden mußten, blieb nur übrig, ein glühendes Stück Holzkohle als Leuchte zu verwenden. Kepler teilt nicht mit, woher sie sich diese Kohle beschaffen konnten, doch berichtet er: »Wir gebrauchten Zweige und Späne wie eine Zange, um die Kohle zu halten. Dann habe ich mich rücklings auf dem Acker ausgestreckt und verzeichnete mit Bleiweiß die Beobachtungen auf taufeuchtem Papier beim Licht teils des Mondes, teils der glühenden Kohle.«

Eine Stammtischrunde, die es damals in Linz gab, mag hinterher auf die Unbequemlichkeiten und die dennoch erzielten Ergebnisse der Mondbeobachter angestoßen haben. Außer Kepler und seinen Assistenten pflegten sich hier zu einem Umtrunk einzufinden: der Rektor der Landschaftsschule Matthias Anomäus, der auch Mathematiker war, ferner der Nachfolger des Rektors Konrad Rauschart, der Mediziner Johann Philipp Persius, dann der Sekretär der landesfürstlich unterstellten Ortschaften, Balthasar Kesselboden, und die Ärzte Paul Claus und Johann Springer. Präzeptor Magister Daniel und der Ständejurist Dr. Abraham Schwarz werden ferner in Briefen des Kepler-Assistenten Crusius genannt.

Der Wein löste die Zunge und ließ manches in versöhnlichem Lichte erscheinen. Keplers Gegner, Daniel Hitzler, Hauptpfarrer in Linz, der ihn als Ketzer vom Abendmahl ausgeschlossen hatte, zählte wohl ebenfalls zu der Runde. Hitzler stammte wie Kepler aus dem Tübinger Stift und war gleichfalls von Mästlin auch in die Astronomie eingeführt worden. Abgesehen von den Glaubensfragen schätzten sich die beiden Schwaben durchaus.

Fast genau drei Jahre nach dieser Mondfinsternis beobachtete Kepler wiederum (20. Dezember 1619), wie sich der Erdtrabant durch den Erdschatten bewegte. Diesmal von einem Hause am Hauptplatz aus. Dort hielt tagsüber der Arzt Johann Springer seine Sprechstunde ab. In einer Küche und einer Kammer, deren Fenster nach Westen gingen, hatten Kepler und sein Gehilfe Janus Gringallet diesmal zwei Instrumente aufgestellt. Um die Uhrzeiten des Beginns, des Höhepunkts und des Endes der Verfinsterung festlegen zu können, dienten ihnen die Uhren am Turm des Landhauses, der Stadtpfarrkirche, des Rathauses, des Schmidtorturms und des Schlosses (nach J. Schmidt). Sie zeigten alle verschiedene Minuten an, aber es konnte ja ein Mittelwert errechnet werden.

Den Lauf des Mondes genau zu berechnen war für Kepler zeit seines Lebens eine mühselige Geduldsarbeit und schließlich doch eine unlösbare Aufgabe. Er wollte herausfinden, warum es da immer wieder Unregelmäßigkeiten gab. Bis in unsere Tage hinein ist für die Berechnung der Mondbahn eine höchst komplizierte mathematische Arbeit notwendig. Die Sonnenanziehung beeinflußt die an sich elliptische Mondbahn, wie auch die Erdanziehung sie beeinflußt. Die Abplattung der Erdkugel an den Polen (je knapp 22 Kilometer) und die Dichteverteilung der Materie im

Erdinnern wirken durch Gravitationsunterschiede auf die Mondbahn ein. Die nach den Keplergesetzen verschiedene Umlaufgeschwindigkeit des Mondes, je nachdem, ob er sich gerade in Erdnähe oder in Erdferne befindet (oder dazwischen), erschwert die Berechnung, aber auch die an den Mond übertragenen Störungen in der Erdbahn um die Sonne und noch manche andere Abweichung vom »Normalen« müssen in den Berechnungen berücksichtigt werden. Sehr Genaues wissen wir erst, seit künstliche Satelliten in noch größerer Erdnähe als der Mond die Erde umrunden, wobei sie an der Bewegung innerhalb der Jahresbahn der Erde teilnehmen.

Zu Keplers Zeiten konnte das Problem der Mondbewegung nicht geklärt werden, es sei denn, daß ein ungefährer Wert als ausreichend anerkannt wurde. Aber Kepler versuchte es. Er wies einen Weg und lieferte Unterlagen für eine künftige Behebung der Schwierigkeiten. Seine Mondbeobachtungen und anschließenden Berechnungen wurden bisher unterbewertet.

Am Schreibtisch saß Kepler bei seinen Arbeiten, sofern er in Linz war, oft bis tief in die Nacht, wie seinerzeit in Prag. Nur war das Arbeitsklima weitaus schlechter. Das Ephemeridenwerk wurde schon erwähnt (Ephemerides Novae). Die Planetenstellungen ändern sich fortwährend. Aus diesem Grunde schrieb Kepler für gewisse Zeitabschnitte neue Angaben darüber. Auch die Daten für Sonnen- und Mondfinsternisse waren darin enthalten. Die Ephemeridentabelle für 1620, fertiggestellt im Juli 1619, widmete er dem Engländer Lord Neper (Napier), der von 1550 bis 1617 lebte. Dieser erfand die Logarithmen gleichzeitig mit dem Schweizer Jost Bürgi (1552–1632). Kepler lagen nun zwar seit 1614 Logarithmentafeln vor, aber es war nicht angegeben, auf welche Weise sie berechnet worden waren. Außerdem reichten sie für die so umfangreichen Rechnungen Keplers nicht aus. Er fand aber selber den Weg zur Berechnungsmethode und berechnete alles neu. Eine Sisyphusarbeit. Sie ist schließlich nach vielfacher Überarbeitung 1624 im Druck erschienen. Zunächst umfaßte sie die Jahre 1617–1620.

Aus dem Jahre 1617 stammt eine Schrift in deutscher Sprache »Für meine Kinder, Hausgesind und Angehörige«, worin er »Unterricht vom Hl. Sacrament des Leibs und Bluts Jesu Christi unsers Erlösers« erteilt. Er ließ die Kinder daraus einiges auswendig lernen, damit »die Vermahnung selber so in den Evangelischen Kirchen fürgelesen, desto verstendlicher sein, vnd vermittelst der Krafft des hailigen Gaistes bey euch, zu fortsetzung eines rechten waren Christenthumbs, desto mehr frucht schaffen« möge.

Für 1618 notieren wir den »Auszug aus der Kopernikanischen

Ioannis Keppleri

HARMONICES
MVNDI

LIBRI V. QVORVM

Primus GEOMETRICVS, De Figurarum Regularium, quæ Proportiones Harmonicas constituunt, ortu & demonstrationibus.

Secundus ARCHITECTONICVS, seu ex GEOMETRIA FIGVRATA, De Figurarum Regularium Congruentia in plano vel solido:

Tertius propriè HARMONICVS, De Proportionum Harmonicarum ortu ex Figuris; deque Naturâ & Differentiis rerum ad cantum pertinentium, contra Veteres:

Quartus METAPHYSICVS, PSYCHOLOGICVS & ASTROLOGICVS, De Harmoniarum mentali Essentiâ earumque generibus in Mundo; præsertim de Harmonia radiorum, ex corporibus cœlestibus in Terram descendentibus, eiusque effectu in Natura seu Anima sublunari & Humana:

Quintus ASTRONOMICVS & METAPHYSICVS, De Harmoniis absolutissimis motuum cœlestium, ortuque Eccentricitatum ex proportionibus Harmonicis.

Appendix habet comparationem huius Operis cum Harmonices Cl. Ptolemæi libro III. cumque Roberti de Fluctibus, dicti Flud. Medici Oxoniensis speculationibus Harmonicis, operi de Macrocosmo & Microcosmo insertis.

ACCESSIT NVNC PROPTER COGNATIONEM MATERiæ eiusdem Authoris liber ante 23. annos editus Tubingæ, cui titulus Prodromus, seu Mysterium Cosmographicum, de causis Cælorum Numeri, Proportionis motuumque Periodicorum, ex quinque Corporibus Regularibus.

Cum S. C. Mᵗⁱ. Priuilegio ad annos XV.

Lincii Austriæ,

Sumptibus GODOFREDI TAMPACHII Bibl. Francof.
Excudebat IOANNES PLANCVS.

ANNO M. DC. XIX.

Astronomie« (Epitome astronomiae Copernicanae), Kapitel 1–3, auch als »Grundriß« oder »Abriß« der Kopernikanischen Astronomie bekannt (ein Lehrbuch). Mit Kopernikus hatte es eigentlich nichts mehr zu tun. Kepler hatte ihn weit hinter sich gelassen. Weitere Kapitel entstanden unter den schwierigsten Umständen während des Hexenprozesses. Entwürfe befanden sich in Keplers Gepäck, als er im September 1620 zur verhafteten Mutter nach Güglingen reiste.

Wir erwähnten schon das große Linzer Werk, das in Jahrzehnten entstanden war, die »Weltharmonik« (Harmonices mundi), herausgegeben 1619 mit dem dritten Keplerschen Gesetz. Er fand es am 15. Mai 1618, eine Woche vor Ausbruch des Dreißigjährigen Krieges. Der erste Teil des Buches wurde sofort (1619) vom Römischen Offizium auf den Index gesetzt, also verboten. Die Lehre des Kopernikus war darin erwähnt. Für Rom war aber immer noch die Erde der Mittelpunkt des Weltalls und der Planetenbahnen.

In der Vorrede der »Weltharmonik« zeigt Kepler seine überschwengliche Freude über das gelungene Werk: »Nachdem vor achtzehn Monaten das erste Morgenlicht, vor drei Monaten der helle Tag, vor ganz wenigen Tagen aber die volle Sonne einer wunderbaren Schau aufgegangen ist, hält mich nichts zurück. Ich überlasse mich heiliger Raserei. Ich trotze den Sterblichen mit dem offenen Bekenntnis, ich habe die goldenen Gefäße der Ägypter geraubt, um meinem Gott daraus eine heilige Hütte einzurichten weitab von den Grenzen Ägyptens. Verzeiht ihr mir, so freue ich mich, zürnt ihr mir, so trage ich es. Ich werfe den Würfel und schreibe ein Buch für die Gegenwart oder die Nachwelt, mir ist es gleich. Es mag hundert Jahre seines Lesers harren.« (Mit den goldenen Gefäßen der Ägypter war offenbar das Werk des Claudius Ptolemäus gemeint, dessen Weltbild nicht nur von Kopernikus, sondern nun endgültig und in genauerer Weise auch von Kepler überwunden worden war.)

Ein zweiter Teil folgte 1620, der letzte Teil 1621, als der Hexenprozeß seinen Höhepunkt erreicht hatte. Dies war auch das Jahr, in dem eine Zweitauflage seines Erstlingswerks erschien, des »Weltgeheimnisses« (Mysterium cosmographicum) aus dem Jahre 1596. Er ergänzte den nochmals wiedergegebenen Grazer Text durch Hinweise und Berichtigungen. Ergebnisse seiner neueren wissenschaftlichen Arbeiten wurden als Nachträge hinzugefügt, vor allem die Erkenntnis, daß sich die Planeten nicht in Kreisen, wie damals angenommen, sondern in Ellipsen um die Sonne bewegen.

Über mehrere weitere Schriften, so das anonym herausgebrachte »Glaubensbekandtnus vnd Ableinung allerhand desthalben entstandener vngütlichen Nachreden« (1623) und mehrere Veröffentlichungen über Kometen sowie über die große Zusammenkunft (Conjunction) des Saturns und des Jupiters im Sternbild des Löwen, Juli 1623, führte nun allmählich der Weg zur Vollendung des großen Werkes, auf das die Gelehrten in ganz Europa und darüber hinaus schon lange warteten: die Rudolphinischen Tafeln (Tabulae Rudolphinae).

Selbst aus Indien und China lagen schon Anfragen vor – dort gab es Jesuitenmissionen. Sichere Vorausberechnungen für Sonnen- und Mondfinsternisse waren willkommen, weil damit in der heidnischen Welt das Ansehen des Christentums gefördert werden konnte. Aber auch Seefahrer, Kalendermacher, Astronomen und Astrologen warteten auf die neuen Tafeln. Vinzenz Bianchi Graf Alerani hatte 1619 aus Italien an Kepler geschrieben, er schätze ihn als hervorragenden Mathematiker, dessen Theorien denen von Ptolemäus und Brahe vorzuziehen seien, aber er wolle doch gern erfahren, ob er lange genug leben werde, um das Erscheinen der oftmals versprochenen Rudolphinischen Tafeln feiern zu können.

In seiner Erwiderung hatte Kepler eine Menge Gründe anzugeben gewußt, warum die Tafeln so lange auf sich warten ließen. Er könne für die mißlichen Zustände bei Hofe und die häuslichen Unglücksfälle nicht verantwortlich gemacht werden. Unter diesen Behinderungen sei besonders schlimm, daß ihm das Gehalt des Kaisers niemals gezahlt worden sei. Er könne sich kaum noch einen Gehilfen leisten. Außerdem müßten die schon abgeschlossenen Berechnungen auf der Grundlage der Messungen Tycho Brahes jetzt völlig umgearbeitet werden, und zwar mit Hilfe der Logarithmen, die zu Brahes Zeiten noch nicht zur Verfügung gestanden hätten. Es läge ihm viel daran, daß »andere nach mir, die meine Grundlagen verwenden, die weit bequemere Methode benutzen können«. Schließlich würde wohl die Veröffentlichung der Tafeln auch nach Fertigstellung noch durch die Erben Brahes verzögert werden...

Eine andere Anfrage aus dem Kreise der Gelehrten beantwortete Kepler mit dem Satz: »Ich bin auf die Herausgabe so begierig, wie Deutschland auf den Frieden.«

Als er diese Korrespondenz führte, ahnte Kepler noch nicht, welche grausame Verschlechterung der Arbeitsbedingungen für die Herausgabe der Tafeln ihm bevorstand. Kaiser Ferdinand II. hatte Herzog Maximilian von Bayern gewinnen können, gegen die böhmischen Protestanten zu Felde zu ziehen. Dafür hatte er ihm Oberösterreich mit Linz verpfändet. Bayerischer Statthalter wurde Adam von Herberstorff (1585–1629) aus Kalsdorf bei Graz. Dieser herrschsüchtige und mitleidlose Mann führte ein wahres Schreckensregiment. Kepler schrieb denn auch im Februar 1621, als er zur Verteidigung der Mutter nach Württemberg gereist war, an seinen Freund Bernegger in Straßburg: »Mein zweites Vaterland, das ich verlassen habe, schwebt mit dem Strick einer harten Zwangsherrschaft um den Hals in großer Gefahr. ... Ich verzweifle aber nicht, noch zögere ich, den Ständen meine Dankbarkeit zu erzeigen und in ihrem Dienst auch in Gefahr auszuharren.«

Im Laufe des Jahres 1621 verschärfte sich die politische Situation in Oberösterreich. Kepler erinnerte sich an die gleichen Übergriffe vom Jahre 1599 in Graz. Wieder Verhaftungen von Protestanten, Vertreibungen von Haus und Hof, Ausweisungen und Hinrichtungen.

Als Kepler nach der Freisprechung seiner Mutter im November 1621 von Güglingen nach Linz zurückkehrte, erfuhr er, daß auch Baron Erasmus von Starhemberg, der als Calvinist galt, seiner Güter beraubt und verhaftet worden war. Dasselbe Schicksal mußten die meisten derjenigen erleiden, die nicht bereit waren, zum Katholizismus überzutreten. Wieder beherrschte die Rekatholisierung (»Gegenreformation«) den Alltag. In den Kellern des Linzer Schlosses schmachteten jetzt aufständische Adelige in großer Zahl.

Erasmus von Starhemberg und seine Frau Elisabeth waren mit Kepler befreundet (1613 hatten die Starhembergs Keplers Hochzeit in Eferding ausgerichtet.) Der Hofmathematiker des Kaisers, dem auch ein gewisses Wohlwollen auf katholischer Seite entgegengebracht wurde – zumindest bei den Jesuiten –, sorgte zunächst für die Söhne der Starhembergs, beide Studenten. Er empfahl sie nach Straßburg, wo Professor Bernegger etwas für sie tun konnte. Die Jesuiten bat er wiederholt, dem verarmten Erasmus Starhemberg zu helfen, »meinem größten Wohltäter«, der jetzt in schreckliche Not gestürzt sei. Und er hatte Erfolg. Keplers Bittschriften gelangten bis zu Kaiser Ferdinand II., der schließlich über diesen Fall zu entscheiden hatte. Er wollte seinem Mathematicus einmal seine Gunst erweisen und gab Starhemberg 1627 seine Güter zurück.

Wir erwähnten schon, daß auch Keplers Widersacher in Glaubensfragen, Pastor Daniel Hitzler, der ebenfalls ins Verlies geworfen worden war, durch Keplers Fürsprache davonkam. Hitzler konnte in einem württembergischen Kirchenamt unterkommen.

Ferner gelang es dem Astronomen, seinen evangelischen Buchdrucker Johannes Planck und andere Mitarbeiter von den Verfolgungen zu befreien. Als eine Art Gegenleistung für diese Zugeständnisse hatte Kepler dem ansonsten rücksichtslos durchgreifenden Statthalter das Horoskop gestellt. Dies mag mitgeholfen haben, daß Kepler selbst nicht unter den Verfolgungen zu leiden hatte. Offenbar galt er damals, in seiner besonderen Glaubenssituation und da er durch die Tübinger Protestanten wie ein »Ketzer« gebrandmarkt worden war, als »konfessionslos« oder doch auch als künftiger Katholik. Viele zerbrachen sich den Kopf, auf wessen Seite Kepler nun eigentlich zu suchen war. Er selber ließ allerdings niemals einen Zweifel daran, daß er sich zur Augsburger Konfession bekenne.

Keplers Sohn Ludwig, 17 Jahre alt, sah sich nun seinerseits vor die Glaubensfrage gestellt. Hier konnte Kepler nicht helfen – aber es wurde ihm geholfen. Mitglieder der evangelischen Stände, die damals in den »Untergrund« gegangen waren, verabredeten, sie wollten Ludwig in Sicherheit bringen. Kepler sollte nicht erfahren, wohin die Reise gehen werde, damit er nicht in die Versuchung käme, wahrheitsgemäß den Aufenthaltsort zu verraten, wenn er befragt werde. Es war nämlich verboten worden, Söhne auswärts in protestantischem Sinne studieren zu lassen. Sie mußten in solchen Fällen zurückgerufen werden.

Kepler ging auf diese »Entführung« ein. Vertrauenswürdige Männer aus dem Kreis der Stände sorgten dafür, daß der Kepler-Sohn nach Sulzbach überwechseln konnte, heute Sulzbach-Rosenberg, in Luftlinie etwa 230 Kilometer nordwestlich von Linz. Dort nahm ihn Pfalzgraf August von Sulzbach in das Gymnasium auf. Nach einigen Monaten schon konnte Ludwig Kepler dank des Ficklerschen Stipendiums nach Tübingen gehen, wo auch sein Vater studiert hatte.

Eine weitere Verschärfung der Lage brachte im Oktober 1625 das »Religionspatent«. Bei Strafe für Leib und Leben mußten die »Predicanten und unkatholischen Schuelmeister« das Land verlassen. Innerhalb eines Monats sollten alle ketzerischen Bücher abgeliefert werden. Keplers Arbeiten an den Tafeln, für die ja der katholische Kaiser der Auftraggeber war, durften zwar ungehindert fortgesetzt werden, aber es war nicht zu vermeiden, daß seine Bibliothek bis auf einige auszunehmende Werke versiegelt wurde. Die neuen Machthaber gingen daran, die Spreu vom Weizen zu sondern, das »Ketzerische« auszumerzen.

Bald gaben sie es auf, sich bei Kepler durch diesen Berg von Büchern und Schriften hindurchzuarbeiten. Nicht nur die Regale an den Wänden, sondern auch Tische und Stühle waren voll mit Büchern, die der Astronom aus allen Himmelsrichtungen zusammengetragen hatte.

So wurde er beauftragt, selbst auszusondern, was in dieser Riesen-bibliothek nicht nach dem Herzen der Männer war, von denen die Rekatholisierung des Landes betrieben wurde. Der Astronom hatte gerade anderes genug zu tun. Sollte er womöglich auch aus seinen eigenen Werken dieses oder jenes zur Vernichtung bestimmen? »Die Hündin selber soll eines ihrer Jungen preisgeben«, schrieb er voller Erbitterung. Zum Glück wünschte der mit ihm befreundete Jesuitenpater Guldin bei Hofe in Wien, einige Bücher aus Keplers Bibliothek zu entleihen. Und diese Bücher waren gerade von einem anderen Jesuiten versiegelt worden, dem geistlichen Berater Maximilians von Bayern namens Jakob Keller.

Keplers Bemühen, aus dieser mißlichen Situation einen günstigen Ausweg zu finden, war nicht vergebens. Die ganze Beschlagnahme wurde schließlich aufgehoben. Keller sorgte nun für eine katholische Leitung der

Landschaftsschule. Für Kepler war das belanglos. Er hatte ohnehin nicht mehr darauf bestanden, dort zu unterrichten. Als angeblichem Ketzer wären ihm ja doch die Schüler weggeblieben, verteidigte er sich gegen den Vorwurf, er habe heimlich protestantische Lehren verbreitet.

Von Unruhe getrieben, denn unter diesen Schwierigkeiten litt auch die Fertigstellung der Rudolphinischen Tafeln, begab Kepler sich im Herbst 1625 wieder auf Reisen. Am kaiserlichen Hof, der nach Wien verlegt worden war, versuchte er, für den Druck des Tafelwerkes an sein Geld zu kommen. Er erwirkte tatsächlich Anweisungen an die Reichsstädte. Nürnberg zahlte nicht. Er reiste weiter nach Kempten und Memmingen. Diese beiden Städte fand er zur Zahlung bereit, sie verlangten aber kaiserliche Quittungen. Bis diese eintrafen, begab sich der Astronom »zur Kur und Ausheilung eines Ausschlages zu meiner Schwester nach Roßwälden bei Göppingen, wo ich den Sauerbrunnen gebrauchte«.

Noch einmal versuchte er sein Glück bei den Nürnbergern. Doch hier waren die Kassen tatsächlich leer – die Nürnberger hatten sich soeben freigekauft. Dem Herzog von Wallenstein waren 100.000 Gulden zugebilligt worden – teils in bar, teils in Schuldscheinen –, wofür er zugesichert hatte, daß seine Truppen nicht durch Nürnberg marschieren würden. Dies war jedes, aber auch jedes Opfers wert. Durchmarschieren bedeutete Plünderung, Brand und Seuchen.

Wenn schon die 4000 Gulden für den Druck der Tafeln nicht zu haben waren (die kaiserlichen Quittungen für Kempten und Memmingen waren immer noch nicht eingetroffen), so konnte vielleicht ein leistungsfähiger Drucker gefunden werden, dachte Kepler. Er sah sich in Nürnberg danach um, fand aber nicht den geeigneten Mann. Außerdem mußte er vorsichtig sein, denn der Kaiser wünschte, das Werk solle in Linz gedruckt werden. Auch für die Papierbeschaffung hatte Kepler zu sorgen, und zwar auf eigene Kosten. Es gelang ihm, in Kempten die Papierballen zu erwerben, die für 1000 Exemplare der Rudolphinischen Tafeln ausreichen würden.

Kepler war im Dezember 1625 wieder bei seiner Familie in Linz. Hier wurde er von den Ständen für die Widmung seines Buches »Hyperaspistes« schlecht entlohnt (einer Streitschrift in einer Kometenfrage, gedruckt in Frankfurt). Sie hätten ihm nur Freibier ausgeschenkt, beklagte er sich. Mehr und mehr mußte er sich nun auch bemühen, eigene Lettern und Ziffern für den Druck der Tafeln anfertigen zu lassen. Die Plancksche Druckerei sah sich einer kaum zu bewältigenden Schwierigkeit gegenüber. Johannes Planck selbst war nur noch mit Mühe in Linz zu halten. Seine Befürchtungen für das, was hier noch zu erwarten war, erwiesen sich als durchaus berechtigt.

Die grausame Herrschaft des Stadthalters Herberstorff, Landeshauptmann von Österreich ob der Enns, führte 1626 zum Aufstand der Bauern. Sie schlossen sich unter Stephan Fadinger in den Dörfern zusammen, drangen in einzelnen Gruppen vor und zogen plündernd durch das Land. Sie zerstörten Klöster und Kirchen der katholischen Machthaber, hinterließen lodernde und qualmende Brände, wo sie gehaust hatten, und eroberten die Stadt Wels, wo vor Keplers zweiter Hochzeit einmal seine Kinder untergebracht gewesen waren. Dann zogen die Aufständischen nach Linz. Am 9. Juni 1626 begann die Belagerung, die fast zwei Monate andauern sollte. Eine Hungersnot brach aus. Seuchen machten sich breit, weil das Trinkwasser in den Brunnen verschmutzte. Pferde wurden geschlachtet und verspeist. Kepler war später froh, daß ihm diese Kost erspart geblieben war. Nach und nach loderten Brände auf. Die Stadt wurde besonders am 30. Juni so heftig beschossen, daß 70 Häuser in der Nähe der Stadtmauer ein Raub der Flammen wurden.

Auch die Plancksche Druckerei, schon längst von bayerischen Soldaten besetzt, war nicht mehr zu retten. Mit dem Setzmaterial verbrannten auch bereits fertiggestellte Teile der Rudolphinischen Tafeln. Das Werk wäre rettungslos verloren gewesen, hätte Kepler nicht sein Originalmanuskript vor den Flammen bewahren können. Ein Gerücht verbreitete sich in der Stadt und war später sogar in Danzig zu hören, die Verteidiger von Linz hätten die bleiernen Drucktypen zu Kugeln umgeschmolzen und die Keplerschen Manuskripte als Patronenhülsen verwendet. Dies mag übertrieben gewesen sein. Unwahrscheinlich war es nicht.

In dieser Zeit bewohnte Kepler im Landschaftshaus ein Zimmer mit Küche im zweiten Stock. Die gewiß bescheidene Wohnung war ihm am 29. September 1625 von den Ständen zugewiesen worden. Leider lag sie im Schußfeld. »Die übrigen Häuser nahmen nur wenige Soldaten auf«, schrieb Kepler an Guldin, als alles vorüber war, »das Landhaus aber steht auf der Stadtmauer. Alle Soldaten waren ständig auf den Wehrgängen verteilt, ein ganzes Fähnlein besetzte das Haus.«

»Die Ohren waren durch Geschützdonner, die Nase durch üble Dünste, die Augen durch Feuerbrände dauernd angegriffen. Man mußte alle Türen den Soldaten offen halten, welche durch ihre Rundgänge bei Nacht den Schlaf, bei Tag das Studieren störten. Dennoch mußte ich es als große Wohltat hinnehmen, daß mir der Präsident der Stände die Erlaubnis erteilt hatte, hier in seinen abgeschlossenen Räumen zu wohnen. Von ihnen hat man die Aussicht auf den Stadtgraben und die Vorstadt, und von dort wurde der Kampf geführt, als Gewalt hereinbrach... Unter diesen Beschwerden schrieb ich eine stattliche Disputation über die Epochen, knüpfte eines an das andere und merkte nicht im Geiste, wie die Zeit verging. Aber die Belagerung zog sich in die Länge.«

Alle die Schwierigkeiten, von denen Keplers Arbeitsplatz während seines Lebens heimgesucht wurde, fanden bei diesen Kämpfen um Linz ihren stärksten Ausdruck. Wie er hier bei Qualm und Kanonendonner trotz einiger Geschütztreffer im Landschaftshaus und trotz der hin- und herhastenden Soldaten außer dem Korrigieren der Zahlenreihen in den Tafeln auch noch eine Theorie zeitgeschichtlicher Datierungen – als Entgegnung gegen eine Schrift von Joseph Scaliger – niederschreiben konnte, ist schwer zu verstehen.

Durch einen Scharfschützen war von der Stadtmauer aus der Anführer der aufständischen Bauern so schwer verwundet worden, daß er bald darauf starb. Am 18. Juli kam aus Richtung Passau, also von Nordwesten her, auf der Donau ein kaiserliches Entsatzheer. Es stand unter dem Kommando des Hauptmanns Bartholomäus von Tannatzol. Mit fünf Schiffen näherte er sich jener schwer befestigten Stelle unterhalb von Schloß Neuhaus, wo die Bauern Ketten über die Donau gespannt hatten. Es gelang den Kaiserlichen, obwohl sie von Kanonen beschossen wurden, die Ketten und auch zwei Seile zu sprengen und mit den Schiffen bis vor den Schloßberg zu fahren. Gleich darauf legten sie vor der hölzernen Donaubrücke an, die schon vorher abgebrannt worden war.

Schwerpunkt der Kämpfe wurde am dritten Tag das »Schulerthürl« in der Stadtmauer, wo Hauptmann von Schernberg das Kommando führte. Hier stürmten die Bauern von zehn Uhr vormittags bis vier Uhr nachmittags, konnten aber nicht in das Stadtinnere eindringen. Weiter stromabwärts, in Grundmanns Haus am Flußufer, wagten sie einen Ausfall, bei dem Schernberg tödlich getroffen wurde. Sie erlagen dann aber auch hier dem Gegenangriff der Kaiserlichen. Diese gewannen nach und nach die Oberhand trotz des Feuers der überall in der Vorstadt verteilten Kanonen ihrer Gegner und trotz zahlenmäßiger Unterlegenheit.

Die Bauern ließen Hunderte Tote zurück und begannen mit ihrem Abzug. Linz hatte wieder Verbindung mit der Außenwelt. Der Bauernaufstand war damit allerdings noch nicht zu Ende. Die Kämpfe setzten sich fort und forderten von den Aufständischen weitere, furchtbare Blutopfer.

Zurück blieb ein besonders in der Vorstadt außerhalb der Mauern vielfach zerstörtes Linz, in dem auch die Druckerei des Johann Planck nun nicht mehr die »Rudolphinischen Tafeln« herstellen konnte. Auch der Kaiser sah dies ein. Kepler wurde mit einem Sonderpaß ausgestattet. Er durfte Linz verlassen und sich anderswo einen Drucker suchen.

8. Reiten und Reisen

Der Astronom schied leichten Herzens aus der so schwer heimgesuchten oberösterreichischen Hauptstadt. Sie war ihm 14 Jahre lang sein »zweites Vaterland« gewesen – eigentlich das vierte, wenn man die sechs Jahre in Graz und die 11 Jahre in Prag berücksichtigt. Leichten Herzens – aber doch voller Sorgen für die Zukunft. Wohin sollte er sich wenden? Wo konnte er seine Familie unterbringen? Würden nun die »Rudolphinischen Tafeln« in Ulm gedruckt werden können, wo er vorsorglich schon das Papier eingelagert hatte? Gab es in dieser Kriegszeit, in der alles Geld für Soldaten und Kanonen ausgegeben wurde, für Munition, für Stadtmauern, Türme und Schanzen, gab es in einer solchen Zeit noch irgend jemand, der die Herstellung eines Tabellenwerks mit Tausenden von Zahlen über Sonne, Mond und Planeten bezahlen wollte?

Doch die Reichsstädte Kempten und Memmingen hatten nun doch 2000 Gulden aufgebracht. Kepler faßte wieder Mut. Vor fast zweieinhalb Jahrzehnten hatte er im Auftrage der Habsburger mit der Riesenrechnerei begonnen. Zum Ruhme des Kaisers sollte das Werk vollendet werden – und für die Nachwelt.

Kepler war sich darüber klar, daß derart umfangreiche Rechenarbeiten so bald nicht wieder jemand auf sich nehmen würde, wenngleich die Mondbewegungsdaten verbesserungswürdig waren. Tatsächlich bildeten die Tafeln für mehr als 100 Jahre die zuverlässigste Berechnungsgrundlage für alle Bewegungen der Gestirne. Noch 1723 zum Beispiel wurde der Evangelische Kalender auch »wegen Feyrung des Oster-Festes« im kommenden Jahr nach den Angaben in den »Rudolphinischen Tafeln« herausgegeben (Gerlach/List).

Zunächst aber wußte Kepler noch nicht, welches sein nächster Wohnsitz sein könne. »Welchen Platz soll ich mir suchen? Einen, der bereits zerstört wurde, oder einen, der erst zerstört werden wird?«

Wie bei so vielen, die den Boden unter den Füßen verloren haben – auch in späteren Jahrhunderten –, ging es auch im Falle des Johannes Kepler »irgendwie weiter«, sofern die Entwurzelten nur überlebt hatten. In Ulm kannte er den Buchdrucker Jonas Saur, der vielleicht für den Druck des riesigen Werkes in Frage kam. Dort hatte auch der befreundete Arzt

Gregor Horst in der Rabengasse einen Anbau fertigstellen lassen. Er würde für die Keplerfamilie genügend Platz bieten.

Also packte der Astronom wieder einmal seinen Hausrat zusammen, Kleider, Bücher und Globen, Entwürfe, sein »ekliptisches Beobachtungsinstrument«, wie er es nannte, und andere Geräte, auch Typenmaterial für den Setzer mit den auf eigene Kosten in Blei gegossenen astronomischen Zeichen. Mit Kisten und Kästen, mit Frau und drei Kindern (die anderen waren gestorben) bestieg Kepler am 20. November 1626 das Schiff, das donauaufwärts nach Ulm fahren sollte.

In Regensburg schon, etwa auf halbem Wege, überraschte sie der Winter. Auf der Donau setzte Eistreiben ein – die Schiffahrt wurde eingestellt. Mit dem Wagen die Reise fortzusetzen, wäre wegen des umfangreichen Hausrats zu teuer geworden. So war die Familie froh, in Regensburg, heutige Keplergasse Nr. 2, im Haus des Schneiders Haller eine Wohnung mieten zu können. Der Astronom reiste am 8. Dezember allein im Wagen weiter – bei bitterer Kälte durch Schnee und Eis, vom Fieber und von Geschwüren geplagt. Nur das Notwendigste hatte er bei sich, vor allem die gegossenen Buchstaben, Zahlen und Zeichen für den Druck.

Erst als er den Turm des Ulmer Münsters sah (der damals noch unvollendet war), atmete er erleichtert auf. In dieser freien Reichsstadt außerhalb Österreichs, einer Handelsstadt von hohem Rang, in der auch Künste und Wissenschaften gediehen, sollten die Tafeln zustande kommen, das, wie er meinte, größte Werk seiner besten Schaffensperiode. Die Einwohner Ulms waren zumeist evangelisch. Und niemand verfolgte oder vertrieb sie.

Mit seinem sicheren Instinkt für die äußeren Lebensumstände, für Entwicklungen und Anpassungsmöglichkeiten ahnte Kepler, daß Ulm nur ein vorübergehender Aufenthaltsort sein würde. Am 8. Februar 1627 schrieb er an Bernegger nach Straßburg: »Unserem Österreich ist eine große Wunde geschlagen, die Seele scheint ihm zu entweichen. Wenn die Rudolphinischen Tafeln erst herausgegeben sind, wünsche ich mir einen Ort, wo ich mit einigem Zulauf darüber Vorträge halten kann, wenn möglich in Deutschland, wenn nicht auch in Italien, Frankreich, Belgien oder England, wenn nur dem Fremdling angemessenes Gehalt gezahlt werde.«

Saurs Druckerei lag Keplers Wohnung gegenüber. So konnte er bequem täglich die Setzarbeiten verfolgen, die Korrekturen lesen, wobei ihm Freunde halfen, er konnte zahlreiche Fehler ausmerzen, Veränderungen und Einfügungen anbringen, schon fertige Seiten zurückstellen, um sie anderswo einzuordnen. Auch an der leidigen Mondberechnung arbeitete er noch während des Druckes. Und vor allem konnte er Unleserliches in seinem Manuskript verdeutlichen.

Eine Seite aus dem schwer leserlichen Manuskript Keplers für die »Rudolphinischen Tafeln«. Ohne die Hilfe des Astronomen hätte sich der Setzer nicht zurechtgefunden.

Wie ein Besessener hatte er sich in diese Arbeiten gestürzt. Drucker Saur, der zunächst diese Mithilfe begrüßt hatte, schätzte Keplers Eingriffe allmählich ganz und gar nicht mehr. Der mürrische, ungestüme und eigenwillige Druckereibesitzer, der sein Handwerk besser zu verstehen glaubte als der Astronom, wurde zunehmend unruhig. Er hielt auch die Bezahlung für zu gering, mußte sich aber von Kepler sagen lassen, daß ein Druck in Linz nur die Hälfte gekostet hätte. Der Kaiserliche Mathematiker glaubte schließlich, Saur, der in Schulden steckte, wolle ihn übervorteilen und Geld von ihm erpressen.

Die beiden lebhaften Temperamente gerieten hart aneinander. Kepler verlor die Zuversicht, in Ulm die Vollendung des Druckes der »Rudolphinischen Tafeln« erleben zu können – und sah sich nach einem anderen Drucker um. Tübingen schien ihm der geeignete Ort – seine engere Heimat. Dort studierte damals auch Keplers Sohn Ludwig Medizin. Offenbar verbrauchte er dabei mehr Geld, als dem Vater lieb war. Eine Äußerung Keplers ist bekannt, der Kaiser bezahle ihn nicht, damit der kostspielige Sohn das Geld ausgebe.

In niedergeschlagener Stimmung, der Verzweiflung nahe, weil sein großes Tabellenwerk zu scheitern drohte, machte Kepler sich im Februar 1627 bei Schnee und Frost auf den Weg. Er glaubte, die 80 Kilometer durch die Schwäbische Alb bis Tübingen zu Fuß schaffen zu können. Geschwüre am Gesäß hinderten ihn am Reiten und Fahren. Mehrmals blieb der vermummte Wanderer, eine dunkle Gestalt in der weißen Landschaft, im Schnee stecken. Endlich gelangte er, schwer atmend, nach beinahe 20 Kilometern bis Blaubeuren. Hier mußte der 56jährige einsehen, daß er sich zu viel zugemutet hatte. Nach einer Erholungspause trat er die Rückreise an. »Ich hatte auf der Wanderung meine Kräfte kennengelernt und erkannte, daß ich umkehren mußte. Auch drohte eine Schneeschmelze«, begründete er sachlich den Abbruch seines Fußmarsches. Wir dürfen annehmen, daß er sich durch die körperliche Anstrengung abregte und bei seiner Rückkehr nach Ulm etwas mehr Zuversicht zeigte.

Auch der Drucker hatte sich dort inzwischen beruhigt. Der Druck der Tafeln konnte fortgesetzt werden.

Bald machte sich Kepler wieder Gedanken über seine Zukunft. Am 6. April 1627 schrieb er an Bernegger, er erwäge seinen Abschied aus den Diensten des Kaisers, denn dieser zeige eine drohende Haltung, wie aus allen seinen Worten und Taten hervorgehe, daß ihm »nicht lange Rast in dieser Stellung verheißen« sei. So glaube er, an einer Hochschule vielleicht den Studenten die Stellungen der Sterne für die Geburtsstunde jedes einzelnen ausrechnen zu können, um ihnen eine natürliche Erklärung für die Zeichen zu geben. Als Wohnort könne wohl Straßburg in Frage kommen.

War dies ein Ansatz, um der Astrologie entgegenzuwirken? Oder suchte der praktisch Heimatlose nur die Nähe seines Freundes Bernegger in Straßburg? Der Plan ist nie verwirklicht worden.

Kepler erschien jetzt nicht mehr so häufig bei Jonas Saur zwischen den Setzkästen. Ein neuer Auftrag lockte den Astronomen. Der Ulmer Magistrat, durchaus davon beeindruckt, daß der Kaiserliche Mathematiker in dieser Stadt sein großes Werk herstellen ließ, hatte die Bitte geäußert, er möge in die überall verschiedenen Maße und Gewichte eine Ordnung bringen. Gerade in dieser Handelsstadt war es fast unerträglich, daß jede andere Reichsstadt andere Maßeinheiten verwandte – selbst bei gleichlautender Bezeichnung. Es gab eine Ulmer Elle, eine Nürnberger Elle, Augsburger Elle usw. Die Umrechnung war immer wieder eine Quelle des Ärgers und der Übervorteilung, sogar des Betruges.

Kepler erinnerte sich an seine Weinfaßberechnungen in Linz und war sogleich ganz bei der Sache. Er fertigte nach den Angaben des Ulmer Festungsbaumeisters ein Gutachten an und entwarf den berühmten »Ulmer Kessel«. Am 30. Juli 1627 schlug er vor, »dieser hochlöblichen Reichsstadt Ulm als geringen Ausdruck der Dankbarkeit für den bisher gewährten Schutz« einen Kessel zu gießen, in dem die gültigen Maße fest miteinander verbunden seien: Schuh und Elle für Länge, Eimer und Imi für Volumen und Zentner für Gewicht. Den Zentner entnahm er einem Vorschlag des Kaisers aus dem Jahre 1560 und setzte dafür das Gewicht von 1900 Guldentalern jenes Jahres fest. Das Hohlmaß, ein Eimer, entsprach dreieinhalb Zentnern des Donauwassers. Auch der ganze Kessel sollte dreieinhalb Zentner wiegen, sein Durchmesser eine Elle betragen. Ein randvoll mit Wasser gefüllter Kessel entsprach einer Höhe von zwei Schuh usw.

Der Kessel wurde hergestellt. Das Original befindet sich heute noch in Ulm. Eine Nachbildung zeigt das Keplermuseum in Weil der Stadt.

Inzwischen waren die »Rudolphinischen Tafeln« soweit gedruckt worden, daß nun auch ein Titelkupfer (Frontispiz) dem Werk vorangestellt werden konnte. Kepler lieferte selber den Entwurf – er hatte schon in Linz daran gearbeitet. Ausgeführt wurde der Kupferstich von Georg Keller (auch Celer oder Coeler) in Nürnberg.

Ein Rundtempel ist zu sehen, dessen Dach auf zehn Säulen ruht. In der Mitte hängt eine Tafel herab, »Tabulae Rudolphi Astronomiae«. An den Säulen, deren Sockel mit den Namen der Astronomen beschriftet sind, stehen oder sitzen: ein chaldäischer Astronom aus dem 7. Jahrhundert v. Chr. (Babylon), Hipparch, der griechische Astronom, dann Ptolemäus aus Ägypten, Kopernikus und Tycho Brahe. Dieser weist mit der Hand auf die Decke des Tempels unter dem Dach.

Dort ist sein (falsches) Planetensystem aufgezeichnet.

Das von Kepler entworfene (von Georg Keller gestochene) Titelbild zu den »Rudolphini-schen Tafeln« zeigt u. a. auf dem Dach des Erinnerungstempels links eine Sonnenfigur, deren Kopfstrahlen die Erdkugel treffen. Ihr Schatten läuft nach links spitz zu. Die rechte Figur trägt das Keplersche Fernrohr, das in der Zeit nach Kepler seinen Siegeszug durch alle Sternwarten der Welt antrat.

Das Ganze ruht auf einem Unterbau von zehn Vierecken. Drucker am Werk sind hier abgebildet und die dänische Insel Hven als Landkarte. Auf ihr stand Tycho Brahes Sternwarte. Links davon ist nun auch Kepler am Arbeitstisch in einer kleinen Kammer zu sehen. Der Gelehrte zeigt einen vergrämten Gesichtsausdruck. Er sitzt beim trüben Schein einer Kerze offenbar in einem ungeheizten Raum mit Mütze und pelzgefüttertem Mantel vor seinen Zahlen. Auf dem Tisch liegt das Modell des Rundtempels, Keplers eigenes Werk. Die Wappen von Böhmen, Prag, Oberösterreich und Linz sind zu erkennen. An der Wand hängt ein Pergament mit den Abkürzungen der wichtigsten Titel Keplerscher Werke. Vom Dach des Tempels läßt der kaiserliche Adler aus seinem Schnabel einige wenige Golddukaten herabfallen. Zwei davon liegen auf Keplers Tisch neben Tintenfaß und Federkiel.

In der gesamten Keplerforschung wird dieses Abbild des Astronomen als das zutreffendste und am besten porträtierte bezeichnet.

Fraglos ist Kepler als Autor dieses Riesenwerks auf diesem Titelkupfer zu kurz gekommen, wie auch sonst in seinem Leben. Die Erben Brahes waren allzusehr darauf bedacht, das Lebenswerk Tychos in den Vordergrund gerückt zu sehen. Dessen exakte Messungen bildeten zwar die hervorragende Grundlage für die Tafeln, aber die wahren Werte hatte Kepler erst ausrechnen müssen. Und dazu bedurfte es der Keplerschen Gesetze, die in unglaublich mühseliger Arbeit gefunden werden mußten, Gesetze, von denen Tycho Brahe noch nichts wußte.

Kepler hatte richtig vermutet, daß es mit den Braheschen Erben noch Schwierigkeiten geben werde. Wenn auch Tychos Schwiegersohn Tengnagel 1622 gestorben war, so setzte sich doch Brahes Sohn Georg namens der Erben vehement für den Nachruhm des dänischen Astronomen ein. Die Formulierung des Titels, die Voranstellung des Namens Brahe, die Widmung an den Kaiser, die Vorrede, auch Einzelheiten auf dem Titelkupfer glaubten die Nachfahren Brahes beeinflussen zu müssen. Sie bestimmten z. B., in welcher Kleidung Tycho Brahe auf dem Titelkupfer darzustellen sei: »In einem langen Stoffpelss aus Damast und ein gefüttert müze aufs haupt sambt ein klein güldenes kettel umb den halß, darinne ein Elephant mit ein turmel auf dem rücken worinne ein mohr sizt, hengent, wie Er dan sich zur zeit wan Er daß Observiren beygewohnet in der gleichen kleidung sich getragen.«

Fast sah es so aus, als habe Kepler nur Handlangerdienste geleistet. Daß er – vom Inhalt ganz abgesehen – Papier, Lettern, Druck, Versand und Werbung mehr oder weniger aus eigener Tasche bezahlt hatte, fiel bei den Brahe-Erben nicht ins Gewicht. Sie warteten ja auch immer noch auf die 20.000 Taler, mit denen Kaiser Rudolf II. ihnen vor mehr als 25 Jahren das Brahesche Erbe (auf dem Papier) abgekauft hatte.

In aller Bescheidenheit, aber doch inständig, bat Kepler im Hinblick auf die Darstellungen des Titelkupfers den Kaiser, »mit den Rudolphinischen Tafeln, die von den Erben Brahes, ihres ersten Urhebers, dargeboten und gewidmet werden, auch meine langjährigen Arbeiten bei ihrer Abfassung und Vervollkommnung freundlich aufnehmen zu wollen«.

Das Werk hatte immerhin 568 Folioseiten aufzuweisen. 1000 Exemplare wurden hergestellt und für je drei Gulden auf der Frankfurter Buchmesse angeboten (Erscheinungsjahr 1627). Kepler reiste wieder hin und her, um auch die geschäftliche Seite der Neuerscheinung zu regeln. Mehrmals mußte der Titelbogen mit der Widmung auf Betreiben der Brahefamilie ausgewechselt werden. Kepler hatte darauf hingewiesen, daß Brahes Meßwerte durch neuere Berechnungen verbessert worden seien. Das klang nicht gut für die Erben.

Wenn auch Keplers Familie in Regensburg eine Wohnung gefunden hatte, so konnte doch von einem ständigen Wohnsitz dort keine Rede sein, ebensowenig wie Ulm nach dem Erscheinen der Tafeln noch ein Wohnsitz für Johannes Kepler war. Von Unruhe getrieben, von Plänen für die Zukunft erfüllt, von Enttäuschungen – auch nur vermuteten – geplagt, der Kriegsereignisse wegen unsicher bis zu Hoffnungslosigkeit und Depression – eilte der Astronom von Ort zu Ort.

In Frankfurt hatte er im September 1627 die Verhandlungen mit den Buchhändlern abschließen können. Wieder sehen wir ihn dann bei Landgraf Philipp III. im hessischen Butzbach (6. bis 19. Oktober 1627). Hier standen neueste Instrumente zur Verfügung, darunter ein 50 Fuß (fast 15 Meter) langer Tubus, den sechs starke Männer kaum unter dem Schutzdach hervorholen konnten. Das obere Ende wurde über eine Rolle durch Seilzug hochgewunden, um das Instrument in die gewünschte Lage auf ein Himmelsobjekt auszurichten. Hier konnte Kepler wieder Sonnenflecken beobachten.

Der Landgraf empfahl den zur Zeit Heimatlosen an seinen Neffen Georg II. von Hessen-Darmstadt. Dieser war auch bereit, ihm und seiner Familie Unterkunft und Wohnsitz in Marburg a. d. Lahn zu gewähren und sich nach einer Druckerei für weitere Werke Keplers umzusehen.

Doch der Astronom reiste weiter. Er wollte persönlich die Zustimmung des Kaisers zu diesem Wechsel einholen, ihm auch bei dieser Gelegenheit die Tafeln überreichen.

Wieder hatte der reisende Mathematiker in Frankfurt zu tun. Dann ging es in langsamer Fahrt den Rhein aufwärts und durch Württemberg nach Ulm, »wo ich das Zurückgelassene erledigte«. Im November 1627 ist er nach langer Abwesenheit wieder bei der Familie in Regensburg. Zwei Tage nach seinem 56. Geburtstag hat er am 29. Dezember 1627 Prag

Im hessischen Butzbach, wo Landgraf Philipp III. über ein fast fünfzehn Meter langes Fernrohr verfügte, beobachtete Kepler im Jahre 1627 Sonnenflecken. Das Instrument wurde an seinem Schwerpunkt durch einen Seilzug hochgezogen, der an einem hier nicht abgebildeten Baum oder Mauervorsprung hing.

erreicht. Der Kaiser, der eine Zeitlang in Wien residierte, war mit dem Hofstaat auf den Hradschin zurückgekehrt.

Zu seiner Überraschung wurde Kepler bei Hofe äußerst freundlich empfangen. Er fand viele Gönner und Förderer seiner astronomischen Wissenschaft. Dem Kaiser überreichte er einige Exemplare der »Rudolphinischen Tafeln«. Es war derselbe, unter dessen Rekatholisierung er vor 28 Jahren aus Graz ausgewiesen worden war.

»Ich wurde mit dem glücklichsten Erfolg gebilligt und gewürdigt, von der Freigebigkeit seiner Majestät reich bedacht zu werden«, schrieb er. Ferdinand II. ließ 4000 Gulden huldreich anweisen. Wie auch sonst, zahlte er aber nicht, sondern beauftragte Ulm und Nürnberg, je zur Hälfte den Betrag an Kepler auszuzahlen. Was daraus wurde, ist nicht schwer zu erraten. Der Kaiser versicherte auch, daß er für seinen Mathematicus ein »verlockendes Angebot« bereit halte. Doch sollte er nun endlich zum Katholizismus übertreten.

Es war nicht das erste und auch nicht das letzte Mal, daß Kepler diese Gewissensentscheidung zugemutet wurde. Im Prager Glanz des Hoflebens, das trotz des Krieges eine so ganz andere Atmosphäre ausstrahlte, als etwa in dem kleinen Linz zu spüren gewesen war, in dieser Metropole Deutschlands, wo es jetzt wieder Sicherheit und Geborgenheit zu geben schien, wo Ruhm und Gulden lockten – hier glaubte so mancher, Keplers Übertritt sei nur noch eine Formsache. Wie konnte er denn bei den Protestanten bleiben, da ihm doch alle Ehren und Möglichkeiten auf katholischer Seite gewissermaßen zu Füßen gelegt wurden. Hatten ihn nicht die Evangelischen als Ketzer exkommuniziert?

Die Kaiserlichen kannten ihren Johannes Kepler schlecht. Auch unter den jetzt so überaus günstigen Umständen dachte der große Astronom nicht an einen Wechsel seines Glaubens. An den mit ihm trotz allem befreundeten Jesuiten Paul Guldin schickte er am 24. Februar 1628 seine Antwort. Sie hat später einiges Kopfzerbrechen hervorgerufen.

»Meine Gefühle gegenüber Gott würden doch etwas merkwürdig sein«, schrieb er, »wenn ich gerade jetzt zum Katholiken würde. An der Schwelle meines Lebens wurde ich durch die Eltern zur Taufe in der katholischen Kirche gebracht, mit heiligem Taufwasser besprengt und mit dem Geist der Kindschaft Gottes beschenkt. Von jener Zeit an bin ich niemals aus der Kirche getreten, nur bin ich in anderer Weise als nach der Lehre der Kirche unterrichtet worden. Inzwischen halte ich die katholische Kirche fest, mit ihr verbunden, auch wenn sie wütet und schlägt, soviel es menschliche Schwachheit zu erleiden vermag. ... Ich enthalte mich aller Beschimpfungen, Verspottungen, ungünstigen Deutungen, übertriebenen Vergrößerungen, Verdrehungen, Entstellung derer, die guten Sinnes. Den heiligen Predigten werde ich soviel entnehmen, als mir die Gnade Gottes entgegenleuchtet. Prozessionen und ähnliche Handlungen werde ich meiden, damit ich niemand zum Ärgernis sei, und nicht, weil ich die Teilnehmer verurteile, sondern weil, wenn zwei das gleiche tun, es nicht das gleiche ist.«

Und weiter heißt es: »Aber wenn ich alles das zurückweise, was ich nicht als apostolisch und somit auch nicht als katholisch ansehen kann, so bin ich auch entschlossen, die mir gegenwärtig angebotene Belohnung auszuschlagen, der Seine Kaiserliche Majestät gnädig zustimmten, und sogar die österreichischen Lande, ja, das ganze Reich und, was noch viel mehr sagen will, sogar die Astronomie aufzugeben. Ich möchte sogar hinzusetzen: auch das Leben. Allein der Mensch kann sich nicht dessen entäußern, was ihm von oben gegeben wurde.«

Zum Schluß stellte er fest, daß er doch etwas zu weit gegangen sei. »Statt in zwei Zeilen, antworte ich auf ebensoviel Bogen. Sie mögen daraus sehen, wie es in mir brodelt. Auf diese Darstellung brauchen Sie nicht einzugehen. Wir wollen uns wieder mit der Astronomie beschäftigen.«

Es klingt eigenartig, dieses »niemals aus der Kirche getreten« und »halte ich die katholische Kirche fest«, obwohl er doch nicht zum Katholiken werden wolle. Hierzu sind mehrere Erklärungen gegeben worden. Die erste besagt, daß Kepler zwischen der katholischen Kirche und dem strengen katholischen Glauben, oft als »Papismus« bezeichnet, habe unterscheiden wollen. Für ihn sei katholisch soviel gewesen wie das Christliche schlechthin, er habe alle Menschen, die getauft wurden, für katholisch gehalten.

In einer anderen Erklärung wird angenommen, Kepler habe nur klarstellen wollen, daß er durchaus kein Feind des Katholizismus sei, mit den Katholischen sympathisiere, sogar in einem besonderen Sinne katholisch sein könne, sofern der Katholizismus nicht mit protestantischen Prinzipien im Widerspruch stehe. Wir wissen, daß er an die Möglichkeit glaubte, es könne bis zu einem gewissen Grade eine Vereinigung der beiden Hauptreligionen zustande kommen. Dabei berief er sich immer auf das altchristliche Glaubensgut, das verfälscht worden sei.

9. Wegen Wallenstein nach Sagan

Ein Mann, der sich an Konfessionsfragen nicht stieß, sondern von einer ganz anderen Seite auf Keplers Mitwirkung allergrößten Wert legte, befand sich in jenen Tagen ebenfalls in Prag bei Hofe: der General-Obrist-Feldhauptmann der kaiserlichen Truppen, Albrecht Wenzel Eusebius von Wallenstein, Herzog von Friedland und Fürst von Sagan.

Der Feldherr wollte, wie alle Feldherren, seine und seines Heeres Erfolgsaussichten ergründen, wollte wissen, welche Schlachten er gewinnen werde und zu welchem Zeitpunkt, war bestrebt festzustellen, welche Chancen sich für seine Gegner ausrechnen ließen. Kurz, er wollte dem Kriegsglück hinter die Schliche kommen. Nach damals allgemein verbreiteter Auffassung konnten nur mit Hilfe der Astrologie Antworten darauf gefunden werden. Wallenstein hatte sich denn auch schon lange mit den Sternen beschäftigt und ließ sich von Astrologen in seiner nächsten Umgebung wahrsagen. Hinzu trat 1629 der aus Genua stammende Astrologe Giovanni Babtista Zeno (1600–1656), Schillers Seni in der Wallenstein-Trilogie.

Doch solche Berater galten wenig gegenüber dem berühmten Kaiserlichen Mathematicus, dessen Prognostiken sich einer großen Beliebtheit erfreuten. Für Wallenstein, der von der Sterndeuterei geradezu besessen war, galt Kepler als der zuverlässigste Zukunftsdeuter, der jetzt aufgrund der »Rudolphinischen Tafeln« genaueste Angaben über künftige Planetenstellungen zur Hand hatte. Zweimal schon gab es zwischen den beiden Männern Berührungspunkte: 1608 und 1624, als Kepler des Feldherrn Horoskop zu stellen bereit gewesen war. (Auf seine Wallenstein-Horoskope kommen wir noch zurück.)

Man sieht förmlich, wie in Prag Wallenstein mit offenen Armen auf den Kenner der Sternenwelt zueilt, der nach Übergabe seiner »Rudolphinischen Tafeln« an den Kaiser ohne neue Aufgabe zu sein schien. Glaubensbekenntnisse interessierten ihn hier nicht. Auch der Kaiser förderte diese Begegnung. Ihr Ergebnis: Kepler sollte im niederschlesischen Sagan – von Prag so weit entfernt wie von Berlin – für sich und seine Familie eine neue Heimat finden. Eine eigene Druckerei sollte ihm eingerichtet werden.

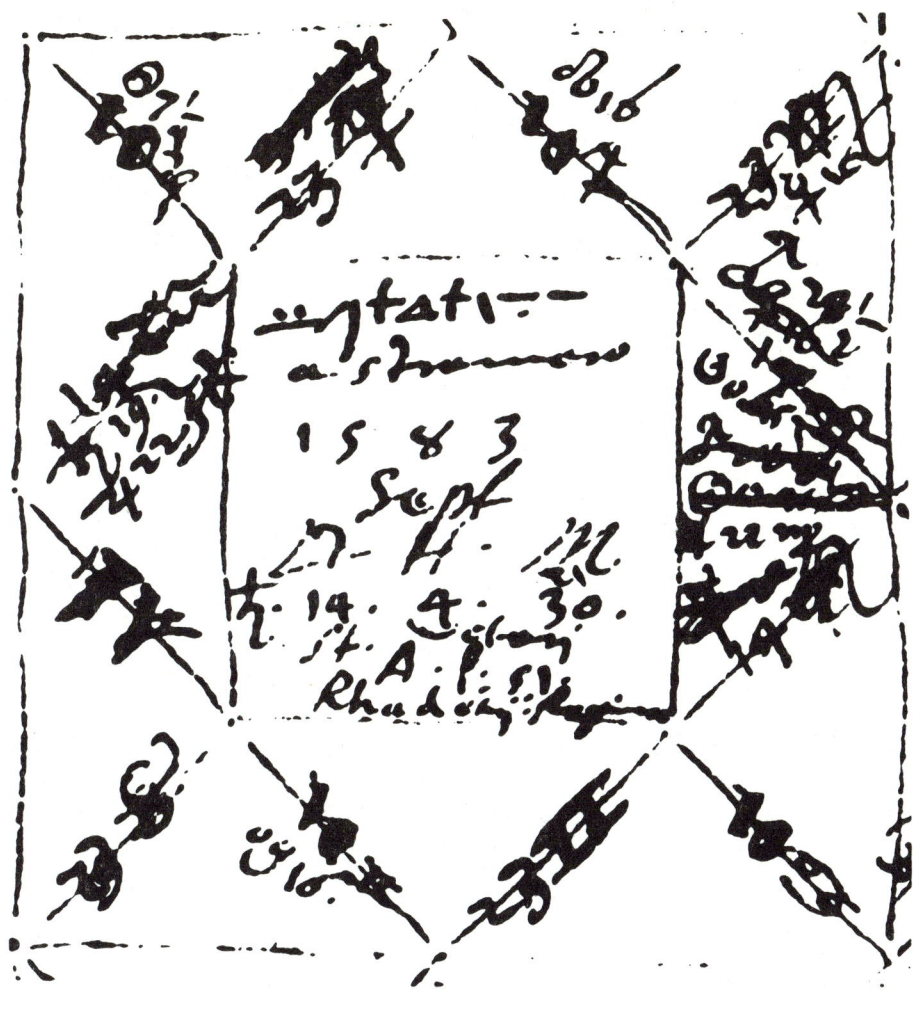

Weil Wallenstein immer wieder seine Geburtsstunde »verbesserte«, um sie einer günstige-
ren Prognose anzupassen, mußte Kepler sein Wallenstein-Horoskop von 1608 wiederholt
ändern. Daher die Streichungen und Verbesserungen. Wallensteins Geburtsdatum war mit
1583, den 14. September, 4.30 Uhr angegeben. Darüber ist der Name des geheim zu
haltenden Feldherrn in Keplers Geheimschrift notiert.

Ferdinand II. war wohl auch froh, daß er Keplers Gehaltsforderungen an die Hofkasse jetzt an Wallenstein weiterreichen konnte. Es waren immerhin schon 11.817 Gulden aufgelaufen, ein sehr stattliches Vermögen. Überflüssig zu sagen, daß Wallenstein diese Summe natürlich nicht bezahlte. Andererseits steht fest, daß er seinen Astronomen nicht darben ließ. Er zahlte ihm jährlich 1000 Gulden. Die Druckerei wurde allerdings erst eineinhalb Jahre später bewilligt, als Kepler sich wegen dieser Einrichtung die Finger wundgeschrieben hatte.

Der Astronom verließ nicht besonders hoffnungsfroh, aber doch mit etwas Zuversicht den Prager Hof im Mai 1628. Alle anderen Angebote hatten sich damit erledigt. Wie wenig er an eine wirklich gesicherte Zukunft in Sagan glaubte, ging auch aus seiner Bitte an den Kurfürsten Johann Georg von Sachsen hervor, bei dem er Unterschlupf zu finden hoffte, falls er Sagan einmal doch verlassen müsse. »Bey dero Löbl. Universiteten Witteberg oder Leipzig dermahlen einest auch mundtlich zu bfürderung der Kunst docirn« zu dürfen, hoffte er, falls er seinen »Fuß noch weiter zu setzen genötigt werden möchte«. Er sei noch immerfort auf andauernder Wanderschaft.

Kepler reiste von Prag, wo er sich fast ein halbes Jahr aufgehalten hatte, zunächst nach Regensburg zu seiner Familie. Dort ließ er einen großen Teil seiner Habe bei Freunden zurück. Auch dies wurde als ein Zeichen dafür gedeutet, daß ihm die neue Zuflucht in Sagan nicht recht geheuer erschien. Sicher aber wollte er auch die enormen Kosten für den Umzug in erträglichen Grenzen halten. Zurück blieben immerhin mindestens acht Truhen und Kästen sowie zwei Eichenfässer – auch ein Schreibtisch war dabei. Ferner führte er »Silbergeschmeide« in seiner Liste auf, Schuldbriefe über 4500 Gulden, Kleider, Leinwandstoffe, Decken, auch den größten Teil seiner Bibliothek, etliche Globen und mathematische oder astronomische Instrumente, Küchengeschirr aus Zinn, Messing, Eisen und Holz, eine Uhr (Wanduhr?), Bettgewänder im Gewicht von zwei bis drei Zentnern usw.

Die Familie fand nun vorübergehend in Prag Unterkunft. Kepler allein begab sich nach Linz. Dort erhielt er Ende Juni 1628 von den Ständen, seinen langjährigen Arbeitgebern, zum Abschied 200 Gulden. Eine Anerkennung für Keplers Dienste in den 14 Linzer Jahren – auch gewissermaßen das Honorar für einige Exemplare der »Rudolphinischen Tafeln«, die er überreicht hatte. Die Stände erwiesen sich damit als großzügig. Kepler hatte für sie ja weit weniger gewirkt als für die Astronomie im allgemeinen und seine eigenen Werke im besonderen. Aus den Diensten als Landschaftsmathematiker schied er jetzt erst und auf eigenen Wunsch aus (3. Juli 1628).

Nachdem er in Prag die Familie abgeholt hatte, gelangten alle, endlich einmal wieder vereint, am 25. Juli 1628 nach Sagan. Der Landeshauptmann nahm sich dort auf Wallensteins Befehl des großen Mathematikers und seiner Familie an. Diese war offensichtlich inzwischen um ein weiteres Kind angewachsen. Jedenfalls sind vom Februar 1627 an in den Kepler-briefen immer vier Kinder erwähnt. Nach Regensburg kam aber 1626 die Familie zweifellos mit nur drei Kindern. Merkwürdigerweise hat Kepler über den Namen des Regensburger Kindes, über Taufe und Paten, entgegen sonstiger Gewohnheit, nichts berichtet.

Johannes Kepler waren noch gut zwei Jahre in Sagan vergönnt. Wohlfühlen konnte er sich dort nicht. Wie weit war jetzt seine württembergische Heimat entfernt! Sie war von den Kaiserlichen inzwischen besetzt und bald darauf schwer heimgesucht worden. Kepler hatte das schon lange kommen sehen. Überall hatte der Dreißigjährige Krieg schlimmere Formen angenommen. Die Reichsstände hatten wegen der Greueltaten der Soldateska Tillys einen Beschwerdebrief an den Kaiser gerichtet:

»Die kaiserlichen Soldaten haben unsere Untertanen urplötzlich und wie ein Unwetter überfallen, sie haben arme, wehrlose Leute überrascht, Wehrlose niedergeschlagen und zermetscht. Sie haben auch die Wöchnerinnen und die kleinen Kinder nicht verschont und deren etliche an den Brüsten ihrer Mütter getötet – sie haben den Priestern, so sie sich nicht rechtzeitig verstecken konnten, unsäglichen Schimpf und Marter angetan und deren mehrere grausam totgeschlagen. Sie haben auch arme Krüppel in den Spitälern gräßlich gemartert und getötet. Sie haben Ämter, Klöster, abgelegene Häuser, Flecken und Dörfer ausgeplündert, Kirchen und Kapellen aufgebrochen, ehrbare Frauen und Jungfrauen genotzüchtigt, sich dessen auch auf offener Straße nicht gescheut, haben auch an den toten Körpern ihre Schande getrieben ...«

Der gealterte Astronom war von ständiger Unruhe geplagt, auch von Fieberanfällen und Ekzemen, schließlich von der Befürchtung, daß seine besten Jahre hinter ihm liegen könnten, war von der düsteren Ahnung erfüllt, daß er seiner vertrackten Prognostiken wegen und in Diensten des abergläubischen Wallenstein mehr als Schicksalsdeuter denn als Wissenschaftler gelte. Dennoch schlug er eine ihm angebotene Professur in Rostock aus. Dies wäre so, als ob er Deutschland verlassen müßte.

Seine Schaffenskraft regte sich jedoch noch in beachtlichem Ausmaß. Tycho Brahes Aufzeichnungen wollte er herausgeben. Neue Angaben über die Planetenstellungen (Jahrbücher oder Ephemeriden) brachte er mit Hilfe der »Rudolphinischen Tafeln« zu Papier. Er wollte nicht, daß ihm andere darin zuvorkämen.

Vortreffliche Unterstützung fand er bei dem jungen Mathematiker und Arzt Jacob Bartsch, mit dem er 1625 schon einmal in Ulm zusammengetroffen war. Bartsch wohnte in der benachbarten Lausitz und besuchte Kepler gern in Sagan, um ihm bei den Berechnungen zu helfen. Auch zu der von Kepler immer wieder aufgegriffenen Mondastronomie wußte Bartsch einiges beizutragen. Es darf ferner angenommen werden, daß er sich trotz all seiner Schüchternheit auch auf die Rolle eines Schwiegersohns des Kaiserlichen Mathematikers vorbereitete, wenn er auch das Mädchen bisher noch nicht gesehen hatte.

Kepler war das nicht entgangen. Da Bartsch in Straßburg studiert hatte, schrieb der Astronom im April 1629 an Bernegger, er möge sich bitte erkundigen, wie Bartsch dort gelebt habe, mit wem er befreundet gewesen sei, ob er viel Geld verbraucht habe, ob vielleicht eine Professur in Regensburg für ihn zu erwarten sei. Bernegger solle den jungen Mann, falls er ihn für geeignet halte, ermuntern, um die Tochter Susanna anzuhalten. Sie war das dritte Kind aus Keplers erster Ehe und stand mit jetzt 26 Jahren in Baden-Durlach als Kammerfrau in fürstlich-markgräflichen Diensten.

Berneggers Vermittlung war erfolgreich. Kepler griff bald zur Feder und schrieb einen viele Seiten langen Brief an den künftigen Schwiegersohn. »Wir beide sind nur Menschen. Das Staatsschiff ist von gefährlichen Stürmen geschüttelt, und kein Fahrzeug hat einen sicheren Ankerplatz. Ihr, mein lieber Bartsch, möget in Gottes Namen große Aufgaben mit fester Hand angreifen, mit einem starken Geist, mit Vertrauen in die Zukunft, und stellt Euern Saturn als Wächter vor der Tür auf. Möge er jedes Verzagen fernhalten.«

Der Astronom schloß mit einer Art Glaubensbekenntnis weltlicher Art, das durch die Jahrhunderte ein geflügeltes Wort blieb: »Wenn die Stürme brausen und der Schiffbruch des Staates droht, dann gibt es für uns nichts Würdigeres zu tun, als den Anker unserer friedlichen Studien in den Grund der Ewigkeit zu senken.«

Gewisse Ereignisse in Durlach, heute ein Stadtteil von Karlsruhe, stellten sich einer baldigen Heirat entgegen. Ein zweiter Bewerber, ein Nebenbuhler, machte dem jungen Bartsch die künftige Braut streitig: der Privatsekretär des Markgrafen Georg von Baden-Durlach. Alle von Susanna geschriebenen und an sie gerichteten Briefe pflegte er zu öffnen, bevor er sie weiterleitete. Ein Briefgeheimnis gab es noch nicht. Er sah das von ihm ebenfalls begehrte Mädchen seinen Händen entgleiten, denn unter den Briefen waren auch solche von Jacob Bartsch, Johannes Kepler und Prof. Matthias Bernegger, die sich auf die Verlobung der Keplertochter bezogen.

Der Sekretär war bei seinem Markgrafen gut angeschrieben und erwirkte von ihm, daß ein Empfehlungs- und Vermittlerbrief ausgestellt wurde. Darin waren die Vorzüge des Sekretärs und seine Heiratsfähigkeit bescheinigt. Der neue Bewerber schickte diese Empfehlung, der ja zweifellos Gewicht beizumessen war, an den Kaiserlichen Mathematiker in Sagan, wobei er seinen Wunsch äußerte, dessen Tochter Susanna als seine Frau heimzuführen. Eine Abschrift ging an Bernegger in Straßburg. Dieser sah sich in der Rolle eines Vermittlers der Brautleute und hat wohl vorübergehend den Kopf verloren, denn er zeigte Verständnis für die Brautwerbung des Sekretärs und vermittelte dessen Absichten an Susanna, allerdings ... sofern sie geneigt sein sollte.

Andererseits hatte er dafür gesorgt, daß Susanna und Jacob Bartsch nun endlich auch persönlich miteinander bekannt wurden. Bartsch hatte sich ein Herz gefaßt, war nach Straßburg gereist und traf in Durlach am 23. Oktober 1629 mit seiner künftigen Braut zusammen. Von Straßburg bis Durlach waren es nur 70 Kilometer.

Fortan zeigte auch Susanna eine eigene Meinung in der Heiratsangelegenheit. Sie war aus anderem Holze geschnitzt als die meisten jungen Mädchen damals. Und sie hatte auch etwas von der Keplerschen Hartnäckigkeit mit auf den Lebensweg bekommen. Sie dachte gar nicht daran, sich den Sekretär des Markgrafen aufschwatzen zu lassen. Dabei konnte sie mit der Unterstützung ihres Vaters rechnen.

Es gelang der Keplertochter, einem Brief, den der Sekretär an Bernegger schickte, heimlich ein paar Zeilen beizufügen, die nicht durch die Zensur gingen. Darin teilte sie mit, daß sie den Sekretär nicht heiraten wolle, sondern ihren lieben Jacob Bartsch.

Bernegger sandte wiederum diese Zeilen an Johannes Kepler nach Sagan. Dieser atmete auf. Er war schon sehr besorgt gewesen. »Das ist die Summe von Gewalt und Schlauheit: Meine Tochter wird bedrängt, weil jener Freier das Sekretariat des Markgrafen leitet.« So hatte er am 23. November 1629 an Philipp Müller in Leipzig geschrieben, den Professor der Mathematik, Botanik und Medizin, mit dem er damals sehr befreundet war. Bei Müller hatte Bartsch früher studiert. Kepler durfte annehmen, daß den Professor das weitere, auch private Schicksal des Studiosus interessierte.

Alles, was hier an Kabale und Liebe zusammengekommen war, löste sich nun zu Keplers Zufriedenheit. Tochter Susanna setzte sich durch. Am 12. März 1630 fand in Straßburg die Hochzeit statt. Am Vormittag noch war Jacob Bartsch die Würde eines Doktors der Medizin verliehen worden.

Brautvater war stellvertretend für den verhinderten Astronomen sein Freund Bernegger. Ferner nahmen an der Hochzeit teil: Keplers 15 Jahre jüngerer Bruder Christoph, der Zinngießer und Drillmeister aus Leonberg, der sich im Hexenprozeß gegen seine Mutter so schäbig benommen hatte, ferner Keplers Sohn Ludwig (das 5. Kind aus seiner ersten Ehe), der damals in Tübingen Medizin studierte. Brautführerinnen waren Keplers

Schwester Margarete, die sich ebenfalls für die angeklagte Mutter nicht sehr eingesetzt hatte, und eine Base des Johannes Kepler, Ehefrau des Juristen Dr. Marchtrenker. Kepler selber hatte gehofft, Berneggers Frau würde Brautmutter sein, diese aber hatte soeben erst eine Tochter zur Welt gebracht und lag im Wochenbett.

An den Hochzeitsfeierlichkeiten nahmen die Bürger Straßburgs lebhaften Anteil. »Die Tochter Keplers heiratet«, ging es von Mund zu Mund. Der berühmte Astronom stand, wenn er auch nicht anwesend war, doch in gewisser Weise im Mittelpunkt der Feier.

»Den Brautzug bildeten voran die ersten und angesehensten Männer und Frauen aller Stände«, berichtete Bernegger an Kepler, »somit die Gesellschaft der ganzen Stadt. Ich habe wirklich selten so viele Menschen beisammen gesehen. Alle Straßen, durch die wir zogen, waren überfüllt. Die große Menge der herbeigeströmten Zuschauer hätte allein eine Stadt gefüllt. Aber Du darfst keineswegs glauben, daß diese Ehre nur der Braut und dem Bräutigam galt. Dir galt sie ganz besonders. Wie sehr hatten wir doch gewünscht, Dich unter uns zu sehen! Aber weil wir Dich nicht bei uns haben konnten, haben wir Dich wenigstens in Deinen Anverwandten und Ebenbildern mit herzlicher Freude betrachtet, in der Braut, Deiner Tochter, die in der Begleitung der Frauen wie der Mond unter den kleinen Sternen strahlte, auch in Deinem Bruder, Deiner Schwester und Deinem Sohn. Die Leute wiesen mit den Fingern auf sie hin und zeigten sie einander.«

Bernegger berichtete weiter, nach den Feierlichkeiten in der Kirche sei ein Mahl geboten worden, so anspruchsvoll, wie es die Zeiten eben erlaubten. Der hohe Magistrat der Stadt habe »zwei Eimer eines recht guten Weins beigesteuert«. So habe nichts an der Fröhlichkeit gefehlt außer der Musik. Sie müsse seit einiger Zeit schweigen, »weil wir nicht Hannibal nachahmen und lachen wollen, während andere über die allgemeine Not Tränen vergießen«.

Warum Johannes Kepler nicht zur Hochzeit geritten oder gefahren war, hatte mehrere Gründe. Einerseits fühlte er sich den Anstrengungen einer Reise über 700 Kilometer bis Straßburg kaum noch gewachsen, zumal der Weg ihn durch kriegsverwüstete Gebiete geführt hätte, und er dachte auch an die Rückreise. Andererseits befand sich seine Frau im achten Monat, und er hätte zur Taufe seines 13. Kindes wohl nicht zurück sein können. Ferner war er auch wieder von seinen schriftlichen Arbeiten sehr in Anspruch genommen, die seiner Meinung nach keinen Aufschub duldeten. Und schließlich legte Wallenstein gerade einmal wieder Wert auf die Anwesenheit seines Astronomen in Gitschin, wo er sein Hauptquartier hatte. Das erwartete Kind, Anna Maria Kepler, kam am 18. April 1630 in Sagan zur Welt. Es war das achte aus Keplers zweiter Ehe und sein letztes Kind.

Das junge Paar aus Straßburg hatte bald nach der Hochzeit die Reise nach Frankfurt und weiter den mühsamen Weg nach Sagan angetreten. Dort wurden sie zwar herzlich aufgenommen, aber was waren das für Verhältnisse in dieser Stadt!

Die hauptsächlich lutherischen oder calvinistischen Einwohner hatten der Rekatholisierung nachgeben müssen, Wallenstein selber, dem grundsätzlich nicht viel an den Glaubensverhältnissen lag – er verwarf auch das Restitutionsedikt vom 6. März 1629 –, hielt es doch aus politischen und taktischen Gründen für ratsam, eine »Gegenreformation« durchzusetzen.

Wie in Graz und später in Linz hatte Kepler schon vorausgesehen, was sich dann auch abspielte: Einrichtung einer Jesuitenschule, Zwang zu Beichte und Kommunion sowie zur Teilnahme an der Fronleichnamsprozession, Ablieferung aller »ketzerischen« Bücher. Es wurde sogar verboten, einen Gestorbenen zu Grabe zu geleiten, wenn er nicht katholischen Glaubens gewesen war.

Auch diesmal war Kepler von der Rekatholisierung ausgenommen. Offenbar verdankte er dies seinem Freunde, dem Jesuiten Guldin, der nach Sagan gekommen war. Doch hatte Kepler das Gefühl, daß er heimlich beobachtet werde. Es schien auch so, als würden sich Mitbürger von der Keplerfamilie zurückziehen.

Der Astronom beklagte sich Bernegger gegenüber, daß auch der mündliche Umgang mit anderen wie abgeschnitten sei. Er hatte schon im Oktober 1629 in einigen erschütternden Sätzen den allgemeinen Zustand zusammengefaßt. An Professor Müller in Leipzig schrieb er: »Inmitten des Zusammenbruchs von Städten, Provinzen und Staaten, von alten und neuen Geschlechtern, inmitten der Furcht vor barbarischen Überfällen·und einheimischen Überrumpelungen, vor gewaltsamer Zerstörung von Heim und Herd, sehe ich mich, ein Jünger des Mars, wenn auch kein junger, genötigt, Drucker heranzuschaffen und die Tychonischen Beobachtungen herauszugeben – ohne mir irgendwelche Furcht anmerken zu lassen. Mit Gottes Hilfe will ich dies Werk auch wirklich zu Ende führen, und zwar auf militärischer Weise, indem ich mit Befehlen umspringe und kommandiere, die Sorge für mein Begräbnis aber dem morgigen Tag überlasse.«

Was der Astronom hier so schmerzlich andeutete, was sich landauf und landab begeben hatte und stündlich anderswo ereignen konnte, ist in den Schilderungen des bedeutendsten Erzählers des 17. Jahrhunderts wiedergegeben. Johann Jakob Christoffel von Grimmelshausen (1621–1676) war Augenzeuge der Überfälle, Vergewaltigungen, der Morde und des Brandschatzens, wovon Kepler so manche Einzelheit erfahren hatte. Des Grimmelshausens Erlebnisse finden sich in seinem Werk »Der abenteuerliche teutsche Simplicissimus«. Die Zeitumstände, das allgemein erschreckend abgesunkene Lebensniveau, die stürmischen Zeichen einer

Auflösung allen menschlichen Zusammenhalts in dem Inferno des großen Konfessionskrieges, die Keplers letzte Jahre überschatteten, werden deutlich, wenn wir Grimmelshausens Berichte heranziehen.

Aus seiner Kindheit erinnert er sich des Überfalls auf das stiefväterliche Anwesen im Spessart. Es kann 1625/1626 gewesen sein. Grimmelshausen bzw. seine Romanfigur Simplicissimus saß auf einem Baumstamm in einer Waldlichtung und hütete die Schafe. Der Spessart, nördlich an die engere Heimat Keplers grenzend, war eine abgeschiedene und unwegsame Landschaft. Hier sah man selten einen Fremden.

Nichts Böses ahnend sang der Hütejunge zur Musik auf seiner Sackpfeife (Dudelsack) einige Verse voll bitterer Ironie wie diesen:

»Und der Soldaten böser Brauch dient gleichwohl dir zum besten auch. Daß Hochmut dich nicht nehme ein, sagt er: Dein Hab und Gut ist mein!«

Kaum gesungen, bewahrheitete sich der Text. »Ich ward gleichsam in einem Augenblick von einem Trupp Kürassierer samt meiner Herd Schaf umgeben. Ich hatte zu solchem End meine Sackpfeife kaum aufgeblasen, da ertappte mich einer von ihnen beim Flügel (Arm) und schleuderte mich so ungestüm auf ein leer Baurenpferd, so sie neben andern mehr auch erbeutet hatten, daß ich auf der andern Seiten herab auf meine liebe Sackpfeife fallen mußte.«

Der Junge wurde auf den Gaul gesetzt und gezwungen, zum stiefväterlichen Bauernhof voranzureiten. Er war sich noch gar nicht des Ernstes der Situation bewußt und dachte, Vater und Mutter würden den gepanzerten Reitern zur Begrüßung entgegenkommen. Jene aber hatten durch die Hintertür bereits die Flucht ergriffen. Sie wurden bald eingeholt.

Zunächst wütete die Soldateska im Hause. »Was sie nicht mitzunehmen gedachten, wurde zerschlagen. Etliche durchsuchten Heu und Stroh mit ihren Degen, als ob sie nicht Schaf und Schwein genug zu stechen gehabt hätten, andere schlugen Ofen und Fenster ein, Kupfer- und Zinngeschirr schlugen sie zusammen ... Bettlaken, Tisch, Stühl und Bänk verbrannten sie ... Unsere Magd ward im Stall dermaßen traktiert, daß sie nicht mehr daraus gehen konnte. Den Knecht legten sie gebunden auf die Erd, steckten ihm ein Sperrholz ins Maul und schütteten ihm ein Melkkübel voll garstig Mistlachenwasser in den Leib.«

Andere hatten von Nachbargehöften inzwischen Menschen und Vieh zusammengetrieben und in den Hof der Grimmelshausens gebracht. Die Mutter, der Stiefvater und die kleine »Ursele« waren ebenfalls hierher geschleppt worden.

»Da fing man erst an, der Bauren Daumen aufzuschrauben und die armen Schelmen so zu foltern, als wenn man hätt Hexen brennen wollen, dermaßen sie auch einen von den gefangenen Bauren bereits in Backofen steckten und mit Feuer hinter ihm her waren. Einem andern machten sie ein Seil um den Kopf und reitelten (drehten) es mit einem Bengel (Stock) zusammen, daß ihm das Blut zu Mund, Nas und Ohren heraussprang. Jeder Bauer hatte seine besondere Marter.«

Den Stiefvater des Hütejungen hatten die Kürassiere nahe einem Feuer festgebunden und die Fußsohlen mit angefeuchtetem Salz eingerieben, »welches ihm unser alte Geiß ablecken mußte... In solchem Gelächter bekannte er seine Schuldigkeit und öffnete den verborgenen Schatz von Gold, Perlen und Kleinodien«.

Von den gefangenen Frauen, Mägden und Töchtern berichtete Grimmelshausen, daß man sie in den Winkeln erbärmlich habe schreien hören. Er nahm an, daß es auch der Mutter und dem Ursele nicht besser ergangen sei. Mitten in diesem Elend habe er den Braten wenden und die Pferde tränken müssen. Dabei sei er auch zu der Magd in den Stall geraten, »welche wunderlich zerstrobelt aussah. Ich kannte sie nicht wieder. Sie aber sprach zu mir mit kränklicher Stimm: O Bub, lauf weg, sonst werden dich die Reuter mitnehmen, guck daß du davon kommst, du siehest wohl, wie es übel... Mehrers konnte sie nicht sagen.«

Grimmelshausen floh dann in den Wald. Er sah am Abend, wie Haus und Hof in Flammen aufgingen.

Der so anschaulich geschilderte Überfall soll nur ein Beispiel geben für die Situation der Bauern. Hoffnung auf ein Überleben gab es zunächst nur in den Städten solcher Landesteile, die vom Kriege verschont geblieben waren. Dies änderte sich bald. Im Juli 1630 landete König Gustav Adolf von Schweden in Pommern. Die Invasion hatte begonnen. Nicht weniger als 30.000 Krieger besetzten die Ostseeküste. Schwedens König hatte von Wallensteins Absichten auf die Ostseeküste gehört. Zugleich wollte das protestantische Schweden den bedrängten Glaubensbrüdern in Deutschland zu Hilfe kommen. Es war etwa die Zeit, als die jung verheiratete Keplertochter Susanna mit Jacob Bartsch bei den Keplers in Sagan eintraf.

Die schwedischen Truppen säuberten Pommern und Mecklenburg von den Kaiserlichen. Später drangen sie trotz Tillys Gegenwehr nach Süden vor. Sie konnten München einnehmen. Die härteste Phase des Dreißigjährigen Krieges hatte jetzt begonnen. Es gab kaum noch einen Landesteil, der nicht von den Mordbrennern heimgesucht wurde.

Was sich im einzelnen abspielte, können wir wiederum bei Grimmelshausen nachlesen, der die Schlacht bei Wittstock in Brandenburg miterlebte. Diese Schlacht, in der die Schweden über die kaiserlichen Truppen und die Sachsen siegten, fand zwar erst im September 1636 statt, also nach Keplers Tod, sie gilt jedoch als typisch für die Art der damaligen Kriegführung überhaupt, auch während der Keplerzeit: »Das greuliche Schießen, das Geklapper der Harnisch, das Krachen der Piken und das Geschrei beides der Verwundeten und Angreifenden machten neben den

Trompeten, Trommeln und Pfeifen ein erschreckliche Musik! Da sah man nichts als einen dicken Rauch und Staub, welcher schien, als wollte er die Abscheulichkeit der Verwundten und Toten bedecken. In demselben höret man ein jämmerliches Wehklagen der Sterbenden und ein lustiges Geschrei derjenigen, die noch voller Mut staken... Die Erde, deren Gewohnheit ist, die Toten zu bedecken, war damals an selbigem Ort selbst mit Toten überstreut, welche auf unterschiedliche Manier gezeichnet waren. Köpf lagen dorten, welche ihre natürlichen Herren verloren hatten, und hingegen Leiber, die ihrer Köpf mangelten; etliche hatten grausam- und jämmerlicher Weis das Ingeweid heraus, und andern war der Kopf zerschmettert und das Hirn zerspritzt... da lagen abgeschossene Arm, an welchen sich die Finger noch regten, gleichsam als ob sie wieder mit in das Gedräng wollten, hingegen rissen Kerles aus, die noch keinen Tropfen Blut vergossen hatten, dort lagen abgelöste Schenkel, welche ob sie wohl der Bürde ihres Körpers entladen, dennoch viel schwerer worden waren, als sie zuvor gewesen; da sah man zerstümmelte Soldaten um Beförderung ihres Todes, hingegen andere um Quartier und Verschonung ihres Lebens bitten. Summa Summarum, da war nichts anders als ein elender jämmerlicher Anblick!«

Von den 25 Millionen Deutschen, die 1618 in einem größeren deutschen Reich lebten, als wir es heute kennen, überlebten schließlich nur 15 Millionen das Wüten des Dreißigjährigen Krieges – zwei Millionen weniger, als heute allein Nordrhein-Westfalen Einwohner hat. Gegenüber dieser Zahl der Hingemetzelten verschwand beinahe die Millionenzahl der verbrannten Hexen, ganz zu schweigen von den Opfern der Pest. Ganze Landstriche wurden auf das grausamste entvölkert. Allzuviele glaubten, daß es nur noch zwei Möglichkeiten ihres Daseins gäbe: Entweder sie raubten und mordeten oder sie wurden erschlagen und verstümmelt. Niemand wußte, an welcher Stelle des »Römischen Reiches Deutscher Nation« Städte und Dörfer dem Rausch der Zerstörung und des Konfessionskampfes demnächst anheimfallen würden.

Dies war die schaurige Kulisse, in deren Rahmen Johannes Kepler nach der Weltenharmonie gesucht hatte. War schon auf Erden eine Ordnung nicht mehr vorhanden, so sollten wenigstens die Himmelsbahnen nach dem Willen des Schöpfers wohlgeordnet verlaufen.

Verbittert, aber noch ungebrochen vollendete Kepler seinen dicken Ephemeridenband mit den Vorausberechnungen der Planetenstellungen bis einschließlich 1636. Es war die Fortsetzung seines Ephemeridenwerks von 1617/19.

Auf seiner eigenen Druckerpresse, die im Dezember 1629 betriebsfertig war, ließ er als erstes die »Kleine Abhandlung« (Commentatiuncula) drucken. Sie war Wallenstein gewidmet, richtete sich aber an den

Jesuitenpater Johannes Terrentius in China. Dieser war in Tschanktschou unter anderem um die Verbesserung des Chinesischen Kalenders bemüht und hatte schon vor sechs Jahren an die Jesuiten in Ingolstadt geschrieben, sie möchten ihm die neuesten Datenberechnungen aus Keplers Feder zusenden. Als dieser im Dezember 1627 davon erfuhr, schrieb er sofort die »Kleine Abhandlung«, konnte aber erst zu Neujahr 1630 mit dem Druck beginnen, als die Presse stand.

In der Druckerei, die im Hause Keplers untergebracht war, ging im Frühjahr 1630 auch das letzte Werk unter die Presse, das der Astronom seiner Nachwelt hinterließ: »Mondtraum oder Mondastronomie« (Somnium seu Astronomia Lunaris). Es wurde ein spektakuläres Sachbuch, in dem Kepler vieles von den Mondfahrten der Astronauten unserer Tage vorwegnahm. Phantasie und Himmelsphysik gaben sich hier die Hand. Zunächst hatte die phantastische Erzählung des Traumes die Oberhand, dann aber waren von Kepler im Lauf der Jahre seinem Manuskript so viele Randnotizen und himmelsphysikalische Erklärungen hinzugefügt worden, daß diese bald bei weitem den Kern der Geschichte übertrafen.

Kepler erlebte die Fertigstellung des Buchdrucks nicht mehr. Mit Titel und Vorwort versehen und vier Jahre nach seinem Tode herausgebracht hat es, nachdem auch Bartsch gestorben war, Keplers Sohn Ludwig in Frankfurt a. M. Die Keplerwitwe Susanna war mit den fertigen Druckbogen und den vier Kindern dorthin geeilt, verarmt und in der Hoffnung, Ludwig könne ihnen weiterhelfen. Die Keplererben glaubten noch ein paar Gulden an dem nachgelassenen Werk verdienen zu können. Doch diese Hoffnung erfüllte sich nicht. Die Druckkosten fielen den Erben zur Last, und Sohn Ludwig stand auch kurz vor dem Ruin.

Der »Mondtraum« ist nicht nur ein Sachbuch, sondern auch der erste echte Science-fiction-Roman in der Weltliteratur. Zwar hatten schon im Altertum einige Dichter und Philosophen vom Mond geträumt, jedoch ohne einen wissenschaftlich möglichen Hintergrund. In den Orphischen Dichtungen Alt-Griechenlands, die in das 6. Jahrhundert v. Chr. zurückreichen, findet sich z. B. eine Verknüpfung des Gedankens der Seelenwanderung mit der Behauptung, auf dem Mond gäbe es Berge, Städte, Täler und Tempel.

Plutarch (46–120 n. Chr.) versetzte die Seelen der Gestorbenen auf den Mond. Kepler kannte dessen Buch »Vom Gesicht im Mond«. Er übersetzte die lateinische Ausgabe des Xylander neu und fügte sie seinem »Traum vom Mond« bei.

Um 150 n. Chr. schrieb der Grieche Lukian über eine Reise zum Mond. Doch war auch dies noch ein ganz unwissenschaftlicher Phantasieroman. Lukian meinte selber: »Ich schreibe über Dinge, die ich weder gesehen noch erlebt habe, noch von anderen erfahren konnte, Dinge, die es nicht gibt und die es nie gegeben haben kann – und deshalb sollten meine Leser sie auf keinen Fall glauben.« Man kannte Lukian als einen Spötter und Satiriker, der sich gern über den Aberglauben und den Sittenverfall seiner Zeitgenossen lustig machte.

Kepler hatte dessen »Wahre Geschichten« in der griechischen Urspra- che gelesen und sagte darüber im »Mondtraum«: »Er segelte über die Säulen des Herkules hinaus« (Gibraltar) »und wurde von einer Windhose ergriffen, die ihn schließlich mit seinem Schiff zum Mond entführte. Dies war für mich die erste Fährte auf dem Weg zum Mond, den ich zu späterer Zeit betrat . . ., das erste Mal in Graz im Jahre 1595.«

Bei Lukian ist dann weiter geschildert, daß der Mond bereits bewohnt sei. Ein König regiere dort. Seine Krieger ritten auf Riesenvögeln, die drei Köpfe hätten. Gerade sei ein Krieg mit der Sonne vorbereitet worden. (Diese stellte er sich ebenfalls bewohnt vor, zumal sie dem Augenschein nach nicht größer als der Mond ist.)

Im Sagenschatz alter Kulturen findet sich noch so manche Legende über den Mond. Ein besonders hübsches Märchen, in dem der »Hase im Mond« eine Rolle spielt, stammt aus China. Dort war eine große Trockenheit ausgebrochen. Eine Elefantenherde machte sich durch die Wälder und Steppen auf den Weg, um den Mondsee aufzusuchen und sich an seinem Wasser zu laben. Nun hatten die Elefanten beim wuchtigen Trott durch die Wälder nicht nur die Bäume geknickt und Steppengras zertrampelt, sie hatten versehentlich auch eine große Zahl von Hasen zertreten. Und als die Elefanten abermals zum Mondsee aufbrachen, denn die Trockenheit dauerte an, stellte sich ihnen ein ganz besonders mutiger Hase in den Weg. Er erzählte den Elefanten, die Mondgöttin sei zornig, denn die Elefanten hätten beim Trinken mit ihren Rüsseln das friedliche Bild der Mondgöttin zerstört, das sich im ruhigen Waldsee gespiegelt habe.

Den Elefanten war dies sehr peinlich. Mit der Mondgöttin wollten sie es keineswegs verderben. So wandten sie sich um und kehrten zurück, woher sie gekommen waren. Einem Hasen aber ist, wie es heißt, von einem Elefanten seither kein Haar mehr gekrümmt worden. Und sicher ist seit jenem Tage auch ein Hase auf den Mond versetzt – zum Dank für seine Tapferkeit. Jedenfalls wurde auch im alten China schon behauptet, die dunkleren Stellen ließen beim Betrachten des Mondes deutlich einen Hasen erkennen.

Kepler hat zwar solche »Figuren« auf dem Mond zur Erklärung der Oberflächenbeschaffenheit herangezogen, aber wir wissen nicht, ob er die Geschichte von den Elefanten gekannt hat.

Es lag ihm daran, seinen Lesern durch einen Blick von »draußen« zu erklären, wie es kommt, daß der Planet Erde einen Wechsel von Tag und Nacht aufweist, nämlich durch die eigene Rotation um seine Achse und nicht durch ein Dahingleiten der Sonne über eine unbewegte Erde hinweg, wie es den Anschein hat. Diese alte Auffassung war damals noch allgemein verbreitet. Er wollte auch zeigen, daß die helleren und dunkleren Strukturen auf dem Mond keine Lebewesen sind, sondern ein Beobachter vom Mond aus auch auf der Erde scheinbar Dinge und Figuren wahrnehmen würde, die es in Wirklichkeit nicht gibt. In der erzählerischen Form eines Traumes ließen sich dabei die Absichten Keplers verhältnismäßig leicht lesbar darstellen. So durfte er auf eine große Zahl von Lesern hoffen.

Solche Überlegungen gingen auf die Zeit zurück, als er noch in Tübingen studierte. Jetzt aber sah er sich gegen Ende seines Lebens von schweren Zukunftssorgen geplagt. »Meine Astronomie des Mondes oder die himmlischen Erscheinungen auf dem Mond könnten, wenn wir von der Erde vertrieben werden, den Pilgern und Ausgewiesenen zum Mond ein Reisebehelf sein«, schrieb der Verbitterte am 2. März 1629 an Bernegger. Die blutigen Glaubenskämpfe dauerten jetzt schon über zehn Jahre. Kepler hatte ein sicheres Gespür dafür, was dieser Wahnsinn der Plünderer und Mordbrenner noch erwarten ließ.

Bemerkenswert ist, daß er von einer »Astronomie« des Mondes spricht. Dies unterscheidet seinen »Mondtraum« in der Tat von allen anderen Mondgeschichten, die vorangegangen waren. Wie es heute in der Science-fiction-Literatur üblich ist, paart sich auch bei Kepler die Phantasie mit den wissenschaftlichen Möglichkeiten oder wenigstens dem Denkbaren, verwischt sich die Grenze der Utopie zugunsten einer Spekulation.

Die dichterisch-mystische Art, in der Kepler seinen »Mondtraum« schrieb, war durch eine böhmische Sage angeregt worden. »Da ich auf die Geschichte der Zauberin Libussa gestoßen war – durch ihre magische Kunst eine Berühmtheit – geschah es eines Nachts, daß ich, nach der Betrachtung der Sterne und des Mondes höher gestimmt, im Bett einschlief. Im Schlaf sah ich mich ein Buch lesen.«

Kepler selber nannte sich als Traumfigur Durakoto. Seine Heimat sei Island, das die Alten Thule genannt hätten. Die jüngst gestorbene Mutter heißt Fiolxhilde. (Fiolx ist ein alter Name für Island.) Vom Vater habe sie nichts weiter erwähnt, als daß er Fischer gewesen und 150 Jahre alt geworden sei.

In der Vorgeschichte des etwa 100 Seiten starken Buches schilderte Kepler, wie er seine (also des Durakoto) Jugend auf Island zugebracht habe. Er sei von der Mutter während seiner Kindheit oft an der Hand geführt worden, auch habe sie ihn auf den Schultern getragen. Sie seien bis an die Nordküste der Insel gekommen, besonders zur Zeit der Sommersonnenwende, dem Fest des heiligen Johannes, wenn die Mitternachtssonne geleuchtet habe. Mancherlei Kräuter seien von der Mutter gesammelt worden. Zu Hause habe sie die Kräuter unter merkwürdigen Zeremonien gekocht und in kleine Säcke aus Bockshaut gefüllt ... Legten Schiffe an, so habe die Mutter ihre heilsamen Kräuterbeutel an die Seeleute verkauft ... »und erwarb so ihren Unterhalt«.

Der Knabe träumte weitere Einzelheiten aus dem Buch. Von seiner Neugier verführt, schnitt er eines der Säckchen auf, das aber bereits an einen Schiffer verkauft worden war. Daraus holte er die Kräuter heraus und auch einen Leinwandfetzen, der mit seltsamen Zeichen bestickt war. Die Mutter zürnte ihm. Da sie das Geld dem Seemann nicht zurückgeben wollte, »übergab sie mich dem Schiffer ins Eigentum«. Durakoto mußte an Bord.

Das Schiff stach schon am folgenden Tage unerwartet früh in See und segelte unter dem Wind in Richtung Bergen nach Norwegen. Kurz darauf aber erhob sich ein Sturm (Boreas) zwischen Norwegen und England. Er trieb sie in den Dänischen Sund.

Nun hatte der Schiffer es übernommen, Briefe des Bischofs von Island an den dänischen Gelehrten Tycho Brahe abzuliefern, der auf der Insel Hven lebte. Da der Knabe Durakoto mit seinen 14 Jahren schwer seekrank wurde und der Schiffer ihn nicht mehr brauchen konnte, setzte er ihn am Ufer bei einem Fischer ab und gab Durakoto die Briefe, er solle sie Tycho Brahe überbringen.

Kepler schildert, in eine Art nachträglichen Wunschtraum übergleitend, wie der Knabe bei Tycho Brahe herzlich aufgenommen worden sei. (Jedenfalls besser, als dies in Wirklichkeit im Jahre 1600 der Fall gewesen war.) Der große Astronom, so fabuliert der Träumende weiter, richtete viele Fragen an den jungen Mann, doch dieser verstand nur wenige Worte. Studenten, die in Tychos Diensten standen, machten sich dann daran, »ihm in wenigen Wochen mittelmäßig dänisch sprechen« zu lehren.

Die astronomischen Verrichtungen auf der Insel Hven nahmen die Aufmerksamkeit Durakotos sehr in Anspruch. Er beobachtete gespannt die Studenten und auch Brahe, wie sie »mit wunderbaren Apparaten in ganzen Nächten den Mond und die Sterne verfolgten«. Dies erinnerte ihn an seine Mutter Fiolxhilde, wie sie sich beständig mit dem Mond zu unterhalten pflegte. »Auf diese Weise gelangte ich, obwohl der Herkunft nach ein halber Barbar und aus dürftigsten Verhältnissen, zur Kenntnis der göttlichen Wissenschaft, die mir den Weg zu Höherem bereitete.«

Der Träumende überspringt fünf Jahre. Dann steigert sich das Verlangen, die Heimat wiederzusehen. (Seine Heimatsehnsucht hat Kepler sein Leben lang niemals verlassen.) Durakoto verabschiedete sich also von seinem Gönner und kam in die Hauptstadt Kopenhagen. Dort fand er reisende Burschen, denen er sich anschließen konnte. In der Heimat war er hocherfreut, die Mutter noch lebend anzutreffen (dies dürfte ein Reflex aus der Zeit des Hexenprozesses sein). »Ich bereitete ihr das Ende der täglichen Kümmernisse, ihren Sohn einst unbesonnen verschickt zu haben, indem ich lebendig und in Ehren wiederkehrte.«

Der herangewachsene junge Mann hatte von Brahe Empfehlungsschreiben mitbekommen. Diese verhalfen ihm zu einbringlicher Tätigkeit in der Heimat (worum Kepler sich immer wieder vergebens bemüht hatte). Er war fortan unzertrennlich mit der Mutter zusammen, die seinen Erzählungen aufmerksam zuhörte. Nun sei sie zu sterben bereit, sagte sie, da sie die Wissenschaft, die sie allein besessen hätte, dem Sohn als Erbe hinterlassen könne. Denn auch die alte Fiolxhilde war eine gescheite Frau.

Was war dies für eine besondere Wissenschaft?

Durakoto bat die Mutter, ihm Näheres zu erzählen. Und eines Tages, »da wir eine Zeit zum Plaudern verbrachten«, gab sie ihre Geheimnisse preis.

Soweit die Vorgeschichte. Im Hauptteil des »Mondtraums« wird nun von der Schattenreise nach »Levania« berichtet. Lebania ist das hebräische Wort für Mond. Es schien Kepler den gewünschten mystischen Klang zu haben.

Fiolxhilde wußte zu berichten, daß es einen Überfluß an Geistern aller Art gebe. Diese weisen Seelen seien uns immerfort nahe. Sie haßten den Betrieb und das Getöse der Menschen, strebten nach unseren Schatten und pflegten vertraulichen Umgang. Sie kenne neun solcher Geister, einer aber sei ihr besonders vertraut: der sanfteste und unschädlichste. Er könne mit 21 Buchstaben herbeigerufen werden: astronomia copernicana. Durch seine Macht – berichtete Fiolxhilde weiter – werde sie zu entfernten Erdteilen getragen, die sie ihm nenne, oder sie lasse sich von dem Geist erzählen, wie es dort aussehe. Erstaunlicherweise habe ihr der Geist über »andere Gestade« genau dasselbe berichtet wie der Sohn Durakoto über Dänemark und die Sternbeobachtungen dort.

Der Frühling kam ins Land. Der Mond zeigte eine zunehmende Sichel, sobald die Sonne sank, und stand in Konjunktion mit Saturn im Zeichen des Stiers – da begab sich die Mutter ein wenig abseits von ihrem Sohn, mit dem sie hinausgewandert war, zum nächsten Kreuzweg und rief einige Worte in die Nacht. Dann verrichtete sie noch einige Zeremonien, wie es in der Traumgeschichte weiter heißt, kam zurück, hob die flache Hand zum Zeichen des Schweigens und stellte sich dicht neben Durakoto. »Kaum hatten wir die Köpfe, wie besprochen, mit den Gewändern verhüllt, als das Flüstern einer raunenden, unterdrückten Stimme zu hören war, die sogleich zu erzählen begann.«

»Die Insel ›Levania‹«, so flüsterte der Geist, »liegt 50.000 deutsche Meilen im tiefen Äther.« (Kepler weiß hier die tatsächliche Mondentfernung mit erstaunlicher Genauigkeit anzugeben.) Der Weg zwischen »Levania« und der Erde könne allerdings nur sehr selten betreten werden, nämlich bei einer Mondfinsternis, wenn der Geist auf dem Erdschatten dahingleiten könne, der den Mond trifft. Menschen zu befördern sei schwer und lebensgefährlich. Am besten eigneten sich noch »saftlose alte Frauen, die es von Jugend an vermögen, auf Böcken oder Gabeln, auch verschlissenen Decken reitend weite irdische Räume zu durcheilen.«

(Dieses Bild vom Hexenritt wurde Kepler übel angekreidet, als er 1616 seiner als Hexe verdächtigen Mutter wegen von Linz aus an die Ankläger in Leonberg geschrieben hatte. Teile seines »Mondtraumes« waren damals schon durchgesickert, zumal eine erste Abschrift 1611 von Prag nach Leipzig und von dort nach Tübingen gelangt war. Er selbst wurde der Hexerei verdächtigt und hatte größte Mühe, diese Beschuldigung zu entkräften.)

Die Reisezeit zum Mond gab der Geist mit höchstens vier Stunden an. Zunächst werde der Mensch wuchtig in die Höhe geschleudert. Dies sei der härteste Augenblick, und deshalb müsse er mit Narkotika betäubt werden. Glied um Glied würden festgeschnallt, denn die Heftigkeit des Andrucks erfasse alle Körperteile.

Man glaubt den Bericht eines in der Raumkapsel angeschnallten Astronauten des Jahres 1968 zu lesen – mehr als 350 Jahre nach Kepler –, zumal dann der Dämon im Traum auch auf die ungeheure Kälte des Weltraums hinweist und auf die Beschwernisse des Atmens. (Heute sprechen wir von der Schattentemperatur eines Weltraumkörpers von mindestens 150 Grad Celsius unter Null und von künstlicher Sauerstoffbeatmung.)

Nach dem ersten Teil der Reise werde es für die Mondfahrer leichter, setzte der Geist seine Schilderung fort. Die jetzt schwerelosen Reisenden näherten sich einem Punkt, an dem Erdanziehung und Mondanziehung gleich stark seien und sich gegenseitig aufheben würden.

(Zur Bestätigung der Richtigkeit zitieren wir aus dem Raumfahrtbericht des Apollo-8-Unternehmens zum Mond vom 23. Dezember 1968: »Um 15.29 Uhr passierte Apollo 8 die Grenze zwischen den Schwerefeldern von Erde und Mond. Die Entfernung zum Mond betrug 62.600 Kilometer, und die inzwischen auf 3573 Stundenkilometer gesunkene Reisegeschwindigkeit nahm wieder zu. In diesem Augenblick war Apollo 8 etwa 326.000 Kilometer von der Erde entfernt... Kurz vor dem Mond drehte sich die Kapsel, und um 21.00 Uhr wurde eine geringfügige Kurskorrektur mit den kleinen Steuerdüsen vorgenommen.«)

Zu Keplers Zeit gab es bekanntlich keine Steuerdüsen. Auch wußte man noch nichts davon, daß man eine Raumfahrtkapsel auf den Kopf stellen könne, damit zur Abbremsung für die weiche Landung die

Antriebsdüse gegen den Mond gerichtet war. (Apollo 8 landete übrigens damals nicht auf dem Mond, sondern erst Apollo 11.) Doch Kepler hatte seine Traumgeister zur Verfügung. »Die Beschleunigung der Körper wird jetzt immer größer, so daß wir ihnen vorauseilen müssen, damit sie nicht durch harten Aufprall auf dem Mond zu Schaden kommen.« Man sieht fast, wie die Dämonen vor der Kapsel mit ihren Armen die zum Mond herabfallenden Reisenden zurückhalten, um den Aufprall zu dämpfen. Kepler hatte an alles gedacht.

Nachdem er die Raumfahrtprobleme trefflich vorgeführt hatte, befaßte er sich in seinem »Traum« ausführlich damit, was ein Mondbewohner vom umliegenden Weltraum wahrnehmen werde. Er schilderte z. B., wie die Erde aussieht. Kepler nannte sie Volva. Auf diese Weise wollte er beim Leser ein Raumgefühl wachrufen und zu verstehen geben, daß die Erde ein freischwebender Himmelskörper ist, wie auch der Mond, und daß sich beide nach festen Regeln bewegen, die sich aus den Anziehungskräften ergeben. In der Keplerforschung ist heute gelegentlich die Meinung anzutreffen, die Geisterfahrt zum Mond beweise Keplers sichere Kenntnis des allgemein wirksamen Gravitationsgesetzes, das also von Newton 1666 nur noch in mathematischer Formulierung aufzuschreiben gewesen sei.

Für die meisten Menschen war es damals etwas vollkommen Neues, im Geiste über den dörflichen Horizont hinauszublicken und den Planeten Erde als Kugel zu empfinden – noch dazu vom Mond aus. Aber Kepler half ihnen weiter in seinem doppelten Traum, in dem er in die Haut des Durakoto geschlüpft war, der nun seinerseits im Traum die Geistergeschichte vernahm. Er beschrieb den Wechsel von Mondnacht und Mondtag, der ungefähr einen Monat in Anspruch nehme, setzte dem die raschere Erdrotation entgegen, so daß ein Mondbewohner unseren Erdball in derselben Zeit dreißigmal um seine Achse rotieren sehe. Er unterscheidet die ewig der Erde zugewandte Mondseite (Subvolva) und die stets abgewandte Seite (Privolva). »Diese ist für immer des Anblicks der Erde beraubt... Bei den Privolvern dauert die Nacht 15 bis 16 unserer Tage, aber in schrecklicher Finsternis ähnlich unseren mondlosen Nächten, da sie niemals von den (reflektierten) Strahlen der Erde erhellt werden.« Danach werde es dann um so heißer, wenn die Sonne aufgegangen sei.

Einen Vorteil hätten die Bewohner auf der erdzugewandten Seite, die Subvolvaren. »Ihnen stellt sich die Erde mit einem fast viermal so großen Durchmesser dar, als uns der Mond erscheint... Für die Mondbewohner steht die Erde fest im Raum, wie mit einem Nagel an den Himmel geheftet, unbeweglich und am selben Ort. Hinter ihr ziehen die Gestirne mit der Sonne von Ost nach West vorüber.«

Ebenso wie der Mond zeige auch die Erde von dort aus gesehen zunehmende und abnehmende Sichelgestalt, und zwar aus demselben Grunde, »daß sie von der Sonne so oder so beschienen oder nicht beschienen wird«.

Gutgelaunt schilderte der Mondträumer Kepler, wie sich vom Mond aus gesehen auch auf der Erde gewisse »Figuren« abzeichnen, vollkommen erklärbar durch die kontinentalen Umrisse auf der Erdoberfläche. Afrika zum Beispiel vergleicht er mit einem »menschlichen Kopf, abgeschnitten an den Schultern, dem sich ein Mädchen in langem Gewande zum Kusse hinneigt«. Der Mädchenkopf sei Spanien, der Mund Malaga, der Körper Europa und Rußland das Gewand. Mit einem ausgestreckten Arm (England) locke das Mädchen gleichzeitig eine heraufspringende Katze an (Skandinavien). Habe sich die Erde weitergedreht, so erblickten die Mondbewohner »eine an einem Strick hängende ausgeschwungene Glocke«, womit die Landbrücke Mittelamerikas und Südamerika gemeint waren.

Die bildhafte Beschreibung erforderte gewiß etwas Phantasie. Aber es war ja auch die Phantasie, die den Erdenbewohnern verschiedene Tiere, z. B. einen Hasen, auf dem Mond erkennen ließ, auch eine alte Frau, die einen Wassereimer ausgießt, einen Mann im Mond mit einem Reisigbündel auf dem Rücken oder ein Gesicht mit Augen, Nase und Mund – sogar im Profil.

Die Sonne gehe für die Mondbewohner im Jahr zwölfmal auf und unter, heißt es weiter in Keplers Mondastronomie, genauer gesagt: in acht Jahren 99mal. Auf der sonnenzugewandten Seite des Mondes sei es »wohl fünfzehnmal so heiß wie in Afrika«. Dies ist allerdings nur eine Schätzung. Die im Verhältnis zum Monddurchmesser außerordentlich hohen Mondberge und »die tiefen und steilen Täler« sind hier beschrieben und sogar Städte mit kreisrunden Wällen, wie man aus den Schatten erkenne. (Heute als »Ringgebirge« bezeichnet. Sie umschließen allerdings keine Städte.) Der Mondboden wird von Kepler als porös und von Löchern und Höhlen durchsetzt geschildert.

Die großartige Darstellung der Mondastronomie war für die Keplerzeit etwas ganz Außergewöhnliches, ja geradezu Aufregendes. Sie hat in ihren wesentlichen Teilen bis heute standgehalten, auch nachdem amerikanische Astronauten im Juli 1969 »Levania« betraten, womit der Mondtraum in Erfüllung ging.

Zurück zu dem träumenden Schläfer. Noch immer liegt er im Bett und lauscht der gedämpften Erzählung des Dämons am Kreuzweg auf der Insel Island. Aber dann gibt es eine Unterbrechung. »Als ich träumend soweit gekommen war, wurde ich durch aufkommenden Wind mit prasselndem Regen im Schlaf gestört und des Schlusses der Erzählung beraubt. Ich ließ den berichtenden Dämon und seine Zuhörer zurück, den Sohn Durakoto und die Mutter Fiolxhilde, die ihre Häupter immer noch verhüllt hatten, kehrte in mich zurück, den Kopf auf den Kissen, den Leib in Decken gehüllt.«

Doch die Geschichte vom Mondtraum war noch nicht zu Ende. Kepler hatte so lebhaft von denkbaren Mondbewohnern gesprochen, daß er diese nun auch vorstellen wollte. Im Gegensatz zu dem Vorangegangen gibt er sich ganz der Spekulation hin.

Die Einwohner dort hätten keine festen und sicheren Behausungen, schreibt er, sondern wanderten tagsüber in Trupps umher. Wenn ihr Wasser auf die andere Seite der Mondkugel gezogen werde (Gezeitenwirkung!), folgten sie dorthin, teils zu Fuß, denn sie hätten längere Beine als das Kamel, teils durch die Luft mit ihren Flügeln und teils per Schiff...

»Die Rinde von Bäumen oder das Fell von Tieren oder was dem entspricht, bildet den größten Teil ihres Körpers. Er ist schwammig und porös, und wenn eines der Wesen von der Tageshitze überrascht wird, verbrennt der äußere Teil des Felles und fällt ab, wenn es Abend wird... Über die Landschaft sind Dinge verstreut, die der Form nach Tannenzapfen sein könnten und deren äußere Schuppen durch die Tageshitze verbrannt sind. Des Nachts oder auch im tiefen Schatten bringen diese Schuppen lebende Wesen hervor...« Nichts davon ist richtig. Hier war einfach Keplers Phantasie mit ihm durchgegangen.

Ernsthafter sind seine Bemerkungen zu der Frage nach den bewohnten Welten überhaupt. Wenn es auch auf dem Mond keine Lebewesen gibt, wie wir heute wissen, es sei denn, daß irdische Astronauten dort einen Besuch abstatten, so scheint doch festzustehen, daß es im großen Kosmos bewohnte Planeten gibt. Nur die riesengroßen Entfernungen verhindern einen Kontakt.

Auch bei Kepler ist dieser Gedanke schon zu finden. Er bezweifelte zwar zunächst, was Giordano Bruno über die unendlich weiten Himmelsräume und ihre Bewohner verkündet hatte, denn Bruno lieferte keine Begründung, sondern eine »Offenbarung«. Dennoch finden wir bei Kepler (1607): »Nach meiner Ansicht gibt es auf den Sternen auch Feuchtigkeit und darum Lebewesen, die diese Zustände nutzen. Nicht nur der unglückselige Bruno, der in Rom auf glühenden Kohlen geröstet wurde, sondern auch der verehrungswürdige Brahe war der Ansicht, daß es auf den Sternen Lebewesen gibt. Ich ganz besonders schließe mich dieser Ansicht an.«

Die ganz moderne Auffassung trifft sicher zu, sofern man an die Stelle der Sterne (Sonnen) weit entfernte Planeten setzt, also erkaltete Himmelskörper, die von einer Sonne angestrahlt werden und zu klein sind, um gesehen zu werden.

Kepler befindet sich auch insofern in der Gesellschaft des Immanuel

Kant, der 1755 in Königsberg schrieb: »Indessen sind doch die meisten der Planeten gewiß bewohnt, und die es nicht sind, werden es dereinst werden.« In der Planetenfamilie, die um unsere Sonne versammelt ist, hat allerdings bisher irgendeine Form organischen Lebens nicht nachgewiesen werden können, wenn man von der Erde absieht.

Während Bartsch in Sagan den weiteren Druck des »Mondtraums« überwachte, brach Kepler am 8. Oktober 1630 nach Leipzig auf. In der Familie war man es gewohnt, daß der Vater häufig und unvermutet auf Reisen ging. Nicht so Jacob Bartsch, der mit seiner jungen Frau nun ebenfalls zum Keplerschen Haushalt gehörte. Er schrieb später, nach dem Tod des Astronomen, Kepler habe Sagan »ganz unerwartet verlassen und in einem Zustand, daß seine Witwe, seine Kinder und seine Freunde eher das Jüngste Gericht als seine Rückkehr erwartet hätten«.

Kepler selber, der von Leipzig aus an Wallenstein schrieb, äußerte sich ebenfalls wenig zuversichtlich. Das Schreiben endete mit den Worten: »Also empfehle ich auch ohne Weitläufigkeit mich und meinen Gehilfen, auch beiderseits die Angehörigen, in dero Stadt Sagan meine Wiederkunft erwartend, zu ständigen landesfürstlichen Gnaden.«

Ferner schickte Kepler von Leipzig, wo er für acht Tage bei Professor Müller abgestiegen war, mit Fuhrleuten einige Ephemeridenbände, sonstige Bücher, Kleider usw., »sampt meinen brieflichen Urkunden, die all mein Vermögen umfaßten«, nach Regensburg voraus, seinem übernächsten Reiseziel auf dem Wege nach Linz. In Oberösterreich hatte er bei der Landschaft »Ob der Enns« und bei der Eisenhandlungsgesellschaft in Steyr sein Vermögen deponiert, aber noch keine Zinsen (6 Prozent) kassieren können. Eine Nachricht aus Steyr hatte aber den Vermerk enthalten, am 11. November bestehe Hoffnung, daß er zufriedengestellt werde.

Des von Geldsorgen geplagten Mannes letzter Brief (vom 21. Oktober 1630) wurde ebenfalls noch in Leipzig geschrieben. Er ging an seinen besonderen Freund Bernegger in Straßburg, der ihn zum Besuch und zum Verweilen eingeladen hatte. (Im Rahmen der Keplerforschung ist dieser Brief mit der Nummer 1145 gekennzeichnet.) Kepler nahm diese Einladung dankend an. »Gott schütze euch und erbarme sich meines unglücklichen Vaterlandes«, heißt es in dem Antwortschreiben. »Keine Gelegenheit, mag sie noch so weit entfernt sein, ist bei dieser Unsicherheit der menschlichen Verhältnisse zu verschmähen.« Dann aber erwähnt er die Einladung nicht weiter, behält sich wohl vor, später darauf zurückzukommen.

Aber er teilt mit, daß er jetzt nach Regensburg und Linz reise und von dort zu Wallenstein, dessen Aufenthaltsort ihm im Augenblick unbekannt sei. Er käme »nach Sagan zurück, so Gott will. Lebt wohl mit Frau und

Kindern. Haltet euch gleich mir an dem einzigen Anker der Kirche fest, dem Gebet zu Gott, und betet für mich.«

Das klang nach Abschied. Kepler muß sehr niedergeschlagen gewesen sein angesichts einer Welt, die um ihn herum zusammenbrach. Er machte sich da nichts vor.

Von Sagan bis Leipzig hatte er 250 Kilometer zurückgelegt. Nochmals 250 Kilometer bewältigte er bei herbstlich trübem und nassem Wetter zu Pferde bis Nürnberg. Hier hoffte er, die Ergänzung der »Rudolphinischen Tafeln«, eine Weltkarte, fertig vorzufinden. Sie wäre wegen des Gradnetzes für die Seefahrt äußerst wertvoll gewesen. Die für das frühe 17. Jahrhundert schon recht genaue Karte war von Johann Beck unter Mitwirkung von Wilhelm Schickart gezeichnet worden, der auch die Figurentafeln in der »Weltharmonik« angefertigt hatte. In Nürnberg wurde die Weltkarte in Keplers Auftrag von Johann Philipp Walch gestochen. Philipp Eckebrecht führte die Aufsicht. Sie mußten alle von Kepler bezahlt werden. Doch seine Hoffnung erfüllte sich nicht, die Karte mitnehmen zu können, um sie dem Kaiser zu übereichen. Sie war noch nicht fertig.

Also stieg er wieder aufs Pferd, um den letzten Ritt über 100 Kilometer nach Regensburg anzutreten. Insgesamt war er bereits vier Wochen unterwegs, als er dort eintraf. Mehrmals hatte er das Pferd wechseln müssen. Der letzte Gaul war von den Strapazen derart mitgenommen, daß er fast unter dem Astronomen zusammenbrach. Auch der vom Tode gezeichnete Reiter, an Fieber und Feuerpusteln leidend, war nur noch ein Wrack.

Wir kehren an den Anfang dieses Buches zurück. Das feierliche Begräbnis des berühmten Mathematikers und Astronomen – wahrscheinlich am 17. November 1630, wie das Totenregister ausweist (Bartsch nannte den 18. November) – fiel nicht nur auf den Tag vor einer Mondfinsternis. Von dem Regensburger Chronisten Daniel Tanner stammt die Mitteilung, am Abend des Begräbnistages seien bei aufklarendem Himmel »feurige Kugeln vom Firmament gefallen«. Man habe sie nicht nur über Regensburg, sondern auch an anderen Orten gesehen.

Was damals, wenn die Beobachtungen zutreffen, als ein himmlisches Abschiedsfeuer für den Heimgegangenen gedeutet wurde, so als vergieße der Himmel »feurige Tränen«, wie man sich zuraunte, könnte nach heutiger Kenntnis der Leonidenschwarm gewesen sein. Er müßte damals als Sternschnuppenschauer weit großartiger in Erscheinung getreten sein als in unserer Zeit, müßte wie ein Regen aus feurigen Tropfen geräuschlos, aber unablässig für Stunden über den Nachthimmel geglitten sein, als hätten die Sterne ihren Halt verloren.

Entsprechend seiner Umlaufszeit um die Sonne kehrt der Stern-schnuppenschauer alle 33 bis 34 Jahre wieder, und zwar jeweils zwischen dem 11. und 20. November mit einem Höhepunkt um den 16. November. Das Jahr 1630 paßt mit dem Datum der Beisetzung in diese Periode. Spätere Jahre des Sternschnuppenregens waren 1731, 1765, 1799, 1833, 1866, 1901.

Der Ausstrahlungspunkt, von dem her die Sternschnuppen und auch »Feuerkugeln« (so werden die größeren Sternschnuppen genannt) in unsere Atmosphäre eindringen, liegt im Sternbild des Löwen (nicht mit dem Sternzeichen dieses Namens zu verwechseln), daher die Bezeichnung »Leonidenschwarm«. Er steht mit einem Kometen in Zusammenhang, der erst 1866 entdeckt wurde und dessen winzige Auflösungsteilchen – in seiner Bahn verteilt – eine Verdichtung aufweisen – eben die Sternschnup-penwolke. Sie ist heute unansehnlich geworden. Vermutlich wurde sie aus ihrer Bahn gelenkt.

Wenige Tage darauf begann der Magistrat von Regensburg, die Hinterlassenschaft des Gelehrten zu ordnen und aufzuschreiben. Dies waren also auch jene Gegenstände, die er mit einem Fuhrtransport zu seinem Freund Billy vorausgeschickt hatte, ehe er den letzten Ritt begann. Das Lebensbild jener Zeit wird erhellt, wenn wir einiges davon aufzählen.

An Barschaft wurden genannt: 22 ganze Reichstaler, 11 Gulden aus dem Verkauf des Pferdes, 1 goldener Pfennig, wiegt 4¹/₂ Dukaten, 1 goldener Pfennig, wiegt 8 Dukaten, 55 einfache Dukaten, 1 falsche Zechine, 1 goldener Gnadenpfennig mit Wallensteins Bildnis, 4 Diaman-ten mit 1 anhängenden Perle, 1 runder, goldener Gnadenpfennig mit des Bischofs von Augsburg Wappen. An Münzen: 2 Gulden, 1 schlechter halber Taler, 1 schlechter Sechsbazner, auch »des verstorbenen Herrn selig silberner Petschierring« mit dem Keplerschen Familienwappen.

Seine ausstehenden Forderungen, die ihn als wahren Krösus hätten erscheinen lassen, wenn ihm davon einiges gezahlt worden wäre, waren unter den »Gegenschulden« aufgeführt, z. B. 1500 Gulden von der Landschaft Österreich ob der Enns, 2000 Reichstaler von Kaiser Rudolf II. (seit April 1610!), 4000 Gulden Anweisungsbrief von Kaiser Ferdinand II. an die Stadt Nürnberg für die Auszahlung an Kepler, 2000 Gulden Anweisungsbrief für die Stadt Ulm, 11.817 Gulden von Wallenstein zu erhalten usw. Eine Reihe von Einzelschuldnern vervollständigte die Liste, darunter die Eisenhandlungsgesellschaft der Stadt Steyr, die ihm 1000 Gulden schuldig geblieben war.

Bei den »Klaidern« fanden sich ein schwarzwollener Mantel, ein schwarzwollener Leibrock mit rauhem Futter, ein schwarzwollenes Wams, ein leinen abgenähtes Nachthemd, eine wollene Haube mit rauhem Futter, ein braunes Paar Socken, ferner »1 Fülzhuett, 2 baar handtschuch,

1 Kampfuetter, 1 Fehleiß (Rucksack), 1 Pusazn, 1 alt lederne Gürttl, 15 Schlueßl, 1 Waxstöckhl«.

Auch die »Rüstung« wurde aufgeführt: ein Wehrgehäng, Pistole samt Halfter und Pulverflasche, ein Paar Stiefel, ein Paar Sporen.

Von seinem vorletzten Werk, dem Jahrbuch mit den vorausberechneten Gestirnörtern (Ephemeriden), wurden 4 in weißes Pergament gebundene Quartbände gefunden, ferner 57 nicht eingebundene Exemplare dieses Werkes. Von den »Rudolphinischen Tafeln« hatte Kepler noch 16 uneingebundene und 73 gebundene in seinem Besitz.

10. Die Erben

Drei Wochen nach dem Tode des Astronomen brachte ein Bote in den ersten Dezembertagen 1630 die Trauerkunde nach Sagan. Hier hatte die Familie kaum noch etwas anderes erwartet. Die immer so geduldige Ehefrau des Astronomen, ein richtiges Hausmütterchen, wäre verzweifelt, wenn sich nicht Jacob Bartsch als ein umsichtig sorgender Schwiegersohn erwiesen hätte. Er bemühte sich auf jede erdenkliche Weise, die Familie durchzubringen, wie schwer dies nun auch sein mochte. So erreichte er z. B. von Wallenstein, der sich zunächst geweigert hatte, auch nur eine Zechine an die Hinterbliebenen auszuzahlen, daß der Gehaltsrückstand von 250 Gulden beglichen wurde.

Außer dem Ehepaar Bartsch und der Keplerwitwe zählten noch wahrscheinlich fünf Kinder zum Haushalt in Sagan: die neunjährige Cordula, der siebenjährige Fridmar, der fünfjährige Hildebert, ein dreijähriges Kind unbekannten Namens und die sieben Monate alte Anna Maria.

Unter ihnen hielt der Tod bald reiche Ernte. Jacob Bartsch erlag schon Ende 1633 in Lauban der Pest, dreieinhalb Jahre nach der glanzvollen Hochzeit in Straßburg. (Seine Witwe Susanna heiratete einige Jahre später Martin Hiller in Lauban.) Während des wochenlangen Hungermarsches der Keplerwitwe von Frankfurt nach Regensburg, wo sie alte Freunde vorzufinden hoffte, starb 1635 der kleine Fridmar noch in der Nähe von Frankfurt. Am 18. Oktober 1635 begrub Keplers Witwe ihren Sohn Hildebert in Wertheim a. M. Auch er war an der Pest gestorben.

Auf dem Friedhof von Regensburg, der inzwischen durch den Krieg völlig verwüstet, aber neu angelegt worden war, fand die 46jährige verarmte Witwe Keplers im September 1636 ihre letzte Ruhestätte – möglicherweise in unmittelbarer Nähe des einstigen Grabes ihres Ehemannes. Die beiden überlebenden Mädchen Cordula und Anna Maria wurden im Hause des Dr. Marchtrenker in Regensburg aufgenommen. Seine Frau war eine Kusine des Johannes Kepler. Außerdem überlebten Susanna Bartsch und Ludwig die Eltern.

Um das Erbe bemühte sich Ludwig, der – mit Unterbrechungen – in Königsberg/Ostpreußen als Arzt praktizierte. Es war alles vergebens. Ganz abgesehen von den finanziellen Forderungen, die ja noch gegenüber

Kaiser und Reich fortbestanden, gab es ja auch den sonstigen Keplerschen Nachlaß: eine Unmenge von Büchern, Schriften, Entwürfen, Übersetzungen, Beobachtungsjournalen, Briefen, Zeichnungen, gab es Tausende von Handzetteln und einige Instrumente. Zwar konnte ein Teil an den König von Dänemark verkauft werden, aber das meiste wurde hin und her geschoben, ohne daß jemand etwas damit anfangen konnte.

Als 1663 Dr. Ludwig Kepler in Königsberg starb, geriet der Nachlaß an den berühmten Danziger Astronomen Hevelius. Dort wäre alles um ein Haar verbrannt, denn 1675 fielen Haus, Sternwarte und Bibliothek des Astronomen einem Brand zum Opfer. Ein schlecht bezahlter Bediensteter hatte das Feuer gelegt. Der in Leipzig studierende, aus Danzig stammende Magister Hansch ließ Anfang des 18. Jahrhunderts Keplerbriefe drucken, nachdem er den Nachlaß für 100 Gulden hatte erwerben können. Er versuchte auch, eine größere Ausgabe herauszubringen, aber seine Mittel reichten nicht aus. Und mit Unterstützung staatlicher Stellen war nicht zu rechnen. Also versetzte er den Nachlaß. Er hat ihn niemals mehr einlösen können. Die Briefbände gingen nach Wien.

Die Irrwege des einzigartigen, immer kostbarer werdenden Materials aus Keplers Feder waren damit noch lange nicht zu Ende. Etwa 60 Jahre später fand sich durch Zufall ein großer Teil in einigen Kisten auf dem Dachboden einer Münzrätin namens Trümmer in Frankfurt a. M. Sie verkaufte die Werke gegen 1000 Taler an den Nürnberger Wissenschaftler von Murr. Dieser wandte sich wegen der Übernahme des Kepler-Nachlasses an Mathematiker, Naturwissenschaftler, Dichter und Universitäten, schrieb nach Heidelberg, Tübingen, Zürich, Prag, Berlin usw., doch niemand wollte in Deutschland auch nur ein paar Pfennige für diesen angeblich wertlosen Haufen Papier geben.

Entrüstet wandte sich von Murr schließlich an die Akademie der Wissenschaften in St. Petersburg (heute Leningrad). Kaiserin Katharina II. (aus dem Hause Anhalt-Zerbst) erwarb dann 1773 das riesige Material für 2000 Rubel. An deren Stelle trat, da sie schlecht bei Kasse war, ein Schmuckstück aus ihrer Schatulle. Im Jahre 1839 wurde der Kepler-Nachlaß der Sternwarte Pulkowo bei Petersburg übergeben. Das Institut ist von der sowjetischen Akademie der Wissenschaften als deren Hauptsternwarte übernommen worden. Eine Reihe von Keplerforschern haben dort das Material ausgewertet – fertig geworden ist damit noch niemand.

Die persönlichen Erben in der Familie Kepler profitierten so gut wie nicht vom Lebenswerk des großen Mathematikers. Sie endeten zumeist in großer Armut. Das literarische Erbe fiel zunächst mangels Interesse unter den Tisch. Im Ausland jedoch fanden sich noch weitere Bewahrer der Bücher und Schriften, z. B. in Dänemark. Das wissenschaftliche Erbe war hingegen unabhängig von den Originalen seinen Weg gegangen (einen nicht besonders schönen Weg).

War auch nur selten der Name Kepler genannt worden, seine Optik, seine Planetengesetze, die Tafelwerke und die Erfindungen wurden die Bausteine für das wissenschaftliche Weltbild der Neuzeit. Einige Wissenschaftler – unter vielen – müssen bevorzugt genannt werden, wenn von den geistig-wissenschaftlichen Erben Keplers nun die Rede ist: Newton, Kant und Einstein.

Von dem Engländer Isaac Newton (1643–1727) weiß alle Welt, daß er, etwa 36 Jahre nach Keplers Tod, das Gravitationsgesetz fand. Kaum jemand aber weiß, daß die Gesetzmäßigkeit der Anziehung zwischen zwei frei schwebenden Körpern schon von Kepler gefunden und beschrieben worden war. Die Übereinstimmung zwischen dem, was Newton niederschrieb, und seinem Keplerschen Ausgangspunkt hierfür ist so groß, daß ernsthafte Wissenschaftler heute das berühmte Newtonsche Gravitationsgesetz Johannes Kepler zuschreiben möchten, obwohl er das Gesetz der gegenseitigen Anziehung nicht in Formeln (Zahlen und Zeichen), sondern in Worten niedergeschrieben hat. Die Übersetzung des Keplerschen Textes in der »Neuen Astronomie« von 1609 aus dem Lateinischen lautet (nach Caspar):

»Wenn man einen Stein hinter die Erde setzen und den Fall annehmen würde, daß beide (Erdkugel und Stein) von jeder anderen Bewegung frei sind, so würde nicht nur der Stein auf die Erde zueilen, sondern auch die Erde auf den Stein zu, und sie würden den dazwischenliegenden Raum im umgekehrten Verhältnis ihrer Gewichte teilen.« Wenn für die beiden Gewichte der Begriff Massen gesetzt wird, ist dies im Prinzip haargenau das Newtonsche Gravitationsgesetz.

Und der Stein Keplers wäre nichts anderes als der legendäre Apfel, der dem englischen Physiker vor die Füße gefallen sein soll. Newton stellte fest: Zwei Massenpunkte ziehen sich mit solcher Kraft an, die dem Produkt der Massen (Masse mal Masse) direkt entspricht, dem Quadrat ihrer Entfernung aber indirekt entspricht, also umgekehrt proportional ist.

Was nun das »Quadrat der Entfernung« betrifft, so war Kepler auch hierin vorangegangen, denn er bewies, daß die Helligkeit einer Lichtquelle mit dem Quadrat der Entfernung abnimmt. (In vier Metern ist nur noch $1/16$ von der Lichtfülle des Ein-Meter-Abstandes vorhanden.) Schwerer tat er sich mit seiner Erkenntnis, die er in anderem Zusammenhang gefunden hatte: Die anziehende Kraft der Sonne, von Kepler auch als magnetische oder bewegende Kraft bezeichnet, breite sich aus wie das Licht, werde also ebenfalls mit dem Quadrat der Entfernung schwächer. Was durchaus zutrifft.

In einer Hinsicht unterscheidet sich Kepler noch von Newton. Dieser behandelte die allgemein überallhin wirkende Schwerkraft (Anziehungskraft oder Gravitation) der Himmelskörper, Kepler aber beschränkte sich offenbar auf eine Kraft der Sonne, die sich in Richtung auf die Planeten auswirke (etwa in der Ebene der Ekliptik), also nicht rundum. Die Planeten würden von Kraftstrahlen der rotierenden Sonne bewegt – Kepler spricht von Wirbeln – und gewissermaßen durch diese Kraftstrahlen in ihren Jahresbahnen um die Sonne mitgezerrt. Daher die gleiche Richtung. (Diese Wirbeltheorie ist bezüglich der Anziehungskraft inzwischen überholt.)

Kepler kam zugute, daß für ihn eine Rotation der Sonne schon feststand. Zuvor war das keineswegs selbstverständlich – auch hierin ist er seinen Zeitgenossen vorausgegangen.

Von der neu erkannten Krafteinwirkung fasziniert, der sichtlich auch der Mond unterlag, wie alle Himmelskörper, erkannte Kepler weiter, daß Ebbe und Flut damit zusammenhängen, die Gezeiten des »leicht verschieblichen Wassers der Meere« – heute eine allbekannte, fast unbedeutende Selbstverständlichkeit, damals eine geniale Entdeckung.

Nur durch Kepler, besonders durch dessen drittes Gesetz, konnte Newton sein Gravitationsgesetz aufstellen. In seinem Hauptwerk, den »Principia«, ist allerdings mit keinem Wort von Kepler die Rede. Sehr enttäuscht über den großen englischen Mathematiker schrieb daher der bekannte Keplerforscher Max Caspar 1936: »Man möchte wünschen, daß Newton, dem wir die Krönung des Keplerschen Werkes verdanken, beim Ausbau seiner Gravitationstheorie in seiner ›Prinzipia‹ dieses Verdienst Keplers hervorgehoben hätte.« Denn es sei richtig, was ein alter Autor geschrieben habe: Newton hätte nie die »Principia Philosophiae« geschrieben, wenn er nicht die so bedeutenden Untersuchungen Keplers an den wichtigsten Stellen seines Buches oft und lange überlegt hätte.

Doch der Vollständigkeit halber muß auch erwähnt werden, was der hochbetagte Newton schließlich zurückschauend in seinem »Catalogue of the Portsmouth Collection« schrieb: »Nachdem ich aus Keplers Gesetz von den Umlaufzeiten der Planeten den Schluß zog, daß die Kräfte, von denen die Planeten in ihren Bahnen gehalten werden, im umgekehrten Verhältnis zu den Quadraten ihrer Abstände von den Mittelpunkten stehen müssen, um die sie sich drehen, verglich ich dadurch die Kraft, die erforderlich ist, um den Mond in seiner Bahn zu halten, mit der Schwerkraft an der Oberfläche der Erde. Ich fand, daß sie sich recht genau entsprechen. Das alles war damals in den beiden Pestjahren 1665 und 1666, denn damals stand ich in der Blütezeit meiner Jahre für Entdeckungen.« Ohne Kepler wäre es also nicht gegangen.

Und noch einer »vergaß«, sich auf Kepler zu berufen: der berühmte französische Philosoph, Mathematiker und Naturforscher Descartes (1596–1650). Er hatte in einem optischen Werk, sieben Jahre nach Keplers Tod, dessen »Dioptrik« verwertet, ohne ihn zu nennen. Marinus Mersenne (1588–1648), der französische Mathematiker, ein Freund von Descartes, stellte ihn deswegen zur Rede. Worauf der Philosoph schließlich bekannte: »Ich stehe nicht an zuzugeben, daß in der Optik Kepler mein erster und zudem von allen bisher der am besten bewanderte Lehrer gewesen ist.« Gottfried Wilhelm Leibniz (1646–1716), der Universalgelehrte der Barockzeit, wies ebenfalls darauf hin, daß Descartes mit seiner Wirbeltheorie bei Kepler geschürft habe.

So waren einige der geistigen Erben des Johannes Kepler bemüht, seine Erkenntnisse zu wiederholen oder weiterzuentwickeln. Es hätte dem großen Astronomen vermutlich nichts ausgemacht, daß dabei manchmal sein Name unter den Tisch fiel (er hatte ja im Leben so oft das Nachsehen gehabt). Und er vertrat auch mehrmals den Standpunkt, es sei ihm nicht an persönlichem Ruhm gelegen, sondern an der Sache selbst, die verbreitet werden müsse. Doch wenn wir hier danach fragen, in welcher Weise sich Keplers wissenschaftliches Erbe in der Welt verbreitete, muß auch auf dieses trübe Kapitel des »Nachempfindens« und der »Nachschöpfung« auf Kosten des verblichenen Astronomen und Mathematikers hingewiesen werden.

Immanuel Kant (1724–1804), der Königsberger Philosoph und Naturwissenschaftler, ist in mancher Hinsicht ein Erbe Keplers oder zumindest geistig mit ihm verwandt. Zum Beispiel in seinem tiefgreifenden Bemühen, die Welt dort draußen auf einen mechanischen Ursprung zurückzuführen. Er hatte es nicht mit einer Konkordienformel zu tun, wohl aber litt er unter dem Pietismus, der protestantischen Gefühlsreligion mit dem Ziel der Fortsetzung und Vollendung der »nicht abgeschlossenen Reformation Luthers«.

Kant war 157 Zentimeter groß. Kepler kann nicht viel größer gewesen sein. Den Königsberger Philosophen nannten viele ein »verhutzeltes Männlein«, wenn er punkt sieben Uhr abends auf seinem täglichen Spaziergang den »Philosophendamm« betrat, der später nach ihm so benannt wurde. Die Anwohner stellten ihre Uhr danach. Wie Kepler war Kant schmächtig und bei schlechter körperlicher Verfassung. Es scheint, als habe die Natur zumindest bei diesen beiden fast alles in die geistigen Fähigkeiten und nur wenig in die körperlichen investiert. Eine gewisse Zähigkeit, eine Beharrlichkeit im geistigen Schöpferdrang, ist beiden gemeinsam.

Andererseits ist Kant nicht so weit und nicht so viel gereist wie Kepler. Die Wege Kants beschränkten sich auf Ostpreußen, wo er 1746–1755 als

Hauslehrer auf Rittergütern tätig war, z. B. im Kreis Gumbinnen, mehr als 100 Kilometer von Königsberg entfernt, oder in der Tilsiter Niederung sowie in Mohrungen, dem Geburtsort Herders. Daß Kant Königsberg niemals verlassen habe, ist eine unausrottbare Legende.

In diesen jungen Jahren seiner Hauslehrerzeit schrieb Kant die »Naturgeschichte des Himmels« (1755). Zwar fußt er auf alten griechischen und römischen Autoren (Epikur, Lukrez, Leukipp, Demokrit), aber auch Keplers Schriften waren ihm bestens bekannt, ebenso Newtons »Principia«. Solche Werke standen in der Königsberger Schloßbibliothek, deren Bibliothekar Kant nebenberuflich bis in sein 48. Lebensjahr war. Das Studium Keplerscher Werke veranlaßte ihn – wir erwähnten es schon – zu dem bewundernden Ausspruch, Johannes Kepler sei »der schärfste Denker, der jemals geboren wurde«. Das bedeutete schon etwas aus dem Munde dieses Philosophen, der ja selber zu den ganz großen Denkern in der Geistesgeschichte der Menschheit gezählt wird.

Im einzelnen heißt es bei Immanuel Kant:

»Wenn die Kreise der Himmelskörper genaue Zirkel wären, so würde die allereinfachste Zergliederung der Zusammensetzung krummlinichter Bewegungen zeigen: daß ein anhaltender Trieb gegen den Mittelpunkt dazu erfordert werde; allein obgleich sie an allen Planeten sowohl als Kometen Ellipsen sind, in deren gemeinschaftlichem Brennpunkte sich die Sonne befindet, so tut doch die höhere Geometrie mit Hülfe der Keplerischen Analogie ... gleichfalls mit untrieglicher Gewißheit dar: daß eine Kraft den Planet in dem ganzen Kreislaufe gegen den Mittelpunkt der Sonne unablässig treiben müsse. Diese Senkungskraft, die durch den ganzen Raum des Planetensystems herrschet und zu der Sonne hinzielet, ist also ein ausgemachtes Phaenomenon der Natur, und ebenso zuverlässig ist auch das Gesetze erwiesen, nach welchem sich diese Kraft von dem Mittelpunkte in die fernen Weiten erstrecket. Sie nimmt immer umgekehrt ab, wie die Quadrate der Entfernungen von demselben zunehmen. Diese Regel fließt auf eine ebenso untriegliche Art aus der Zeit, die die Planeten in verschiedenen Entfernungen zu ihren Umläufen gebrauchen. Diese Zeiten sind immer wie die Quadratwurzel aus den Cubis ihrer mittleren Entfernungen von der Sonne, woraus hergeleitet wird: daß die Kraft, die diese Himmelskörper zu dem Mittelpunkte ihrer Umwälzung treibt, im umgekehrten Verhältnisse der Quadrate des Abstandes abnehmen müsse ... Eben dasselbe Gesetz, was unter den Planeten herrscht, insofern sie um die Sonne laufen, findet sich auch bei den kleinen Systemen, nämlich denen, die die um ihre Hauptplaneten bewegte Monden ausmachen.«

Soweit die Erklärung der Keplerschen Gesetze durch Kant. Sie mag in der Ausdrucksweise des Königsberger Philosophen etwas umständlich klingen, trifft aber haargenau den Kern der Planetenbewegungen. Kant war vor allem an dem Schwerkraftgesetz interessiert. »Epikur nahm bereits eine Schwere an«, schrieb Kant, »die Elementarteilchen sinken ließ, und dies scheint von der Newtonschen Anziehung nicht sehr verschieden zu sein.«

Kepler wagte seinerzeit, in der »Neuen Astronomie« zu zeigen, daß in unserer Planetenfamilie »die himmlische Maschine gleichsam ein Uhrwerk ist, insofern nahezu alle die mannigfaltigen Bewegungen von einer einzigen, ganz einfachen, magnetischen körperlichen Kraft besorgt werden, wie bei einem Uhrwerk alle Bewegungen von dem einfachen Gewicht«. Dies war die Geburtsstunde der heutigen Himmelsmechanik.

Kant verfügte bereits über die Gesetze der Bewegungen. Ziel seiner Theorie war die Weltentstehung, wobei er den »mechanischen Ursprung des ganzen Weltgebäudes« aufzuklären versuchte. Seine Weltentstehungstheorie gilt im wesentlichen auch heute noch.

Beide waren sich darüber klar, daß mechanisch zu erklärende Bewegungen und Entwicklungen nicht etwa die Hand des Schöpfers überflüssig werden ließen. Bei Kepler finden wir sehr betont das Bestreben, die Himmelsgesetze zum Ruhme Gottes aufzudecken, um die himmlische Harmonie der Schöpfung zu offenbaren.

Nicht viel anders heißt es bei Immanuel Kant, ja man könnte glauben, nicht er, sondern Johannes Kepler habe diese Sätze geschrieben: »Die Materie, der Urstoff aller Dinge, ist an gewisse Gesetze gebunden, denen zufolge sie, frei überlassen, notwendig schöne Verbindungen hervorbringen muß. Sie hat keine Freiheit, von diesem Plan der Vollkommenheit abzuweichen. Da sie also einer höchst weisen Absicht unterworfen ist, muß sie notwendig in solche übereinstimmende Verhältnisse durch eine über sie herrschende erste Ursache versetzt worden sein, und es ist ein Gott eben deswegen, weil die Natur auch selbst im Chaos nicht anders als regelmäßig und ordentlich verfahren kann.« Dies klingt wie Keplerische Weltenharmonie.

Daß Kant seine großartige »Naturgeschichte des Himmels« anonym herausgab, weil er Glaubensfanatikern aus dem Wege gehen wollte, paßt zu Keplers ebenfalls anonymer Schrift »Glaubensbekandtnus« (1623), in der er seine tiefe Frömmigkeit offenbart. Selbst der Druckort mußte geheim bleiben.

Die beiden Gelehrten haben auch gemeinsam, daß sie keine bleibende Grabstätte gefunden haben. Kriege schritten über ihre letzte Ruhestätte hinweg. Wie im Falle Kepler wurde auch Kant ein Erinnerungsmal mit zwölf Säulen errichtet – angelehnt an den Königsberger Dom. Er fiel den Bomben des Zweiten Weltkrieges zum Opfer. Das Grabmal steht noch, aber Kants Gebeine liegen nicht darunter.

Wenn der Name Einstein genannt wird, denkt man an seine Relativitäts-theorie. Es soll aber hier nicht etwa von Einsteins »Raum-Zeit-Konti-nuum« und anderen schwer zu begreifenden Dingen die Rede sein. Wir begnügen uns einfach mit der Feststellung, daß vom Ausgangsprodukt Keplers über die exakte Formulierung durch Newton ein gerader Weg zu Einsteins Gravitationstheorie führt, bis – wenigstens theoretisch – die Elementarteilchen der Schwerkraftfelder, die Gravitonen, ans Tageslicht drängen.

Ein so sorgfältiger Mathematiker wie Einstein hat natürlich an den Wurzeln der Schwerkraftentdeckung angesetzt. Dabei wurde er zu einem Bewunderer Keplers. Einsteins Keplerbekenntnis soll hier im folgenden abgedruckt werden, er schrieb es 1951 in Princeton, New Jersey (USA):

»Das Leben Keplers war der Lösung eines doppelten Problems gewidmet. Sonne und Planeten ändern ihren scheinbaren Ort in bezug auf den Hintergrund der Fixsterne in einer komplizierten Weise, die sich unmittelbar der Beobachtung darbietet. Was man da mit großem Fleiß beobachtet und aufgezeichnet hatte, waren also nicht eigentlich die Bewegungen der Planeten im Raume, sondern die zeitlichen Änderungen, die die Richtung Erde – Planet im Laufe der Zeit erfährt. Seit Kopernikus das Häuflein der Urteilsfähigen davon überzeugt hatte, daß die Sonne bei diesem Vorgang als ruhend, die Planeten aber – einschließlich der Erde – als um die Sonne bewegt aufzufassen seien, zeigte sich als erstes großes Problem: die Bestimmung der ›wahren‹ Bewegungen der Planeten ein-schließlich der Erde, wie sie etwa auf dem nächsten Fixstern einem dort befindlichen Beobachter sichtbar wären.

Das zweite Problem lag in der Frage: Nach welchen mathematischen Gesetzen vollziehen sich diese Bewegungen? Es ist klar, daß die Lösung des zweiten Problems, wenn sie überhaupt dem menschlichen Geiste erreichbar wäre, die Lösung des ersten voraussetzte. Denn man muß einen Vorgang zuerst kennen, bevor man eine auf diesen Vorgang bezügliche Theorie prüfen kann.

Kepler erreichte die Lösung des ersten Problems durch einen wahrhaft genialen Einfall, der ihm die Bestimmung der ›wahren‹ Gestalt der Erdbahn ermöglichte: Um die Erdbahn konstruieren zu können, braucht man neben der Sonne einen zweiten festen Punkt im planetarischen Raum. Hat man einen solchen Punkt, so kann man – indem man ihn und die Sonne als Fixpunkte von Winkelmessungen verwendet – die wahre Gestalt der Erdbahn nach denselben Methoden der Triangulationsberechnungen (Dreiecksrechnung) bestimmen, die man allgemein bei der Herstellung von Landkarten zu verwenden pflegt.

Woher aber einen solchen zweiten Fixpunkt nehmen, wenn doch alle sichtbaren Objekte außer der Sonne (im einzelnen) unbekannte Bewegungen ausführen? Keplers Antwort: Man kennt mit großer Genauigkeit die scheinbare Bewegung des Planeten Mars und damit auch die Zeit seines Umlaufs um die Sonne (›Mars-Jahr‹). Jedesmal, wenn ein Mars-Jahr vorbei ist, dürfte sich Mars an derselben Stelle des (planetaren) Raumes befinden. Beschränkt man sich zunächst auf die Benutzung solcher Zeitpunkte, so repräsentiert für diese der Planet Mars einen festen Punkt des planetaren Raumes, den man bei der Triangulation als Fixpunkt verwenden darf.

Dieses Prinzip benutzend bestimmte Kepler zunächst die wahre Bewegung der Erde im planetaren Raum. Da nun die Erde selbst zu jeder Zeit als Triangulationspunkt verwendet werden konnte, war er auch imstande, die wahren Bewegungen der übrigen Planeten aus den Beobachtungen zu bestimmen. Dadurch gewann Kepler die Grundlage für die Bestimmung der drei fundamentalen Gesetze, die mit seinem Namen für alle Zeiten verknüpft sind.

Wieviel Erfindungskraft und unermüdlich harte Arbeit nötig waren, um diese Gesetze herauszufinden und mit großer Präzision sicherzustellen, das vermögen wir heute kaum noch zu würdigen. Weder durch seine Armut noch durch das Unverständnis der maßgebenden Zeitgenossen, die den Verlauf des Keplerschen Lebens und Werkes erheblich bestimmten und die freie Entfaltung seines Könnens behinderten, ließ er sich lähmen oder entmutigen. Dabei hatte er es mit einem Gegenstande zu tun, der den Bekenner der Wahrheit auch unmittelbar gefährdete. Er gehörte jedoch zu den wenigen, die überhaupt nicht anders können, als auf jedem Gebiete offen für ihre Überzeugung einzustehen. Dabei war er nicht einer, der an dem Kampfe mit anderen unmittelbares Vergnügen fand, wie es etwa bei Galilei offenbar der Fall war, dessen göttliche Bosheiten noch heute den verständnisvollen Leser entzücken.

Kepler war ein frommer Protestant, der aber kein Hehl daraus machte, daß er nicht alle Entscheidungen der Kirche billigte. Er wurde deswegen als eine Art gemäßigter Ketzer betrachtet und demgemäß behandelt. Dies führt mich zu den oben angedeuteten inneren Schwierigkeiten, die Kepler zu überwinden hatte! Sie sind nicht so leicht zu sehen wie die äußeren. Sein Lebenswerk war nur möglich, wenn es ihm gelang, sich weitgehend von der geistigen Tradition freizumachen, in die er hineingeboren war. Sie bestand nicht nur in der religiösen, auf die Autorität der Kirche gegründeten Tradition, sondern auch in den allgemeinen Vorstellungen über die Art der Bedingtheit des Geschehens im Kosmos und in der menschlichen Sphäre sowie in den Ideen über die relative Bedeutung des Denkens und der Erfahrung in der Wissenschaft.

Er mußte sich befreien von der animistischen, nach Zwecken orientierten Denkweise in der Forschung. Er mußte klar erkannt haben, daß ein noch so klares logisch-mathematisches Theoretisieren allein keine Wahrheit verbürgt, sondern daß die schönste logische Theorie in der Naturwissenschaft ohne Vergleich mit der exaktesten Erfahrung nichts bedeutet. Ohne diese philosophische Einstellung wäre sein Werk nicht möglich gewesen. Er spricht nicht darüber, aber der innere Kampf spiegelt sich in den Briefen. Der Leser mag auf die Bemerkungen über Astrologie achten. Sie zeigen, daß der überwundene innere Feind zwar unschädlich gemacht, aber nicht ganz tot war.«

11. Kepler und die Astrologie

Der letzte Satz in Einsteins Keplerbekenntnis regt dazu an, das Verhältnis des großen Astronomen zur Sterndeuterei näher zu untersuchen. Wird Kepler doch bis heute als eine Art Kronzeuge von den Astrologen benannt. Sie verweisen besonders auf das letzte Wallenstein-Horoskop, mit dem das Ende des Feldherrn vorhergesagt worden sein soll.

Wie halten wir es heute mit der Astrologie? Kein Zweifel: Sie gedeiht immer noch. Doch hat sie mit dem, was Kepler unter Astrologie verstand, so gut wie nichts mehr zu tun. Außerdem weichen die heutigen Arten der Schicksals- und Charakterdeutung im einzelnen stark voneinander ab, jeder hat seine eigene »Methode«.

Bei der Erkenntnis der Dinge dieser Welt wird vernünftigerweise die Frage nach dem »Warum« zu stellen sein, wie Kepler es tat. Nicht immer gelingt es, die Frage zu beantworten. Sie bleibt dann offen. Es ist keineswegs eine Schande zuzugeben, daß wir zu diesem frühen Zeitpunkt unserer Menschheitsentwicklung noch nicht alles wissen, was wir zu wissen wünschen.

Dies bedeutet nicht Stillstand. Besonders befähigte Köpfe werden immer in dieser oder jener Richtung weiterforschen. Wer sich aber an diese heranwagt, muß viele Voraussetzungen erfüllen, wenn das Ganze einen Sinn haben soll. Vor allem müssen die bisherigen Erkenntniswege nochmals durchschritten und überprüft werden. Wir haben auch keine andere Wahl, als nach den für gut befundenen Methoden der Wissenschaft vorzugehen oder neue Methoden dieser Art auszudenken – wie Kepler es tat. Auch die schöpferische Phantasie hat hier ihren Platz, sofern sie dann der Kritik standhält.

Nicht aber darf die Lücke des Wissens mit irgendwelchen rasch hergeholten, unkontrolliert sensationellen Spintisierereien einer Scheinwelt ausgefüllt werden, nur um nicht sagen zu müssen: das wissen wir nicht. Scheinwahrheiten schaden, weil sie dem Aberglauben Tür und Tor öffnen. Er verdummt uns.

Dagegen ist es erlaubt, ja erwünscht, die Lücke in unserer Erkenntnis der Dinge des Lebens und der Menschen durch Glauben auszufüllen. Sowohl durch den Glauben, den die Religion bereithält, als auch durch das allgemeine Glaubensprinzip in der Philosophie. Die zwischen Glauben und Wissen nicht ganz festliegende Grenze, das »Niemandsland«, ist nun der Tummelplatz für die Astrologie.

Die Spintisiererei, die uns in ihr heute begegnet, ist weder eine dem Wissen gegenüberstehende Glaubensform noch etwa selber Wissenschaft, denn sie fragt nicht nach dem »Warum« der Richtigkeit von Horoskopen und will sich auch nicht zu einem »Das wissen wir nicht« bequemen. Die Begründung »Das ist eben so, weil es immer so war«, genügt heute nicht mehr. Es gibt zu viele Gegengründe gegen die Stichhaltigkeit der Sterndeuterei! Um sie einigermaßen glaubwürdig zu erhalten, muß sie immer wieder auf allgemeine Floskeln zurückgreifen, wodurch alle Möglichkeiten offenbleiben. Man suche sich aus, was auf den einzelnen paßt, und schon »stimmt« das Horoskop. Kepler drückte das so aus: »Das Zutreffen behält man nach Weiberart, vergißt aber das Verfehlen, weil das nichts Besonderes ist, und so bleibt der Astrologus in Ehren.«

Zuweilen berufen sich Astrologen auf Erfahrungstatsachen, die sich nun einmal nicht erklären ließen, aber doch vorhanden seien! Hier müßte dann die Statistik mit Erfolgszahlen aufwarten können. Es gibt sie nicht. Bei objektiver Prüfung, um die sich Kepler so sehr bemühte, zeigt sich nicht, daß Charakter- und Wesensmerkmale eindeutig im Einzelfall über den üblichen Zufallstreffer hinaus zum Zuge kamen.

Wer Keplers Lebensweg, seine ungeheuer umfangreichen Werke, Briefe und Anmerkungen durchsieht, findet einen Mann an der Grenze zwischen mystisch verklärter Weltseele oder Erdseele, also – von heute aus gesehen – reiner Glaubenssubstanz, und dem exakten Erforschen etwa vorhandener astrologischer Himmelseinflüsse bis zu dem Versuch der Einordnung von schicksalhaften Planetenstellungen in ein System der Vernunft, was freilich nicht gelingen konnte.

Kepler durfte vor nun bald 400 Jahren noch an beidem festhalten: an dem Willen des Allmächtigen, durch die Geometrie der Himmelsbahnen schicksalhaft zu den Menschen zu sprechen als Lenker der Geschicke in religiös-philosophischem Sinne, aber auch an der Erkenntnis, daß nicht ein Geburtshoroskop, sondern der Mensch selbst sein Schicksal gestaltet.

Wir sollten uns auch vergegenwärtigen, daß zu Keplers Zeiten das Allgemeinwissen selbst in den klügsten Köpfen kaum mehr als ein Prozent von dem ausmachte, was heute anerkannter Wissensstand ist. Dieser Mangel an stichhaltigen Erklärungen und Tatsachenbeweisen war es, der das ganze Mittelalter über, im Gegensatz zum Altertum, in eine Glaubenshysterie entartete. Sie verhinderte das kritische Denken – von einigen Ausnahmen abgesehen. Abweichler wie Giordano Bruno wurden verbrannt oder mußten, wie Galilei, alles abschwören. Kopernikus' großes Werk wurde verboten.

Es wäre ganz falsch, Kepler als Kronzeugen für die Astrologie unserer Tage anzuführen. Denn er stellte die Frage nach dem »Warum« etwa vorhandener Planeteneinflüsse. Für ihn war die Astrologie weniger eine Ergebenheitsphilosophie als vielmehr ein Forschungsobjekt. Wir wiesen schon darauf hin, daß er die damals allgemein anerkannten (und bis heute unausrottbaren) Horoskope benutzte, um die ihm bekannten und beobachteten Schicksalswege darauf abzustimmen. Wir kennen seine unwilligen Randnotizen, wenn sich eine Übereinstimmung nicht zeigen wollte. Gleichzeitig versuchte er bei den Vorhersagen zwischen den Zeilen immer wieder, Vernunft und kritisches Denken zu verbreiten.

Es fügt sich in den Zwiespalt seiner Bemühungen, daß er andererseits die Planetenstellungen sorgfältig und regelmäßig beobachtete, um Schicksalsdeutungen daraus herzuleiten – auch für sich selbst. So ganz ist er niemals freigekommen von der menschbezogenen Bedeutung himmlischer Konstellationen. In seinem Todesjahr glaubte er sogar, die Gestirne seines Geburtsjahres kehrten wieder. Sein letztes Horoskop ist allerdings auf das 60. Lebensjahr datiert (1631), das er nicht mehr erreichte.

Aber seit Kepler gibt es auch einen eindeutigen und durchdachten Weg fort von der Astrologie, der in bescheidenen, nur gefühlsmäßig zu verstehenden Ansätzen schon lange vor ihm beschritten worden war. So hatte Pico della Mirandola (1463–1494) in Italien am Beginn des Humanismus die Astrologie eine Scheinwissenschaft genannt. Sie sei die Wurzel aller Gottlosigkeit. Mirandola verband bereits die Sterndeuterei mit der Zauberei, die in Hexenwahn und Teufelsaustreibung mündete. Er stellte ihr – ähnlich wie Kepler – die christliche freie Wissensentscheidung entgegen.

Und wie hieß es doch in Sebastian Brants »Narrenschiff« von 1494: »Vil aberglaub man yetz erdicht, was künfftig man an sternen sicht, ayn jeder narr sich dar vff richt!« Der Spruch ist heute so zutreffend wie damals.

Aber nun zu den Wallenstein-Horoskopen.

Kurz nachdem Kepler in Prag sein Buch über den Kometen vom Herbst 1607 fertiggestellt hatte, bekam er Besuch. Es war im Jahre 1608. Der Astronom stand damals in der Blütezeit seines Schaffens und seines Ansehens bei Hofe. Die Einwirkung des Kometen auf irdische Vorgänge hatten ihn beschäftigt, »die lebhaffte, empfindliche und im Himmel verborgenerweise auffmerckenden Kräfften« würden zu »unnatürlichen Bewegungen deß Geblüts« und zu Krankheiten Anlaß geben können, hieß es in dem Buch.

Vielleicht waren es diese der Astrologie verwandten Bemerkungen, die Wallenstein veranlaßt hatten, Gerhard von Taxis zu beauftragen, er möge den Arzt Stromayr zu Kepler schicken, um ein Horoskop anzufordern. Stromayr klopfte also bei Kepler an. Sie kannten sich. Es sei beileibe nicht sein eigenes Horoskop, sagte der Besucher, vielmehr handle er im Auftrage eines ungenannten adeligen Herrn.

Kepler zögerte. Er schätzte es nicht, daß ein anonymer Herr dahinterstand. Konnte hier nicht Mißbrauch getrieben werden? Keplers Prinzip war es, seine Arbeit nur solchem Auftraggeber zur Verfügung zu stellen, »welcher die Philosophiam verstehe und mit kheinen deroselben zuewiderlauffenden Aberglauben behafftet sei« – als könne etwa ein Astrologus künftige Einzelheiten und künftiges persönliches Schicksal aus den Himmelszeichen vorhersagen.

Seine Prognosen hätten sich immer auf eine allgemeine Wirkung bezogen, erklärte er dem Besucher. Einzelheiten für bestimmte Personen vorherzusagen sei ihm ein Greuel, auch wenn er gelegentlich nicht ganz daran vorbeikomme.

Die beiden Gesprächspartner müssen sich lange über den geheimnisvollen Auftraggeber unterhalten haben, der selber lediglich seine Geburtsstunde aus dem Jahre 1583 zur Verfügung stellte. Schließlich gelang es Kepler, so viele Angaben aus dem Besucher herauszulocken, daß nunmehr kein Zweifel bestand: gemeint war der in habsburgischen Diensten stehende, im Jahr zuvor zum Katholizismus übergetretene Herr von Waltstein, aus Hermanitz gebürtig, ein damals mit 25 Jahren noch nicht weithin bekannter Mann, aber für Kepler kein Neuling.

So hat er denn in dem Horoskop, das jetzt zustande kam, den Namen Waltstein (Wallenstein) in neun verschiedenen Zeichen seiner eigenen Geheimschrift eingetragen.

Was er an Eigenschaften zusammenstellte, war nicht sehr schmeichelhaft. Man hat geradezu den Eindruck, als wolle er den »Hohen Herrn« abschrecken, sich jemals wieder an ihn zu wenden. Neuerungssüchtig sei dieser, war da zu lesen, pietätlos und den Geheimlehren ergeben, abergläubisch, verschlossen und argwöhnisch. Er neige zu Alchimie, Magie, Zauberei und Gemeinschaft mit den Geistern. (Alles Eigenschaften, die sich mehr oder weniger schon aus dem Horoskopbegehren ableiten ließen.) Erbarmungs- und gewissenlos sollte der Auftraggeber sein, bald von stürmischem Mut, bald grundlos in Angst, dabei ehrsüchtig und machthungrig. Erst mit zunehmendem Alter sei damit zu rechnen, daß er »zu hohen, wichtigen Sachen zu verrichten tauglich werde«. Wallenstein wurde bekanntlich im Alter von 50 Jahren ermordet.

Des Kaiserlichen Mathematikers Horoskop ist von Wallenstein im Laufe der kommenden Jahre immer wieder überprüft, berichtigt und mit Randnotizen versehen worden, denn das meiste stimmte nicht. Wallenstein behauptete, das eine sei vermeintlich ein Jahr vorher teilweise eingetroffen, in einem anderen Fall vier Jahre später, das Angekündigte habe sich in einem weiteren Fall schon sieben Jahre früher feststellen lassen, eine vorausgesagte Erkrankung sei zwei Jahre früher eingetreten, die Gicht schon 1620 statt, wie vorhergesagt, 1630–1635 usw.

Trotz solchen Mißerfolges war Wallensteins Vertrauen in die Kunst des Hofastronomen ungebrochen. 16 Jahre später, im Herbst 1624, erhielt Kepler in Linz das alte Horoskop zurück. Übermittler war wieder Gerhard von Taxis, jetzt Landeshauptmann des Herzogtums Friedland. Das Horoskop sollte berichtigt werden. Weitläufiger und genauer müsse es abgefaßt werden und sich auch auf jedes einzelne der bevorstehenden Jahre erstrecken. Wallenstein wollte auch wissen, ob er an Schlagfluß (Schlaganfall) sterben werde, ob ihm außerhalb des Vaterlandes Ämter und Landbesitz übertragen würden, wie lange der Krieg dauern werde, welche Feinde ihm mit welchen Erfolgsaussichten begegnen würden usw.

Kepler war ernstlich böse über diese Zumutung. »Welcher Mensch, ob gelehrt oder ungelehrt, Astrologe oder Philosoph, bei der Erörterung solcher Fragen die Augen vor der eigenen Willkür verschließt«, heißt es in seiner Antwort, und wolle dies alles allein aus dem Himmel entnehmen, der sei wahrlich noch nie recht in die Schule gegangen, »und hatt das Licht der Vernunft, das ihme Gott angezündt, noch nie recht gepuzet.« (Unter dem Lichtputzen verstand man das Abknipsen des verkohlten Teils der Dochtspitze.)

Um aber doch Wallenstein, der wieder ungenannt bleiben wollte, nicht allzusehr vor den Kopf zu stoßen, verwies Kepler auf solche Voraussagen, die andere Astrologen aufgrund eines künstlich verbesserten Horoskops (mit einer fast 15 Minuten späteren Geburtszeit) nach ihren Regeln herauslesen würden. Dieses Ausweichen war ihm um so mehr erlaubt, als Wallenstein auch noch andere Astrologen beschäftigte. Deren Prophezeiungen wurden von Kepler im allgemeinen allerdings als reiner Aberglaube abgelehnt. Im Hinblick auf die künftigen Jahre berechnete er die Stellungen der Planeten in den wechselnden Sternbildern für das Jahrzehnt von 1625 bis 1634. Für den März 1634 prophezeite er »schröckliche Landverwirrungen«. Wallenstein wurde wenige Tage vorher, am 25. Februar 1634, umgebracht. War dies eine »Landverwirrung«?

Die Verfechter einer Keplerschen Prophetie behaupten nun, es müsse doch auffallen, daß seine Voraussage gerade mit dem Jahre 1634 abbreche, dem Todesjahr Wallensteins, das Kepler also klar vorausgesehen habe. Diese Annahme hat der bekannte Astronom und bedeutende Förderer einer allgemeinverständlichen Himmelskunde Robert Henseling 1939 (in »Umstrittenes Weltbild«) genau untersucht.

Er stellte zunächst fest, daß in dem ersten Wallenstein-Horoskop von 1608 zwar von Todesgefahr die Rede sei, und zwar für das 28. Lebensjahr Wallensteins sowie für das 39. bis 40. Jahr und das 69. bis 70. Jahr. Vom

51. Lebensjahr aber, dem tatsächlichen Todesjahr, habe Kepler etwas ganz anderes vorausgesagt:

»Vom 47. bis 52. wollen wir anfangen, an Gütern, Autorität und Ansehen trefflich zuzunehmen . . .«, doch werde Wallenstein »zur Zubuß« – soll heißen: zum Ausgleich für soviel Gutes – das Podagra bekommen. (Podagra = Gicht an der großen Zehe.)

Robert Henseling verweist auch auf Keplers Bemerkung über das zweite Wallenstein-Horoskop, alle in dem ersten von 1608 dargelegten Erkenntnisse würden durch das zweite gefestigt und bestätigt, so daß »die Zeichen noch viel stärker werden als zuvor«.

Dessenungeachtet hält die heutige Astrologie an einem geschichtlich beglaubigten Beispiel astrologischer Vorausberechnung für das Todesjahr Wallensteins fest. Kepler habe das aus Höflichkeitsgründen etwas verschleiert ausgedrückt, heißt es. Henseling führt dagegen an, daß Kepler seine Prognose 1634 enden ließ, sei auf die umständliche Arbeit gemäß der periodischen Wiederkehr von Jupiter und Saturn zurückzuführen. Keplers eigenen Worten könne dies entnommen werden. Fast zwangsläufig habe sich ein Abschluß der Berechnungen mit dem Gegenschein (Opposition) Jupiters und Saturns 1633/34 ergeben.

Ausdrücklich habe Kepler geschrieben, die guten Zeichen der vorangehenden Zeit seit 1630 würden wohl den im 20-Jahr-Turnus wiederkehrenden Unfriedensgefahren ihre Bedrohlichkeit für Wallenstein nehmen. Denn zufolge der auf 1630 gestellten Berechnung habe Kepler erklärt: Wenn er bei den Umlaufbahnen der Planeten der nächstfolgenden Jahre nachschlage, »find ich kein sonderliches Evidentiam (nichts Einleuchtendes also), da doch die Direktionen nach dem korrigierten Thema auf die nachfolgenden Jahre trefflich gut sind«.

Im Jahre 1634 mache zwar im März der Mars im Zusammenhang mit den Oppositionen von Venus und Merkur ein »wunderliches Kreuz«, womit man wiederum auf sein altes Prognosticum komme und er »die auf selbige Zeit angedrohten schröcklichen Landverwirrungen mit des Geborenen Glück vereinbaren möchte«.

Aus diesen wohl absichtlich etwas undeutlich gehaltenen Sätzen könnte sich gewiß – wie aus allen Horoskopen – dieses oder jenes herauslesen lassen, vielleicht auch eine Unheilskonstellation für Wallenstein. Henseling bestreitet dies: »Kepler schließt also mit der Bemerkung, 1632/34 kehre nach neuer Opposition Jupiter – Saturn eine gleiche, schwere Unfriedensordnung des Himmels wieder, wie 20 Jahre früher, aber die ›trefflich guten‹ Planetenbewegungen der Jahre zuvor würden sich wohl (in ihrer Auswirkung) bis dahin ausdehnen, so daß die Verwirrungen sich mit Wallensteins Glück vereinbarten. Kein Wort von Todesankündigung, keine Zurücknahme der ausdrücklichen Bekräftigung des Horoskops von 1608. Und eine grundfalsche Prophetie: Die Jahre nach 1630 waren für Wallenstein alles andere als ›trefflich gut‹. Indem der Kaiser 1630 seinen allzu mächtig gewordenen Generalissimus auf Betreiben seiner Gegner preisgab und entließ, vollzog sich für Wallenstein die entscheidende Wendung.« (Auf die war in keinem der Wallenstein-Horoskope hingewiesen worden.)

Auch nach dem verbesserten Horoskop von 1624 war Wallenstein noch nicht zufrieden. Im September 1625 wurde es zurückgeschickt. Es müsse neu ausgedeutet werden, auch über 1634 hinaus. Dies lehnte Kepler ab. Er wolle nicht die grundsätzlich berechneten Planetenstellungen in den »Rudolphinischen Tafeln« korrigieren, die jetzt in den Druck gingen.

Deutlicher gesagt: Er wollte nicht seine mühsam errechneten und jetzt druckfertigen Angaben in den Tafeln verfälschen, um Wallensteins Horoskop nachträglich eine gewünschte Geburtskonstellation anzudichten, wie sie sich aus dessen »Verbesserungen« in den Randbemerkungen konstruieren lasse.

Zu unserem Thema Kepler und die Astrologie ist aus dem »verdächtigen« Horoskop vom Jänner 1625 jedenfalls zu entnehmen, daß Kepler keine Sterbeprophetie zu Papier brachte. Als Kronzeuge für die Stichhaltigkeit astrologischer Vorhersagen ist er daher ungeeignet. Die vermuteten »Landverwirrungen« gab es während des Dreißigjährigen Krieges vielerorts und beinahe täglich. Speziell auf den Generalissimus bezogen, hielt Kepler nur die Gicht in Wallensteins großer Zehe für wahrscheinlich.

Ein weiteres Beispiel soll die Vorstellung der Menge über die Möglichkeiten der damaligen Sterndeuterei veranschaulichen und Keplers Haltung als Mahner zur Vernunft ebenso charakterisieren wie sein Erwerbsstreben mit Hilfe der jährlichen Vorhersagen in den Kalendern, auf deren Einkünfte er ja leider angewiesen war.

Seinem Jahreskalender für 1618, den er Ende 1617 schrieb, lag die mit Spannung geladene politische Situation zugrunde. Der vom Konfessionsstreit so unmittelbar betroffene Astronom kannte sich hier aus. Er wußte, daß die Protestanten in der Rechtsprechung der Reichsgerichte benachteiligt waren. Die Katholischen hatten darin das Übergewicht. Die Jesuiten regten sich überall, um den Katholizismus auch in den protestantischen Landen wieder durchzusetzen. Die blutigen Kämpfe in den Niederlanden, die gegen die Glaubensbrüder gerichtet waren, das gewaltsame Vorgehen gegen die protestantische Stadt Donauwörth (1607) und andere Ortschaften steigerten die Spannungen zwischen den Konfessionen.

Um ihr Luthertum zu verteidigen, hatten sich 1608 die evangelischen Fürsten in der »Union« zusammengeschlossen. Die Gegenseite antwortete im Jahr darauf mit der »Katholischen Liga« unter dem Kurfürsten Maximilian von Bayern.

Die Spannung steigerte sich ins Unerträgliche, als in Böhmen protestantische Gemeinden (Braunau, Klostergrab) neue Kirchen bauten, obwohl diese Ortschaften nach Meinung der Katholischen hierfür kein Recht besaßen. Ganz Böhmen war Ende 1617 im Rechts- und Glaubensstreit der Konfessionen ein brodelnder Topf, der überzukochen drohte – vermutlich nach dem Ende des Winters.

Angesichts dieser Situation schrieb Kepler in seinem Jahreskalender, der für 1618 bestimmt war: ». . . das auff künfftigen Früling nit allein das Wetter, sondern auch viel mehr der Lauff der Planeten manchem sonst frischem Hanen das Hertz blühen und einen kriegerischen Muth machen werde, denn im Mayen wird es wahrlich an den Orten und angesichts der Händel, weil schon alles vorbereitet sei, und besonders dort, wo sonst große Freiheit herrsche ohne große Schwürigkeit nicht abgehen.«

Der Prager Fenstersturz vom 23. Mai 1618 wurde allgemein als diese »Schwürigkeit« empfunden. Keplers Ruf als Prophet künftiger Ereignisse war gefestigter denn je. Dabei hatte er nur vorhergesagt, was ohnehin in einer nicht näher bezeichneten Form zu erwarten war. Von vielen Seiten stürmten nun die Fragesteller auf ihn ein. Sie wollten wissen, wie es weitergehen werde. Wer sonst, wenn nicht der Kaiserliche Mathematicus Johannes Kepler, konnte die Zukunft deuten? Verfügte er nicht über neue Planetenberechnungen?

In kurzer Zeit waren die 800 Exemplare seines Jahrbuchs verkauft. Die Stände in Linz hatten ihm schon im Jänner 1618 dafür eine Sonderzuwendung von 50 Gulden gezahlt. Der Betrag wäre wesentlich höher gewesen, hätten sie mit der Bewertung des Jahreskalenders bis Ende Mai 1618 gewartet.

Nach dem Prager Fenstersturz bemühte sich Kepler, dem ständig wachsenden Bedürfnis der Menge nachzukommen. Er schrieb einen neuen Jahreskalender: »Prognosticon von aller handt bedraulichen Vorbotten künfftigen Vbelstands / in Regiments- vnd Kirchensachen / sonderlich von Cometen vnd Erdbeben / auff das 1618. vnd 1619. Jahr.«

Es habe der »Zunder« im vergangenen Mai Feuer gefangen, wie er davor und sonderlich für den Mai gewarnt habe. »Demnach es nun in allen gassen brennend worden, stehet mancher mit auffgesperten maul fragend und wartend, was vns der Himmel« (gemeint sind die Planetenstellungen) »auffs künftig Jahr gutes newes (Neues) bringe.«

Es wäre gewiß etwas Großes, schrieb er weiter, könnte man eine Vorausschau geben, die anstatt eines kräftigen Segens dazu diente, das Feuer zu dämpfen. »Aber liebe Leute, so wenig man ein angezündts Fewer widerumb in den Fewerstein hinein schlagen kan, ob mans wol anfänglich herauß geschlagen: so wenig wird der Himmel wehren können, das die Brunst (Feuersbrunst) nit vüberhand neme: sintemal er auch anfangs mehrers (mehr) nicht darbey gethan, dann einer, der ein Fewer schlegt were auff Erden kein pulffer gezettelt gewesen, so Er nicht angezündet.« Mit unseren Worten: Die Planeten könnten nicht verhindern, daß die Flammen jetzt die Oberhand gewännen. Der Himmel habe schließlich nichts anderes getan, als jemand, der ein Feuer schlägt, ungeachtet bereits vorhandenen Pulvers. Wäre auf Erden das Pulver nicht schon angezettelt gewesen, so hätte das Feuer nicht gezündet.

Der folgende Schlußsatz ist typisch für Keplers Bemühungen um Vernunft: Warnen könne bisweilen eine Vorhersage, wenn natürliche Antriebe für die Erhitzung der Gemüter vorhanden seien. Wenn aber das Unglück schon geschehen, könne kein Prognostikum mehr helfen.

Er zieht sich also zurück aus der Vorhersagerei, dämpft alle Erwartungen und erklärt, der Sternenhimmel werde nichts ändern können. »Halte mir meinen wohlgemeinten fürwitz, in dem ich dir moralisches unter die Astrologie mische, günstig zu gutte« bittet er schließlich.

Die Stände zahlten diesmal 100 Gulden extra für den neuen Kalender.

Um Keplers Haltung gegenüber der allgemein beliebten Sterndeuterei, seine Zweifel und seine Verwirrung zu veranschaulichen, auch seine Versuche zu verdeutlichen, als Diener der Philosophie den Aberglauben zu überwinden, beschließen wir dieses Kapitel mit einer Sammlung von Keplersprüchen über die Jahre hinweg, soweit wir nicht schon aus besonderem Anlaß solche Zitate an den entsprechenden Stellen wiedergegeben haben. Es gibt deren Hunderte. Ein Beweis dafür, wie sehr Kepler mit sich gerungen hat.

1598: »Sie werden (gemeint ist Michael Mästlin) als Verteidiger der Astrologie in Wort und Tat nicht böse sein, wenn ich versuche, die Menge davon zu überzeugen, daß ich kein astrologischer Marktschreier bin.«

1599: »Wie beeinflußt das Gesicht des Himmels das Wesen des Menschen im Augenblick seiner Geburt? Es wirkt auf den Menschen während des ganzen Lebens nicht anders als die Schlingen, die der Bauer zufällig um den Kürbis legt. Sie bringen die Kürbisse nicht zum Wachsen, bestimmen aber ihre Gestalt. So ist es auch mit dem Himmel. Er gibt den Menschen nicht Sitten, Geschehnisse, Glück, Kinder, Reichtum und Gattin, wohl aber gestaltet er jedwedes, womit der Mensch zu tun hat. Und dennoch, von der Geburtskonstellation an nimmt der Himmel während des ganzen menschlichen Lebens immer neue Formen an. Die Geburtskonstellation geht also vorüber. Nun also, wie kann etwas, das nicht ist, trotzdem von Wirkung sein? Wirksam ist es insofern, als es einmal diese Stellung gehabt hat.«

1599: »Ich aber, der ich die Allgemeinheit der astrologischen Prophezeiungen aus der Erfahrung wie aus der Wissenschaft kennengelernt habe, der ich mir das tausendfältige Ineinandergreifen von Materie, Umständen und Anlässen, das man nicht vorauswissen kann, klar vor Augen halte, werde durch astrologische Anzeichen nicht mehr bestimmt, als durch das, was Physiognomie, Temperament und Krankheitskrisen ansagen. Ich halte mich daher gefeit gegen den Aberglauben.«

1601: »Wir benutzen die ungeordneten und verderblichen astrologischen Begierden der Menge, um ihr als Heilmittel geeignete Mahnungen unter der Form von Prognostiken verhüllt einzuträufeln.«

1605: »Das Horoskopstellen ist ein unannehmliches und in dieser Zeit übel besudeltes Werk, dessen man sich nur mit großer Diskretion bedienen darf. Doch läßt es sich nicht nutzen, so läßt es sich doch auch nicht vertuschen, sondern schreit mit erhobener Stimme und will die göttliche in Erschaffung der Welt erscheinende Weisheit beweisen. Es bleibt doch dabei, daß die Menschen mehr vom Gestirn halten, als von der Institution und Gewohnheit, und daß der Menschen Gemüter bei starken Aspecten wild und zu allerhand Vorhaben mutig und unruhig werden, und es ist nicht unmöglich, daß ein Regent sich dies im Hinblick auf das gemeine Volk etwa einmal zunutze macht.«

1606: »Der an mathematische Beweisführung gewöhnte Geist leistet, wenn er die Fehlerhaftigkeit der Grundlagen (der Astrologie) ansieht, lange, lange Widerstand wie ein störrischer Maulesel, bis er durch Schläge und Verwünschungen gezwungen wird, seinen Fuß in diesen Tümpel zu setzen.«

1609: »Wahrlich in aller meiner Wissenschaft von der Astrologia habe ich nicht so viel Gewißheit, daß ich eine spezielle Sache mit Zuverlässigkeit dürfte vorhersagen.«

1610: »Also halte ich auch von keinem Teil der Astrologia etwas, bei welchem man nicht mit der Zeit entweder zu der Grundursache oder doch zu einer Art und Weise einer rechtmäßigen, natürlichen, auch in anderen Fällen erscheinenden Ursache, oder zum wenigsten zu einer beständigen, von allen kindischen Umständen freien Erfahrung gelangen kann.«

1610: »Es sollte niemand für unmöglich halten, daß aus der astrologischen Narrheit und Gottlosigkeit nicht auch ein nützlicher Witz und ein Heiligtum, aus einem unsauberen Schleim nicht auch eine Schnecke, Muschel, Auster oder Aal zum Essen dienlich, aus dem großen Haufen Raupengeschmeiß nicht auch ein Seidenspinner und endlich aus einem übelriechenden Mist nicht auch etwa von einer emsigen Henne ein gutes Körnlein, ja eine Perle oder Goldkorn hervorgescharrt und gefunden werden könnte.«

1610: »Es ist wohl diese Astrologie ein närrisches Töchterlein – aber lieber Gott, wo wollte ihre Mutter, die hochvernünftige Astronomie, bleiben, wenn sie diese ihre närrische Tochter nicht hätte, ist doch die Welt noch viel närrischer, und zwar so närrisch, daß ihr zu ihrem eigenen Frommen die Astronomie durch der Tochter Narretei eingeschwätzet werden muß. Wahrlich nicht aus der Heiligen Schrift, sondern aus der abergläubischen Chaldäer Bücher hast du gelernt, die fünf Planeten vor anderen Sternen zu erkennen. Wenn wir zu der Naturerkundung auf anderem Wege nicht gelangen könnten, als durch lauter Verstand und Weisheit, würden wir wohl nimmer mehr dazu gelangen. Aller Fürwitz und alle Verwunderung sind zunächst nichts als lauter Theorie, aber doch zopft uns diese Torheit bei den Ohren und führt uns auf den Kreuzweg, der zur Rechten nach der Philosophie zugeht.«

1611: »Die gewöhnliche Astrologie ist eine Krücke. Sie kann leicht dazu verwandt werden, bei politischen Auseinandersetzungen beiden Seiten zu dienen. Ich glaube, man sollte bei solch gewichtigen Überlegungen nicht nur die gewöhnliche Astrologie ausschalten, sondern auch die, die ich mit der Natur als übereinstimmend erkannt habe... Dieses Füchslein lauert heimlich zu Hause auf, im Schlafzimmer, auf dem Bett, drinnen in der Seele, und gibt bisweilen Gedanken ein, die man dann, von ihnen verleitet, in der Sitzung vorbringt, ohne zu wissen, woher sie kommen.«

1619: »Meine Gestirne waren nicht der morgendliche Merkur im Winkel des siebten Hauses in Quadratur zum Mars, sondern Kopernikus und Tycho Brahe, ohne dessen Beobachtungsjournale alles, was ich bis heut in helles Licht gerückt habe, in Finsternis begraben läge. Nicht war da Saturn der Gebieter des Merkurs, sondern meine Gebieter waren die erhabenen Kaiser Rudolf und Matthias. Nicht war da der Steinbock des Saturns die Herberge der Planeten, sondern Oberösterreich, das Haus des Kaisers, wozu die Freigebigkeit kam, die mir auf meine Bitte seine Stände in ungewöhnlichem Maß gewährten. Hier ist der Winkel, nicht der Untergangswinkel der Nativität, sondern der Erdenwinkel, in den ich mich mit Genehmigung meiner kaiserlichen Herren von dem allzu unruhigen Hofe zurückgezogen habe und in dem ich die Jahre über, die sich nun schon gegen das Ende meines Lebens hin neigen, mein harmonisches Werk und was ich sonst unter den Händen habe, ausarbeite. Das einzige, was die Geburtskonstellation bewirkt hat, ist das, daß sie jene Flämmchen der angeborenen Anlage und Urteilskraft geschnäuzt, den Geist zu unermüdlicher Arbeit angespornt und den Wissensdurst vermehrt hat.«

1619: »Vergeblich sucht der Astrologe in der Nativität die Ursachen dafür, daß ich im Jahre 1596 die Verhältnisse zwischen den Himmelsbahnen entdeckt habe, im Jahr 1604 die Gesetze des Sehvorgangs, im Jahre 1618 die Ursachen, warum die Exzentrizität jedes Planeten gerade so groß und nicht größer oder kleiner ist – daß ich in den dazwischen liegenden Zeiträumen die Himmelsphysik sowie die Art und Weise entdeckte, wie sich die Planeten bewegen, nebst den wahren Bewegungen selbst, und schließlich die metaphysischen Grundlagen der Einwirkung des Himmels auf unsere niedere Welt fand.«

1620: »Wenn ich Personen hohen und niederen Standes durch meine Auslegungen aufmuntern könnte, ihre Affekte in acht zu nehmen, all ihr Tun und Lassen zu überprüfen und zu verbessern, so schafft das größeren Nutzen, als wenn ich dem Bauer anzeige, wann es gut sei zu säen, Schröpfköpfe zu setzen oder Haare und Nägel zu schneiden.«

1624: »Die Erfahrung, deren sich die Astrologen zu rühmen pflegen, die darf nicht blind, nicht aufs Hörensagen gegründet sein, sondern sie muß die Augen der Vernunft haben, genau wie in der Medizin.«

1625: »Ich verspüre aus allen Fragen, daß der Geborene (Wallenstein) voller Aberglauben sei und ein Ding nicht wie es vorhergesagt war, sondern nur, wie es ungefähr geraten, aufnehme und ausdeute ... In dem einen Erkrankungsfall ist der Bacchus sein Planet gewesen, ferner der irdische Planet Mars, unzweifelhaft auch die irdische Venus.«

1625: »Wenn ich aber von solchen Regeln nach philosophischer Prüfung gar nichts halte, so frage ich, ob denn von mir begehrt werde, daß ich mich nichtsdestoweniger als einen Komödianten, Spieler oder sonstigen Hanswurst solle brauchen lassen? Es sind der jungen Astrologen viel, die Lust und Glauben zu einem solchen Spiel haben. Wer gern mit sehenden Augen will betrogen werden, der mag ihre Mühe und Kurzweil ertragen. Die Philosophie und also auch die wahre Astrologie sind Zeugnisse von Gottes Werken und also ein heilig und gar nicht ein leichtfertig Ding, das ich meinerseits nicht verwehren will.«

1629: »Etwas gefällt mir an ihm nicht« (gemeint war Keplers Schwiegersohn Jacob Bartsch), »er gründet seine Untersuchungen auf die Astrologie.«

12. Kepler über sich selbst

Seiner Epoche war er in einigen Dingen um Jahrhunderte voraus. Seine Denkweise löste sich an der Schwelle zur Neuzeit von festgefahrener Weltanschauung, ohne dabei ganz die alten Überlieferungen preiszugeben, die er sowohl bei den alten Griechen und Römern als auch im Urchristentum gefunden hatte.

In einem so weit gespannten geschichtlichen und kulturgeschichtlichen Rahmen bewegte sich Johannes Kepler als Unabhängiger mit deutlicher Neigung, Freundschaften zu schließen, wo es jemand ehrlich meinte. Er suchte sich einen Weg zwischen Dornen und Steinen, teils verbittert, teils übermäßig bewegt bis zum freudigen Ausbruch, aber auch deprimiert, und manchmal flüchtete er sich in seinen Sarkasmus, der zuweilen überspitzte Formulierungen hervorbrachte, als müsse er – ein vom Schicksal Benachteiligter – um helfende Hände bitten, mindestens aber um ein geneigtes Verständnis. Überschwang und Untertreibungen sind gleichermaßen zu finden.

Unter den so zahlreichen Keplerbriefen (er fertigte sich auch Abschriften seiner eigenen Schreiben an) finden sich überaus viele, in denen er seine finanzielle Notlage erwähnt. Heute scheint es uns übertrieben, daß er immer wieder auf die ihm zugesagten, aber nicht ausgezahlten Gulden zu sprechen kommt. Wir wissen ja, daß er wirklich bittere Not nur hin und wieder gelitten hat. Andererseits kennen wir auch seine Äußerung: »Wer darbt, ist geknechtet, und kaum jemand ist freiwillig dazu bereit.«

Hätte Kepler nicht zäh und oft genug auch lästig werdend immer von neuem nach den ausstehenden Summen gefragt, hätte er in seinen Briefen und Gesprächen, in Widmungen und den Vorworten seiner Bücher nicht fortwährend seine mißliche finanzielle Lage betont, so hätte er frühzeitig von der Bühne der Wissenschaft abtreten müssen. Viele seiner genialen Werke, deren Herstellungskosten er selbst übernehmen mußte, wären nicht erschienen. Papier, Buchdrucker, Buchbinder wären ohne Bezahlung nicht zu finden gewesen..., ganz abgesehen von den Lebenshaltungskosten für seine große Familie. So aber erhielt er doch wenigstens hin und wieder eine Zuwendung – damals sagte man »Gnadengelder« –, und auch die österreichischen Stände hatten ein offenes Ohr für ihren Landschaftsmathematiker, wenn er um Geldzuwendung bat. Diese damals nicht gerade übliche Großzügigkeit hat Kepler über manche schwere Sorge hinweggeholfen.

Heute gibt es Verträge, Rechtsansprüche, Paragraphen, Anwälte, Rechtsschutzversicherungen und Gerichte, gibt es Zuständigkeiten und Berufsverbände, selbst eine Kontrolle durch die öffentliche Meinung. Damals war es mit den Gerichten schlecht bestellt. Sogar in der »Peinlichen Gerichtsordnung Kaiser Karls V. von 1532« war im Artikel 219 aufgeführt, an welchen Stellen die Richter Rat suchen sollten, da sie aus altem, verjährtem Gebrauch bisher geurteilt hätten.

Zwar gab es kaiserliche Kammerbefehle an diese oder jene Stadt, kaiserliche Schulden zu begleichen, aber wir wissen, daß sich die Städte zu wehren wußten, denn sie brauchten ihr Geld selbst. Jede Schuldforderung wurde zum Phantom, als dann der Dreißigjährige Krieg jede Regelung aus den Angeln hob.

Nicht nur mit diesen katastrophalen Lebensumständen rang Kepler, sondern auch mit seiner eigenen Person. Wir haben kein Beispiel eines anderen namhaften Gelehrten in der Geistesgeschichte, das sich mit diesen intensiven Bemühungen um Selbsterkenntnis vergleichen ließ.

Zeitweise schien es, als wolle er sich so mitleidlos analysieren wie einen Fremden. Er trat dann gewissermaßen neben sich und fand – ein beklagenswertes Geschöpf. Das sollte nicht als Hypochondrie gedeutet werden, als überbetontes Selbstmitleid. Kepler war in der Lage, die Zeitumstände und die Zeitgenossen richtig zu bewerten. Er sah den Jammer der Glaubensverwirrung und des politischen Zerfalls zutreffend in einem größeren Zusammenhang. Er wußte, was damals auf die Deutschen zukam – und auf ihn selbst und die Seinen.

Kepler sah sich in dieser Umwelt wie ein Verlorener. In seiner gelegentlich überspitzten Art verglich er sich dann mit einem Hund. Schon in seiner großen Jugendbeichte, die an niemand anderen als an ihn selbst gerichtet war, schrieb der 26jährige:

»Dieser Mensch hat in jeder Hinsicht die Natur eines Hundes. Er ist wie ein verwöhntes Haushündchen. Sein Körper ist beweglich, dürr und gut proportioniert. Die Lebensweise entspricht dem: er freut sich, Knochen abzunagen, freut sich an Brotkrusten, ißt begierig und ohne Ordnung, reißt an sich, was sich seinen Blicken darbietet. Er trinkt wenig, ist zufrieden mit dem Geringsten. Seinem Brotgeber drängt er sich beständig auf wie ein Haushund. Anderen ist er ergeben, dient ihnen, zürnt ihnen nicht, wenn sie ihn tadeln, auf jeden Fall ist er bereit, wieder ihre Gunst zu erlangen . . . Dieser Hund ist ungeduldig im Umgang, und diejenigen, die allzu oft ins Haus kommen, begrüßt er hündisch. Entreißt ihm jemand etwas, so murrt er und gerät in Aufruhr.« Kepler spricht dann wieder von sich selbst: »Ich halte zäh fest, was ich habe, verfolge diejenigen, die übel handeln – und belle natürlich. Ich bin auch bissig und werde daher von vielen gehaßt und gemieden.«

Der Spiegel, den der Astronom sich damals vorhielt, ist doppelsichtig. Einerseits kritisiert er an sich selber Unzulänglichkeiten seiner Persönlichkeit, andererseits benutzt er den Vergleich mit dem Verhalten eines Hundes auch deshalb, weil ein Hund instinktgemäß ganz natürliche Reaktionen zeigt. Jemandes Gunst zurückzugewinnen, der einen Tadel aussprach, ist gewiß Hundeart, aber auch für Menschen ein lobenswertes Bemühen. Und wenn Kepler schrieb, daß er natürlich auch belle, so ist damit ein Ventil angedeutet, das aufgestautem Affekt Luft verschaffen soll.

Weiter forschte der junge Professor in Graz nach Merkmalen seiner Persönlichkeit. Es stecke ein unbeherrschter Leichtsinn in ihm, doch dicht daneben sei Lebensangst zu finden. Die Gefahren des Daseins hinderten ihn an jeglicher Kühnheit.

Er wandte sich dann den Dingen zu, »wegen deren man eine gewisse Einschätzung genießt«, nämlich Redlichkeit, Religion, Glaube, Ehrbarkeit und feiner Anstand. In der Mitte zwischen den negativen und den positiven Eigenschaften ordnete er seine Wißbegier ein und das leider vergebliche Begehren, nach den höchsten Dingen zu greifen. Im Zusammenhang damit hielt Kepler sich von Haus aus für »gottesfürchtig bis zum Aberglauben«.

In der besonders ausweglosen und niederdrückenden Zeit vor der endgültigen Vertreibung aus Graz versuchte Kepler wieder eine Selbstanalyse. Zerknirscht stellte er fest, sein Körper sei trocken und knotig, keinesfalls groß zu nennen, die Seele kleinlich, ganz in literarischen Winkeln eingefangen, mißtrauisch sei er und furchtsam. Es deutet auf eine Entwicklung des Charakters hin, daß er sogleich auch das Positive erkennt: »Woran andere verzweifeln, das ist mir eine Eingangspforte zu Ruhm und Besitz, wenn auch keine besonders breite.«

Immer wieder finden wir seine Unzufriedenheit mit körperlichen Mängeln und Krankheiten, von denen er so oft heimgesucht wurde. Was sich da im Alltag abspielte, mag ein Beispiel aus den Prager Jahren verdeutlichen. Im voraus sei dazu gesagt, daß ein Vollbad, wie wir es heute kennen und wie es auch in der Zeit vor Kepler bekannt war, damals mehr und mehr aus der Mode kam. Durch unsauberes Wasser in den Badehäusern hatten sich Krankheiten ausgebreitet. Sicher waren Teilwaschungen noch üblich, aber auch auf diese wurde in der Zeit nach Kepler schließlich verzichtet. Nach allgemeiner Auffassung schadete Wasser überhaupt der Gesundheit. In der Spätphase des Barock trat infolgedessen die Puderquaste an die Stelle des Badebottichs. Es gibt so manches Rokokoschloß, das nie eine Badewanne gesehen hat.

Kepler liebte keine Vollbäder. Und das, was wir heute Hygiene oder

Körperpflege nennen, war damals noch unbekannt. So berichtete er denn:
»Wegen der Abscheu vor öffentlichen Bädern steckte mein Weib mich in
einen Zuber mit stark erhitztem Wasser, doch die Hitze bekam mir nicht
und schnürte mir die Eingeweide zusammen. Am 31. Mai nahm ich wie
gewohnt ein leichtes Abführmittel. Am 1. Juni ließ ich mich, ebenfalls der
Gewohnheit folgend, zur Ader. Keine ernstliche Krankheit zwang mich
dazu, ja nicht einmal der Verdacht auf eine solche – und auch keine
astrologischen Überlegungen . . .«

Aber dann hatte er doch wieder erhebliche Beschwerden, die ihn aufs
Bett warfen. »Zweifellos stieg mir wieder die Galle ins Hirn.«

Die Vielschichtigkeit des vielgeplagten Mannes, das unausgeglichen
Suchende, das Reizbare, seine Gedankentiefe und Gottgläubigkeit, auch
das allumfassende Mitgefühl in der Persönlichkeit Keplers erschöpfend
darzustellen, dürfte unmöglich sein. Was er schriftlich über seine Eigenbe-
urteilung hinterließ, zeigt ihn ja auch nur insoweit, als er sich selber zu
erkennen geglaubt hatte. Dabei war er absichtlich allzu hart mit sich ins
Gericht gegangen. Seine Selbstanalyse ist in einigen Punkten falsch,
mindestens unvollständig. Er wollte sich erziehen, und zwar schriftlich.

In späteren Jahren war er sparsamer mit seinen Selbstbewertungen.
Immerhin finden wir noch einige bemerkenswerte Sätze in dem Brief, den
er am 17. Februar 1619 aus Linz an Vincenz Bianchi, Graf Alerani, nach
Venedig sandte. Dieser hatte sich beklagt, daß Kepler die »Rudolphinischen Tafeln« noch immer nicht fertiggestellt habe.

Kepler schrieb ihm, einige Gründe für die Verzögerung lägen auch in
seiner Veranlagung. Keiner könne alles gleichzeitig tun. »Ich kann mich
nicht einer festen Ordnung unterwerfen, kann mich nicht an die Zeiteinteilung binden und bin regellos. Wenn ich etwas Brauchbares zustande
bringe, so ist es zehnmal überarbeitet worden. Ein in der Eile gemachter
Rechenfehler wirft mich zuweilen um Wochen zurück. Und ich hätte doch
so vieles zu sagen . . . Bei einem solchen Durcheinander fühle ich mich
nicht wohl. Ich werfe meine Aufzeichnungen fort oder ich behalte sie
manchmal, um sie nochmals zu prüfen, bis ich dann etwas Neues daraus
schreibe, was im allgemeinen der Fall ist. Ich bitte euch auch, meine
Freunde, spannt mich nicht gänzlich in die Tretmühle der mathematischen
Berechnungen, sondern laßt mir hinreichend Zeit für philosophische
Überlegungen, die mein einziges Vergnügen sind.«

Es ist schwer, das Innere dieser genialen Forscherpersönlichkeit ganz
aufzublättern, denn wir können uns heute nur sehr mangelhaft in seine
Umwelt zurückversetzen. Zu groß ist der Wandel seither. Doch soviel ist
zu erkennen: Da mühte sich ein Mensch, seinen Platz in einer verworrenen
Gesellschaft einzunehmen und zu behaupten, die im Grunde schon nicht
mehr seine Gesellschaft war, ein Mensch, der einen Zustrom an neuen

Ideen und Prinzipien in sich selbst kaum noch zu zügeln vermochte, dabei seine menschlichen Eigenarten ins Spiel brachte, auch die Verwurzelung im Methaphysischen, aus der er sich zu lösen versuchte, und die Begeisterung an den Wissenschaften, in die er sich so restlos hineinversenken konnte.

13. So bewegt sich die Welt

Ein erster Einblick in die Werke Keplers und Ihre Bedeutung für uns und alle Zukunft ergab sich bei der Schilderung seines Lebenslaufs. Was nun aber das Besondere an diesem Genie ist, warum sein Werk in aller Welt eine so überaus große Anerkennung fand und was als der Kern seines unermüdlichen Schaffens gilt, soll hier kurz zusammengefaßt werden – es sind die drei Keplergesetze.

Er habe sie »erfunden«, heißt es manchmal. Das ist nicht richtig. Er hat sie gefunden, hat sie entdeckt. Sie waren schon vorhanden, als die Welt erschaffen wurde.

Hier ist nicht der Ort, darüber nachzudenken, warum es die Anziehungskraft (Gravitation) gibt, warum sich alle Himmelskörper ewig bewegen müssen, sowohl durch Rotation um ihre Achse als auch um außerhalb gelegene Massenkonzentrationen, wie um unsere Sonne, die ihrerseits besonderen Bewegungszwängen unterliegt. Das »Warum« zu beantworten, worauf Kepler immer besonderen Wert legte, war in diesen letzten Fragen für ihn, wie übrigens auch für Immanuel Kant, keine Schwierigkeit. Sie sahen, wie wir schon erwähnten, in der Schöpfung selbst eine Offenbarung, in der es eine »Harmonie der Welt« (Kepler), einen »Plan der Vollkommenheit« (Kant) gab. Es galt, sie aufzudecken.

Das gewaltige Hindernis, dem sich Kepler dabei gegenübersah, war das falsche Weltbild des Alexandriners Claudius Ptolemäus (100–160 n. Chr.), einundhalb Jahrtausende vor Kepler. Dieser letzte große Naturwissenschaftler des Altertums hatte zutreffende Theorien einiger seiner Vorläufer außer acht gelassen. Er sah die Erde im Mittelpunkt der Welt – nicht nur in menschlich-philosophischer Hinsicht (was fraglos sehr nahe lag), sondern auch in der Himmelskunde... im Almagest.

Kepler fand ein total verbautes Weltbild vor. Das Weltgebäude des Ptolemäus war von der Kirche sanktioniert worden. Daran zu rütteln war verwegen und gefährlich, wie die Schicksale von Giordano Bruno und Galileo Galilei zeigten. Und auch die Verfälschung des Vorwortes im Werk von Nikolaus Kopernikus kennzeichnete die allgemeine Bevorzugung des antiken Weltbildes. Kopernikus war mit der Theorie von der Sonne als Mittelpunkt der Planetenwelt keineswegs ein anerkannter

Gelehrter, als Kepler sich auf den Weg machte, das Gefüge des Planetensystems neu zu erforschen.

Immerhin gab es nun diese Theorie vom »Heliozentrischen System«, und Kepler hatte einen Ansatzpunkt. Zwar wurde ihm sogar von seinem Lehrer Mästlin, der ihm die Lehre des Kopernikus vermittelt hatte, übelgenommen, daß er sich so ernsthaft für Kopernikus einsetzte. Zwar hat Tycho Brahe, der im Leben Keplers eine so große Rolle spielte, Kopernikus für einen Ketzer gehalten. Aber Kepler liebte den Widerspruch. Es lag in seiner Persönlichkeit, gegen Festgefahrenes anzugehen, darüber zu diskutieren, Widersachern mit manchmal drastischen Argumenten den Wind aus den Segeln zu nehmen. Eine durchaus moderne Lebens- und Denkungsart. Und dies in einer Zeit, die sich im Glaubensstreit zerfleischte, die Konfessionen aushebelte und Bekenntnisse erpreßte – eine Zeit, deren Machthaber für die Astronomie so gut wie überhaupt nichts, alles aber für die Astrologie übrig hatten.

Diesen Berg von Unzulänglichkeiten und mangelnder Objektivität, von Unwissenheit und Unterdrückung bezwang Kepler mit bewundernswerter Zähigkeit und einer einzigartigen Verstandesschärfe.

Es sind im einzelnen nicht immer nur die drei Keplergesetze, die ihn überlebt haben, sondern vieles, sehr vieles noch, was aus dem Kern seiner Persönlichkeit und seinen sonstigen wissenschaftlichen Erkenntnissen herrührt. Dennoch ein Wort zu den drei Gesetzen: Sie geben in der Menschheitsgeschichte eine erste Antwort auf die uralte Frage, »was die Welt im Innersten zusammenhält« (wie Goethe es im Faust formulierte). Die Einwirkung von feststellbaren, sogar meßbaren Kräften auf die Himmelskörper kommt jetzt ins Gespräch. Sie entsprechen den entdeckten Naturgesetzen. Wir reden von Dynamik. Die Himmelsmechanik und die Himmelsphysik aus solchen Vorstellungen heraus entwickelt zu haben ist das besondere Verdienst des genialen Astronomen.

Erste Ansätze zu dieser Revolution in der damaligen Vorstellungswelt finden sich, als Kepler in Graz das »Weltgeheimnis« schrieb. Seine Absicht sei, die Ursache für die Zahl, die Größe und die Bewegung der Planetenbahnen zu erforschen. In den Abständen der Planeten von der Sonne müsse eine verborgene Ordnung stecken.

So suchte er nach einem Antrieb, dem die Planeten in ihren Bahnen folgen müßten, und schon damals vermutete er eine Beziehung zwischen den Umlaufzeiten und den Sonnenabständen. Die Sonne müsse das Zentrum einer Kraftquelle sein, von der ausgehend die Planeten bewegt würden, eine Kraft, die umso schwächer werde, je weiter ein Planet von der Sonne entfernt sei. Kepler nannte es zunächst eine »bewegende Seele« (anima motrix), was die Sonne verströmte, aber auch der Begriff der »Kraft« (vigor) taucht schon frühzeitig in seinen Überlegungen auf.

Mehr als zwei Jahrzehnte hindurch hat ihn diese Vorstellung nicht losgelassen. Wir berichteten schon darüber, daß er 1609 in der »Neuen Astronomie« das Schwerkraftgesetz auf seine Weise zutreffend formulierte. Der nächste Gedanke galt nun den Planetenbahnen. Sie mußten zunächst rein rechnerisch festgelegt werden. Dazu hatte ja Tycho Brahe ein vorzügliches Beobachtungsmaterial hinterlassen.

Der Kreis ist nur ein seltener Ausnahmefall in einer unfaßbar großen Zahl von möglichen Ellipsen, Parabeln und Hyperbeln, auf denen sich die Himmelskörper bewegen können. Die zunächst vermutete und auch gewünschte Kreisbahn der Planeten um die Sonne entpuppte sich als elliptische Bahn. Ellipsen haben immer zwei Brennpunkte. Es sind die beiden Punkte, in die man Nadeln stechen muß, wenn man mit Hilfe einer straffgespannten, herumgelegten Bindfadenschlaufe und eines Bleistifts die Ellipse auf Papier zeichnen will. Nur in dem Spezialfall des Zusammenfallens der beiden Brennpunkte entsteht durch den herumgeführten Bleistiftstrich ein Kreis.

Die Erdbahn um die Sonne ist fast eine solche Kreisbahn. Doch ist unser Planet um den 2. Januar immer der Sonne um fünf Millionen Kilometer näher als Anfang Juni. Das ist im Hinblick auf durchschnittlich 150 Millionen Kilometer Sonnenentfernung sehr wenig. Eine viel deutlichere Abweichung vom Kreis zeigt die Marsbahn. An ihr konnte Kepler die Ellipse festlegen, nachdem er sich mehrmals qualvoll verrechnet hatte. Eine Eiform, ein Oval, schien sich zunächst zu ergeben. Aber es blieb ein unerklärlicher Rest in den Berechnungen, bis die Ellipse zutage trat.

● Das erste Keplergesetz (nach dem zweiten erst formuliert) lautet also: Die Planeten bewegen sich in Ellipsen, in deren einem der beiden Brennpunkte sich der Mittelpunkt der Sonne befindet. Der andere Brennpunkt ist unbesetzt.

● Das zweite Keplergesetz besagt, jeder Planet bewege sich innerhalb seiner elliptischen Bahn ungleichmäßig schnell, nämlich in Sonnennähe rascher als in Sonnenferne. (Wissenschaftlich ausgedrückt: Die Verbindungslinie Sonne–Planet, der Radiusvektor oder Fahrstrahl, überstreicht in gleichen Zeiten gleiche Flächen.)

Diese beiden Gesetze finden sich in Keplers »Neuer Astronomie« aus dem Prager Jahr 1609. Sie sind die Voraussetzung für das dritte Keplergesetz, enthalten in seiner »Weltharmonik« aus dem Linzer Jahr 1619.

● Das dritte Gesetz ist das großartigste. Es beantwortet die Frage »Wie bewegt sich die Welt?« Von den Erkenntnissen an der Marsbahn ausgehend, wagte Kepler den Schritt in die ganze Planetenfamilie und erkannte, daß es zwischen den Umlaufzeiten zweier Planeten um die Sonne und ihren mittleren Sonnenabständen eine gesetzmäßige Beziehung gibt.

Zu jedem Sonnenabstand gehört auch eine ganz bestimmte mittlere Geschwindigkeit des Planeten.

Bei Kepler heißt das so: »Allein es ist ganz richtig und stimmt vollkommen, daß die Proportion, die zwischen den Umlaufzeiten zweier Planeten besteht, genau das Anderthalbe der Proportion der mittleren Abstände ist.« (Wiederum wissenschaftlich ausgedrückt: Das Verhältnis zwischen den dritten Potenzen der mittleren Sonnenentfernungen und den Quadraten der Umlaufzeiten ist für alle Planeten dasselbe.) Hierbei sind gegenseitige Anziehungskräfte der Planeten untereinander vernachlässigt. Sie sind gegenüber der Anziehungskraft der Sonne verschwindend klein.

Das dritte Gesetz ist für den mathematischen Laien sehr schwer zu verstehen und soll hier nicht weiter vertieft werden. Vielleicht genügt der knappe Hinweis, daß Entfernungen von der Sonne und Umlaufzeiten um die Sonne miteinander gekoppelt sind. Hat man das eine, kann man das andere ebenfalls angeben.

● Den drei Keplergesetzen müßte noch ein viertes hinzugefügt werden, eben jene Definition der Schwerkraft, die wir erwähnten und deren sich Newton bediente, als er Keplers Erkenntnis über die Gesetzmäßigkeit des Produkts der Massen und des Quadrats der Entfernung gelesen hatte. Dieses vierte Gesetz wäre dann der eigentliche dynamische Teil des ganzen Gesetzespakets. So ist auch die Äußerung des bekannten Keplerforschers Prof. Walther Gerlach aus dem Jahre 1967 zu verstehen: »Zu der Bedeutung von Keplers Gravitas-Begriff (Schwerebegriff) für Newtons Gravitationstheorie und von Keplers Trägheitsbegriff für das Trägheitsgesetz scheint das letzte Wort noch nicht gesagt.« Vorläufig aber ist Keplers Erkenntnis noch von dem präziseren und allgemeingültig formulierten Schwerkraftgesetz Newtons überschattet.

Die Keplergesetze fügten sich zu einem Schlüsselbund, mit dem der ganze Kosmos aufgeschlossen werden konnte. Kepler selber hat diesen Riesenschritt in die Sternenwelt nicht mehr vollziehen können. Dazu reichte seine Lebensspanne nun doch nicht aus, wenn auch verschiedentlich ein Ansatz zu finden ist, wie damals in Graz, als er die unermeßliche Entfernung zum Polarstern ahnte, dessen Parallaxe er zu finden hoffte.

Was er selbst nicht mehr vollbringen konnte, schafften seine Gesetze. Ihnen gehorchen nicht nur die Planeten unserer Sonnenfamilie einschließlich aller Monde, Planetoiden (Kleinplaneten) und Meteoriten bis zu den entferntesten Kometen, die vom Rande des ganzen Sonnensystems kommen, diesen Gesetzen folgt auch die Sonne innerhalb der rotierenden Milchstraße.

Im Allerkleinsten sogar konnte angenommen werden, daß die Elektronenbahnen um die Atomkerne wie Planetenbahnen um eine Sonne geordnet sind. Diese Vorstellung bildete die Voraussetzung für das Bohr-

Sommerfeldsche Atommodell von 1913. Die kernphysikalischen Strukturen sind allerdings etwas komplizierter, aber es trifft zu, daß die Elektronen wie die Planeten in bestimmten Abständen vom Kern (Sonne) angeordnet sind – wir nennen das die »Schalen« – und daß den Abständen der Elektronen vom Atomkern verschiedene Energiezustände entsprechen, so wie die entfernteren Planeten eine geringere Umlaufgeschwindigkeit (Energiezufuhr) aufweisen als die der Sonne näheren.

14. Die bedeutendsten Werke

Viele der Keplerschen Werke werden heute zur wissenschaftlichen Weltliteratur gerechnet. Wir beschränken uns auf ein Dutzend und auf das Wesentlichste in aller Kürze, zumal im Vorangegangenen schon einiges aus den Keplerwerken erwähnt wurde.

Das *Weltgeheimnis* (Mysterium Cosmographicum) von 1596 enthält das Grundprinzip des Kopernikanischen Weltbildes, wonach die Sonne den Mittelpunkt bildet und die Planeten einschließlich der Erde in Kreisbahnen mit zusätzlichen Hilfskreisen die Sonne umrunden. Im »Weltgeheimnis« findet sich der Versuch, eine Verbindung herzustellen zwischen den Umlaufbahnen der damals bekannten sechs Planeten Merkur, Venus, Erde, Mars, Jupiter, Saturn und den fünf regelmäßigen »Euklidischen Körpern«. In sie hinein und um sie herum legte Kepler die Planetenbahnen, um ein harmonisches System der Planetenabstände zu begründen. Er verbesserte diese z. T. fehlerhafte Darstellung 1621 in einer Zweitauflage.

Der Astronomie optischer Teil (Astronomiae pars optica) vom Jahre 1604 ist eine Untersuchung über die Natur des Lichts und der Farbe. Hier wird die Abnahme der Lichtfülle mit dem Quadrat der Entfernung geschildert. Die Bilderzeugung in der Lochkamera wird behandelt, das Maß der Lichtbrechung von Sternenlicht durch die Atmosphäre (dem Lichtbrechungsgesetz ist Kepler hier dicht auf der Spur), ferner finden sich Untersuchungen über den Erdschatten und den Mondschatten bei Finsternissen. Im Kapitel über die Theorie des Sehvorgangs beschreibt Kepler die Umkehrung des ins Auge fallenden Bildes. Ferner ist dargestellt, daß Venus im zurückgestrahlten Sonnenlicht Phasengestalt zeigen müsse, was später von Galilei bestätigt wurde, und auch eine Untersuchung der »Kegelschnitte« ist zu finden. Das Wort stammt ebenso von Kepler wie der »Fokus«, der erstmals als Brennpunktbezeichnung auftritt.

Gründlicher Bericht von einem ungewöhnlichen neuen Stern von 1604, in deutscher Sprache. Das Buch bezieht sich auf die Supernova im Fuß des Sternbildes »Schlangenträger« vom 11. Oktober 1604, also auf das Aufleuchten eines sogenannten »Neuen Sterns«. Wie wir heute wissen, war die Explosionswolke eines gealterten Sterns zu beobachten, der einen Teil seiner Masse abgestoßen hatte. Die Supernova fiel in die Zeit, als Mars, Jupiter und Saturn beieinander standen. Kepler vermutete Zusammenhänge der Aspekte himmlischer Lichtstrahlen. Seine Schrift ist wiederholt nachgedruckt worden, auch ohne Wissen und Zustimmung Keplers.

Über den neuen Stern (De stella nova) von 1606. Im Auftrage Kaiser Rudolfs II. lieferte Kepler über die Supernova von 1604 nunmehr in lateinischer Sprache eine wissenschaftlich gründliche Untersuchung. Die Farbe, die Leuchtkraft, das Blinken, die einzelnen Beobachtungen im Lande wurden beschrieben. Selbst über die Entfernung und die Sternmaterie äußerte Kepler Vermutungen. Das übliche »astrologische Geschwätz« über die Himmelserscheinung verurteilte er, doch benutzte er die Gelegenheit, den Menschen in das kosmische Geschehen einzubeziehen. Im vierten Kapitel findet sich die Vermutung, daß auch der Stern der Weisen zur Zeit der Geburt Christi mit der »Großen Konjunktion« der hellen Planeten zusammengefallen sei, woraus sich ein neues Datum für das Geburtsjahr Christi errechnen lasse.

Neue Astronomie (Astronomia nova) vom Jahre 1609 heißt das astronomische Hauptwerk Keplers. Es wird allgemein als das erste moderne Astronomiebuch bezeichnet und enthält die beiden ersten Kepler-Gesetze. An den Marsmessungen Tycho Brahes errechnete Kepler die Planetenbahnen. Daher spricht man auch von dem »Marswerk«.

Ein neuer Grundsatz ist hier formuliert: Nur dann darf eine Theorie als zutreffend gelten, wenn sie durch Beobachtungen rechnerisch einwandfrei bestätigt wird. Die Vermutung oder der Glaube genügen nicht. An die Stelle der einfachen Beschreibung der Bewegungen am Himmel trat jetzt die Erklärung durch eine Antriebskraft. In diesem Werk werden auch die Grundlagen für die Infinitesimalrechnung gelegt, die später von Newton und Leibniz aufgegriffen und weiterentwickelt wurden.

Der Weg zu den Kepler-Gesetzen war weit und schmerzlich. Bitter beklagte sich der Astronom über seine Ungeschicklichkeit im Rechnen, habe er doch bei seinen Annäherungsrechnungen aufgrund von vier Oppositionsbeobachtungen des Mars 70mal die ganze Folge der mühseligen Einzelaufgaben durchführen müssen, um ein einigermaßen übereinstimmendes Ergebnis zwischen Rechnung und Beobachtung zu erzielen. Daß dann immer noch eine Differenz von acht Winkelminuten blieb, stand der endgültigen Lösung noch eine Zeitlang im Wege. Den 337 Seiten starken Großfolioband – in Heidelberg erschienen – überreichte Kepler am 29. März 1609 Kaiser Rudolf II. Es ist dies das erste Buch überhaupt, in dem die Bewegungen der Himmelskörper als gesetzmäßige Notwendigkeit nachgewiesen werden.

In der *Dioptrik* (Dioptrice) des Jahres 1611 findet sich die Theorie des Linsenfernrohrs, eine Untersuchung des Strahlengangs und der Lichtbrechung im dreiseitigen Prisma sowie der Entwurf des später so erfolgreichen »Astronomischen Fernrohrs« mit zwei Konvexlinsen. Es übertrifft Galileis Fernrohr durch größere Lichtstärke und ein größeres Gesichtsfeld. Auch dreilinsige optische Systeme untersuchte Kepler. Erstmals ist ein Teleobjektiv beschrieben. Während sich Galilei begnügte, mit geschickter Hand Fernrohre nachzubauen und zu verbessern, wie sie in den Niederlanden hergestellt wurden, wobei bisher unbekannte Einzelheiten an Sonne, Mond und Planeten beobachtet werden konnten, stellte Kepler sofort die Frage nach dem »Wie« der Vergrößerung des Bildes. Ihn beherrschte als Theoretiker »ein unglaubliches Verlangen, die Ursachen der Dinge kennenzulernen«. Er wird wegen dieses Werkes auch heute noch als Vater der modernen Optik bezeichnet.

Bericht vom Geburtsjahr Christi nannte Kepler seine Schrift von 1613, einen »außführlichen Teutschen Bericht, das unser Herr und Hailand Jesus Christus nit nur ein Jahr vor den anfang unserer heutiges tags gebreuchigen Jahrzahl geboren sey ... sondern fünff gantzer Jahr davor«. Er verglich darin »Haidnischer und Jüdischer Historien« mit dem Lauf der Gestirne. Der Band entstand als Streitschrift gegen seinen Landsmann Helisäus Röslin, Hanauischer Medicus in Buchsweiler, der ganz der Astrologie verfallen war. Mit Röslin verband ihn eine Art Haßliebe, die sich auch einiger deftiger schwäbischer Vokabeln bediente. In einem Buch hatte Röslin alles bezweifelt, was Kepler über den neuen Stern und über die Kometen mitzuteilen wußte, und auch die Vordatierung des Geburtsjahres Christi, ein von Kepler schon 1606 aufgegriffenes Thema, war wieder ein Angriffspunkt für Röslins Kritik geworden. Kepler verteidigte seinen Standpunkt in 15 Kapiteln, wobei er sich als hervorragender Historiker erwies.

Neue Inhaltsberechnung der Weinfässer (Nova stereometria doliorum vinariorum), 1615 gedruckt, wurde im Anschluß an die Einlagerung von Weinfässern im Linzer Keller des Keplerhauses geschrieben. Dort wurde der Faßinhalt, wie wir schon schilderten, mit einer eingetauchten Meßrute festgestellt. Es erschien ihm als Ehemann eine angemessene Aufgabe, zur Einleitung neuer mathematischer Arbeiten »die Zuverlässigkeit dieser einfachen, für den Haushalt so notwendigen Meßmethode an den geometrischen Gesetzen zu prüfen und ihre Grundlagen klar darzulegen, falls es solche geben sollte«. Ein mathematisches Werk also mit neuartigen Volumenberechnungen.

Um die praktische Anwendungsmöglichkeit zu unterstreichen, folgte im Jahr darauf eine wesentlich vereinfachte Ausgabe in deutscher Sprache: »Auszug aus der uralten Meßkunst Archimedis«. Der Titel ist eine Untertreibung nach Keplerscher Art. Es ist ja die Keplersche Meßkunst, die hier vorgeführt wird. Sie zeigt bereits das Bemühen, Maße und Gewichte aufeinander abzustimmen, was später zum »Ulmer Meßkessel« führte.

Besonders hilfreich war für den lateinisch nicht geschulten Leser das Fachwörterverzeichnis am Schluß mit den Übersetzungen. Die Ellipse z. B. nennt er »Ablenger Circkel« (wir würden sagen: abgelenkter Kreis). Für Sequentum circuli setzt er »Circelschnitz« (= Kreisausschnitt). Den Tangens nennt Kepler »Anstreicher«. Für Rhombus erscheint »Rautten«, für Trapez »Spießeckich«, für Pyramide »Zugespitzte seule«. Section Conica ist der »Kegelschnit«.

Grundriß der kopernikanischen Astronomie (Epitome Astronomiae Copernicanae) von 1618 ist wieder ein Titel, der nicht recht passen will. Kepler überwindet hier endgültig die Fehler und Ungenauigkeiten des Kopernikanischen Systems. Er setzt seine eigenen Erkenntnisse dagegen, ohne der Bedeutung des Altmeisters Kopernikus Schaden zuzufügen. Kepler wollte mit diesem über 400 Seiten starken Band eine leichtverständliche Darstellung vorlegen, zu niedrigem Preis und hoher Auflage »für Schulbänke minderen Rangs«. Die Exemplare sind zu 20 Kreuzer bis 80 Kreuzer verkauft worden. Da im ersten Teil die Lehre des Kopernikus verherrlicht ist, wurde dieser Teil 1619 vor dem Erscheinen weiterer Kapitel vom Heiligen Offizium in Rom auf den Index der verbotenen Schriften gesetzt. Nur einige anerkannte Wissenschaftler durften in Italien das Werk besitzen. Himmelsmechanik, Himmelsdynamik und Himmelsphysik sind die Kernstücke dieses Bandes. Sorgfältig hat der Astronom alles durch geometrische Figuren und verständliche Beispiele erläutert. Das Werk entstand während des Hexenprozesses gegen die Kepler-Mutter und trotz der Besetzung von Linz durch Maximilians Truppen, die viele Menschenleben forderte, »... zwischen bayerischen Waffen und oft zwischen verwundeten und toten Soldaten oder Bürgern«. Kepler weihte das Werk als »Priester Gottes am Buch der Natur«, wie er sich nannte, dem Lobe des Schöpfers. Die siebenteiligen »Epitome« erschienen fünf Jahre nach Keplers Tod in zweiter Auflage.

Weltharmonik (Harmonices mundi libri V.) nannte Kepler sein großes Werk vom Jahre 1619, eine »göttliche Schau der himmlischen Harmonien.« Für die Nachwelt liegt der überragende Wert darin, daß Kepler hier sein drittes Planetengesetz mitteilte. Ihm selber war es vielleicht nicht einmal das wichtigste. Im fünften Buch der »Weltharmonik«, drittes Kapitel, findet sich das Planetengesetz an achter Stelle unter 13 Hauptsätzen der Astronomie und führt dort ein etwas bescheidenes Dasein.

Kepler kam es vor allem auf göttlich geordnete Zahlenverhältnisse und seelische Übereinstimmungen an. Er stellte Urharmonien auf, die er mit Vielecken begründete, glaubte an eine musikalische Konsonanz als Hilfe für die Ordnung der Planetenabstände nach Tonarten. Dabei beschäftigte ihn die Frage, warum bestimmte Tonintervalle als Wohlklang empfunden werden, andere Zusammenklänge aber als mißtönend. Stellenweise stößt Keplers Mystik hart auf seinen naturwissenschaftlichen Anspruch, wie in der Gezeitenfrage. Er hatte Ebbe und Flut schon früher ausdrücklich auf die Mondanziehung zurückgeführt. Jetzt aber spricht er vom Atem des beseelten Erdkörpers, bedient sich also mystisch-poetischer Ausdrucksform. In Kepler lebten eben beide Vorstellungsarten. Und sie störten sich nicht. Das Werk ist König Jakob I. von England gewidmet.

Der bekannte Keplerforscher Prof. Gerlach schrieb, als Ganzes betrachtet sei die »Weltharmonik« ein durchaus modernes Werk: das Suchen nach einer Weltformel und die Forderung, die kulturellen und sozialen Konsequenzen des Wissens zu ziehen – mit dem letzten ethischen Ziel »zur Besserung des menschlichen Lebens, zur Vermehrung sehnlicher Begier nach Harmonie im gemeinen Wesen«, wie Kepler geschrieben habe.

Einführung in die Logarithmen (Chilias Logarithmorum) von 1624 enthält die Neuberechnungen der von Neper erfundenen Logarithmen mit besonderer Berücksichtigung der vereinfachenden Berechnungsart für astronomische Rechenaufgaben. Eine ungeheure Fleißarbeit des Rechengenies Kepler. Hier waren z. B. die 1000 Logarithmen von 100 bis 100.000 enthalten, jeweils um 100 fortschreitend.

Die Rudolphinischen Tafeln (Tabulae Rudolphini) von 1627 sind das letzte Werk, wenn man vom »Mondtraum« absieht. Seit 1601 hatte er – mit Unterbrechungen – daran gearbeitet. In dieser Zeit gewonnene neue Erkenntnisse veranlaßten ihn immer wieder zu neuen Berechnungen.

Tafelwerke dieser Art hatte es schon seit langer Zeit gegeben. Im Altertum z. B. bei den Chinesen, den Indern, den Mayas und den Arabern. Viel beachtet wurden später die »Alfonsinischen Tafeln«, die im Auftrage Alfons X. von Kastilien um 1250 am Hof von Toledo von mindestens 50 arabischen, jüdischen und christlichen Astronomen berechnet worden waren, sowie die Tafeln des Johannes Müller, der sich Regiomontanus nannte (1436–1476) und mit deren Hilfe Kolumbus nach »Westindien«

segelte. Da allen diesen Berechnungen die Keplergesetze noch nicht zur Verfügung standen, waren diese Tafeln äußerst mangelhaft, im Laufe der Jahrhunderte geradezu irreführend geworden. Schon zur Zeit Tycho Brahes war das Zusammenstehen oder Gegenübertreten von Planeten aus den alten Tafelwerken nicht mehr mit hinreichender Zuverlässigkeit zu entnehmen.

Die »Rudolphinischen Tafeln« enthalten Angaben für Sonnen- und Mondstellungen, aus denen auch die Sonnen- und Mondfinsternisse abzulesen waren. Vor allem fanden sich hier die »Örter« für die Planeten zu jeder beliebigen Zeit vor und nach Christus. Wer in dem Tafelwerk blättert, etwa die Seite 56 aufschlägt, hat den Eindruck, daß hier mindestens ein Dutzend hochqualifizierter Mathematiker monatelang tags und nachts gerechnet und gerechnet haben mußten, um diese 424 Zahlen in 1899 Ziffern (auf einer einzigen Seite!) in Kolonnen zusammenzutragen. (Auf Seite 56 finden sich die Jupitergleichungen mit den Beziehungen in der Bahnellipse zwischen den verschiedenen Winkeln zur Verbindungslinie Erde–Sonne und der Absidenlinie sowie zwischen diesen Anomalien und der Entfernung Sonne–Jupiter.)

Im Anhang lieferte Kepler freimütig die Anweisungen für die Benutzung der »Rudolphinischen Tafeln« und eine Liste von 530 Ortschaften, die in das geographische Gradnetz der Erde eingeordnet sind, so daß die Tafeln auch für Seefahrer eine vorzügliche Orientierung bilden konnten. Der Null-Meridian (seit 1883 von Greenwich aus gerechnet) ging übrigens durch Tycho Brahes einstige Sternwarte auf der dänischen Insel Hven. Später wurde sogar eine Weltkarte hinzugefügt. Ferner ist ein Katalog von 1000 Fixsternen enthalten. Die Sternbilder des südlichen Himmels, durch neueste Entdeckungsreisen bekannt geworden, hatte Kepler schon berücksichtigt.

Von Prof. Julius Bauschinger (1860–1934), dem bekannten Berliner Astronomen und Planetenberechner, stammt das Wort, die »Rudolphinischen Tafeln haben den Ruhm Keplers um die Erde getragen, von der Jesuitensternwarte in China bis zu den Vermessungsschiffen an der amerikanischen Ostküste«.

15. Satelliten auf Keplerellipsen

Berühmte Musiker, Maler, Bildhauer, Konstrukteure und Baumeister haben Kepler jahrhundertelang voraus gehabt, daß jedermann auch nach ihrem Tode noch hören, betrachten, vielleicht sogar anfassen kann, was sie schufen. Sie setzten sich Denkmäler durch die Möglichkeit einer sinnlichen Wahrnehmung, und sie haben sich damit, wie die Pharaonen im Fall der Pyramiden, sogar über Tausende von Jahren hinweg eine bewundernde Nachwelt gesichert.

Die Gesetze Keplers, seine hervorragenden optischen Arbeiten, seine neuen mathematischen Berechnungsmethoden und seine Tafelwerke sind durchaus unanschaulich – und sie sind meist schwer zu lesen. Kepler selbst beklagte sich über seine komplizierte Ausdrucksweise. Deshalb ist er für die Menge, damals wie heute, zwar ein Begriff, aber doch nur eine schemenhafte Forscherpersönlichkeit. Schon beim Auffälligsten, bei den Keplergesetzen, versagt meist das Verständnis in der breiten Öffentlichkeit.

Seit dem 4. Oktober 1957, dies sind 327 Jahre nach Keplers Tod, hat sich da vielleicht etwas geändert. Künstliche Monde umrunden unseren Erdball, Wettersatelliten funken Bilder über die Großwetterlage, Nachrichtensatelliten vermitteln zahllose Telefongespräche und ganze Fernsehprogramme über die Ozeane hinweg, andere Satelliten erforschen die Strahlungen im erdnahen Weltraum, große Raumlaboratorien und Dauerstationen fliegen um die Erdkugel. Menschen erreichten den Mond. Künstliche Himmelskörper wurden zu mehreren Planeten entsandt. Keplers Wunsch hat sich erfüllt: »Baut Schiffe und Segel, die sich für die Himmelsluft eignen!« Und das Wort »Satellit« stammt ebenfalls von Kepler. Er prägte es 1610 für die Jupitermonde und überhaupt für solche Himmelskörper, die einen Planeten umrunden.

Alle diese Raumflugkörper haben eines gemeinsam: sie bewegen sich auf Keplerellipsen. (Auch dann, wenn im Einzelfall eine Abwandlung, die Hohmann-Bahn, zur Weltreise eingeschlagen wurde.)

In den Keplerbahnen sind zuweilen Erdsatelliten als wandernde Sterne am Abend- oder Morgenhimmel zu sehen. In wenigen Minuten streichen sie lautlos von Horizont zu Horizont über unsere Köpfe hinweg – auch über Keplers Geburtshaus. Ein »Denkmal« eigener Art.

Populär geworden ist Kepler dennoch nur in bescheidenem Ausmaß. Er legte »nur« viele wesentliche Grundlagen für unser naturwissenschaftliches Weltbild, das heute unser Dasein beherrscht, er lehrte uns »nur«, vor all den Zahlen die Schöpfung nicht zu vergessen und eine an sich harmonische Welt zu begreifen, die ja mehr ist als diese kleine Erdkugel. Daß er uns auch ein Rezept gab, wie man danach streben kann, mit sich selbst ins Reine zu kommen, bemerkt schon fast niemand. Wir meinen die schriftlichen Selbstanalysen.

Deshalb haben wir versucht, nicht nur den großen Mathematiker und Astronomen, sondern auch den Menschen Johannes Kepler ins rechte Licht zu rücken, das ihm bei Lebzeiten selten geleuchtet hat.

Nachwort

Kepler wurde wiederholt als das Idol des reinen, edlen Menschen geschildert. Eine Bewunderung heischende Persönlichkeit voll innerem Glanz und voll Erhabenheit tritt uns in alten Keplerbiographien entgegen. Unarten und Fehlgriffe des Astronomen, die dieses Bild trüben könnten, wurden verdrängt oder abgemildert.

Wir haben uns hier bemüht, Kepler nicht als die über uns thronende Idealfigur darzustellen. Je eingehender wir uns mit ihm beschäftigen, desto menschlicher, desto sympathischer wird er uns, gerade dank seiner Fehler. Was er vor so vielen Menschen heute voraus hatte, war seine Ehrlichkeit sich selbst gegenüber, sein ständiges Ringen mit seiner Unvollkommenheit, mit seinem zuweilen erheblichen Mangel an Selbstbeherrschung, seinen Depressionen und seiner Hartnäckigkeit, die einmal zum Schaden, ein andermal zum Nutzen ausschlagen konnte.

Einiges in der Persönlichkeit Keplers war ihm von Geburt an auf den Lebensweg mitgegeben. Anderes rührte von dem desolaten Zustand im Elternhaus her. Sein reizbares Temperament wurde aber auch von den erbärmlichen Zeitumständen und den privat oft katastrophalen Lebensbedingungen mitbestimmt.

In der »Familiengeschichte Kepler«, bearbeitet und herausgegeben von Oberpostinspektor Gustav Keppler, Stuttgart, 2. Band 1930, schrieb Prof. Max Caspar über den Astronomen:

»Der Makrokosmos war für ihn ein großer Organismus. Kepler war ein metaphysischer Mensch. Die moralische Seite der Wissenschaft war ihm wichtiger als der praktische Nutzen. Seine Forschung bereitet ihm unnennbares Entzücken, das er auch anderen mitzuteilen weiß, dabei hat er auch kräftigen Humor. Er besitzt eine mit der richtigen Selbstachtung gepaarte Bescheidenheit. Im Verkehr von Mensch zu Mensch fehlt oft die Selbstsicherheit. Er ist kein Weltmann, kein Draufgänger, keine Herrschernatur. Er will nicht eigene Wege gehen, wird aber von außen gar oft auf sich zurückgestoßen. Er leidet, wenn andere mit ihm nicht einverstanden sind. Er ist ein melancholischer Mensch. In seiner Familie findet er den Platz, auf dem er sich wohl fühlt, nicht auf der Bühne der Welt. An Freuden und Sorgen des Familienlebens nimmt er innigen Anteil. Ein hervorstechender Charakterzug ist seine Frömmigkeit ... In seiner Wissenschaft fühlt er sich als Priester Gottes in Hinsicht auf das Buch der Natur. Er will den Frieden unter den verschiedenen Bekenntnissen und zeigt wahre christliche Liebe. Und doch war für ihn seine Frömmigkeit der Grund für die Tragik seines Lebens geworden. Von seinen Glaubensgenossen, den Evangelischen, wie von den Katholiken, hatte er Verfolgungen zu erleiden.«

Kein Heros also, aber ein Vorbild. Zitieren wir zum Schluß, was Prof. W. Gerlach 1971 schrieb, denn hier wird die Brücke zu den Fragen unserer Zeit besonders deutlich:

»Kepler legte sich als erster und für lange Zeit einziger Naturforscher die Frage nach der menschlichen Bedeutung der Naturerkenntnis, nach der Verantwortung des Forschers für die Menschheit vor. Daß dieses so lange unbeachtet blieb, ist einer der wesentlichen Gründe für die weit verbreitete geistige Unruhe unserer Zeit.«

Die Keplers

Für den Namen Kepler gibt es verschiedene Schreibweisen. Bei der Eintragung von Geburten, Eheschließungen und Todesfällen in den Kirchenbüchern waren Hörfehler unvermeidlich. Es gab ja noch keine Standesämter, und viele konnten nicht lesen und schreiben, sie sprachen auch ihre Namen undeutlich aus. Bekannt geworden sind die Schreibweisen: Kepler, Keppler, Kepner, Keppner, Ketner, Kettner, Ketmer, Keptmer und Ketpner. Der Astronom selber unterschrieb mit »M. Johan Kepler von Löwenberg« (Leonberg), wählte aber meist die lateinische Form »Joannes Keplerus Mathematicus«.

Konrad und Friedrich Keppler, zwei Brüder aus der Vorfahrenreihe, wurden in Rom auf der Tiberbrücke 1433 von Kaiser Sigismund an dessen Krönungsfest wegen besonderer Tapferkeit zu Rittern geschlagen.

Sebald Kepner, Buchbinder in Nürnberg, starb 1501.

Heinrich Kepner, Buchführer in Nürnberg, 1497–1543.

Sebald Kepner, Kürschnermeister, verlegte den Wohnsitz von Nürnberg nach Weil der Stadt. Gestorben etwa 1566.

Sebald Kepler, Schultheiß und Bürgermeister in Weil der Stadt, 1519–1596.

Heinrich Kepler, Kanonier, verlegte den Wohnsitz von Weil der Stadt nach Leonberg, 1547–1590. Verheiratet mit *Katharina,* Mutter des Astronomen, geb. 8. November 1547 in Eltingen, gest. 13. April 1622 in Heumaden(?).

Johannes Kepler, Mathematiker und Astronom, 27. Dezember 1571–15. November 1630. Verheiratet mit Barbara Müller zu Gössendorf, geb. 1573, gest. 3. Juli 1611 in Prag, dann mit Susanne Reuttinger aus Eferding, geb. 25. Dezember 1589, gest. im September 1636 in Regensburg.

Christoph Kepler, Zinngießer und Drillmeister, 15 Jahre jüngerer Bruder des Astronomen.

Heinrich Kepler, Bäcker, Trommler und Hatschier, 2 Jahre jüngerer Bruder des Astronomen, geb. 12. Juni 1573 in Weil der Stadt.

Margarete, geb. *Kepler,* mit Pfr. Binder verheiratete Schwester des Astronomen. Vier weitere Geschwister sind nicht näher bekannt.

DIE KEPLERKINDER

1. *Heinrich,* geb. 2. Februar 1598 in Graz, gest. 3. April 1598.
2. *Susanna,* geb. Juni 1599 in Graz, gest. Juli 1599.
3. *Susanna,* geb. 9. Juli 1602 in Prag. Heiratete 1630 Jacob Bartsch, der Ende 1633 an der Pest starb. Zweite Ehe mit Martin Hiller in Lauban. Susanna überlebte die Eltern.
4. *Friedrich,* geb. 3. Dezember 1604 in Prag, gest. 19. Februar 1611.
5. *Ludwig,* geb. 12. Dezember 1607 in Prag, gest. in Königsberg 23. September 1663. Er überlebte die Eltern.

6. *Margarethe Regina,* geb. 7. Januar 1615 in Linz, gest. 8. September 1616.
7. *Katharina,* geb. 31. Juli 1617 in Linz, gest. 9. Februar 1618.
8. *Sebald,* geb. 28. Januar 1619 in Linz, gest. 15. Juni 1623.
9. *Cordula,* geb. 22. Januar 1621 in Linz. Überlebte die Eltern.
10. *Fridmar,* geb. 24. Januar 1623 in Linz, gest. um 1635 bei Frankfurt.
11. *Hildebert,* geb. 6. April 1625 in Linz, gest. 18. Oktober 1635.
12. Kind unbekannten Namens, geb. 1627 in Regensburg.
13. *Anna Maria,* geb. 18. April 1630 in Sagan. Überlebte die Eltern.
14. Ein Kind des Bruders Heinrich, das ebenso, wie ein weiteres
15. Kind des Heinrich in der Familie aufgenommen wurde.
16. *Regina Lorenz,* Stiefkind des Astronomen, geb. 1590, Tochter seiner ersten Ehefrau, gest. 8. September 1617 in Walderbach bei Regensburg.

Die am Hexenprozeß
beteiligten Personen

Achilles, Prinz, Bruder des Herzogs von Württemberg, bei Leonberg auf der Jagd.

Aulber, Johan Ulrich, Vogt von Güglingen. Übernahm vom Leonberger Vogt den Fall des Malefizverfahrens.

Besold, Christoph, Rechtsgelehrter an der Universität Tübingen. Mit Kepler befreundet. Setzte sich dafür ein, daß die Keplermutter nicht gefoltert wurde.

Beutelspacher, Lehrer in Leonberg. Gelähmt, weil er mit einer Last auf dem Rücken über einen Graben sprang. Schob die Schuld auf Trunk bei der Keplerin.

Binder, Georg, Pfarrer in Heumaden. Seit 1608 mit Keplers Schwester Margarete verheiratet.

Einhorn, Luther, Untervogt zu Leonberg, der Keplerin übel gesonnen. Verschleppte den Verleumdungsprozeß.

Faber, Sebastian, Vizekanzler des Herzogs.

Frick, Christoph, hatte angeblich Schmerzen am Schenkel, als die Keplerin an ihm vorübergegangen war.

Gabelkofer, Hieronymus, Fürstlicher Anwalt (Staatsanwalt) zur Unterstützung des Vogts Aulber im Malefizverfahren.

Haller, Jörg, Dieb und Tagelöhner. Seine Frau »Schinderburga« hatte Schulden bei der Keplerin. Die 8jährige Tochter sollte berührt und verhext worden sein.

Herzog Georg Friedrich v. Württemberg befahl die Freilassung nach der Territio. Er regierte 1608–1628.

Kepler, Katharina, als Hexe angeklagt, wohnte in Leonberg, später bei ihrer Tochter in Heumaden.

Kepler, Christoph, Zinngießer und Drillmeister bei der Miliz in Leonberg, 15 Jahre jüngerer Bruder des Johannes.

Kepler, Heinrich, Bäcker und Hatschier, zwei Jahre jüngerer Bruder des Astronomen. Verdächtigte die Mutter als Hexe.

Kepler, Johannes, Kaiserl. Mathematiker, reiste zweimal von Linz nach Württemberg, um der Mutter beizustehen.

Kepler, Margarete, Schwester des Johannes Kepler, verheiratet mit Pfarrer Binder in Heumaden.

Kräutlin, Urban, Hofbarbier in Stuttgart, Bruder der Ursula Reinbold, die verhext worden sein sollte.

Meyer, Bastian, seine Frau sollte nach einem Schluck aus der Kanne der Keplerin gestorben sein.

Nördlinger, Melchior, Amtsschreiber von Merklingen, legte ein Protokoll mit 280 Seiten Zeugenvernehmungen vor.

4 Ratsmitglieder waren Leumundzeugen zugunsten der Keplerin.

Reinbold, Jakob, Glaser in Leonberg. Er und seine Frau waren Hauptbelastungszeugen gegen die Keplerin.

Reinbold, Ursula, wegen öffentlicher Unzucht bestrafte Ehefrau des Glasers und angeblich verhext.

Rueff, Johannes, Verteidiger der Katharina Kepler.

Schinderburga, Ehefrau des Jörg Haller und erbitterte Feindin der Keplermutter.

Schmid, Daniel, beschuldigte die Keplerin, seine Kinder verzaubert zu haben, die daraufhin gestorben seien.

Waltter, Marx, Vogt zu Stuttgart, verhaftete die Keplerin in Heumaden nachts am 7. August 1620 und lieferte sie in das Leonberger Gefängnis ein.

Zeugen gegen Katharina Kepler: etwa 40.

Kepler-Literatur

Woher wissen wir so genau über Kepler Bescheid? Was ist in Forschung und Schrifttum alles zusammengetragen worden, um Leben und Werk dieses einzigartigen Mannes aufzuschlüsseln?

Die große Keplerbibliographie von Max Caspar aus dem Jahre 1935 nennt nicht nur 90 Bücher und Schriften aus Keplers Feder, sondern auch 574 Publikationen über Kepler. Inzwischen sind noch einige dazugekommen, so daß wir zur Zeit mit 600 Veröffentlichungen über den Astronomen rechnen können – nicht mitgezählt die unwichtigen und nur gelegentlichen. Fast alle diese Veröffentlichungen liegen längere Zeit zurück und sind zumeist vergriffen. Sie bieten in ihrer Gesamtheit ein ungeheuer tiefgreifendes Material, so umfassend, daß man meinen möchte, es sei nun über Kepler alles gesagt.

Das ist keinesfalls richtig. Abgesehen davon, daß es schwer ist, an die alten Bücher und Schriften heranzukommen, finden sich auch immer wieder neue Auffassungen über das Grundsätzliche an Kepler. Seine Persönlichkeit und die Parallelen zur Gegenwart verdienen heute stärkere Beachtung als Keplers wissenschaftlicher Werdegang. Außerdem arbeitet die Keplerforschung weiter an Übersetzungen und Analysen. Sie hofft immer noch, daß verschollene Originale in alten Kisten oder Regalen zutage kommen – Ergänzungen des Schatzes in den Sternwarten von Pulkowo und Leningrad.

Professor Christian Frisch, Rektor der Stuttgarter Realschule (später Eugens Oberrealschule) unterzog sich als erster der riesigen Mühe, das Gesamtwerk des Astronomen herauszubringen. Er erließ um die Mitte des vorigen Jahrhunderts öffentliche Aufrufe, durchsuchte viele Bibliotheken, korrespondierte mit deutschen und ausländischen Wissenschaftlern, und vor allem spannte er den russischen Gesandten am württembergischen Hofe ein, um den Nachlaß in Pulkowo durchstöbern zu können.

Nach mehr als 30 Jahren gipfelten seine mühsamen Forschungen in einem achtbändigen Werk in lateinischer Sprache, 1858–1871 in Frankfurt/a. M. und Erlangen gedruckt. Der deutsche Titel würde lauten: »Des Astronomen Johannes Kepler sämtliche Werke«.

Heute liegt Keplers Gesamtwerk neu und besser geordnet in deutscher Sprache vor. Die Bayerische Akademie der Wissenschaften mit der Keplerkommission in München und die Deutsche Forschungsgemeinschaft halten das geistige Erbe Keplers in Händen. Annähernd zwei Dutzend Bände sind bisher erschienen.

Wir nennen einige wesentliche, von Autoren ganz unterschiedlicher Art geschriebene Veröffentlichungen, um eine Handhabe für diejenigen zu bieten, die tiefer in das Gesamtwerk des Astronomen und seine Zeit eindringen wollen, auch wird manchen interessieren, wer sich über Kepler geäußert hat. Vieles von den Titeln wird allerdings, wenn überhaupt, nur noch in Archiven oder Bibliotheken zu finden sein. Die Reihenfolge ist nach den Erscheinungsdaten geordnet.

Kant, Immanuel, »Allgemeine Naturgeschichte und Theorie des Himmels.« Erläuterungen zur »Keplerschen Analogie« im Vorwort des 1. Teils, Königsberg und Leipzig 1755.

Bailly, J. S., »Histoire de l'Astronomie moderne«, Bd. 2, Paris 1779. Darin heißt es über Kepler (in Übersetzung): »Er ist der tatsächliche Begründer der modernen Astronomie, und dies ist ein Geschenk, das Deutschland Europa gemacht hat.«

Murr, Christian Gottlieb v., »Beyträge zur Geschichte des dreyssigjährigen Krieges« mit Angaben über Kepler S. 312–316, Nürnberg 1790.

Laplace, Pierre Simon Marquis de, Exposition du Système du Monde« (Précis de l'histoire de l'astronomie, Chap. 4), Paris 1796.

Struve, Friedrich G. W., »Beitrag zur Feststellung des Verhältnisses von Kepler zu Wallenstein« aus den Memoiren der kaiserlichen Akademie der Wissenschaften in St. Petersburg (heute Leningrad), Bd. 2, 1860.

Breitschwert, Adolf v., »Johann Kepler«, Drama in fünf Aufzügen, Aalen 1867.

Frisch, Christian, »Johannis Kepleri Opera Omnia«, 8 Bde., Frankfurt und Erlangen 1858–1871. Die erste Gesamtausgabe der im Druck herausgegebenen Werke Keplers und des handschriftlichen Nachlasses aus Pulkowo, soweit er um die Mitte des 19. Jahrhunderts bekannt war. Erschienen zum 300. Geburtstag des Astronomen. Keplers Lebensbeschreibung findet sich im 8. Bd. Auflage 750 Exemplare auf Druckpapier, 50 auf Schreibpapier.

Reitlinger, Edmund, »Keplers Traum vom Monde«, in: »Sirius«, Graz 1871.

Hasner, J. v., »Tycho Brahe und Johann Kepler in Prag«, eine Studie, Prag 1872.

Peinlich, R., »Johannes Kepler auf dem Schöckel«, in: Heimgarten, Jg. 2, Graz 1878.

Günther, S., in der Allgemeinen Deutschen Biographie, Bd. 15, über Kepler, S. 603–624, Leipzig 1882.

Schuster, L., »Johann Kepler und die großen kirchlichen Streitfragen seiner Zeit«, Graz 1888.

Loserth, J., »Zur Geschichte der Gegenreformation in Innerösterreich«, 4 Briefe über die Vertreibung Keplers aus Graz. Grazer Tageblatt v. 23. Februar 1897.

Flammarion, Camille, »Astronomie Populaire« (Paris 1879), auf deutsch: »Himmelskunde für das Volk«, mit zahlreichen Keplerhinweisen. Vorwort von Bundesrat Dr. E. Brenner, Neuenburg/Schweiz etwa 1900.

Strudenička, F. J., »Bericht über Tycho Brahes astrologische Studien«, Prag 1901.

Förster, Wilhelm, »Ptolemäus und Kepler«, in: »Das Weltall«, Jg. 1902/1903.

Repsold, Joh. A., »Zur Geschichte der astronomischen Meßwerkzeuge«. Darin »Kepler und die Erfindung des Fernrohrs«, S. 30–32, Leipzig 1908.

Dyck, W. v., »Die Kepler-Manuskripte der Wiener Hofbibliothek«, in: »Himmel und Erde«, Jg. 26, S. 134, Leipzig 1913.

Caspar, Max, »Die Anschauung Keplers über die Astrologie«, in: »Süddeutsche Monatshefte«, Jg. 24 (Heft 9), 1927.

Rossnagel, Paul, »Keplers Weltbild und Erdenwandel«. Der Autor des handlichen Reclambändchens von 80 Seiten war ein entfernter Verwandter von Kepler und besaß eine umfangreiche Keplerbibliothek. Erschienen zum 300. Todestag Keplers, Leipzig 1930.

Straßmayr, Eduard, »Johann Kepler in Linz«, aus der Wochenschrift »Heimatland«, Linz 1930.

Kepler, Gustav, »Familiengeschichte Kepler«. Der Verfasser war Oberpostinspektor in Stuttgart und hat die Familiengeschichte ausführlich bearbeitet und herausgegeben im Verlag für Sippenforschung und Wappenkunde, C. A. Starke, 1930 in Görlitz. In diesem umfangreichen Werk sind zahlreiche Analysen der Persönlichkeit Keplers enthalten, darunter die berühmte Schilderung aus der Feder des Prof. Max Caspar:

»Kepler hat es uns leicht gemacht, ihn kennenzulernen, denn er besitzt eine köstliche Mitteilsamkeit... Er ist höchst arbeitsam, aber doch ein Hasser der stetigen, geordneten Arbeit. Er arbeitet aus Wißbegierde. Der Geist ist beweglich und schlagfertig... Er ist aufbrausend und wird viel von Reuegefühlen gepeinigt. Er ist voll von Einfällen. Seine Seele ist oft kleinmütig, seine Lebensweise einfach. Bei den Vorgesetzten will er beliebt sein. Er ist fromm und dankbar. Der Mann, der diese Eigenschaften besaß, tat sich schwer im Leben; er war nicht zu heiterem Lebensgenuß geboren und trug schwer an sich selber. Unter großen Mühen und Pein mußte er sich durchsetzen. Er mußte unausgesetzt an sich arbeiten, um sich zu der Gelassenheit und Überlegenheit durchzuringen, die wir an ihm auf der Höhe des Lebens finden...«

»Fortschritte der Himmelskunde seit Kepler«, in: »Süddeutsche Monatshefte« (28. Jahrg.) zum 300. Todestag des Astronomen mit Beiträgen von Joseph Schick, München, über »Keplers Astronomia Nova«, darin Feststellungen über einige Besonderheiten: »Die Abstände Sonne–Erde hat er 180mal für jeden Grad des Halbkreises berechnet, als er seinem Flächengesetz zusteuerte« und: »Auch behauptet er zum ersten Mal die Rotation des Sonnenkörpers um seine Achse.« Schick schreibt ferner: »Ich meine, mit Alexander von Humboldt und anderen dürfen wir ruhig sagen, auch die Lehre von der Gravitation und ihren Hauptgesetzen stamme von Kepler.« – In einem weiteren Beitrag »Kepler redivivus« schreibt Arnold Sommerfeld unter anderem, daß in den verschiedenen Quantenzuständen des Wasserstoffatoms neben Kreisbahnen gewisse wohldefinierte Ellipsenbahnen vorkämen. Das Keplerproblem kehre hier, wenn auch in etwas veränderter Fassung, im Mikrokosmos wieder. Das Monatsheft ist im November 1930 in München erschienen.

Boll, J. F., und *Bezold, C.,* »Sternglaube und Sterndeutung«, Leipzig 1931.

Dyck, Walter v., und *Caspar, Max,* »Gesammelte Werke«, herausgegeben im Auftrage der Deutschen Forschungsgemeinschaft und der Bayerischen Akademie der Wissenschaften unter Mitarbeit von *Franz Hammer,* München 1938. Die Ausgabe wird auch seit dem Tode der drei Herausgeber fortgesetzt.

Henseling, Robert, »Keplers Wallenstein-Horoskop«, in: »Umstrittenes Weltbild«, S 32–50. Der bekannte Verfasser zahlreicher allgemein-verständlicher astronomischer Werke befaßt sich gründlich mit der Frage, wie das halbwegs zutreffende Horoskop über Wallensteins Tod zustande kam. Eine brauchbare Voraussagemöglichkeit durch die Astrologie wird abgelehnt. Keplerzitate unterstreichen diese Auffassung. Leipzig 1939.

Hammer, Franz, »Johannes Kepler. Ein Bild seines Lebens und Wirkens«. Der Autor lebte als Beauftragter der Bayerischen Akademie der Wissenschaften in Weil der Stadt neben dem Geburtshaus Keplers und schrieb mehrere Abhandlungen auch über spezielle Themen wie »Keplers Ulmer Jahr« (1955) oder »Weil der Stadt und Johannes Kepler« (1960). Erschienen in Stuttgart 1943.

Rankl, P. Richard, »Der Tychonische Sextant in der Sternwarte Kremsmünster«, Jahresbericht des Obergymnasiums in Kremsmünster. Erschienen in Linz 1946.

Caspar, Max, »Johannes Kepler«. Die außerordentlich gut fundierte Biographie schildert die Werke Keplers nach gründlichem Studium der Originale. Der Band galt als Standardwerk auch im Hinblick auf viele Einzelheiten im Leben des Astronomen. Max Caspar gab 1930 gemeinsam mit Walther v. Dyck in zwei Bänden einige Briefe Keplers heraus, beschäftigte sich 1936 mit Kepler als geistlichem Liederdichter, und nach 1937 erschienen in den »Gesammelten Werken« Caspars Übersetzungen der größten Werke Keplers. Ferner schrieb Caspar über Keplers Auffassung zur Astrologie, über seine Entdeckung des Flächensatzes, die Bedeutung Keplers für unsere Zeit, über seine Mathematik, seine Philosophie und andere Spezialthemen bis zu seinem Tode 1956. – Stuttgart 1948, dritte Auflage 1958.

Baumgardt, Carola, »Johannes Kepler, Leben und Briefe«, eingeleitet von Albert Einstein. Aus dem Lateinischen und dem Amerikanischen übersetzt, ergänzt und herausgegeben von Dr. Helmut Minkowski, Wiesbaden 1953. Der kleine Band im Taschenbuchformat bietet auf 192 Seiten ein in Schlaglichtern zusammengefaßtes Lebensbild, wie es sich aufgrund von Keplerbriefen darstellt. Ein Schlagwörterverzeichnis bietet auch einen, allerdings unvollständigen Überblick über die Menschen, mit denen Kepler in Beziehung stand.

Heisenberg, Werner, »Das Naturbild der heutigen Physik«. Über Kepler S. 49–59, Hamburg 1955.

Bertele, H. v., »Jost Burgis Beitrag zur Formenentwicklung der Uhren«, mit einer Schilderung des von Kepler entworfenen Trinkbechers für Friedrich v. Württemberg in Stuttgart. In dem Becher sollten die Planeten um die Sonne kreisen, wie Kepler es in seiner Grazer Zeit (»Mysterium Cosmographicum«) geplant hatte. Jahrbuch 51 der Kunsthistorischen Sammlungen (Neue Folge), Wien 1955.

Zinner, Ernst, »Johannes Kepler 1571–1630«, in: »Die großen Deutschen«, Neue Deutsche Biographie Bd. 1, S. 532–545. Zweite Auflage Berlin 1956.

Mecenseffi, G., »Geschichte des Protestantismus in Österreich«, Graz 1956.

Grammer, M., »Die Linzer Wetterbeobachtungen Johannes Keplers« in: *F. Lauscher* u. a., »Witterung und Klima von Linz«, Wien 1959, S. 47–62.

Crombie, A.C., »Von Augustinus bis Galilei«. Die Emanzipation der Naturwissenschaft. Aus dem Englischen übersetzt, Köln 1959. Mit 19 Bezugnahmen auf Kepler.

Koestler, Arthur, »Die Nachtwandler«. Das Bild des Universums im Wandel der Zeit. Vierter Teil »Die Wasserscheide«, S. 225–428. Bern, 1959. Die aus dem Englischen (»The Sleepwalkers«) übersetzte Ausgabe wurde vom Autor überarbeitet und genehmigt. Wie Koestler selber schreibt: »Eine persönlich gefärbte Darstellung eines widerspruchsvollen Gegenstandes.« Der Band enthält eine literarisch-geistesgeschichtliche Bewertung der Persönlichkeit Keplers.

Gerlach, Walther, »Lebendiger Geist in alten Mauern. Des Johann Keplers Manen.« Die Schrift wurde zur Einweihung des Keplerhauses in Regensburg (10. August 1962) herausgegeben und enthält auf 16 Seiten den Wortlaut des Vortrages. Prof. Gerlach wurde seit Max Caspar der bekannteste und bestinformierte Interpret Keplerschen Wirkens. Schon am 21. Mai 1960 hielt er die Festrede zur Eröffnung der Forschungsstelle in Weil der Stadt, erschienen in Stuttgart 1960.

Struve, Otto, »Astronomie, Einführung in ihre Grundlagen«. Der in Hochglanz gedruckte Band des Professors der Astronomie an der University of California gibt einen mathematischen Einblick in »Die Keplerschen Gesetze« und insbesondere in Keplers Bestimmung der Marsbahn. Die mathematischen Analysen erfordern Vorkenntnisse. Deutsche Ausgabe Berlin 1962.

Weizsäcker, Carl Friedrich v., »Kopernikus, Kepler, Galilei«, in: »Einsichten«, Frankfurt/M. 1962.

Baschwitz, Kurt, »Hexen und Hexenprozesse«. Über Johann Keplers Mutter, S. 252–260. Die Geschichte eines Massenwahns und seiner Bekämpfung, München 1963.

Haase, R., »Keplers Weltharmonik und das naturwissenschaftliche Denken«. Antaios 5, 1964.

Sutter, Berthold, »Graz als Residenz« (Ausstellungskatalog) Innerösterreich 1564–1619. Mit Keplerhinweisen, Graz 1964.

Bixby, William, »Galilei und Newton«. Der Titel müßte heißen: Galilei, Kepler und Newton, weil der deutsche Astronom mindestens im gleichen Maße berücksichtigt ist wie der italienische und der englische Mathematiker. Aus dem Amerikanischen übersetzt, Reutlingen 1966. Der Band enthält mehr Bilder als Text.

Gerlach, Walther, und *List, Martha,* »Johannes Kepler, Führer durch sein Geburtshaus«, herausgegeben von der Keplergesellschaft in Weil der Stadt 1966. Das 40 Seiten starke Heft bietet mit seinen vorzüglichen Illustrationen eine Kurzfassung über das Wirken des Johannes Kepler. Im selben Jahr gaben die beiden Autoren das Bändchen *»Johannes Kepler, Leben und Werk« in München heraus. Hier wird auch die Astronomie nach dem Tode Keplers behandelt. In einer Tabelle vergleichen die Autoren Keplersches Schaffen mit den gleichzeitigen weltgeschichtlichen Ereignissen sowie dem Stand der Wissenschaft und der Kunst jener Epoche.*

Boll, Walter, »Das Kepler-Gedächtnishaus«, in Heft 10 der Sammlungen der Stadt Regensburg, zweite Auflage 1967. Erste Einführung in das Lebenswerk Keplers, so wie es sich durch seine Originale und Instrumente darbietet.

Becker, Friedrich, »Geschichte der Astronomie«. Der ehemalige Professor an der Universität Bonn behandelt in seinem Kapitel »Brahe und Kepler« die wichtigsten Entwicklungsstufen in der Vorausberechnung der Planetenbewegungen (S. 57–66), wobei die Gottgläubigkeit Keplers besonders unterstrichen wird: »Siehe, ich habe jetzt das Werk vollendet, zu dem ich berufen ward. Ich habe dabei alle die Kräfte meines Geistes genutzt, die du mir verliehen hast.«

Caspar, Max, »Bibliographia Kepleriana«, ein Führer durch das gedruckte Schrifttum des Johannes Kepler, im Auftrage der Bayerischen Akademie der Wissenschaften unter Mitarbeit von Ludwig Rothenfelder, herausgegeben von Max Caspar, zweite Auflage besorgt von Martha List, München 1968, Max Caspar zum Gedächtnis. Über die Werke Keplers, das Schicksal der einzelnen Bücher, Nachdrucke und Nachweise vorhandener Exemplare usw. gibt der umfangreiche Band gediegene Auskunft. Im zweiten Teil sind spätere Ausgaben und Veröffentlichungen aus dem Nachlaß Keplers von 1635 bis zur Gegenwart aufgeführt. Nicht weniger als 574 Bücher und Schriften über Kepler sind im dritten Teil genannt. Ein Personenregister ist beigefügt, ferner sind 82 Faksimiles der Titel zu den einzelnen Werken im Originalformat wiedergegeben. Hier spürt man etwas Unmittelbares aus der Welt der Keplerwerke.

Doebel, Günter, »Das Weltall und seine Entdeckung«. Kurzfassung über das Wesentliche aus dem Leben Keplers einschließlich seiner Familienverhältnisse, ergänzt durch eine Charakteristik seiner bekanntesten Werke im Kapitel »Johannes Kepler auf dem steinigen Pfad zwischen Mystik und Wissenschaft«, Köln 1970.

Krafft, Fritz, und *Meyer-Abich, Adolf,* »Große Naturwissenschaftler«, biographisches Lexikon, Fischer-Handbücher, Frankfurt/M. 1970.

Schmidt, Justus, »Johann Kepler, sein Leben in Bildern und eigenen Berichten«, Linz 1970. Von den vorzüglichen Bildern her und durch die Wiedergabe vieler eigener Äußerungen Keplers einschließlich der Quellenerläuterungen ist der Band eines der repräsentativsten und aufschlußreichsten Werke über Kepler. Erschienen zu Keplers 400. Geburtstag in der oberösterreichischen Hauptstadt, wo er als Landschaftsmathematiker und Astronom fast 15 Jahre lang wohnte und arbeitete. Der Autor – nach Fertigstellung des Manuskripts gestorben – war als Museumsdirektor, Heimatforscher und Historiker ein bedeutender Kenner Keplers und seiner Zeit. Ein Porträt des Astronomen, das sich in der Sternwarte des Stifts Kremsmünster befindet und schon 1955 in dem französischen Werk »Astronomie Populaire« des Flammarion zu finden ist, hat Justus Schmidt auf seine Echtheit prüfen lassen. Es gilt seither als zuverlässig nachgewiesenes Keplerbild aus dem Prager Jahr 1610. Alle anderen Keplerbilder mit Ausnahme der Abbildung auf dem Frontispiz der »Rudolphinischen Tafeln« sind zeitgemäß verschönert und wurden von Kepler nicht anerkannt.

Doebel, Günter, »Dem Roten Planeten auf der Spur«. Mars und das Sonnensystem. Kapitel »Marsbahn unter Keplers Rechenstift«, Köln 1971.

Kepler, Johannes, »Selbstzeugnisse«. Ausgewählt und eingeleitet von Franz Hammer. Aus dem Keplerschen Latein übersetzt von Esther Hammer, erläutert von Friedrich Seck, Stuttgart/Bad Cannstatt 1971.

Gerlach/List, »Johannes Kepler, Dokumente zur Lebenszeit und zum Lebenswerk«. Der reich bebilderte Band, durch Zeittafeln aufgegliedert, erschien zu Keplers 400. Geburtstag. Die sinnvolle und lebendige Verbindung von Bildern und Texten erlaubt eine fortlaufende Übersicht über Leben und Werk, München 1971.

Gerlach, Walther, »Die Physik des Johannes Kepler« in der Zeitschrift »Bild der Wissenschaft« 1971/10. Der Autor schildert, wie Kepler in die alte Weltanschauung und Naturphilosophie eingriff, um den neuen rationalen Naturwissenschaften den Weg zu ebnen.

Sutter, Berthold, und *Urban, P.,* »Johann Kepler in Graz. Im Spannungsfeld zwischen geistigem Fortschritt und Polemik«. Gedenkschrift 1571–1971, Graz 1975.

Hübner, Jürgen, »Die Theologie Johannes Keplers zwischen Orthodoxie und Naturwissenschaft, Tübingen 1976.

Evans, R. J. W., »Rudolf II. Zwischen Ohnmacht und Einsamkeit«. Aus dem Englischen. Über Keplers Prager Jahre (1600–1612) und sein gutes Verhältnis zum Kaiser sind Einzelheiten und Bewertungen zusammengetragen. Hier sind auch die zahlreichen Freunde und Förderer Keplers berücksichtigt, u. a. Rosenberg, Budovec, Jessenius, Bacháček, Freiherr v. Hoffmann, Wacker v. Wackenfels, Hofmann v. Grünpichl und Stechau, sowie andere Edelleute steirischer Abstammung, ferner Tycho de Brahe, Wallenstein, Jost Bürgi und Jesuiten, mit denen Kepler Kontakt hielt, Graz 1980.

Mauder, Horst, »Der Astronom Johannes Kepler«. Illustrierter, sehr sachkundiger Beitrag vor allem über Keplers Erstlingswerk und seinen entscheidenden Schritt zur Lösung der Frage nach den Planetenbahnen, in: »Physik unserer Zeit«, 13. Jahrg. 1982, Nr. 6, Weinheim.

Namen- und Sachregister